Investigações filosóficas

# F✷SF✷R✷

LUDWIG WITTGENSTEIN

# Investigações filosóficas

*Tradução, organização, apresentação
e vocabulário crítico*
GIOVANE RODRIGUES E TIAGO TRANJAN

*Posfácio*
MARCELO CARVALHO

7   NOTA EDITORIAL
9   APRESENTAÇÃO À TRADUÇÃO

17  PREFÁCIO DO AUTOR
21  Investigações filosóficas

345 POSFÁCIO ÀS *INVESTIGAÇÕES FILOSÓFICAS*
    *Marcelo Carvalho*
426 VOCABULÁRIO CRÍTICO
480 ÍNDICE REMISSIVO

# Nota editorial

A presente tradução das *Investigações filosóficas* foi feita com base no material da *Bergen Nachlass Edition*. Em especial, valemo-nos da transcrição normativa apresentada pelos editores, mas sempre cotejando o texto, quando isso se mostrava necessário, com o fac-símile do TS 227a (uma das duas cópias-carbono existentes do tiposcrito original de Wittgenstein).

A exemplo do que acontece na edição da Suhrkamp Verlag, de Joachim Schulte (Frankfurt, 2003), não se publica aqui a chamada "Parte II" das *Investigações filosóficas*. A inclusão desses textos foi uma decisão dos executores literários de Wittgenstein, tomada desde a primeira edição da obra, em 1953. Contudo, há razões suficientes para afirmar que os textos que compõem essa suposta segunda parte (escritos entre 1947 e 1949, ao passo que o TS 227 recebe suas últimas correções em 1946) não pertencem ao conjunto das *Investigações filosóficas*.

## Apresentação à tradução

A tradução dos textos maduros de Wittgenstein apresenta duas dificuldades principais.

Em primeiro lugar, trata-se de um autor que se opõe fortemente à ideia de que os conceitos — as palavras que usamos em nossa linguagem — tenham ou possam ter uma essência unitária, capaz de ser descrita ou fixada por algum método especial. Assim, sua principal intenção não é, nem poderia ser, criar uma linguagem conceitual própria, enrijecida e artificial, específica para as "explicações" filosóficas (que ele considerava confusões filosóficas). Ao contrário, Wittgenstein busca se manter sempre no plano do uso ordinário das palavras, para mostrar como elas, principalmente as que julgamos corporificar os conceitos mais importantes e misteriosos, variam imensamente em seus modos de emprego. Ou seja, para mostrar como essas palavras-conceito são usadas, nos mais diferentes contextos, das mais variadas maneiras.

Para o tradutor, isso representa um desafio particular. Wittgenstein vai mostrando como uma mesma palavra *da língua alemã* — que estaríamos inclinados a pensar como corporificação de *um único* conceito — assume diferentes usos (ou "significados"). Mas justamente essa circunstância determina que a tradução *em língua portuguesa* tenha de usar, frequentemente, diferentes palavras para traduzir aquela *mesma* palavra cuja variedade de usos está sendo comentada.

Em segundo lugar, e como desdobramento do que já dissemos, Wittgenstein deseja fugir a qualquer linguajar técnico da filosofia. Acontece, porém, que ele está imerso em uma tradição filosófica muito específica: aquela de pensadores que, como Bertrand Russell e Gottlob Frege, haviam revolucionado o pensamento lógico na virada do século 19 para o 20. Sua obra é, nesse sentido, essencialmente uma obra de lógica, em permanente diálogo com essa tradição. Uma tradição que havia desenvolvido uma série de conceitos e terminologias de uso razoavelmente técnico e especializado, que Wittgenstein com frequência se vê na obrigação de retomar, ainda que para encaminhá-los em nova direção.

Temos assim um autor que deseja manter-se sempre no plano da linguagem cotidiana, escrevendo em uma prosa alemã coloquial e fluente. Um autor, porém, que se vê permanentemente atraído, ainda que com propósitos próprios, para a órbita de certa tradição altamente técnica e especializada, cujo vocabulário ele precisa em alguma medida retomar. Mais uma vez, é fácil ver a situação complicada em que o tradutor se encontra, sobretudo se considerarmos que o grau de tecnicalidade ou coloquialidade dos termos varia imensamente de uma língua para outra.

Em vista dessas duas dificuldades principais, a solução que buscamos para obter uma tradução ao mesmo tempo precisa e capaz de respeitar as intenções filosóficas e estilísticas do autor pode ser resumida em dois pontos:

1) Do ponto de vista sintático, manter sempre as construções, embora tão próximas do alemão quanto possível, com o

mesmo grau de fluência e coloquialidade, em português, que apresentam na língua original.

2) Do ponto de vista vocabular, encontrar um equilíbrio — por mais difícil que isso tenha se mostrado e apesar de algumas inevitáveis concessões — entre soluções locais, que funcionam no contexto imediato em que estão inseridas (e variando de acordo com esses contextos), e soluções globais, que buscam o máximo de padronização terminológica ao longo de uma obra complexa, em que as referências cruzadas são muitas e importantes.

A necessidade desse permanente equilíbrio entre soluções locais e globais talvez seja, aliás, a melhor maneira de descrever as dificuldades inerentes à tradução de Wittgenstein. O resultado alcançado foi fruto de grande esforço, e nos parece acertado. Acreditamos que ele permitirá ao leitor de língua portuguesa um acesso rigoroso e fluente ao texto do filósofo.

Este trabalho vem complementado pelo Vocabulário crítico que acrescentamos ao final do volume.

# Investigações filosóficas

*Em geral, o progresso tem isto em si:
ele parece muito maior do que realmente é.*

Johann Nestroy

## Prefácio do autor

No que segue, publico pensamentos, os sedimentos de investigações filosóficas que me ocuparam nos últimos dezesseis anos. Eles dizem respeito a muitos objetos: O conceito de significado, de compreensão, de proposição, de lógica, os fundamentos da matemática, os estados de consciência, entre outros. Escrevi esses pensamentos todos como *observações*, como parágrafos curtos. Às vezes em longas cadeias sobre o mesmo objeto, às vezes em alternâncias rápidas, saltando de um domínio a outro. – Minha intenção foi, desde o início, reunir isso tudo em um livro, para o qual imaginei diferentes formatos em diferentes momentos. Parecia-me, porém, essencial que nele os pensamentos progredissem de um objeto a outro numa sequência natural e sem lacunas.

Depois de muitas tentativas infelizes de soldar meus resultados em um todo desse tipo, percebi que jamais conseguiria fazê-lo. Que o melhor que eu podia escrever seguiriam sendo apenas observações filosóficas; que meus pensamentos logo se paralisavam caso eu tentasse, contra sua tendência natural, forçar seu desenvolvimento em *uma* direção. — E isso evidentemente estava associado à natureza da própria investigação.

Com efeito, ela nos força a viajar, a torto e a direito, em todas as direções, por um amplo domínio do pensamento. – As observações filosóficas deste livro são, por assim dizer, um conjunto de esboços de paisagens que surgiram a partir dessas longas e complexas jornadas.

Os mesmos pontos, ou praticamente os mesmos, foram repetidamente abordados, sempre a partir de diferentes perspectivas, e sempre foram esboçadas novas imagens. Um sem-número delas eram mal desenhadas, ou pouco características, maculadas por todas as falhas de um mau desenhista. E uma vez que estas foram eliminadas, restou um número de imagens passáveis, as quais precisaram, então, ser ordenadas e frequentemente aparadas de modo que pudessem oferecer ao observador uma imagem da paisagem. – Assim, este livro é, na verdade, apenas um álbum.

Até recentemente, eu havia, na verdade, desistido da ideia de publicar meu trabalho em vida. Contudo, de tempos em tempos essa ideia era reanimada, principalmente porque eu acabava sabendo que meus resultados, dados a conhecer em aulas, anotações e discussões, eram postos em circulação com todo tipo de incompreensão, tornados mais ou menos insossos ou mutilados. Desse modo, minha vaidade foi espicaçada e tive dificuldades em apaziguá-la.

Há quatro anos, porém, tive ocasião de reler meu primeiro livro (o *Tractatus Logico-Philosophicus*) e explicar seus pensamentos. Então subitamente me pareceu que eu deveria publicar aqueles antigos pensamentos em conjunto com os novos: que estes só poderiam se mostrar sob a luz correta por meio do contraste com e sobre o pano de fundo de meu antigo modo de pensar.

De fato, desde que, há dezesseis anos, voltei a me ocupar com filosofia, precisei reconhecer graves erros no que escrevi naquele meu primeiro livro. A crítica que minhas ideias receberam de Frank Ramsey, para quem pude expô-las em inúmeras conversas durante os últimos dois anos de sua vida, ajudou-me – em uma medida que eu próprio não seria capaz de julgar – a perceber esses erros. – Ainda mais do que a essa crítica – sempre vigorosa e acertada –, agradeço àquelas que um professor desta universidade, o senhor Piero Sraffa, exerceu incessantemente sobre meus pensamentos ao longo de muitos anos. A *esse* estímulo eu devo as ideias mais fecundas deste escrito.

Por mais de *uma* razão, o que publico aqui terá pontos de contato com o que outras pessoas estão escrevendo hoje. – Se minhas observações não trouxerem em si qualquer selo que as caracterize como minhas, também não as quero seguir reivindicando como minha propriedade.

Eu as ofereço ao público com sentimentos de dúvida. Não é impossível que deva caber a este trabalho, com suas carências e em meio à escuridão do presente, lançar alguma luz sobre um ou outro cérebro, – mas isso, evidentemente, não é provável.

Com meu escrito, eu não gostaria de poupar outros de pensar. Pelo contrário, se isso fosse possível, gostaria de incitar alguém a pensar por conta própria.

Eu gostaria de ter produzido um bom livro. Isso não ocorreu; mas passou o tempo em que ele poderia ter sido melhorado por mim.

*Cambridge, janeiro de 1945*

**1.**

Agostinho, nas *Confissões* I/8: *cum ipsi (majores homines) appellabant rem aliquam, et cum secundum eam vocem corpus ad aliquid movebant, videbam, et tenebam hoc ab eis vocari rem illam, quod sonabant, cum eam vellent ostendere. Hoc autem eos veile ex motu corporis aperiebatur: tamquam verbis naturalibus omnium gentium, quae fiunt vultu et nutu oculorum, ceterorumque membrorum actu, et sonitu vocis indicante affectionem animi in petendis, habendis, rejiciendis, fugiendisve rebus. Ita verba in variis sententiis locis suis posita, et crebro audita, quarum rerum signa essent, paulatim colligebam, measque jam voluntates, edomito in eis signis ore, per haec enuntiabam.*\*

---

\* Em latim no original: "Quando os adultos nomeavam alguma coisa e, assim fazendo, voltavam-se para ela, então eu via isso e compreendia que aquela coisa era chamada pelo som que eles emitiam quando queriam indicá-la. Isso, porém, eu concluía a partir dos movimentos do corpo, que são como a linguagem natural de todos os povos, a linguagem que, por meio das expressões faciais e do movimento dos olhos, do movimento dos membros e do tom da voz, mostra as afecções da alma quando esta deseja, obtém, rejeita ou evita algo. Assim, aos poucos passei a entender quais eram as coisas designadas pelas palavras que eu escutava repetidamente em diferentes frases, em seus devidos lugares. E passei a expressar meus desejos por meio delas, agora que minha boca estava bem adestrada no uso desses sinais". (N.T.)

Com essas palavras, parece-me, obtemos uma determinada imagem da essência da linguagem humana. A saber, esta: As palavras da linguagem nomeiam objetos – as frases são conexões de tais nomeações. — Nessa imagem da linguagem, encontramos as raízes da ideia: Cada palavra tem um significado. Esse significado está correlacionado à palavra. Ele é o objeto no lugar do qual a palavra está.

Agostinho não fala a respeito de uma diferença entre os tipos de palavras. Quem descreve dessa maneira a aprendizagem da linguagem, assim quero crer, pensa primeiramente em substantivos, como "mesa", "cadeira", "pão", e nos nomes de pessoas; somente em segundo lugar nos nomes de certas atividades e propriedades, e nos demais tipos de palavras como algo que acabará por se acomodar.

Considere agora o seguinte emprego da linguagem: Eu mando alguém fazer compras. Eu lhe dou um pedaço de papel e nele estão os sinais: "cinco maçãs vermelhas". Ele entrega esse pedaço de papel ao vendedor; este abre a gaveta em que está o sinal "maçã"; então procura numa tabela a palavra "vermelho" e encontra, a seu lado, uma amostra de cor; agora diz a sequência de palavras para os números naturais – suponho que ele as sabe de cor – até a palavra "cinco" e, para cada palavra numérica, retira da gaveta uma maçã com a cor da amostra. — Assim, e de maneiras semelhantes, operamos com palavras. — "Como ele sabe, porém, onde e como deve consultar a palavra 'vermelho' e o que deve fazer com a palavra 'cinco'?" — Bem, suponho que ele *age* como descrevi. As explicações têm, em algum lugar, um fim. – Mas qual é o significado da palavra "cinco"? – De tal coisa absolutamente não falamos; apenas de como a palavra "cinco" é usada.

**2.**

Aquele conceito filosófico de significado se acomoda bem em uma representação primitiva do modo como a linguagem funciona. Porém, pode-se também dizer que ele é a representação de uma linguagem mais primitiva que a nossa.

Imaginemos uma linguagem para a qual a descrição dada por Agostinho esteja correta: A linguagem deve servir para o entendimento mútuo entre um construtor **A** e seu ajudante **B**. **A** está erguendo uma construção com certos materiais; estão disponíveis blocos, colunas, placas e vigas. **B** tem de lhe entregar os materiais exatamente na ordem em que **A** necessita deles. Para esse fim, eles se servem de uma linguagem que consiste das palavras: "bloco", "coluna", "placa", "viga". **A** grita essas palavras; – **B** traz o material que aprendeu a trazer para cada grito. — Conceba isso como uma linguagem primitiva completa.

**3.**

Agostinho descreve, poderíamos dizer, um sistema de entendimento mútuo; acontece apenas que nem tudo o que chamamos de linguagem é esse sistema. E é isso o que se deveria dizer nos muitos casos em que surge a pergunta: "Essa apresentação é útil ou inútil?". A resposta é, então: "Sim, útil; mas apenas para esse domínio estreitamente circunscrito, não para a totalidade que você pretendia apresentar".

É como se alguém explicasse: "Jogar consiste em empurrar coisas sobre uma superfície de acordo com certas regras....." – e nós lhe respondemos: Parece que você está pensando nos jogos de tabuleiro; mas esses não são todos os jogos. Você pode corrigir sua explicação limitando-a expressamente a esses jogos.

## 4.

Imagine uma escrita na qual letras fossem utilizadas para a designação de sons, mas também para a designação da acentuação e como sinais de pontuação. (Pode-se conceber uma escrita como uma linguagem para a descrição de imagens sonoras.) Imagine, agora, que alguém compreendesse essa escrita como se a cada letra correspondesse simplesmente um som, e como se as letras não tivessem também funções totalmente diferentes. Uma tal concepção demasiadamente simplificada da escrita se assemelha à concepção de linguagem dada por Agostinho.

## 5.

Quando se considera o exemplo no §1, talvez se suspeite em que medida o conceito geral de significado das palavras faz com que o funcionamento da linguagem esteja envolto em uma névoa, a qual torna impossível a visão clara. – A neblina se dissipa quando estudamos os fenômenos da linguagem em modos primitivos de seu emprego, nos quais podemos obter uma visão panorâmica, clara, acerca do propósito e do funcionamento das palavras.

Tais formas primitivas da linguagem são empregadas pela criança quando aprende a falar. O ensino da linguagem, aqui, não é uma explicação, mas um adestramento.

## 6.

Poderíamos imaginar que a linguagem no §2 é *toda* a linguagem de A e B; e até mesmo toda a linguagem de uma tribo. As crianças são educadas para executar *tais* atividades, para usar aí *tais* palavras, e para reagir às palavras dos outros de *tal* maneira.

Uma parte importante do adestramento consistirá em que aquele que ensina aponta para os objetos, direciona a atenção das crianças para eles e, ao fazê-lo, pronuncia uma palavra; por exemplo, a palavra "placa" enquanto indica essa forma. (Não quero chamar isso de "definição" ou de "explicação ostensiva", porque a criança ainda não consegue *perguntar* pelo nome das coisas. Quero chamar isso de "ensino ostensivo das palavras". — Digo que constituirá uma parte importante do adestramento porque esse é o caso entre os homens; não porque isso não se deixe imaginar de modo diferente.) Esse ensino ostensivo das palavras, pode-se dizer, estabelece uma conexão associativa entre a palavra e a coisa. Mas o que isso quer dizer? Bem, pode querer dizer coisas diferentes; que se imagine inicialmente, porém, que a imagem da coisa se apresenta à alma da criança quando ela ouve a palavra. Mas se isso então acontece, – será que é esse o propósito da palavra? – Sim, esse *pode* ser o propósito. – Posso imaginar um tal emprego das palavras (sequências de sons). (Pronunciar uma palavra é como tocar uma tecla no piano da representação.) Mas na linguagem no §2 *não* é o propósito das palavras despertar representações. (Naturalmente, pode-se também descobrir que isso é útil para o verdadeiro propósito.)

Se o ensino ostensivo, porém, produz esse efeito, – acaso devo dizer que ele tem por efeito a compreensão da palavra? Acaso quem age de tal e tal maneira após o grito "Placa!" não o compreende? – Mas o que ajudou a provocar isso foi o ensino ostensivo; de fato, porém, apenas em conjunto com um determinado ensinamento. Com outro ensinamento, o mesmo ensino ostensivo dessas palavras teria por efeito uma compreensão totalmente diferente.

"Quando conecto a haste à alavanca, eu monto o freio." – Sim, desde que todo o mecanismo restante esteja dado. Só assim ele é a alavanca de freio; e, isolado de seu suporte, ele não é sequer alavanca, mas pode ser qualquer coisa, ou nada.

## 7.

Na prática do uso da linguagem (2), uma das partes grita as palavras, a outra age de acordo com elas; no ensinamento da linguagem, contudo, ocorrerá *este* processo: Aquele que aprende *nomeia* os objetos. Quer dizer, ele fala a palavra quando o professor aponta para o material. – De fato, aqui ocorrerá um exercício ainda mais simples: o aluno repete as palavras que o professor lhe dita — ambos processos semelhantes à linguagem.

Podemos também imaginar que todo o processo de uso das palavras em (2) é um daqueles jogos por meio dos quais crianças aprendem sua língua materna. Quero chamar esses jogos de "*jogos de linguagem*", e falar de uma linguagem primitiva, às vezes, como de um jogo de linguagem.

E também se poderiam chamar de jogos de linguagem os processos de nomeação dos materiais e de repetição das palavras ditadas. Pense nos vários usos que se fazem das palavras nos jogos e brincadeiras de roda.

Também chamarei de "jogo de linguagem" o todo da linguagem e das atividades com as quais ela está emaranhada.

## 8.

Consideremos uma extensão da linguagem (2). Além das quatro palavras "bloco", "coluna" etc., ela contém uma sequência de palavras que é utilizada do mesmo modo que o vendedor em (1) utiliza as palavras numéricas (pode ser a sequência das letras do alfabeto); e ainda duas palavras que podem ter o som "ali" e "este" (porque isso já indica mais ou menos seu propósito) e são usadas em conexão com um movimento indicativo das mãos; finalmente, certa quantidade de amostras de cor. A dá uma ordem do tipo: "d-placa-ali". Ao fazer isso, exibe uma amostra de cor a seu ajudante, indicando um lugar do canteiro de obras ao falar a palavra "ali". Para cada letra do alfabeto até "d", **B** pega, do estoque de placas, uma placa da mesma cor da amostra e a leva até o lugar designado por **A**. – Em outras ocasiões **A** dá a ordem: "este-ali". Ao dizer "este", ele indica um material de construção. E assim por diante.

## 9.

Quando a criança aprende essa linguagem, ela precisa aprender de cor a sequência das 'palavras numéricas' "a, b, c, ...". E precisa aprender seu uso. – Será que, nesse processo de aprendizagem, também ocorrerá um ensino ostensivo das palavras? – Bem, placas serão apontadas e contadas: "a, b, c placas". – O ensino ostensivo das palavras "bloco", "coluna" etc. teria maior semelhança com o ensino ostensivo das palavras numéricas que servem não para contar, mas para designar grupos de coisas que podem ser apreendidos com o olhar. É assim, com efeito, que as crianças aprendem o uso das primeiras cinco ou seis palavras para os números naturais.

Acaso "ali" e "este" também serão ensinados ostensivamente? – Imagine o modo como se poderia, talvez, ensinar seu uso! Serão apontados lugares e coisas, – mas aqui esse apontar acontece também no *uso* das palavras, e não somente na aprendizagem de seu uso. –

## 10.

O que *designam*, então, as palavras dessa linguagem? – Como se pode mostrar aquilo que elas designam, senão pelo modo de usá-las? E isso nós de fato já descrevemos. A expressão "essa palavra designa *isto*" precisaria, portanto, tornar-se parte dessa descrição. Ou ainda: a descrição precisará ser posta na forma "A palavra ... designa ...".

Pode-se, então, abreviar a descrição do uso da palavra "placa" ao se dizer que essa palavra designa esse objeto. Faremos isso, por exemplo, caso se trate tão somente de afastar o mal-entendido de que a palavra "placa" se refere a certo material de construção que nós, na realidade, chamamos de "bloco", – porém, a maneira como acontece esse '*referir*', ou seja, o uso dessa palavra em outros casos, é conhecido.

E do mesmo modo se pode dizer que os sinais "a", "b" etc. designam números; caso isso elimine, por exemplo, o mal-entendido de que "a", "b", "c" desempenham na linguagem o papel que, na verdade, é desempenhado por "bloco", "placa", "coluna". E pode-se também dizer que "c" designa tal número, e não outro; caso com isso se explique, por exemplo, que as letras devem ser usadas na ordem a, b, c, d etc. e não nesta: a, b, d, c.

Mas pelo fato de que assemelhamos desse modo as descrições do uso das palavras, esse uso não se torna mais semelhante! Pois, como vemos, ele é de tipo completamente diferente.

## 11.

Pense nas ferramentas em uma caixa de ferramentas: há ali um martelo, um alicate, um serrote, uma chave de fenda, uma trena, uma panela para cola, cola, pregos e parafusos. – Assim como são distintas as funções desses objetos, também são distintas as funções das palavras. (E há semelhanças aqui e ali.)

Evidentemente, o que nos confunde é a uniformidade de sua aparência quando as palavras nos são faladas ou nos aparecem na forma escrita ou impressa. Pois seu *emprego* não se põe tão claramente diante de nós. Principalmente quando filosofamos!

## 12.

É como quando olhamos dentro da cabine de uma locomotiva: ali estão alavancas, as quais parecem todas mais ou menos iguais. (Isso é compreensível, pois todas elas devem ser operadas com a mão.) Mas uma é uma manivela, a qual pode ser movida continuamente (ela regula a abertura de uma válvula); outra é um comutador, o qual tem apenas duas posições operantes, está ligado ou desligado; uma terceira é uma alavanca de freio, quanto mais forte é puxada, mais forte se freia; uma quarta, a alavanca de uma bomba; ela funciona apenas enquanto é movida para a frente e para trás.

## 13.

Quando dizemos: "cada palavra da linguagem designa algo", com isso ainda não se disse *absolutamente* nada; a não ser que explicássemos precisamente *qual* distinção desejamos fazer. (Poderia muito bem ser que quiséssemos distinguir as palavras da linguagem (8) de palavras 'sem significado', tais como ocorrem em poemas de Lewis Carroll, ou de palavras como "quasquarigudum" em uma canção.)

## 14.

Imagine que alguém dissesse: "*Todas* as ferramentas servem para modificar algo. O martelo, a posição do prego; o serrote, o formato da tábua etc.". – E o que modificam a trena, a panela para cola, os pregos? – "Nosso saber acerca do comprimento de uma coisa, a temperatura da cola e a firmeza de uma caixa." — Será que com essa assimilação de expressões ganhou-se algo? –

## 15.

A palavra "designar" talvez seja aplicada do modo mais direto ali onde o sinal está sobre o objeto que designa. Suponha que as ferramentas que **A** utiliza na construção portem certos sinais. **A** mostra tal sinal ao ajudante, o qual traz a ferramenta marcada com esse sinal.

Assim, e de modos mais ou menos semelhantes, um nome designa uma coisa, e um nome é dado a uma coisa. – Frequentemente se mostrará útil se, ao filosofar, dissermos: Nomear algo é semelhante a colar, sobre uma coisa, uma etiqueta com seu nome.

## 16.

E o que se passa com as amostras de cor que **A** mostra para **B**, – elas pertencem à *linguagem*? Bem, como se queira. À linguagem verbal elas não pertencem; mas se digo a alguém: "Pronuncie a palavra 'a'", então você certamente também irá contar esse segundo "'a'" como parte da frase. E, de fato, ela desempenha um papel bastante semelhante ao de uma amostra de cor no jogo de linguagem (8); ela é, a saber, uma amostra daquilo que o outro deve dizer.

O mais natural, e o que conduz a menos confusão, é que contemos as amostras entre as ferramentas da linguagem.

((Observação sobre o pronome reflexivo "*esta* frase".))

## 17.

Poderemos então dizer: na linguagem (8), temos diferentes *tipos de palavras*. Pois a função da palavra "placa" e a função da palavra "bloco" são mais semelhantes entre si do que as das palavras "placa" e "d". O modo, porém, como reunimos as palavras segundo tipos irá depender do propósito da classificação, – e de nossa inclinação.

Pense nos diferentes pontos de vista segundo os quais se podem classificar ferramentas em tipos de ferramentas. Ou peças de xadrez em tipos de peças.

## 18.

Não se deixe perturbar pelo fato de que as linguagens (2) e (8) consistem somente de ordens. Se você quiser dizer que, por causa disso, elas não são completas, então se pergunte se a nossa linguagem é completa; – e se era completa antes que os símbolos químicos e a notação infinitesimal lhe fossem incorporados; pois essas são, por assim dizer, periferias da nossa linguagem. (E com quantas casas, ou ruas, uma cidade começa a ser uma cidade?) Pode-se ver nossa linguagem como uma cidade antiga: um emaranhado de becos e praças, casas velhas e novas, e casas com apêndices de diferentes épocas; tudo isso cercado por um conjunto de novos bairros com ruas retas e regulares e casas uniformes.

## 19.

Pode-se facilmente imaginar uma linguagem que consista somente de ordens e informes dados durante uma batalha. – Ou uma linguagem que consista somente de perguntas e de uma expressão de assentimento e outra de negação. E incontáveis outras. — E imaginar uma linguagem significa imaginar uma forma de vida.

Mas e quanto a isto: Será que o grito "Placa!", no exemplo (2), é uma frase ou uma palavra? – Se for uma palavra, então é claro que ela não tem o mesmo significado que a palavra de mesmo som da nossa linguagem usual, pois no §2 ela é certamente um grito. Porém, se for uma frase, então é claro que ela não é a frase elíptica "Placa!" da nossa linguagem. — No que concerne à questão inicial, você pode chamar "Placa!" de palavra e também de frase; talvez seja adequado chamá-la de uma 'frase degenerada' (do mesmo modo como se fala de uma hipérbole degenerada), e nossa frase 'elíptica' é, com efeito, justamente isso. – Mas ela é, de fato, apenas uma forma abreviada da frase "Traga-me uma placa!", e essa frase certamente não existe no exemplo (2). – Mas por que eu não deveria, inversamente, chamar a frase "Traga-me uma placa!" de uma *expansão* da frase "Placa!"? – Porque aquele que grita "Placa!" realmente quer dizer: "Traga-me uma placa!". – Mas como você faz para *querer dizer isso* enquanto *diz* "Placa"? Será que você fala internamente, para si mesmo, a frase não abreviada? E por que eu deveria traduzir essa expressão por uma outra para dizer o que alguém quer dizer com o grito "Placa!"? E se as duas significam a mesma coisa, – por que eu não deveria dizer: "se ele diz 'Placa!', ele quer dizer 'Placa!'"? Ou ainda: por que você não deveria poder querer dizer "Placa!" se você pode querer dizer "Traga-me a placa"? — Mas se eu grito "Placa!", então o que eu quero é que *ele me traga uma placa*! — Certamente, mas será que 'querer isso' consiste no fato de que você pensa em uma outra frase, com alguma outra forma, diferente daquela que você diz? –

## 20.

Mas se alguém diz "Traga-me uma placa!", então agora parece que ele poderia querer dizer essa expressão como *uma* longa palavra: correspondente, a saber, a esta única palavra, "Placa!". — Será, portanto, que se pode querer dizê-la às vezes como *uma* palavra e às vezes como quatro palavras? E como queremos dizê-la usualmente? — Acredito que estaremos inclinados a dizer: Queremos dizer a frase como sendo uma frase de *quatro* palavras caso nós a usemos em oposição a outras frases, tais como "*Passe*-me uma placa", "Traga-*lhe* uma placa", "Traga *duas* placas" etc.; em oposição, portanto, a frases que contêm as palavras de nossa ordem em combinações diferentes. — Mas em que consiste usar uma frase em oposição a outras frases? Será, talvez, que nesse caso as frases vêm à mente da pessoa? E *todas* elas? E *enquanto* se diz aquela frase, ou antes, ou depois? – Não! E mesmo que uma tal explicação chegue a nos tentar, então só precisamos refletir por um instante acerca do que realmente acontece para ver que aqui estamos no caminho errado. Dizemos que usamos a ordem em oposição a outras frases porque *nossa linguagem* contém a possibilidade dessas outras frases. Quem não compreende nossa linguagem, um estrangeiro que tivesse frequentemente ouvido o modo como alguém dá a ordem "Traga-me uma placa!", poderia ser da opinião de que toda essa sequência de sons é uma palavra, que corresponderia, talvez, à palavra para "material" em sua linguagem. Caso então ele próprio tivesse dado essa ordem, talvez ele a pronunciasse de modo diferente, e nós diríamos: Ele a pronuncia de modo tão estranho porque a toma por *uma* palavra. — Mas será então que, quando ele a pronuncia, algo diferente ocorre dentro dele, – correspondente ao fato de que ele concebe a frase como *uma* palavra? — Pode ocorrer dentro dele a mesma coisa, ou também coisas diferentes. Pois o que é que ocorre dentro de você quando você dá uma ordem como essa; será que, *enquanto* a pronuncia, você está consciente de que ela consiste de quatro palavras? Evidentemente, você *domina* essa linguagem – na qual existem também aquelas outras frases –, mas será que esse domínio é algo que '*acontece*' enquanto você pronuncia a frase? – E eu já admiti: o estrangeiro provavelmente pronunciará de modo diferente a frase que ele concebe de modo diferente; mas o que chamamos de uma concepção errada não *precisa* residir em algo que acompanha o pronunciar da ordem.

A frase não é 'elíptica' por deixar de fora algo que queremos dizer quando a pronunciamos, mas porque ela é abreviada – em comparação com um determinado modelo da nossa gramática. – Aqui se poderia evidentemente objetar: "Você admite que a frase abreviada e a frase não abreviada possuem o mesmo sentido. – Qual sentido elas possuem, então? Será que não há uma expressão verbal para esse sentido?". — Mas será que, para as frases, ter o mesmo sentido não consiste em ter o mesmo *emprego*? – (Em russo se diz "pedra vermelha" em vez de "a pedra é vermelha"; será que a cópula lhes escapa, ou será que eles adicionam a cópula em *pensamento*?)

## 21.

Imagine um jogo de linguagem no qual **B**, após ser perguntado, informa a **A** o número de placas ou de blocos em uma pilha, ou então as cores e as formas dos materiais de construção que estão aqui ou ali. – Esse informe poderia soar assim: "Cinco placas". Qual, então, é a diferença entre o informe, ou afirmação, "Cinco placas" e a ordem "Cinco placas!"? – Bem, o papel que o pronunciamento dessas palavras desempenha no jogo de linguagem. Porém, também o tom em que elas são pronunciadas será outro, bem como a expressão facial e ainda outras coisas. Mas também podemos imaginar que o tom seja o mesmo – pois uma ordem e um informe podem ser pronunciados com *diversos* tons e com diversas expressões faciais –, e que a diferença resida apenas no emprego. (Evidentemente, também poderíamos usar as palavras "afirmação" e "ordem" para designar uma forma gramatical das frases e uma entonação; do mesmo modo que chamamos "O tempo hoje não está maravilhoso?" de pergunta, embora seja usada como afirmação.) Poderíamos imaginar uma linguagem na qual *todas* as afirmações tivessem a forma e o tom de perguntas retóricas; ou na qual as ordens tivessem a forma da pergunta: "Você poderia fazer isso?". Nesse caso, alguém talvez vá dizer: "O que ele diz tem forma de pergunta, mas na verdade é uma ordem" – ou seja, tem a função de uma ordem na prática da linguagem. (De modo semelhante, dizemos "Você fará isso", não como profecia, mas como ordem. O que é que torna essa expressão uma coisa ou outra?)

## 22.

A concepção fregeana de que, em uma afirmação, está embutida uma suposição, a qual é justamente aquilo que é afirmado, baseia-se na verdade na possibilidade, existente em nossa linguagem, de escrever todas as frases afirmativas na forma "Afirma-se que isso e aquilo é o caso". – Contudo, "que isso e aquilo é o caso" de fato não é, na nossa linguagem, uma frase – ainda não é um *lance* no jogo de linguagem. E caso eu escreva, em vez de "Afirma-se que...", "Afirma-se: isso e aquilo é o caso", então a expressão "Afirma-se" é aqui claramente supérflua.

Nós também poderíamos muito bem escrever todas as afirmações na forma de uma interrogação seguida de assentimento; algo como: "Está chovendo? Sim!". Acaso isso mostraria que em toda afirmação está embutida uma interrogação?

Temos todo o direito de usar um sinal de afirmação por oposição, por exemplo, a um sinal de interrogação; ou quando queremos diferenciar uma afirmação de uma ficção ou de uma suposição. Equivocado, apenas, é pretender que a afirmação consiste então de dois atos, o levar em consideração e o afirmar (atribuir valor de verdade, ou algo assim), e que executamos esses atos de acordo com o sinal da frase, mais ou menos como cantamos de acordo com as notas. O que se deve comparar com o cantar de acordo com as notas é, de fato, a leitura em voz alta ou baixa da frase escrita, mas não o '*querer dizer*' (pensar) da frase lida.

O sinal fregeano de afirmação dá ênfase ao *início da frase*. Ele tem, portanto, uma função semelhante à do ponto final. Ele diferencia o período completo de uma frase *dentro* do período. Quando ouço alguém dizer "está chovendo", mas não sei se ouvi o começo e o final do período, então essa frase ainda não serve como meio para que eu comunique algo.

> Pensemos em uma imagem representando um boxeador em um ringue. Essa imagem, então, pode ser utilizada para comunicar a alguém como deve se posicionar e se portar; ou como não deve se portar; ou como se posicionou determinado homem em certa ocasião; ou etc. etc. Poderíamos chamar essa imagem de um radical da frase (falando em termos químicos). Frege pensava de modo semelhante acerca da "suposição".

## 23.

Mas quantos tipos de frases existem? Talvez afirmação, interrogação e ordem? – Existem *incontáveis* tipos: incontáveis tipos diferentes de emprego de tudo aquilo que chamamos de "sinais", "palavras", "frases". E essa multiplicidade não é nada de fixo, dado de uma vez por todas; mas novos tipos de linguagem, novos jogos de linguagem, como podemos dizer, surgem e outros envelhecem e são esquecidos. (Uma *imagem aproximada* disso nos pode ser dada pelas mudanças na matemática.)

A expressão "*jogo* de linguagem" deve ressaltar aqui o fato de que o *falar* a linguagem é parte de uma atividade, ou de uma forma de vida.

Ponha diante de seus olhos a multiplicidade dos jogos de linguagem a partir destes e outros exemplos:

Ordenar, e agir segundo ordens –

Descrever um objeto segundo sua aparência, ou por meio de medições –

Produzir um objeto segundo uma descrição (um desenho) –

Relatar um evento –

Levantar suposições sobre esse evento –
Formular e testar uma hipótese –
Apresentar o resultado de um experimento por meio de tabelas e diagramas –
Inventar uma história; e lê-la –
Atuar no teatro –
Cantar cantigas de roda –
Adivinhar charadas –
Elaborar uma piada; contá-la –
Resolver um exercício de cálculo aplicado –
Traduzir de uma linguagem para outra –
Pedir, agradecer, praguejar, cumprimentar, rezar.

– É interessante comparar a multiplicidade das ferramentas da linguagem e seus modos de emprego, a multiplicidade de tipos de palavras e de frases, com aquilo que disseram os lógicos sobre a estrutura da linguagem. (E também o autor do *Tractatus Logico-Philosophicus*.)

## 24.

Quem não tiver diante dos olhos a multiplicidade dos jogos de linguagem estará talvez inclinado a perguntas como esta: "O que é uma pergunta?". – Será ela a constatação de que eu não sei isso e aquilo, ou a constatação de que eu desejo que alguém pudesse me dizer . . . .? Ou será ela a descrição do meu estado anímico de incerteza? – E será o grito "Socorro!" uma tal descrição?

Pense em quantas coisas de tipos diferentes são chamadas de "descrição": descrição da posição de um corpo por meio de suas coordenadas; descrição de uma expressão facial; descrição de uma sensação tátil; de um estado de humor.

Pode-se, evidentemente, substituir a forma usual da pergunta pela da constatação ou da descrição: "Quero saber se...", ou "Estou em dúvida a respeito de se..." – mas, com isso, os diferentes jogos de linguagem não foram aproximados uns dos outros. A significatividade de tais possibilidades de reformulação, por exemplo de todas as frases afirmativas em frases que começam com a cláusula "Eu penso" ou "Eu creio" (portanto, em descrições da *minha* vida interior, por assim dizer), será mostrada mais claramente em outro lugar. (Solipsismo.)

**25.**

Às vezes se diz: os animais não falam porque lhes faltam as capacidades mentais. Isso significa: "eles não pensam, e por isso não falam". Mas: eles simplesmente não falam. Ou melhor: eles não empregam a linguagem – se não levarmos em conta as formas mais primitivas de linguagem. – Dar ordens, perguntar, contar histórias, jogar conversa fora pertencem à nossa história natural assim como andar, comer, beber, jogar.

**26.**

Pensa-se que aprender a linguagem consiste em nomear objetos. E mais precisamente: pessoas, formas, cores, dores, humores, números etc. Como dito – nomear é algo semelhante a colar, sobre uma coisa, uma etiqueta com seu nome. Pode-se chamar isso de preparação para o uso de uma palavra. Mas uma preparação *para quê?*

**27.**

"Nomeamos as coisas e agora podemos falar sobre elas. Podemos nos referir a elas no discurso." – Como se, no ato de nomear, já estivesse dado aquilo que fazemos depois. Como se houvesse apenas uma coisa que se chamasse: "falar a respeito das coisas". Quando, na verdade, fazemos os mais diferentes tipos de coisas com nossas frases. Pensemos somente nos gritos. Com suas funções completamente diferentes.
    Água!
    Fora!
    Ai!
    Socorro!
    Lindo!
    Não!
Será que você ainda está inclinado, agora, a chamar essas palavras de "nomes de objetos"?

Nas linguagens (2) e (8) não havia como perguntar pelo nome das coisas. Isso e seu correlato, a explicação ostensiva, são, como poderíamos dizer, um jogo de linguagem específico. O que na verdade significa: somos educados, adestrados, para perguntar: "Como se chama isso?" – ao que se segue a nomeação. E existe até mesmo o seguinte jogo de linguagem: Inventar um nome para algo. Portanto, dizer: "Isso se chama...", e então empregar o novo nome. (É assim que as crianças nomeiam, por exemplo, suas bonecas, e então falam delas e com elas. Reflita também, a esse respeito, sobre quão singular é o uso do nome de uma pessoa para *chamar* o nomeado!)

## 28.

Pode-se assim definir ostensivamente o nome de uma pessoa, uma palavra para cor, o nome de um material, uma palavra numérica, o nome de um ponto cardeal etc. A definição do número dois "Isso se chama 'dois'" – no momento em que se aponta para duas nozes – é perfeitamente exata. – Mas como, então, pode-se definir o dois assim? Aquele para quem se dá a definição não sabe *o que* queremos nomear com "dois"; ele irá supor que você está chamando de "dois" *esse* grupo de nozes! — Ele *pode* supor tal coisa; talvez, porém, ele não o suponha. Inversamente, caso eu quisesse atribuir um nome para esse grupo de nozes, ele também poderia entendê-lo erroneamente como o nome de um número. E da mesma maneira, caso eu desse uma explicação ostensiva para o nome de uma pessoa, ele poderia compreendê-lo como o nome de uma cor, como designação de uma raça e até mesmo como o nome de um ponto cardeal. Ou seja, a definição ostensiva pode, em *qualquer* caso, ser interpretada de uma maneira ou de outra.

> Será que poderíamos, para explicar a palavra "vermelho", apontar para algo que *não é vermelho*? Isso seria semelhante a quando precisamos explicar a palavra "modesto" para alguém que não domina a língua portuguesa e, à guisa de explicação, lhe apontamos uma pessoa arrogante, dizendo "Esta pessoa *não* é modesta". O fato de ela ser ambígua não é um argumento contra essa maneira de explicar. Toda explicação pode ser mal compreendida.
>
> Mas alguém poderia muito bem perguntar: Será que ainda deveríamos chamar isso de "explicação"? – Pois ela evidentemente desempenha, no cálculo, um papel diferente daquilo que

> chamamos\* de "explicação ostensiva" da palavra "vermelho";
> mesmo que ela tivesse as mesmas consequências práticas, o
> mesmo *efeito*, sobre aquele que está aprendendo.

## 29.

Talvez alguém diga: o dois só pode ser definido ostensivamente *assim*: "Este *número* se chama 'dois'". Pois a palavra "número" mostra, aqui, em que *lugar* da linguagem, da gramática, colocamos a palavra. Isso significa, porém, que a palavra "número" deve ser explicada antes que aquela definição ostensiva possa ser compreendida. – A palavra "número", na definição, de fato mostra esse lugar; o posto que fazemos a palavra ocupar. E podemos prevenir mal-entendidos ao dizer: "Esta *cor* se chama tal e tal", "Este *comprimento* se chama tal e tal" e assim por diante. Ou seja: mal-entendidos são, às vezes, evitados dessa maneira. Mas será então que é somente *assim* que a palavra "cor", ou "comprimento", pode ser compreendida? – Bem, certamente precisamos explicá-las. – Explicá-las, portanto, por meio de outras palavras! E o que dizer da última explicação dessa cadeia? (Não diga "Não há uma 'última' explicação". Isso é como se você quisesse dizer: "Não há uma última casa nesta rua; pode-se sempre construir mais uma".)

A palavra "número" é necessária na definição ostensiva do dois a depender de se, sem essa palavra, a outra pessoa a compreende de maneira diferente do que eu desejo. E isso dependerá

---

\* A partir da primeira edição de G. E. M. Anscombe e R. Rhees, houve aqui o acréscimo da palavra *gewöhnlich*, ou seja, "usualmente". A palavra, porém, não está presente no original de Wittgenstein (no caso desse boxe, um pequeno texto escrito à mão em um pedaço de papel à parte, apensado ao tiposcrito). (N.T.)

justamente das circunstâncias em que a explicação é dada, e da pessoa para quem a dou.

E o modo como a pessoa 'compreende' a explicação é mostrado pela maneira como ela faz uso da palavra explicada.

## 30.

Poderíamos dizer, portanto: A definição ostensiva explica o uso – o significado – da palavra quando já está claro qual papel a palavra deve desempenhar na linguagem. Assim, se eu sei que alguém quer me explicar uma palavra para cor, então a explicação ostensiva "Isto se chama 'sépia'" irá me ajudar a compreender a palavra. – E podemos dizer isso desde que agora não esqueçamos que questionamentos de todo tipo estão associados à palavra "saber", ou "estar claro".

Precisamos já saber algo (ou ser capazes de algo) para que possamos perguntar pelo nome. Mas o que precisamos saber?

## 31.

Se mostramos a alguém a peça do rei no jogo de xadrez e dizemos "Este é o rei", com isso não lhe explicamos o uso dessa peça, – a não ser que ele já conheça as regras do jogo, salvo esta última especificação: o formato da peça do rei. Pode-se imaginar que ele tenha aprendido as regras do jogo sem que jamais lhe tenha sido mostrada uma peça física. O formato da peça corresponde aqui ao som, ou à forma, de uma palavra.

Mas também se pode imaginar que alguém tenha aprendido o jogo sem jamais aprender as regras ou sem jamais as formular. Talvez ele tenha aprendido, primeiramente, pela observação de jogos de tabuleiro muito simples, progredindo então para jogos cada vez mais complexos. Também para essa pessoa poderíamos dar a explicação: "Este é o rei" – ao lhe mostrar, por exemplo, peças de xadrez de um formato que não lhe é familiar. Também essa explicação lhe ensina o uso da peça apenas porque, por assim dizer, o lugar em que ela foi colocada já estava preparado. Ou ainda: Nós só iremos dizer que ela lhe ensina o uso se o lugar já está preparado. E aqui isso ocorre não porque aquele para quem damos a explicação já sabe as regras, mas sim porque, em outro sentido, ele já domina um jogo.

Considere ainda o seguinte caso: Eu explico a alguém o jogo de xadrez; e começo apontando para uma peça e dizendo: "Este é o rei. Ele pode se mover assim e assim etc. etc.". – Nesse caso diremos: a expressão "Este é o rei" (ou "Isto se chama 'rei'") é uma explicação para a palavra apenas se aquele que aprende já 'sabe o que é uma peça do jogo'. Se ele, portanto, já jogou outros jogos ou observou outros jogarem 'compreendendo' – *e coisas semelhantes*. E é também apenas nesse caso que ele poderá perguntar de modo relevante, ao aprender o jogo: "Como isto se chama?" – a saber, essa peça de xadrez.

Podemos dizer: Só pergunta de modo significativo pelo nome quem já sabe fazer alguma coisa com ele.

Podemos até mesmo imaginar que o interrogado responda: "Escolha você mesmo o nome" – e então aquele que perguntou precisaria ele mesmo responder por tudo.

## 32.

Quem chega a uma terra estrangeira às vezes irá aprender a linguagem dos nativos por meio de explicações ostensivas que eles lhe dão; e frequentemente precisará *adivinhar* a interpretação dessas explicações, e adivinhará às vezes certo, às vezes errado.

E agora creio que podemos dizer: Agostinho descreve a aprendizagem da linguagem humana como se a criança chegasse a uma terra estrangeira e não compreendesse a linguagem dessa terra; ou seja: como se ela já tivesse uma linguagem, mas não aquela. Ou ainda: como se a criança já pudesse *pensar*, mas ainda não pudesse falar. E "pensar", aqui, significaria algo como: conversar consigo mesmo.

## 33.

E se alguém, porém, objetasse: "Não é verdade que uma pessoa já precisa dominar um jogo de linguagem para compreender uma definição ostensiva; obviamente, ela precisa apenas saber (ou adivinhar) para que está apontando aquele que dá a explicação! Se está apontando, por exemplo, para o formato do objeto, ou para sua cor, ou para a quantidade etc. etc.". — E no que consiste então – 'apontar para o formato', 'apontar para a cor'? Aponte para um pedaço de papel! – E agora aponte para seu formato, – agora para sua cor, – agora para sua quantidade (isso soa estranho)! – Bem, como é que você fez isso? Você dirá que, em cada caso, '*quis dizer*' algo diferente ao apontar. E, caso eu pergunte como é que isso ocorre, você dirá que concentrou sua atenção sobre o formato, a cor etc. Agora, porém, eu pergunto ainda uma vez como é que *isso* ocorre.

Imagine que alguém aponta para um vaso e diz: "Veja que azul esplêndido! – o formato não importa –". Ou: "Veja que formato esplêndido! – a cor é indiferente". Sem dúvida você fará coisas *diferentes* caso obedeça a essas duas exortações. Mas será que você faz sempre a *mesma coisa* quando direciona sua atenção para a cor? Imagine então diferentes casos! Quero indicar alguns:

"Será que este azul é o mesmo que aquele ali? Você vê alguma diferença?" –

Você mistura cores e diz: "O azul deste céu é difícil de encontrar".

"O tempo está abrindo, vê-se novamente o azul do céu!"
"Veja que impressões distintas transmitem esses dois azuis!"
"Você está vendo o livro azul ali? Traga-o aqui."
"Esse sinal de luz azul significa..."
"Como é mesmo o nome deste azul? – será que é 'índigo'?"

Às vezes direcionamos nossa atenção para a cor ao ocultar com as mãos as bordas do formato; ou ao não direcionar nosso olhar para o contorno da coisa; ou ao olhar fixamente para o objeto e buscar lembrar onde já vimos essa cor.

Direcionamos nossa atenção para o formato, às vezes ao desenhá-lo, às vezes ao franzir os olhos para não ver direito a cor etc. etc. Quero dizer: essas coisas e outras semelhantes acontecem *enquanto* alguém 'direciona a atenção para isso ou aquilo'. Mas não é somente isso o que nos permite dizer que alguém direciona sua atenção para o formato, para a cor etc. Assim como um lance de xadrez não consiste somente no fato de que uma peça é movida de tal ou qual maneira sobre o tabuleiro, – e tampouco nos pensamentos e sentimentos que acompanham o lance, enquanto o jogador move a peça; mas nas circunstâncias a que chamamos: "jogar uma partida de xadrez", "resolver um problema de xadrez" e outras como essas.

## 34.

Mas suponha que alguém dissesse: "Eu faço sempre o mesmo quando direciono minha atenção para o formato: eu sigo o contorno com os olhos e, ao fazê-lo, sinto...". E suponha que essa pessoa dê a uma outra a explicação ostensiva "Isto se chama 'círculo'", enquanto aponta, com todas essas experiências, para um objeto circular – será que, apesar disso, a outra pessoa não pode interpretar a explicação de modo diferente, ainda que ela veja que quem dá a explicação segue o formato com os olhos, e ainda que ela sinta o que quem explica sente? Ou seja: Essa 'interpretação' pode também consistir no modo como ela agora faz uso da palavra explicada, por exemplo, para o que ela aponta quando recebe a ordem "Aponte para um círculo!". – Pois nem a expressão "querer dizer tal e tal coisa com a explicação" nem a expressão "interpretar a explicação de tal e tal modo" designam um processo que acompanha o dar ou ouvir a explicação.

## 35.

Existe, é claro, o que se pode chamar de "experiências características" do apontar, digamos, para o formato. Por exemplo, seguir o contorno com o dedo, ou com o olhar, ao apontar. – Mas assim como *isso* não ocorre em todos os casos nos quais eu 'quero me referir ao formato', tampouco há um outro processo característico que ocorre em todos eles. – E mesmo se um tal processo se repetisse em todos os casos, ainda assim dependeria das circunstâncias – ou seja, do que ocorre antes ou depois do apontar – se diríamos "Ele apontou para o formato e não para a cor".

Pois as expressões "apontar para o formato", "querer se referir ao formato" etc. não são usadas como esta: "apontar para este livro" (e não para aquele), "apontar para a cadeira, e não para a mesa" etc. – Pois apenas considere como é diferente o modo como *aprendemos* o uso das seguintes expressões: "apontar para esta coisa", "apontar para aquela coisa" e, por outro lado: "apontar para a cor e não para o formato", "querer se referir à *cor*" etc. etc.

Como dito, em certos casos, especialmente ao apontar 'para o formato' ou 'para a quantidade', há experiências e modos característicos do apontar – 'característicos' porque eles se repetem frequentemente (não sempre) quando 'queremos nos referir' ao formato ou à quantidade. Mas acaso você conhece também uma experiência característica do apontar para a peça do jogo como *peça do jogo*? E, no entanto, pode-se falar: "O que quero dizer é que essa *peça do jogo*, e não esse pedaço específico de madeira para o qual estou apontando, se chama 'rei'". (Reconhecer, desejar, lembrar-se etc.)

> E o que se passa com o seguinte caso: *querer dizer* a expressão "*Isto* é azul" às vezes como um enunciado sobre o objeto para o qual se aponta – às vezes como explicação da palavra "azul"? No segundo caso, o que se quer dizer é, na verdade, "Isto se chama 'azul'". – Será, portanto, que se pode querer dizer, primeiramente, a palavra "é" como "se chama" e a palavra "azul" como "'azul'"? e, depois, o "é" realmente como "é"?
>
> Pode também acontecer de alguém extrair a explicação de uma palavra a partir de algo que foi dito como informação. [Aqui se oculta uma superstição de graves consequências.]
>
> Será que com a palavra "bububu" posso querer dizer "Se não chover, vou sair para um passeio"? – Apenas em uma linguagem posso querer dizer algo com algo. Isso mostra claramente que a gramática de "querer dizer" não é semelhante à da expressão "imaginar algo" e outras parecidas.

## 36.

E fazemos aqui aquilo que fazemos em milhares de casos semelhantes: Como não conseguimos apresentar *uma* ação corporal que chamamos de apontar para o formato (por oposição, por exemplo, a apontar para a cor), então dizemos que essa expressão corresponderia a uma atividade *mental*.

Nos casos em que nossa linguagem nos leva a supor um corpo onde não há corpo algum, ali, gostaríamos de dizer, há *algo mental*, ou seja, um fantasma.

## 37.

Qual é a relação entre o nome e o nomeado? – Bem, o que ela *é*? Observe o jogo de linguagem (2), ou outro! ali se pode ver em que, talvez, consiste essa relação. Entre muitas outras coisas, a relação também pode consistir no fato de que a audição do nome nos traz à alma a imagem do nomeado, e consiste também, entre outras coisas, no fato de que o nome é escrito sobre o nomeado, ou no fato de que o nome é pronunciado ao se apontar para o nomeado.

## 38.

Mas o que nomeia, por exemplo, a palavra "este" no jogo de linguagem (8), ou a palavra "isto" na explicação ostensiva "Isto se chama..."? – Caso não se deseje dar margem a confusões, então o melhor é que não se diga, de modo algum, que essas palavras nomeiam algo. – E é estranho que certa vez se tenha dito, a respeito da palavra "este", que ela é *o verdadeiro* nome. Tudo o mais o que chamamos de nome, portanto, o seria apenas em sentido impreciso e aproximado.

Essa estranha concepção deriva de uma tendência a sublimar – como poderíamos dizer – a lógica de nossa linguagem. A resposta apropriada para isso é: chamamos de "nome" coisas *muito diferentes*; a palavra "nome" caracteriza muitos tipos diferentes de usos de uma palavra, aparentados de maneiras muito diferentes uns com os outros; – mas entre esses tipos de uso não está o da palavra "este".

É bem verdade que nós, frequentemente, por exemplo na definição ostensiva, apontamos para o nomeado e, ao fazer isso, pronunciamos seu nome. Do mesmo modo, pronunciamos a palavra "este", por exemplo na definição ostensiva, ao apontar para uma coisa. E a palavra "este" e um nome também estão, frequentemente, na mesma posição na estrutura da frase. No entanto, o que é característico do nome é justamente que ele é explicado por meio da ostensão "Isto é N" (ou "Isto se chama 'N'"). Mas será que também damos a seguinte explicação: "Isto se chama 'este'" ou "Este se chama 'este'"?

Isso está relacionado com a concepção da nomeação como um processo oculto, por assim dizer. A nomeação aparece como uma *estranha* conexão da palavra com um objeto. – E tal conexão estranha realmente ocorre, a saber, quando o filósofo, para ressaltar qual é *a* relação entre nome e nomeado, olha fixamente para um objeto diante de si e, ao fazê-lo, repete incontáveis vezes um nome, ou mesmo a palavra "este". Pois os problemas filosóficos surgem quando a linguagem *entra em férias*. E *então* podemos realmente imaginar que a nomeação seja algum tipo estranho de ato anímico, como se fosse o batismo de um objeto. E, desse modo, também podemos dizer a palavra "este" *para* o objeto, por assim dizer, e com isso nos *dirigir* a ele – um uso estranho dessa palavra, que de fato só ocorre quando filosofamos.

## 39.

Mas por que alguém chega à ideia de querer fazer justamente dessa palavra um nome, quando ela evidentemente *não* é um nome? – Justamente por isso. Pois estamos tentados a fazer uma objeção contra aquilo que usualmente chamamos de "nome"; objeção que podemos expressar assim: *o nome deve designar, na verdade, algo simples*. E poderíamos talvez fundamentar isso da seguinte maneira: Um nome próprio, no sentido usual, é por exemplo a palavra "Nothung".* A espada Nothung consiste em partes de uma determinada composição. Se elas estivessem compostas de outra maneira, então Nothung não existiria. No entanto, evidentemente, a frase "Nothung tem uma lâmina afiada" tem *sentido* quer Nothung ainda esteja inteira, quer já tenha sido destruída. Mas se Nothung é o nome de um objeto, então esse objeto não existe mais quando Nothung está destruída; e como nesse caso nenhum objeto corresponderia ao nome, então ele não teria significado. Então, porém, haveria na frase "Nothung tem uma lâmina afiada" uma palavra que não tem significado e, por isso, a frase seria sem sentido. Mas ela tem sentido; por isso, algo precisa sempre corresponder às palavras das quais a frase é composta. Portanto, a palavra "Nothung" precisa desaparecer ao se fazer a análise do sentido e, em seu lugar, precisam aparecer palavras que nomeiam algo simples. São essas palavras que chamaremos, com razão, de verdadeiros nomes.

---

* Espada mítica que aparece no ciclo de óperas O *anel do Nibelungo*, de Richard Wagner. (N.T.)

## 40.

Falemos, em primeiro lugar, acerca do *seguinte* ponto dessa linha de raciocínio: que a palavra não tem significado quando nada corresponde a ela. – É importante constatar que a palavra "significado" é usada em desacordo com a linguagem quando designamos, com ela, a coisa que lhe 'corresponde'. Ou seja, quando trocamos o significado de um nome pelo *portador* desse nome. Quando o senhor N. N. morre, assim dizemos, o que morre é o portador do nome, e não o significado do nome. E seria absurdo falar desse modo, pois se o nome parasse de ter significado, então não faria sentido dizer "O senhor N. N. morreu".

## 41.

No §15 introduzimos nomes próprios na linguagem (8). Suponha agora que a ferramenta com o nome "N" esteja quebrada. A não sabe disso e mostra a B o sinal "N". Será então que esse sinal tem significado, ou não tem? – O que B deve fazer quando recebe esse sinal? – A esse respeito, não combinamos nada. Poderíamos perguntar: o que ele *fará*? Bem, talvez ele fique ali parado, sem saber o que fazer, ou mostre os pedaços para A. Aqui *poderíamos* dizer: "N" se tornou sem significado; e com essa expressão estaríamos indicando que agora não há mais emprego em nosso jogo de linguagem para o sinal "N" (a não ser que lhe déssemos um novo emprego). "N" também poderia se tornar sem significado caso, por qualquer motivo que seja, fosse dada outra designação à ferramenta e o sinal "N" não fosse mais usado no jogo de linguagem. – Mas podemos também imaginar uma combinação segundo a qual, quando uma ferramenta está quebrada e A mostra o sinal dessa ferramenta, a resposta de

B tenha de ser um balançar de cabeça. – Dessa maneira, poderíamos dizer, a ordem "N" foi absorvida no jogo de linguagem mesmo quando a ferramenta não existe mais, e o sinal "N" tem significado mesmo quando o portador deixa de existir.

## 42.

Mas será talvez que também têm significado, naquele jogo, nomes que *nunca* foram usados para uma ferramenta? — Suponhamos, então, que "X" seja um sinal desse tipo, e que **A** mostrasse esse sinal para **B** – bem, tais sinais também poderiam ser absorvidos no jogo de linguagem, e talvez **B** tivesse de responder, também a eles, com um balançar de cabeça. (Poderíamos pensar nisso como uma espécie de brincadeira entre os dois.)

## 43.

Para uma *grande* classe de casos em que é utilizada – embora não para *todos* os casos – pode-se explicar a palavra "significado" da seguinte maneira: O significado de uma palavra é seu uso na linguagem.

E o *significado* de um nome é explicado, às vezes, ao se apontar para seu *portador*.

## 44.

Nós dissemos: a frase "Nothung tem uma lâmina afiada" tem sentido mesmo quando Nothung já está destruída. Bem, isso é assim porque nesse jogo de linguagem um nome é usado mesmo na ausência de seu portador. Mas podemos imaginar um jogo de linguagem com nomes (ou seja, com sinais que nós certamente também chamaremos de "nomes"), no qual esses nomes são usados apenas na presença do portador; e *sempre* podem, portanto, ser substituídos pelo pronome demonstrativo acompanhado de um gesto ostensivo.

## 45.

O demonstrativo "este" nunca pode ficar sem portador. Poderíamos dizer: "Enquanto houver um *este*, a palavra 'este' tem significado, seja *este* simples ou composto". — Isso, contudo, claramente não faz dessa palavra um nome. Ao contrário; pois um nome não é utilizado com um gesto ostensivo, mas apenas explicado por ele.

## 46.

Qual é então o motivo para pensarmos que nomes designam, realmente, o simples? –

Sócrates (no *Teeteto*): "Caso eu não esteja enganado, ouvi o seguinte de algumas pessoas: para os *elementos primitivos* – se posso assim me expressar –, a partir dos quais nós e tudo o mais somos compostos, não há explicação; pois tudo aquilo que é em si e para si só pode ser *designado* com nomes; uma outra determinação não é possível, nem que isso *é*, nem que *não é*. ... Mas o que é em si e para si precisa... ser nomeado sem quaisquer outras determinações. Desse modo, porém, é impossível discursar explicativamente a respeito de qualquer elemento primitivo; pois a seu respeito não há nada além da mera nomeação; ele tem, com efeito, apenas seu nome. Mas, como aquilo que se compõe a partir desses elementos primitivos é, ele próprio, uma estrutura entrelaçada, então suas nomeações se tornam, nesse entrelaçamento, um discurso explicativo; pois sua essência é o entrelaçamento de nomes".\*

Esses elementos primitivos foram também os *'individuals'* de Russell; e foram também os meus 'objetos' (*Tractatus Logico-Philosophicus*).

## 47.

Mas quais são as partes constituintes simples a partir das quais a realidade se compõe? – Quais são as partes constituintes simples de uma poltrona? – Os pedaços de madeira a partir dos quais ela é construída? Ou as moléculas, ou os átomos? – "Simples" significa: não composto. E o que importa, aqui, é o seguinte: 'composto' em que sentido? Não faz qualquer sentido falar, sem maiores considerações, das 'partes constituintes simples da poltrona'.\*\*

Ou: Minha imagem visual dessa árvore, dessa poltrona, consiste de partes? e quais são suas partes constituintes simples? Ter muitas cores é *um* tipo de composicionalidade; outro tipo é, por exemplo, aquele de um contorno irregular composto de segmentos retos. E podemos dizer que um segmento de curva é composto de um ramo ascendente e um descendente.

Quando digo a uma pessoa, sem maiores explicações, "O que vejo agora diante de mim é composto", então com razão ela irá me perguntar: "O que você quer dizer com 'composto'? Isso

---

\* Platão, *Teeteto*, 201d–202b. Tradução a partir da versão alemã de Karl Preisendanz, utilizada aqui por Wittgenstein. (N.T.)

\*\* Na edição de G. E. M. Anscombe e R. Rhees, a palavra *schlechtweg* (traduzida aqui por "sem maiores considerações") foi colocada equivocadamente dentro das aspas. O entendimento da passagem fica muito mais claro no original. (N.T.)

pode significar qualquer coisa!". – A pergunta "Isso que você vê é composto?" faz todo sentido se já está estabelecido de que tipo de composição se trata – ou seja, de que tipo de uso específico dessa palavra se trata. Caso estivesse estabelecido que a imagem visual de uma árvore deveria ser chamada de "composta" quando não se vê apenas o tronco, mas também galhos, então a pergunta "A imagem visual dessa árvore é simples ou composta?" e a pergunta "Quais são suas partes constituintes simples?" teriam um sentido claro – um emprego claro. E a resposta à segunda pergunta evidentemente não é "Os galhos" (isso seria uma resposta à pergunta *gramatical*: "O que se *chama*, aqui, de 'partes constituintes simples'?"), mas, por exemplo, uma descrição dos galhos particulares.

Mas acaso um tabuleiro de xadrez, por exemplo, não é evidentemente composto, sem maiores considerações? – Você está claramente pensando na composição em 32 quadrados brancos e 32 quadrados pretos. Mas será que também não poderíamos dizer, por exemplo, que ele é composto das cores branca e preta e do esquema quadriculado? E, se há aqui modos de ver completamente diferentes, será então que você ainda irá dizer, sem maiores considerações, que o tabuleiro é 'composto'? – *Fora* de um jogo específico, perguntar "Esse objeto é composto?" é semelhante ao que certa vez fez um rapazinho que deveria dizer se os verbos em certos exemplos de frase estavam sendo usados na voz ativa ou na passiva, e então quebrou a cabeça pensando se o verbo "dormir", por exemplo, significava algo ativo ou passivo.

A palavra "composto" (e portanto a palavra "simples") é usada por nós em um sem-número de modos diferentes, aparentados uns com os outros de diferentes maneiras. (Será que a cor de uma casa no tabuleiro de xadrez é simples ou consiste de branco puro e amarelo puro? E será que o branco é simples, ou consiste das cores do arco-íris? – Será que esse trecho de 2 cm é simples ou consiste de dois trechos parciais, cada um de 1 cm? Mas por que não de um pedaço de 3 cm de comprimento e um pedaço, colocado em sentido negativo, de 1 cm?)

À pergunta *filosófica*: "Acaso a imagem visual dessa árvore é composta, e quais são suas partes constituintes?", a resposta correta é: "Depende do que você entende por 'composto'". (E isso, evidentemente, não é uma resposta, mas a rejeição da pergunta.)

## 48.

Vamos aplicar o método do §2 à concepção apresentada no *Teeteto*. Consideremos um jogo de linguagem para o qual aquela concepção realmente funciona. A linguagem serviria para representar combinações de quadrados coloridos em uma superfície. Os quadrados formam um complexo com a forma de um tabuleiro de xadrez. Há quadrados vermelhos, azuis, brancos e pretos. As palavras da linguagem seriam (respectivamente): "V", "A", "B", "P", e uma frase é uma sequência dessas palavras. Elas descrevem uma composição de quadrados coloridos na ordem

|   |   |   |
|---|---|---|
| 1 | 2 | 3 |
| 4 | 5 | 6 |
| 7 | 8 | 9 |

Por exemplo, a frase "VVPAAAVBB" descreve, portanto, uma composição do seguinte tipo:

Aqui a frase é um complexo de nomes que corresponde a um complexo de elementos. Os elementos primitivos são os quadrados coloridos. "Mas será que eles são simples?" – Eu não saberia o que chamar de "simples", de maneira mais natural, nesse jogo de linguagem. Em outras circunstâncias, porém, eu chamaria um quadrado monocromático de "composto", talvez de dois retângulos, ou dos elementos cor e forma. Mas o conceito de composição poderia também ser estendido de modo que a superfície menor fosse chamada de 'composta' a partir de uma maior e de outra que lhe teria sido subtraída. Compare com a 'composição' de forças, com a 'divisão' de um segmento por um ponto externo a ele; essas expressões mostram que, em certas circunstâncias, estamos até mesmo inclinados a conceber o menor como resultado da composição do maior, e o maior como resultado da divisão do menor.

Mas agora eu não sei se devo dizer que a figura descrita por nossa frase consiste de quatro ou de nove elementos! Bem, será que aquela frase consiste de quatro ou de nove letras? – E quais são *seus* elementos: os tipos de letra ou as letras? Será que não é indiferente o que diremos? desde que, no caso específico, evitemos mal-entendidos!

## 49.

O que significa, porém, que não possamos explicar esses elementos (ou seja, descrevê-los), mas apenas nomeá-los? O que isso estaria dizendo, talvez, é que a descrição de um complexo – quando ele consiste, em um caso-limite, de apenas *um* quadrado – é simplesmente o nome do quadrado colorido.

Poderíamos dizer aqui – embora isso conduza facilmente a todo tipo de superstição filosófica – que o sinal "V" ou "P" etc.

pode ser às vezes palavra, às vezes frase. Se ele 'é palavra ou frase', isso depende da situação em que é falado ou escrito. Se **A**, por exemplo, precisa descrever para **B** complexos de quadrados coloridos e usa, nesse caso, *somente* a palavra "V", então poderemos dizer que a palavra é uma descrição – uma frase. Porém, se ele está memorizando as palavras e seus significados, ou se está ensinando o uso das palavras a outra pessoa e as pronuncia como parte de um ensino ostensivo, então nesse caso não diremos que elas são frases. Nessa situação, a palavra "V", por exemplo, não é uma descrição; com ela, *nomeia-se* um elemento — mas é por isso que seria estranho dizer, aqui, que o elemento pode ser *apenas* nomeado! Nomear e descrever não estão, de fato, em *um mesmo* plano: O nomear é uma preparação para a descrição. O nomear ainda não é, de modo algum, um lance no jogo de linguagem, – assim como colocar uma peça de xadrez sobre o tabuleiro ainda não é um lance no xadrez. Pode-se dizer: Com a nomeação de uma coisa ainda não foi feito *nada*. Aliás, ela não *tem* um nome, a não ser no jogo. Eis também o que Frege queria dizer ao afirmar que uma palavra tem significado apenas no contexto da frase.

## 50.

Então, o que significa dizer, a respeito dos elementos, que não podemos atribuir a eles nem ser nem não-ser? Poderíamos dizer: Se tudo o que chamamos de "ser" e de "não-ser" consiste na existência ou na não existência de conexões entre os elementos, então não tem nenhum sentido falar no ser (não-ser) de um elemento; da mesma maneira, se tudo o que chamamos de "destruir" consiste na separação dos elementos, não tem nenhum sentido falar na destruição de um elemento.

Contudo, talvez se quisesse dizer: Não se pode atribuir ser ao elemento pois, se ele não *fosse*, então não se poderia nem mesmo nomeá-lo e, portanto, não se poderia enunciar absolutamente nada a seu respeito. – Consideremos, porém, um caso análogo! A respeito de *uma* coisa não se pode enunciar nem que tem 1 m de comprimento nem que não tem 1 m de comprimento, e essa coisa é o metro-padrão em Paris. – Com isso, porém, nós evidentemente não estamos conferindo a ele alguma propriedade notável, mas apenas assinalando seu papel peculiar no jogo das medições com o metro. – Imaginemos que, assim como acontece com o metro-padrão, também as amostras de cores fossem preservadas em Paris. Definimos assim: chamamos de "sépia" a cor do padrão-sépia que ali está preservado, sob vácuo. Então não terá nenhum sentido dizer, a respeito dessa amostra, nem que ela tem essa cor, nem que não tem.

Podemos expressar isso da seguinte maneira: Essa amostra é um instrumento da linguagem com a qual fazemos enunciados de cor. Nesse jogo, ela não é algo apresentado, mas um meio de apresentação. – E exatamente o mesmo vale para um elemento no jogo de linguagem (48), quando pronunciamos a palavra "V" para nomeá-lo: com isso demos a essa coisa um papel no nosso jogo de linguagem; ela é, então, um *meio* de apresentação. E dizer "Se ela não *fosse*, então não poderia ter nome" diz agora tanto, ou tão pouco, quanto: se não houvesse essa coisa, então não poderíamos empregá-la no nosso jogo. – Aquilo que, aparentemente, *precisa* existir pertence à linguagem. É um paradigma no nosso jogo; algo com o qual as comparações são feitas. E quando constatamos isso pode ser que estejamos fazendo uma constatação importante; mas, ainda assim, é uma constatação que diz respeito ao nosso jogo de linguagem – ao nosso modo de apresentação.

## 51.

Na descrição do jogo de linguagem (48), eu disse que as palavras "V", "P" etc. correspondiam às cores dos quadrados. Mas em que consiste essa correspondência; em que medida se pode dizer que certas cores dos quadrados corresponderiam a esses sinais? A explicação em (48) simplesmente produziu uma conexão entre esses sinais e certas palavras de nossa linguagem (os nomes das cores). – Ora, estava pressuposto que o uso dos sinais no jogo seria ensinado de modo diferente, a saber, apontando-se para paradigmas. Muito bem; mas então o que significa dizer que certos elementos corresponderiam aos sinais na *prática da linguagem*? – Será que isso consiste no fato de que aquele que descreve o complexo de quadrados coloridos, ao fazê-lo, sempre diz "V" quando há um quadrado vermelho; "P" quando há um preto etc.? Mas e se ele se engana em sua descrição e, de modo equivocado, diz "V" quando vê um quadrado preto — qual é aqui o critério para dizer que isso foi um *erro*? – Ou será que o fato de que "V" designa um quadrado vermelho consiste em que um quadrado vermelho sempre vem à mente das pessoas que usam a linguagem quando elas usam o sinal "V"?

Para ver mais claramente precisamos, aqui como em incontáveis casos semelhantes, manter em vista os detalhes do que está acontecendo; *observar de perto* o que acontece.

## 52.

Caso eu esteja inclinado a supor que um rato nasce, por geração espontânea, de trapos cinzentos e poeira, então será bom investigar precisamente esses trapos, o modo como um rato pôde se ocultar neles, o modo como ele pôde ter aparecido ali etc. Caso, porém, eu esteja convencido de que um rato não pode nascer dessas coisas, então talvez essa investigação seja supérflua. Mas o que, em filosofia, se opõe a tal observação de detalhes, isso é algo que ainda precisamos compreender.

## 53.

Ora, há *diversas* possibilidades para nosso jogo de linguagem (48), diversos casos em que diríamos que um sinal nomeia, no jogo, um quadrado de tal e tal cor. Diríamos isso, por exemplo, se soubéssemos que o uso dos sinais foi ensinado, de tal e tal maneira, às pessoas que usam essa linguagem. Ou se estivesse escrito, talvez na forma de uma tabela, que esse elemento corresponde a esse sinal, e essa tabela fosse usada no ensino da linguagem e as pessoas fizessem referência a ela para a decisão de certos casos polêmicos.

Também podemos imaginar, porém, que tal tabela é uma ferramenta no uso da linguagem. A descrição de um complexo, então, ocorre da seguinte maneira: Aquele que descreve o complexo carrega consigo uma tabela, consulta nela cada elemento do complexo e passa, na tabela, do elemento ao sinal (e também aquele que recebeu a descrição pode, por meio da tabela, traduzir as palavras da descrição em uma representação dos quadrados coloridos). Poderíamos dizer que essa tabela assume aqui o papel que, em outros casos, é desempenhado pela memória e pela associação. (Nós usualmente não iremos executar a ordem "Traga-me uma flor vermelha!" consultando a cor vermelha em uma tabela de cores e, então, trazendo uma flor da cor que encontramos na tabela; mas caso se trate de escolher determinado tom de vermelho, ou de obtê-lo por meio da mistura de cores, então ocorre de nos servirmos de uma amostra ou de uma tabela.)

Se chamamos uma tal tabela de a expressão de uma regra do jogo de linguagem, então se pode dizer que aquilo que chamamos de regra de um jogo de linguagem pode desempenhar papéis muito diferentes no jogo.

## 54.

Consideremos então em que tipos de casos dizemos que um jogo é jogado segundo uma determinada regra!
 A regra pode ser um auxílio no ensino do jogo. Ela é comunicada àquele que está aprendendo, e sua aplicação é exercitada. – Ou ela é uma ferramenta do próprio jogo. – Ou: Uma regra não encontra emprego nem no ensino nem no jogo ele próprio; tampouco está registrada em uma lista de regras. Aprende-se o jogo ao se observar como outras pessoas o jogam. Nós dizemos, porém, que ele é jogado segundo tais e tais regras porque um observador pode extrair essas regras da prática do jogo, – como uma lei natural que as ações do jogo seguem. — Nesse caso, porém, como é que o observador distingue entre um erro daquele que está jogando e uma ação correta? – Existem, para isso, traços distintivos no comportamento dos jogadores. Pense no comportamento característico daquele que corrige um erro de fala. Seria possível reconhecer que alguém está fazendo isso mesmo se não compreendemos sua linguagem.

## 55.

"Aquilo que os nomes da linguagem designam precisa ser indestrutível: pois é necessário que se possa descrever o estado no qual tudo o que é destrutível está destruído. E nessa descrição haverá palavras; e aquilo que corresponde a elas, então, não pode ser destruído, pois do contrário as palavras não teriam significado." Não posso serrar o galho sobre o qual estou sentado.

É claro que, agora, poderíamos igualmente objetar que a própria descrição precisaria subtrair-se à destruição. – Mas aquilo que corresponde às palavras da descrição e que, portanto, caso ela seja verdadeira, não pode ser destruído, é aquilo que dá às palavras seu significado, – aquilo sem o que elas não teriam nenhum significado. — Contudo, em certo sentido este homem é, de fato, aquilo que corresponde a seu nome. Mas ele é destrutível; e seu nome não perde o significado quando o portador é destruído. – Aquilo que corresponde ao nome e sem o qual ele não teria significado é, por exemplo, um paradigma usado em conexão com o nome no jogo de linguagem.

## 56.

Mas e se nenhuma amostra desse tipo pertence à linguagem e, por exemplo, *retemos na memória* a cor designada por uma palavra? — "E se a retemos na memória, então ela aparece diante do nosso olho mental, talvez quando pronunciamos a palavra. Portanto, ela precisa, em si mesma, ser indestrutível, caso deva continuar havendo a possibilidade de que, toda vez, nos recordemos dela." — Mas o que consideramos, então, como critério para dizer que estamos nos recordando corretamente dela? – Caso trabalhemos com uma amostra, e não com nossa memória, então dizemos, em certas circunstâncias, que a amostra mudou de cor, e julgamos isso com o auxílio da memória. Mas será que, em certas circunstâncias, também não poderíamos falar de um escurecimento (por exemplo) da imagem em nossa lembrança? Será que não estamos à mercê da memória, da mesma maneira que estamos à mercê da amostra? (Pois alguém poderia querer dizer: "Se não tivéssemos memória, estaríamos à mercê de uma amostra".) – Ou talvez de uma reação química. Imagine que você precisasse pintar determinada cor "C", a cor que se vê quando as substâncias químicas X e Y reagem. – Suponha que a cor lhe parecesse mais clara em um dia do que em outro; será então que você, em certas circunstâncias, não diria: "Devo estar enganado, a cor é certamente a mesma de ontem"? Isso mostra que nem sempre aquilo que a memória diz serve, para nós, como veredito supremo e inapelável.

## 57.

"Algo vermelho pode ser destruído, mas o vermelho não pode ser destruído, e por isso o significado da palavra 'vermelho' é independente da existência de uma coisa vermelha." – Certamente não faz sentido dizer que a cor vermelha (*color*, não *pigmentum*) foi destruída ou esfacelada. Mas acaso não dizemos "O vermelho está desaparecendo"? E não se agarre ao fato de que podemos evocá-lo diante de nossos olhos mentais, mesmo quando não existe mais nada vermelho! É como se você quisesse dizer que, nesse caso, sempre haveria uma reação química capaz de criar uma chama vermelha. – Mas e se você não conseguir mais se lembrar da cor? – Caso esqueçamos que cor tem esse nome, então, para nós, ele perde seu significado; ou seja, não conseguimos mais jogar com ele determinado jogo de linguagem. E a situação deve então ser comparada ao caso em que se perdeu o paradigma que servia como recurso de nossa linguagem.

## 58.

"Quero chamar de '*nome*' apenas aquilo que não pode aparecer na combinação 'X existe'. – E assim não se pode dizer 'O vermelho existe', pois caso não houvesse o vermelho, não se poderia absolutamente falar a seu respeito." – Mais corretamente: Se "X existe", deve dizer tanto quanto: "X" tem significado, – então essa não é uma frase que trata de X, mas uma frase sobre nosso uso linguístico, a saber, o uso da palavra "X".

Ao dizer que a expressão "o vermelho existe" não produz nenhum sentido, temos a impressão de estar dizendo algo sobre a natureza do vermelho. Ele existe simplesmente 'em si e para si'. A mesma ideia – a de que esse é um enunciado metafísico sobre o vermelho – também se expressa no fato de que dizemos, por exemplo, que o vermelho é atemporal, e talvez de modo ainda mais forte por meio da palavra "indestrutível".

Mas, na verdade, *queremos* compreender "O vermelho existe" apenas como o enunciado: a palavra "vermelho" tem significado. Ou talvez, mais corretamente: "O vermelho não existe" como "'Vermelho' não tem significado". A única coisa que não queremos dizer é que aquela expressão *diz* isso; o que queremos dizer é que, *caso* fizesse sentido, precisaria dizer *isso*. Que ela se contradiz a si própria ao tentar dizer isso – justamente porque o vermelho é 'em si e para si'. Ao passo que uma contradição reside somente no fato de que a frase parece falar a respeito da cor, sendo que deve dizer algo a respeito do uso da palavra "vermelho". – Na realidade, porém, dizemos sem problemas que determinada cor existe; e isso quer dizer tanto quanto: existe algo que tem essa cor. E a primeira expressão não é menos exata do que a segunda; especialmente nos casos em que 'aquilo que tem a cor' não é um objeto físico.

## 59.

"*Nomes* designam apenas o que é *elemento* da realidade. O que não pode ser destruído; o que permanece o mesmo em toda mudança." – Mas o que é isso? – Nós certamente já o tínhamos em mente enquanto falávamos a frase! Já exprimíamos uma representação completamente determinada. Uma determinada imagem que queremos empregar. Pois a experiência não nos mostra esses elementos. O que vemos são *partes constituintes* de algo composto (uma poltrona, por exemplo). Dizemos que o encosto é uma parte da poltrona, ele próprio, por sua vez, composto de diferentes ripas de madeira; ao passo que um pé é uma parte constituinte simples. Vemos também um todo que se altera (é destruído) enquanto suas partes constituintes permanecem inalteradas. Esses são os materiais a partir dos quais produzimos aquela imagem da realidade.

## 60.

Quando então eu digo: "Minha vassoura está no canto", – acaso isso é realmente um enunciado sobre o cabo e a escova da vassoura? De todo modo, poderíamos muito bem substituir esse enunciado por outro, que informa a posição do cabo e a posição da escova. E esse enunciado é então uma forma mais analisada do primeiro. – Mas por que eu a chamo de "mais analisada"? – Bem, se a vassoura se encontra ali, então isso significa que cabo e escova precisam estar ali, e numa posição determinada um em relação ao outro; e antes isso estava, por assim dizer, oculto no sentido da frase, e é expresso na frase analisada. Será então que quem diz que a vassoura está no canto na verdade quer dizer: o cabo e a escova estão ali, e o cabo está enfiado na escova? – Se perguntássemos a alguém se ele quer dizer isso, ele certamente diria que não pensou, de modo algum, no cabo da vassoura em particular, ou na escova em particular. E essa seria a resposta *correta*, pois ele não queria falar nem a respeito do cabo da vassoura nem a respeito da escova em particular. Imagine que, em vez de dizer a alguém "Traga-me a vassoura!", você dissesse "Traga-me o cabo da vassoura e a escova que está enfiada nele!". – Será que a resposta a isso não seria: "Você quer a vassoura? E por que você se expressa de modo tão estranho?". — Acaso então ele compreenderá melhor a frase mais analisada? – Essa frase, poderíamos dizer, realiza o mesmo que a usual, mas por um caminho mais tortuoso. – Imagine um jogo de linguagem no qual ordens são dadas para que alguém traga, mova etc. certas coisas compostas de várias partes. E há duas maneiras de jogar: em uma (a), as coisas compostas (vassouras, cadeiras, mesas etc.) têm nomes, como em (15); na outra (b), apenas as partes recebem nomes, e o todo é descrito com seu auxílio. – Em que medida, então, uma ordem do segundo jogo é uma forma analisada de uma ordem do primeiro? Acaso aquela está enfiada nessa e é, então, extraída por meio da análise? – Sim, a vassoura é decomposta quando se separam cabo e escova; mas será que, por essa razão, também a ordem de trazer a vassoura consiste das respectivas partes?

## 61.

"Mas certamente você não negará que determinada ordem em (a) diz o mesmo que outra em (b); e como então você quer chamar a segunda, senão de uma forma analisada da primeira?" – Evidentemente, também eu diria que uma ordem em (a) tem o mesmo sentido que uma em (b); ou, como expressei anteriormente: elas realizam o mesmo. E isso significa: Caso me fosse exibida uma ordem em (a) e me fosse colocada a questão "Qual ordem em (b) tem o mesmo sentido?", ou ainda "Quais ordens em (b) a contradizem?", então eu responderei à questão de tal e tal maneira. Com isso, porém, não está dito que estejamos de acordo, *em geral*, a respeito do emprego da expressão "ter o mesmo sentido", ou "realizar o mesmo". De fato, pode-se perguntar: Em que caso dizemos "Essas são apenas duas formas distintas do mesmo jogo"?

## 62.

Imagine, por exemplo, que aquele para quem são dadas as ordens em (a) e (b) tenha de consultar, antes de trazer o que lhe é pedido, uma tabela que correlaciona nomes e imagens. Será, então, que ele faz *o mesmo* quando executa uma ordem em (a) e a ordem correspondente em (b)? – Sim e não. Você pode dizer: "O *espírito* das duas ordens é o mesmo". É o que eu também diria nesse caso. – Mas não é sempre claro o que se deve chamar de 'espírito' de uma ordem. (Da mesma maneira, pode-se dizer de certas coisas: seu propósito é tal e tal. O essencial é que isso é um *abajur*, serve para iluminar — que ele enfeite o quarto, que preencha um espaço vazio etc., não é essencial. Mas nem sempre o essencial e o inessencial estão claramente separados.) (Conexão com o último parágrafo de (43).)[*]

---

[*] Esse último parêntese não consta da edição de G. E. M. Anscombe e R. Rhees, nem de suas sucessivas revisões. Ele aparece tanto no TS 227a como no TS 227b (tiposcritos gêmeos que serviram de base à edição das *Investigações*); neste último, porém, acabou sendo riscado à mão. Vale observar que a remissão não é de todo clara, pois Wittgenstein hesitou quanto à formulação final do parágrafo 43. (N.T.)

## 63.

Mas a seguinte expressão – uma frase em (b) é uma forma 'analisada' de uma frase em (a) – nos induz facilmente ao equívoco de supor que aquela forma é a mais fundamental; é ela que mostra o que se quer dizer com a outra etc. Pensamos mais ou menos assim: A análise escapa àquele que possui somente a forma não analisada; quem, porém, conhece a forma analisada, possui tudo. – Mas será que não posso dizer que também *este último* perde de vista um aspecto da coisa, assim como o primeiro?

## 64.

Imaginemos o jogo (48) alterado de modo que, nele, os nomes não designem quadrados monocromáticos, mas retângulos que consistem, cada um, de dois daqueles quadrados. Um tal retângulo, meio vermelho, meio azul, se chamaria "R"; um retângulo meio azul, meio branco, se chamaria "S" etc. Será que não poderíamos imaginar pessoas que tivessem nomes para tais combinações de cores, mas não para as cores individuais? Pense nos casos nos quais dizemos: "Essa combinação de cores (o tricolor francês, por exemplo) tem um caráter absolutamente peculiar".

Em que medida os sinais desse jogo de linguagem necessitam de uma análise? Aliás, até que ponto esse jogo *pode* ser substituído pelo jogo (48)? – Ele é justamente um *outro* jogo de linguagem; ainda que aparentado a (48).

## 65.

Aqui deparamos com a grande pergunta que está por trás de todas essas considerações. – Pois agora alguém poderia me objetar: "Você facilita a coisa para si mesmo! Você fala sobre todo tipo de jogo de linguagem, mas não disse em parte alguma o que é, afinal, o essencial do jogo de linguagem e, portanto, da linguagem. O que é comum a todas essas atividades e faz delas linguagem, ou partes da linguagem. Você se exime, portanto, precisamente da parte da investigação que, em tempos passados, havia dado a você mesmo as maiores dores de cabeça, a saber, aquela que diz respeito à *forma geral da proposição* e da linguagem".

Isso é verdade. – Em vez de apresentar o que é comum a tudo o que chamamos de linguagem, eu digo que absolutamente não há uma coisa comum a todos esses fenômenos, em virtude da qual empregamos a mesma palavra para todos eles, – mas eles são *aparentados* uns aos outros de muitas maneiras diferentes. E por causa desse parentesco, ou desses parentescos, nós os chamamos todos de "linguagem". Tentarei explicar isso.

## 66.

Considere, por exemplo, as atividades que chamamos de "jogos". Refiro-me aos jogos de tabuleiro, de cartas, de bola, de luta e assim por diante. O que é comum a todos eles? – Não diga: "É *necessário* que haja algo comum a eles, do contrário eles não se chamariam 'jogos'" – em vez disso, *veja* se há algo comum a todos eles. – Pois ao observá-los você não verá, na verdade, algo que seria comum a *todos*, mas verá semelhanças, parentescos e, na verdade, toda uma sequência deles. Como dito: não pense, veja! – Veja, por exemplo, os jogos de tabuleiro com seus múltiplos parentescos. Passe, agora, aos jogos de cartas: aqui você encontra muitas correspondências com aquele primeiro tipo, mas muitos traços comuns desaparecem, e outros surgem. Quando passamos, agora, aos jogos de bola, então muito do que é comum se mantém, mas muito se perde. – Acaso todos eles são '*divertimento*'? Compare o xadrez com o jogo de trilha. Ou será que há, em todos os casos, um ganhar e perder, ou uma disputa entre os jogadores? Pense nos jogos de paciência. Nos jogos de bola, há um ganhar e perder; mas, se uma criança joga a bola contra a parede e volta a pegá-la, então esse traço desapareceu. Veja que papel habilidade e sorte desempenham. E quão diferente é a habilidade no xadrez da habilidade no tênis. Pense agora nos jogos de roda: Há aqui o elemento da diversão, mas quantos dos outros traços característicos desapareceram! E assim podemos percorrer muitos, muitos outros grupos de jogos. Vemos semelhanças emergirem e desaparecerem.

E o resultado dessa consideração é, então, o seguinte: Vemos uma complicada rede de semelhanças que se sobrepõem e entrecruzam. Semelhanças nas coisas grandes e pequenas.

## 67.

Não posso caracterizar essas semelhanças de modo melhor do que por meio da expressão "semelhanças de família"; pois assim se sobrepõem e se entrecruzam as diferentes semelhanças que há entre os membros de uma família: estatura, traços faciais, cor dos olhos, jeito de andar, temperamento etc. etc. – E direi: os 'jogos' formam uma família.

E da mesma maneira os tipos de número, por exemplo, formam uma família. Por que chamamos algo de "número"? Bem, talvez porque haja um parentesco – direto – com muito do que, até agora, se chamou de número; e desse modo, pode-se dizer, surge um parentesco indireto com outras coisas que também chamamos *assim*. E estendemos nosso conceito de número da mesma maneira que, ao tecer um fio, trançamos fibra sobre fibra. E a força do fio não está em que alguma fibra percorre toda a sua extensão, mas em que muitas fibras se sobrepõem umas às outras.

Mas se alguém quisesse dizer: "Há algo comum, portanto, a todas essas estruturas, – a saber, a disjunção de todas essas propriedades comuns" – então eu responderia: Aqui você está apenas jogando com as palavras. Da mesma maneira se poderia dizer: há algo que percorre todo o fio, – a saber, a sobreposição sem lacunas das fibras.

## 68.

"Muito bem; então, para você, o conceito de número é explicado como a soma lógica daqueles conceitos individuais aparentados uns aos outros: número natural, número racional, número real etc.; e, igualmente, o conceito de jogo como soma lógica dos respectivos conceitos parciais." — Não necessariamente. Pois eu *posso* dar, dessa maneira, limites rígidos para o conceito de 'número', ou seja, usar a palavra "número" para designar um conceito rigidamente delimitado, mas eu também posso usá-la de modo tal que a extensão do conceito *não* esteja circunscrita por um limite. E é assim que empregamos a palavra "jogo". Como então é circunscrito o conceito de jogo? O que ainda é jogo e o que já não é? Será que você pode indicar os limites? Não. Você pode *traçar* alguns: pois até agora nenhum foi traçado. (Até hoje, porém, ao aplicar a palavra "jogo", isso nunca o havia incomodado.)

"Mas então quer dizer que a aplicação da palavra não é regrada; o 'jogo' que nós jogamos com ela não é regrado." — Ele não está delimitado em toda parte por regras; mas também não existe nenhuma regra, por exemplo, estabelecendo quão alto ou quão forte se pode jogar a bola no tênis, e mesmo assim o tênis não deixa de ser um jogo, e certamente tem regras.

## 69.

Como então explicaríamos para alguém o que é um jogo? Creio que lhe descreveremos *jogos* e, à descrição, poderíamos acrescentar: "isso, *e coisas semelhantes*, chamam-se 'jogos'". E será que nós mesmos sabemos mais que isso? Será, talvez, que não podemos dizer ao outro, precisamente, o que é um jogo? – Não se trata, porém, de ignorância. Não conhecemos os limites porque nenhum foi traçado. Como dito, nós podemos – para certo propósito específico – traçar um limite. Será que somente depois disso tornamos o conceito utilizável? Absolutamente não! A não ser para esse propósito específico. Tampouco a medida '1 passo' se tornou utilizável somente depois que alguém deu a definição: 1 passo = 75 cm. E caso você queira dizer "Mas o fato é que antes ela não era uma medida exata", então eu respondo: muito bem, então ela era inexata. – Embora você ainda esteja me devendo uma definição de exatidão.

## 70.

"Mas se o conceito de 'jogo' é, desse modo, desprovido de limite, então você realmente não sabe o que quer dizer com 'jogo'." — Se eu dou a descrição: "O chão estava completamente coberto de plantas", – será que você gostaria de dizer que eu não sei o que estou falando até que possa dar uma definição de planta?

Uma explicação daquilo que quero dizer com a descrição seria, talvez, um desenho e as palavras "O chão tinha mais ou menos esta aparência". Talvez eu também diga: "ele tinha *exatamente* esta aparência". – Será, então, que exatamente *essas* gramas e folhas, nesses lugares, estavam lá? Não, não é isso. E eu não reconheceria, *nesse* sentido, nenhuma imagem como a imagem exata.

> Alguém me diz: "Mostre um jogo às crianças!". Eu as ensino a jogar dados a dinheiro, e o interlocutor fala "Eu não quis dizer esse tipo de jogo". Será que, enquanto ele me dava a ordem, o veto ao jogo de dados precisava ter vindo à sua mente?

## 71.

Pode-se dizer que o conceito de 'jogo' é um conceito com bordas borradas. – "Mas será que um conceito borrado é realmente um *conceito*?" – Será que uma fotografia pouco nítida é realmente a imagem de um homem? Aliás, será que sempre se pode substituir, de maneira vantajosa, uma imagem pouco nítida por uma imagem nítida? Será que a imagem pouco nítida não é, frequentemente, justamente aquilo de que precisamos?

Frege compara o conceito a uma região e diz: não se pode de modo algum chamar de região uma região que não esteja claramente delimitada. O que isso quer dizer é que não podemos fazer nada com ele. – Mas será que é sem sentido dizer: "Pare mais ou menos aqui!"? Imagine que eu estivesse com outra pessoa em certo lugar e dissesse isso. Ao dizê-lo, não traçarei qualquer limite, mas talvez faça um movimento indicativo com as mãos – como se indicasse a ela determinado *ponto*. E é justamente assim que se explica, por exemplo, o que é um jogo. Damos exemplos e queremos que eles sejam entendidos em certo sentido. – Mas com essa expressão eu não quero dizer que a pessoa deve ver o que é comum a esses exemplos, algo que eu – por qualquer motivo – não pude expressar. Mas sim que ela deve, agora, *empregar* esses exemplos de determinada maneira. A exemplificação não é aqui um meio *indireto* de explicação, – na falta de outro melhor. Pois qualquer explicação geral também pode ser mal compreendida. É *assim*, de fato, que jogamos o jogo. (Quero dizer, o jogo de linguagem com a palavra "jogo".)

## 72.

*Ver o que é comum*. Suponha que eu mostre diferentes imagens coloridas a alguém e diga: "A cor que você vê em todas elas se chama 'ocre'". – Essa é uma explicação que é entendida quando a pessoa procura, e vê, o que é comum àquelas imagens. Ela pode então olhar para o que é comum, apontá-lo.

Compare com o seguinte: Eu mostro a ela figuras de diferentes formas, todas pintadas com a mesma cor, e digo: "Aquilo que elas têm em comum umas com as outras se chama 'ocre'".

E compare com o seguinte: Eu mostro a ela amostras de diferentes tonalidades de azul e digo: "Eu chamo a cor comum a todas elas de 'azul'".

## 73.

Quando uma pessoa me explica o nome das cores apontando para amostras e dizendo "Esta cor se chama 'azul', esta 'verde', ...", então esse caso pode ser comparado, em muitos aspectos, a quando ela me dá nas mãos uma tabela em que, debaixo de amostras de cor, estão palavras. – Ainda que essa comparação possa conduzir a diversos tipos de erro. – Talvez agora se esteja inclinado a estender a comparação: Ter compreendido a explicação significa possuir na mente um conceito do que é explicado, isto é, uma amostra ou imagem. Se alguém então me mostra diversas folhas e diz "Isso se chama 'folha'", então eu adquiro um conceito da forma da folha, uma imagem dela em minha mente. – Com o que se parece, porém, a imagem de uma folha que não exibe nenhuma forma específica, mas 'aquilo que é comum a todas as formas de folha'? Que tom tem a 'amostra em minha mente' da cor verde – aquela que é comum a todos os tons de verde?

"Mas não poderia haver uma tal amostra 'geral'? Algo como o esquema de uma folha, ou uma amostra do verde *puro*?" – Certamente! Mas o fato de que esse esquema seja compreendido como *esquema*, e não como a forma de uma folha específica, e o fato de que uma etiqueta do verde puro seja compreendida como amostra de tudo aquilo que é esverdeado, e não como amostra para o verde puro – isso reside, mais uma vez, no modo como aplicamos essa amostra.

Pergunte-se: Que *formato* deve ter a amostra da cor verde? Ela deve ser quadrada? ou nesse caso ela seria uma amostra para quadrados verdes? – Será então que ela deve ter forma 'irregular'? E o que nos impede, então, de vê-la – ou seja, de empregá-la – apenas como amostra da forma irregular?

## 74.

Aqui também encontramos a ideia de que aquele que vê esta folha como amostra 'da forma da folha em geral' a *vê* de modo diferente do que aquele que talvez a considere como amostra para essa forma específica. Bem, esse até poderia ser o caso – embora não o seja –, pois isso apenas indicaria que, como uma questão de fato, aquele que *vê* a folha de determinada maneira a emprega, então, de tal e tal modo, ou de acordo com tais e tais regras. Evidentemente, existe um ver *de certo modo* e um ver *de outro modo*; e também há casos em que aquele que vê uma amostra *de certo modo* irá empregá-la, em geral, *dessa* maneira, e quem a vê de outro modo, de outra maneira. Quem, por exemplo, vê o desenho esquemático de um cubo como uma figura plana, consistente de um quadrado e dois losangos, talvez vá executar a ordem "Traga-me algo assim!" de modo diferente de quem vê a imagem tridimensionalmente.

## 75.

O que significa: saber o que é um jogo? O que significa sabê-lo e não poder dizê-lo? Acaso esse saber é, de algum modo, equivalente a uma definição não formulada? De modo que, caso ela fosse formulada, eu pudesse reconhecê-la como a expressão do meu saber? Será que o meu saber, o meu conceito de jogo, não é completamente expresso nas explicações que eu poderia dar? Vale dizer, no fato de que descrevo exemplos de jogos de diferentes tipos; de que mostro como se podem construir, por analogia, os mais diversos tipos de jogos; de que digo que já não chamaria mais isso ou aquilo de jogo; e outras coisas semelhantes.

## 76.

Caso alguém traçasse um limite nítido, então eu não poderia reconhecê-lo como aquele que também eu desde sempre quis traçar, ou que tracei em minha mente. Pois eu não queria traçar absolutamente nenhum. Pode-se então dizer: seu conceito não é o mesmo que o meu, mas aparentado a ele. E o parentesco é aquele que existe entre duas imagens, uma das quais consiste de manchas coloridas com limites pouco nítidos, e a outra de manchas com formas e distribuição semelhantes, mas com limites nítidos. O parentesco, assim, é tão inegável quanto a diferença.

## 77.

E se levamos um pouco mais adiante essa comparação, então fica claro que o grau em que a imagem nítida *pode* ser semelhante à borrada depende do grau de falta de nitidez da segunda. Pois imagine que você precisasse desenhar uma imagem nítida 'correspondente' à borrada. Nesta há um retângulo vermelho pouco nítido; e você o substitui por um nítido. Evidentemente – podem-se traçar vários desses retângulos nítidos que corresponderiam ao pouco nítido. – Mas se, no original, as cores se interpenetram sem qualquer vestígio de um limite, – acaso então não se tornará uma tarefa vã desenhar uma imagem nítida correspondente à borrada? Será então que você não precisará dizer: "Aqui eu poderia desenhar tanto um círculo quanto um retângulo ou um coração; afinal, todas as cores se interpenetram. Tudo – e nada – está certo". — E é nessa situação que se encontra, por exemplo, aquele que busca, em estética ou em ética, definições que correspondem a nossos conceitos.

Numa dificuldade como essa, sempre se pergunte: Como foi, então, que *aprendemos* o significado dessa palavra ("bom", por exemplo)? A partir de que exemplos; em quais jogos de linguagem? Você verá mais facilmente, então, que a palavra precisa ter uma família de significados.

## 78.

Compare: *saber* e *dizer*:
quantos metros de altura tem o Mont-Blanc –
como a palavra "jogo" é usada –
como soa um clarinete.

Quem se espanta com o fato de que se pode saber algo sem poder dizê-lo pensa talvez em um caso como o primeiro. Certamente não em um como o terceiro.

## 79.

Considere o seguinte exemplo: Quando alguém diz "Moisés não existiu", isso pode significar as mais diversas coisas. Pode querer dizer: os israelitas, ao fugir do Egito, não tiveram *um* líder — ou: seu líder não se chamava Moisés — ou: não existiu nenhuma pessoa que tenha realizado tudo aquilo que a Bíblia relata a respeito de Moisés — ou etc. etc. – Segundo Russell, podemos dizer: o nome "Moisés" pode ser definido por meio de diferentes descrições. Por exemplo: "o homem que liderou os israelitas através do deserto", "o homem que viveu naquela época e naquele lugar e que, então, era chamado de 'Moisés'", "o homem que, quando criança, foi retirado do Nilo pela filha do faraó" etc. E a frase "Moisés existiu", assim como qualquer outra frase que trate de Moisés, adquire um sentido diferente a depender de assumirmos uma ou outra definição. – E quando alguém nos diz "N não existiu", então perguntamos: "O que você quer dizer? Será que você quer dizer que ... ou que ... etc.?".

Mas quando faço um enunciado a respeito de Moisés, – será que estou sempre disposto a substituir *uma* dessas descrições, qualquer que seja, por "Moisés"? Talvez eu diga: Por "Moisés" eu entendo o homem que fez aquilo que a Bíblia relata a respeito de Moisés, ou ao menos muitas dessas coisas. Mas quantas dessas coisas? Será que tomei uma decisão a respeito de quantas delas precisam se provar falsas para que eu considere falsa minha frase e a abandone? Será então que o nome "Moisés" tem, para mim, um uso rígido e univocamente determinado em todos os casos possíveis? – Será que não tenho à disposição, por assim dizer, toda uma série de apoios e estou disposto a me apoiar sobre um deles caso outro me seja subtraído, e vice-versa? — Considere ainda um outro caso. Quando digo "N morreu", então as seguintes coisas, por exemplo, podem estar relacionadas ao significado do nome "N": Eu acredito que viveu uma pessoa que (1) eu vi em tais e tais lugares, que (2) tinha tal e tal aparência (imagens), (3) fez tais e tais coisas e (4) no mundo civil portava o nome "N". – Caso me perguntassem o que entendo por "N", eu enumeraria todas essas coisas ou algumas delas, e faria isso de modo diferente em diferentes ocasiões. Minha definição para "N", portanto, talvez fosse: "o homem para o qual valem todas essas coisas". – Mas e se agora alguma dessas coisas se provasse falsa! – Será que estarei disposto a declarar como falsa a frase "N morreu", – ainda que tenha se mostrado falso apenas algo que me parece acessório? Onde, porém, está o limite do que é acessório? – Se, em um caso como esse, eu tivesse dado uma explicação para o nome, então agora eu estaria disposto a alterá-la.

E isso pode ser expresso da seguinte maneira: Eu uso o nome "N" sem um significado *rígido*. (Mas isso causa tão pouco dano ao seu uso quanto aquele causado a uma mesa por ter quatro pernas em vez de três, a qual, por esse motivo, balança em certas circunstâncias.)

Será que se deve dizer que eu uso uma palavra cujo significado não conheço e que, portanto, o que falo não tem sentido?

– Diga o que quiser, desde que isso não o impeça de ver o que se passa. (E, caso você veja isso, deixará de dizer muitas coisas.)

(A oscilação das definições científicas: O que hoje conta, de acordo com a experiência, como algo concomitante ao fenômeno A, amanhã será usado como definição de "A".)

## 80.

Eu digo: "Ali está uma poltrona". Mas e se vou até lá para pegá-la e ela desaparece subitamente diante de meus olhos? — "Então não era uma poltrona, mas algum tipo de ilusão." — Contudo, dentro de alguns segundos, nós a vemos novamente, podemos pegá-la etc. — "Então a poltrona estava realmente ali, e sua desaparição foi algum tipo de ilusão." — Mas suponha que, depois de algum tempo, ela desapareça novamente, – ou pareça desaparecer. O que devemos dizer agora? Será que, para tais casos, você tem regras disponíveis, – as quais dizem se ainda se pode chamar tal coisa de "poltrona"? Mas será que, ao usar a palavra "poltrona", tais regras nos fazem falta; e será que devemos dizer que realmente não associamos nenhum significado a essa palavra por não estarmos munidos de regras para todas as possibilidades de sua aplicação?

## 81.

F. P. Ramsey insistiu certa vez comigo, em uma conversa, que a lógica é uma 'ciência normativa'. Exatamente qual ideia ele tinha em mente eu não sei; mas sem dúvida ela estava intimamente relacionada a algo de que me dei conta apenas mais tarde: a saber, que em filosofia nós frequentemente *comparamos* o uso das palavras a jogos, a cálculos segundo regras rígidas, e no entanto não podemos dizer que quem usa a linguagem *tem que* jogar tal jogo. — Se alguém diz, porém, que o modo como nos expressamos na linguagem *apenas se aproxima* de tais cálculos, então já se encontra, com isso, à beira de um mal-entendido. Pois pode parecer assim que, em lógica, é como se falássemos de uma linguagem *ideal*. Como se nossa lógica fosse, por assim dizer, uma lógica para o vácuo. – Ao passo que a lógica não trata da linguagem – ou do pensamento – no mesmo sentido em que uma ciência natural trata de um fenômeno natural, e o máximo que se pode dizer é que *construíamos* linguagens ideais. Mas aqui a palavra "ideal" seria enganosa, pois isso soa como se essas linguagens fossem melhores, mais perfeitas, do que nossa linguagem cotidiana; e como se fosse necessário um lógico para finalmente mostrar às pessoas com o que se parece uma frase correta.

Tudo isso, porém, só pode aparecer sob a luz correta uma vez que se tenha ganhado maior clareza a respeito dos conceitos de compreender, querer dizer e pensar. Pois assim também ficará claro o que pode nos levar (e me levou) a pensar, erroneamente, que quem pronuncia uma frase e *quer dizer* algo com ela, ou a *compreende*, pratica com isso um cálculo segundo regras determinadas.

## 82.

O que é que eu chamo de 'a regra segundo a qual ele procede'? – Acaso seria a hipótese que descreve satisfatoriamente o uso que observamos ele fazer das palavras; ou a regra que ele consulta ao usar os sinais; ou aquela que ele nos dá como resposta quando lhe perguntamos por sua regra? – Mas e se a observação não permite reconhecer claramente nenhuma regra, e a pergunta não traz nenhuma à luz do dia? – Pois, de fato, ele deu uma explicação em resposta à minha pergunta acerca do que ele entende por "N", mas estava disposto a voltar atrás e alterar essa explicação. – Como posso, portanto, determinar a regra segundo a qual ele joga? Ele próprio não sabe. – Ou, mais corretamente: O que ainda pode significar, aqui, a expressão "regra segundo a qual ele procede"?

## 83.

Será que a analogia entre linguagem e jogo não nos ilumina aqui? Podemos muito bem imaginar que pessoas estivessem se divertindo em um campo jogando com uma bola, e de tal maneira que elas começassem diversos jogos conhecidos mas, em alguns casos, não os jogassem até o fim; e, no meio-tempo, lançassem a bola aleatoriamente para o alto, se perseguissem umas às outras com a bola, atirando-a de brincadeira etc. E então alguém diz: Durante todo esse tempo, as pessoas estão jogando um jogo de bola e, portanto, se orientam, a cada lance, segundo regras determinadas.

E será que também não há o caso em que jogamos e – '*make up the rules as we go along*'?* E até mesmo aquele em que as alteramos – *as we go along*.

## 84.

Eu disse, a respeito da aplicação de uma palavra: ela não está delimitada em toda parte por regras. Mas que aspecto então tem

---

* Em inglês no original: "Inventamos as regras à medida que jogamos". (N.T.)

um jogo que está delimitado em toda parte por regras? cujas regras não permitem que nenhuma dúvida se infiltre; e que veda todas as suas fendas. – Será que não podemos imaginar uma regra que regre a aplicação da regra? E uma dúvida sanada por *essa* regra, – e assim por diante?

Mas com isso não está dito que, porque podemos *imaginar* uma dúvida, de fato duvidamos. Posso muito bem imaginar que alguém, antes de abrir a porta de sua casa, toda vez duvide se por trás dela não surgiu um abismo, e que sempre se certifique a esse respeito antes de atravessar a porta (e em algum momento pode se mostrar que essa pessoa estava correta) – mas nem por isso, no mesmo caso, eu terei essa dúvida.

## 85.

Uma regra está posta, como uma placa indicando o caminho. – Será que ela não deixa em aberto nenhuma dúvida quanto ao caminho que devo percorrer? Será que ela mostra em qual direção devo ir quando passo por ela; se pela estrada, pelo atalho ou através do campo? Mas onde está dito em que sentido tenho de segui-la; se na direção para a qual ela aponta ou (por exemplo) na direção contrária? – E se, no lugar de uma placa indicando o caminho, estivesse uma sequência contínua de placas, ou de traços de giz sobre o chão, – será que para eles existe apenas *uma* interpretação? – Posso dizer, então, que a placa deixa uma dúvida em aberto. Ou melhor: às vezes ela deixa uma dúvida em aberto, às vezes não. E isso agora já não é mais uma proposição filosófica, mas uma proposição empírica.

## 86.

Suponhamos que um jogo de linguagem como (2) seja jogado com auxílio de uma tabela. Os sinais que **A** dá a **B** são, agora, sinais escritos. **B** tem uma tabela; na primeira coluna estão os sinais usados no jogo, na segunda, imagens dos formatos dos materiais de construção. **A** mostra a **B** um desses sinais escritos; **B** o procura na tabela, olha para a imagem que está a seu lado etc. A tabela é, assim, uma regra pela qual ele se orienta ao executar as ordens.
– Aprende-se a procurar uma imagem na tabela por meio de um adestramento, e parte desse adestramento consiste, por exemplo, em que o aluno aprende a deslizar o dedo da esquerda para a direita, horizontalmente, na tabela; portanto, que ele aprende a traçar, por assim dizer, uma série de linhas horizontais.

Imagine, agora, que fossem introduzidas diferentes maneiras de ler uma tabela; a saber, às vezes, como acima, de acordo com o seguinte esquema:

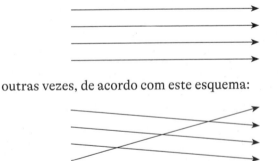

outras vezes, de acordo com este esquema:

ou algum outro. – Um esquema desse tipo é adicionado à tabela, como regra indicando como ela deve ser usada.

Será que agora não conseguimos imaginar novas regras para explicar *essa* regra? e será, por outro lado, que aquela primeira tabela estava incompleta sem o esquema das setas? E as outras tabelas estão incompletas sem os respectivos esquemas?

**87.**

Suponha que eu dê a seguinte explicação: "Por 'Moisés' entendo o homem, caso tenha existido tal homem, que liderou os israelitas na fuga do Egito, como quer que o tenham chamado naquela época e independentemente de quaisquer outras coisas que ele tenha ou não tenha feito". – A respeito das palavras dessa explicação, porém, são possíveis dúvidas semelhantes àquelas que surgem a respeito do nome "Moisés" (o que você chama de "Egito", quem você chama de "israelitas" etc.?). Aliás, essas perguntas não chegam realmente ao fim quando alcançamos palavras como "vermelho", "escuro", "doce". — "Mas como então uma explicação me ajuda a entender, se ela não é realmente a última? A explicação, nesse caso, nunca termina; de modo que ainda não entendo, nem nunca entenderei, o que a pessoa quer dizer!" – Como se uma explicação, por assim dizer, estivesse suspensa no ar, caso outra não a apoiasse. Quando, na verdade, uma explicação pode se apoiar sobre outra explicação que alguém deu, mas nenhuma explicação carece de outra – a não ser que *nós* necessitemos dela para evitar um mal-entendido. Poderíamos dizer: Uma explicação serve para afastar ou para evitar um mal-entendido — um mal-entendido, vale dizer, que surgiria sem a explicação; mas não: qualquer mal-entendido que eu possa imaginar.

Pode facilmente parecer que é como se cada dúvida *mostrasse* um buraco presente no fundamento; de maneira que uma compreensão segura só é possível quando, antes de qualquer outra coisa, duvidamos de tudo aquilo de que se *pode* duvidar, e então sanamos todas essas dúvidas.

Está tudo em ordem com a placa indicando o caminho, – caso ela, em circunstâncias normais, cumpra seu propósito.

## 88.

Quando digo a alguém "Pare mais ou menos aqui!" – será então que essa explicação não pode funcionar perfeitamente bem? E será que qualquer outra também não pode falhar?

"Mas então essa explicação não é inexata?" – Sim; por que não se deveria chamá-la de "inexata"? Apenas compreendamos, porém, o que significa "inexato"! Pois não significa "inutilizável". E reflitamos, ainda, acerca do que chamamos de uma explicação "exata", por oposição a essa explicação! Acaso seria algo como a delimitação de uma região por meio de um traço de giz? Mas então nos ocorre imediatamente que um traço tem uma espessura. Mais exato, portanto, seria o limite dado por uma cor. Mas será então que essa exatidão ainda tem aqui uma função; será que ela não gira em falso? E ainda nem determinamos o que deve contar como ultrapassagem desse limite nítido; como, com quais instrumentos, devemos verificá-la. E assim por diante.

Compreendemos o que significa: acertar precisamente as horas de um relógio de bolso, ou ajustá-lo para que funcione precisamente. Mas e se perguntássemos: Será que essa precisão é uma precisão ideal, ou até que ponto se aproxima disso? – evidentemente, podemos falar de medições de tempo nas quais há uma precisão diferente e, como diríamos, maior que a da medição de tempo com o relógio de bolso. Nas quais as palavras "acertar precisamente o relógio" têm um outro significado, ainda que aparentado, e 'ver as horas' é um procedimento diferente etc. – Se agora eu digo a alguém: "Você deveria ter chegado pontualmente para a refeição; você sabe que ela começa precisamente à uma hora" – será que não estamos realmente falando de *precisão* aqui? pois é possível dizer: "Pense na determinação de tempo em um laboratório ou em um observatório astronômico; *aí* você vê o que significa 'precisão'".

"Inexato", isso na verdade é uma censura, e "exato", um elogio. E isso de fato quer dizer: o inexato não alcança seu objetivo de modo tão perfeito quanto o exato. Tudo depende, então, do que chamamos de "objetivo". Será que é inexato se não informo a distância do Sol em relação a nós com precisão de 1 m; e, ao marceneiro, a espessura da mesa com precisão de 0,001 mm?

*Um* ideal de precisão não está preestabelecido; não sabemos o que devemos compreender por tal expressão – a não ser que você mesmo determine o que deve ser chamado assim. Mas será difícil para você encontrar uma tal determinação; uma que o satisfaça.

## 89.

Com essas reflexões, chegamos ao lugar em que o seguinte problema se coloca: Em que medida a lógica é algo sublime?

Pois parecia que a ela convém uma profundidade especial – um significado universal. Ela está, assim parecia, no fundamento de todas as ciências. – Pois a perspectiva lógica investiga a essência de todas as coisas. Ela quer ver as coisas em seu fundamento, e não deve se preocupar com as especificidades do que efetivamente acontece. — Ela não nasce de um interesse pelos fatos que se produzem na natureza, nem da necessidade de compreender nexos causais. Mas sim de um impulso para entender o fundamento, ou a essência, de tudo o que é empírico. Não, porém, como se, para isso, devêssemos estar à caça de novos fatos: essencial para nossa investigação é, na verdade, que não queremos aprender nada de *novo* com ela. Queremos *entender* algo que já se encontra exposto diante de nossos olhos. Pois, em algum sentido, parece que é *isso* o que não entendemos.

Agostinho (*Confissões*, XI/14): "*quid est ergo tempus? si nemo ex me quaerat scio; si quaerenti explicare velim, nescio*".* – Não se poderia dizer isso a respeito de uma questão da ciência natural (por exemplo, da questão acerca do peso específico do hidrogênio). Aquilo que sabemos quando ninguém nos pergunta, mas não mais sabemos quando devemos explicar, é algo que precisamos *rememorar*. (E, evidentemente, algo que, por alguma razão, é difícil rememorar.)

## 90.

É como se procurássemos *ver através* dos fenômenos: porém, nossa investigação não se dirige aos *fenômenos*, mas sim, por assim dizer, à '*possibilidade*' dos fenômenos. Isso quer dizer que rememoramos o *tipo de enunciado* que fazemos a respeito dos fenômenos. É por isso que também Agostinho rememora os diferentes enunciados que fazemos a respeito da duração dos acontecimentos, e a respeito de seu passado, presente ou futuro. (Esses não são, evidentemente, enunciados *filosóficos* a respeito do tempo, do passado, do presente e do futuro.)

Nossa perspectiva é, assim, uma perspectiva gramatical. E essa perspectiva ilumina nosso problema ao remover mal-entendidos. Mal-entendidos que dizem respeito ao uso das palavras; causados, entre outras coisas, por certas analogias entre as formas de expressão em diferentes regiões de nossa linguagem. – Alguns deles podem ser afastados ao se substituir uma forma de expressão por outra; pode-se chamar isso de uma "análise" das nossas formas de expressão, pois esse pro-

---

* Em latim no original: "O que, então, é o tempo? Se ninguém me pergunta, eu sei; se desejo explicar a alguém que me pergunta, não sei". (N.T.)

cedimento apresenta semelhança, algumas vezes, com uma decomposição.

## 91.

Mas agora pode-se ter a impressão de que haveria algo como uma análise última das nossas formas de linguagem, portanto, *uma* forma completamente decomposta da expressão. Ou seja: como se nossas formas de expressão usuais ainda fossem, essencialmente, não analisadas; como se houvesse nelas algo escondido, que devesse ser trazido à luz. Caso isso acontecesse, então a expressão estaria completamente esclarecida, e nossa tarefa, resolvida.

Também se pode dizer isso da seguinte maneira: Afastamos mal-entendidos ao tornar mais exata nossa expressão: mas agora pode parecer que estamos nos esforçando para alcançar um determinado estado, o de perfeita exatidão; e que esse seria o verdadeiro objetivo de nossa investigação.

## 92.

Isso se expressa na pergunta pela *essência* da linguagem, da proposição, do pensamento. – Pois ainda que também nós busquemos entender, em nossas investigações, a essência da linguagem – sua função, sua estrutura –, não é *isso*, porém, o que aquela pergunta tem em vista. Pois, na essência, ela não vê algo que já está exposto à luz do dia e que, por meio de uma arrumação, pode ser visto *panoramicamente*. E sim algo que está *sob* a superfície. Algo que reside no interior, que vemos se olhamos através de uma coisa, e que uma análise deve desencavar.

'*A essência está escondida de nós*': essa é a forma que nosso problema agora assume. Nós perguntamos: "*O que é* a linguagem?", "*O que é* a proposição?". E a resposta a essas questões deve ser dada de uma vez por todas; e independentemente de qualquer experiência futura.

## 93.

Alguém poderia dizer "Uma proposição, isso é a coisa mais cotidiana do mundo", e outra pessoa: "Uma proposição – eis algo bastante notável!". — Esta última não é capaz de simplesmente examinar como as proposições funcionam. Porque as formas que assumem nosso modo de expressão acerca das proposições e do pensamento estão sempre em seu caminho.

Por que dizemos que a proposição é algo notável? Por um lado, devido à descomunal importância associada a ela. (E isso está correto.) Por outro lado, essa importância, somada a uma má compreensão da lógica da linguagem, nos leva erroneamente a supor que a proposição precisaria realizar algo extraordinário, singular. – Por conta de um *mal-entendido*, parece-nos que a proposição *faz* algo estranho.

## 94.

'A proposição, uma coisa notável!': aí já reside a sublimação própria a toda essa concepção. A tendência a supor uma entidade intermediária pura entre o *sinal* proposicional e os fatos. Ou ainda a querer purificar, sublimar, o próprio sinal proposicional. – Pois, na medida em que nos lançam à caça de quimeras, nossas formas de expressão nos impedem de ver, de diversas maneiras, que estamos lidando com coisas usuais.

## 95.

"O pensamento deve ser algo singular." Quando dizemos, *queremos dizer*, que as coisas se passam de tal e tal modo, então não é que deixamos de alcançar o fato com aquilo que queremos dizer: pelo contrário, queremos dizer que *as coisas tais e tais – são – de tal e tal modo*. – Mas pode-se expressar esse paradoxo (o qual, aliás, tem a forma de uma obviedade) também assim: Pode-se *pensar* o que não é o caso.

## 96.

Outras ilusões se conectam, de diferentes lados, à ilusão específica a que queremos nos referir aqui. O pensamento, a linguagem, nos aparece então como o correlato singular, como imagem, do mundo. Os conceitos: proposição, linguagem, pensamento, mundo encontram-se em uma sequência, um após o outro, cada um equivalente ao outro. (Mas para que, então, precisamos dessas palavras? Falta o jogo de linguagem em que elas encontram sua aplicação.)

## 97.

O pensamento está envolto por um halo. – Sua essência, a lógica, apresenta uma ordem e, na verdade, a ordem a priori do mundo, isto é, a ordem das *possibilidades* que mundo e pensamento precisam ter em comum. Mas essa ordem, assim parece, precisa ser *sumamente simples*. Ela é *anterior* a toda experiência; precisa se infiltrar por toda a experiência; nenhuma opacidade ou incerteza empírica pode aderir a ela. — Ela precisa ser, pelo contrário, do mais puro cristal. Esse cristal, porém, não aparece como uma abstração; mas como algo concreto, aliás, como o que há de mais concreto, *de mais duro*, por assim dizer. (*Tractatus Logico-Philosophicus*, 5.5563.)

Estamos sob a ilusão de que o que há de específico, de profundo, aquilo que é essencial para nossa investigação, reside em que ela procura compreender a essência incomparável da linguagem. Isto é, a ordem existente entre os conceitos de proposição, palavra, inferência, verdade, experiência etc. Essa ordem é uma *super*-ordem entre – por assim dizer – *super*-conceitos. Ao passo que as palavras "linguagem", "experiência", "mundo", caso tenham um emprego, precisam ter um emprego tão pedestre quanto as palavras "mesa", "abajur", "porta".

### 98.

Por um lado, é claro que cada frase de nossa linguagem 'está em ordem tal como é'. Ou seja, que não nos *esforçamos para atingir* um ideal: Como se nossas frases usuais, vagas, ainda não tivessem um sentido totalmente irrepreensível e uma linguagem perfeita ainda precisasse ser construída por nós. – Por outro lado, parece claro: Onde há sentido, deve haver perfeita ordem. –– Portanto, a perfeita ordem precisa estar encravada até na mais vaga das frases.

### 99.

O sentido da proposição – gostaríamos de dizer – pode evidentemente deixar isso ou aquilo em aberto, mas é claro que a proposição precisa ter *um* sentido determinado. Um sentido indeterminado, – isso na verdade não seria sentido *absolutamente nenhum*. – Do mesmo modo: Uma delimitação pouco nítida na verdade não é delimitação absolutamente nenhuma. Pensa-se, nesses casos, mais ou menos assim: Se digo "tranquei o homem dentro do quarto – apenas *uma* porta ficou aberta" – então eu absolutamente não o tranquei. Apenas em aparência ele está trancado. Estaríamos inclinados a dizer aqui: "Com isso, então, você não fez absolutamente nada". Uma cerca com um buraco vale tanto quanto *absolutamente nenhuma*. – Mas será que isso é verdade?

### 100.

"Não é realmente um jogo se há uma vagueza *nas regras*." – Mas será mesmo que não *é* um jogo? – "Sim, talvez você o chame de jogo, mas em todo caso certamente não é um jogo completo." Ou seja: então de fato ele está contaminado, e agora eu me interesso por aquilo que nele foi contaminado. – Mas eu gostaria de dizer: Nós entendemos mal o papel que o ideal desempenha em nossos modos de expressão. Ou seja: também nós o chamaríamos de jogo, apenas estamos ofuscados pelo ideal, e por isso não vemos com clareza a verdadeira aplicação da palavra "jogo".

### 101.

Não pode haver – gostaríamos de dizer – uma vagueza na lógica. Vivemos então imersos na seguinte ideia: o ideal '*precisa*' se achar na realidade. Ao passo que ainda não vemos *como* ele se acha na realidade. E não entendemos a essência desse "precisa". Acreditamos: ele precisa estar encravado nela; pois acreditamos já o estar vendo ali.

## 102.

As regras claras e estritas da estrutura lógica da proposição nos aparecem como algo que está no pano de fundo, – algo oculto no *medium* do entendimento. Eu já as estou vendo (ainda que através de um *medium*), uma vez que entendo o sinal, que quero dizer alguma coisa com ele.

## 103.

O ideal ocupa uma posição inabalável em nosso pensamento. Você não consegue saltar para fora dele. Você precisa sempre retornar a ele. Não existe absolutamente nenhum lado de fora; no lado de fora falta ar para respirar. – De onde vem isso? Essa ideia repousa, por assim dizer, como um par de óculos sobre nosso nariz, e aquilo que vemos, vemos através dele. Absolutamente não nos ocorre o pensamento de retirá-lo.

## 104.

Predica-se de uma coisa aquilo que pertence ao modo como ela é representada. Confundimos a possibilidade de fazer comparações, algo que nos impressiona, com a percepção de um estado de coisas sumamente geral.

> (Faraday, *"The Chemical History of a Candle"*): *"Water is one individual thing – it never changes."*\*

## 105.

Se acreditamos que, na linguagem efetivamente usada, precisamos encontrar aquela ordem, aquele ideal, então ficaremos insatisfeitos com aquilo que, na vida cotidiana, chamamos de "proposição", "palavra", "sinal".

A proposição, a palavra, da qual a lógica trata, deve ser algo puro e de recortes nítidos. E agora quebramos a cabeça a respeito da essência do sinal *real*. – Seria ela talvez a *representação mental* do sinal? ou sua representação no instante presente?

## 106.

Aqui é difícil manter a cabeça erguida, por assim dizer, – ver que precisamos nos manter em meio às coisas do pensamento cotidiano, e não entrar por descaminhos onde, assim parece, precisaríamos descrever as mínimas sutilezas, as quais, uma vez mais, seríamos absolutamente incapazes de descrever com nossos meios. É como se devêssemos colocar em ordem, com nossos dedos, uma teia de aranha que se partiu.

---

\* Em inglês no original: "(Faraday, *A história química de uma vela*): 'A água é uma coisa individual — ela nunca muda'". (N.T.)

## 107.

Quanto mais precisamente observamos a linguagem como de fato ela é, mais intenso se torna o conflito entre ela e nossa exigência. (A pureza cristalina da lógica não me foi dada como *resultado*; ela era uma exigência.) O conflito se torna insuportável; a exigência ameaça, agora, tornar-se algo vazio. – Chegamos a uma superfície de gelo liso, onde falta atrito e, portanto, onde as condições são, em certo sentido, ideais, mas justamente por isso também não conseguimos caminhar. Queremos caminhar; então precisamos de *atrito*. De volta ao solo áspero!

## 108.

Reconhecemos que aquilo que chamamos de "proposição", de "linguagem", não constitui a unidade formal que eu imaginava, mas sim uma família de estruturas mais ou menos aparentadas umas às outras. — Mas o que acontece, então, com a lógica? Aqui, seu rigor parece desmoronar. – Mas será que assim ela não desaparece por completo? – Pois como pode a lógica perder seu rigor? Evidentemente, não por meio de barganhas, com as quais regatearíamos algo desse rigor. – A *ideia preconcebida* de uma pureza cristalina só pode ser afastada se damos um giro em toda a nossa perspectiva. (Poder-se-ia dizer: A perspectiva precisa ser girada, mas tomando como eixo nossas necessidades reais.)

> A filosofia da lógica não fala a respeito de frases e palavras em nenhum sentido diferente do que fazemos na vida cotidiana, por exemplo, quando dizemos "aqui está escrita uma frase em chinês" ou "não, isso apenas se parece com sinais de escrita, mas é um ornamento" etc.

> Nós falamos a respeito do fenômeno espacial e temporal da linguagem; não a respeito de um disparate fora do espaço e do tempo. [O que ocorre é que podemos nos interessar de diferentes maneiras por um fenômeno.] Mas falamos a respeito dela do mesmo modo que falamos a respeito das peças de xadrez, apresentando regras para elas, e não descrevendo suas propriedades físicas.
>
> A pergunta "O que é, na verdade, uma palavra?" é análoga a "O que é uma peça de xadrez?".

## 109.

O que havia de correto é que nossas considerações não podiam ser considerações científicas. A experiência 'de que isso ou aquilo pode ser pensado, contrariamente à nossa ideia preconcebida' – o que quer que isso signifique – não podia nos interessar. (A concepção pneumática do pensamento.) E não estamos autorizados a construir nenhum tipo de teoria. Não pode haver nada de hipotético em nossas considerações. Todas as *explicações* têm que ser eliminadas, e somente descrições devem assumir seu lugar. E essas descrições recebem sua luz – ou seja, seu propósito – dos problemas filosóficos. Tais problemas, evidentemente, não são empíricos; eles são resolvidos por meio de uma percepção acerca do funcionamento da nossa linguagem, e de tal maneira que reconheçamos que isso acontece *contrariamente* a um impulso para entender mal esse funcionamento. Os problemas são resolvidos não pela introdução de uma nova experiência, mas pela organização daquilo que há muito tempo nos é familiar. A filosofia é uma luta contra o enfeitiçamento de nosso entendimento por meio de nossa linguagem.

**110.**

"A linguagem (ou o pensamento) é algo singular" – isso se revela uma superstição (não um erro!), despertada, por sua vez, por ilusões gramaticais.

E o sentimento agora recai novamente nessas ilusões, nesse problema.

**111.**

Os problemas que surgem por meio de uma interpretação equivocada das nossas formas linguísticas têm o caráter de *profundidade*. São inquietações profundas; elas estão tão profundamente enraizadas em nós quanto as formas da nossa linguagem, e seu significado é tão grande quanto a importância da nossa linguagem. — Perguntemo-nos: Por que sentimos como *profunda* uma piada gramatical? (E é exatamente essa a profundidade filosófica.)

**112.**

Uma analogia depositada nas formas da nossa linguagem produz uma falsa aparência; ela nos inquieta: "As coisas não são *assim*!" – dizemos. "Mas elas precisam *ser assim*!"

**113.**

"As coisas são *assim* – – –", é o que me digo repetidas vezes. É como se, caso eu pudesse ajustar meu olhar *muito aguçadamente* sobre esse fato, caso eu pudesse colocar esse fato no ponto focal, eu necessariamente captasse a essência da coisa.

## 114.

*Tractatus Logico-Philosophicus* (4.5): "A forma geral da proposição é: As coisas se passam de tal e tal modo". — Essa é uma daquelas proposições que uma pessoa repete incontáveis vezes a si mesma. A cada vez ela acredita estar perseguindo a natureza, mas está apenas contornando a forma através da qual a observamos.

## 115.

Uma *imagem* nos mantinha cativos. E não conseguíamos escapar dela, pois ela residia em nossa linguagem, que parecia repeti-la inexoravelmente para nós.

## 116.

Quando os filósofos usam uma palavra – "saber", "ser", "objeto", "eu", "proposição", "nome" – e buscam captar a *essência* da coisa, deve-se sempre perguntar: Será que essa palavra é de fato usada assim, em algum momento, na linguagem que é seu lugar de origem? –

*Nós* reconduzimos as palavras de seu emprego metafísico novamente a seu emprego cotidiano.

**117.**

Alguém me diz: "Você realmente entende essa expressão? Ora, – é com o significado que você conhece que também eu a uso". – Como se o significado fosse uma atmosfera que a palavra carrega consigo e vai levando para cada um de seus empregos.

(Quando uma pessoa diz, por exemplo, que a frase "Isto está aqui" (e ao dizer isso aponta para um objeto à sua frente) tem um sentido para ela, então pode-se perguntar em que circunstâncias específicas essa frase é efetivamente empregada. É nessas circunstâncias, então, que ela tem sentido.)

**118.**

De onde essa perspectiva extrai sua importância, uma vez que ela parece destruir, de fato, tudo o que é interessante, ou seja, tudo o que é grande e importante? (Todos os edifícios, por assim dizer; na medida em que deixa para trás apenas pedregulhos e entulho.) O que destruímos, porém, são apenas castelos de cartas, e deixamos desimpedido o chão da linguagem sobre o qual eles se erguiam.

**119.**

Os resultados da filosofia consistem na descoberta de algum simples contrassenso, de galos na testa que o entendimento ganhou ao trombar contra os limites da linguagem. São esses galos que nos permitem reconhecer o valor daquela descoberta.

## 120.

Quando falo a respeito de linguagem (palavra, proposição etc.), preciso falar a linguagem cotidiana. Será talvez que essa linguagem é muito grosseira, muito material, para aquilo que queremos dizer? *E como então uma outra é construída?* – E que estranho, então, que consigamos fazer qualquer coisa com a nossa!

Que eu já precise aplicar, nas minhas explicações concernentes à linguagem, toda a linguagem (e não, por exemplo, uma linguagem preparatória, provisória), isso já mostra que só posso falar coisas exteriores a respeito da linguagem.

Ora, mas como então essas considerações podem nos satisfazer? – Bem, suas perguntas certamente foram formuladas nessa linguagem; elas precisavam ser expressas nessa linguagem, se havia algo a perguntar!

E seus escrúpulos são mal-entendidos.

Suas perguntas dizem respeito a palavras; preciso então falar de palavras.

Alguém diz: Não se trata da palavra, mas de seu significado; e ao fazer isso está pensando no significado como se fosse uma coisa do mesmo tipo da palavra, ainda que distinta da palavra. Aqui a palavra, ali o significado. O dinheiro e a vaca que se pode comprar com ele. (De outro lado, porém: o dinheiro e sua utilidade.)

## 121.

Alguém poderia pensar: se a filosofia fala do uso da palavra "filosofia", então precisaria haver uma filosofia de segunda ordem. Mas claramente não é assim; esse caso, na verdade, corresponde a um manual de ortografia que também trata da palavra "ortografia", mas nem por isso é de segunda ordem.

## 122.

O fato de que não *vemos panoramicamente* o uso de nossas palavras é uma das principais fontes de nossa falta de compreensão. – Nossa gramática não é propícia a uma visão panorâmica. – A apresentação panorâmica proporciona compreensão, a qual consiste justamente no fato de que 'vemos as conexões'. Daí a importância de encontrar e de inventar *elos intermediários*.

O conceito de apresentação panorâmica é, para nós, de significação fundamental. Ele designa nossa forma de apresentação, o modo como vemos as coisas. (Será isso uma 'visão de mundo'?)

## 123.

Um problema filosófico tem a seguinte forma: "Não sei me orientar em meio a essas coisas".

## 124.

Não é permitido à filosofia, de modo algum, atentar contra o uso efetivo da linguagem; no fim das contas, portanto, ela só pode descrevê-lo.

Pois ela também não pode fundamentá-lo.

Ela deixa tudo como está.

Ela deixa também a matemática como está, e nenhuma descoberta matemática pode levá-la adiante. Um "problema central da lógica matemática" é, para nós, um problema da matemática, como qualquer outro.

## 125.

Não é tarefa da filosofia resolver contradições por meio de uma descoberta matemática, lógico-matemática. Em vez disso, é sua tarefa dar visibilidade panorâmica ao estado da matemática, o qual nos inquieta – seu estado *antes* da solução das contradições. (E, com isso, não estamos fugindo de uma dificuldade.)

O fato fundamental aqui é: que estabelecemos regras, uma técnica para um jogo, e que então, quando seguimos as regras, as coisas não se passam como havíamos suposto. Que nós, portanto, nos enredamos em nossas próprias regras, por assim dizer.

Esse enredar-se em nossas regras é o que queremos compreender, isto é, ver panoramicamente.

Isso lança luz sobre o nosso conceito de querer dizer. Pois naqueles casos as coisas se passam de modo diferente do que queríamos dizer, do que havíamos previsto. E, por exemplo, quando surge uma contradição, dizemos justamente o seguinte: "Não era isso o que eu queria dizer".

O estatuto civil da contradição, ou seu estatuto no mundo civil: esse é o problema filosófico.

## 126.

A filosofia simplesmente dispõe todas as coisas à nossa frente, sem nada explicar ou concluir. – Como tudo está exposto, também não há nada a explicar. Pois o que acaso esteja oculto não nos interessa.

Poderíamos chamar de "filosofia", também, aquilo que é possível *antes* de todas as novas descobertas e invenções.

**127.**

O trabalho do filósofo é uma reunião de lembranças para um determinado propósito.

**128.**

Caso se quisesse apresentar *teses* em filosofia, nunca poderia haver discussão a seu respeito, pois todos estariam de acordo com elas.

**129.**

Os aspectos das coisas que nos parecem mais importantes estão ocultos por sua simplicidade e seu caráter cotidiano. (Não conseguimos notá-los, – porque estão sempre diante de nossos olhos.) Os verdadeiros fundamentos da pesquisa de uma pessoa não chamam de modo algum sua atenção. A não ser que *isso* tenha alguma vez chamado sua atenção. – O que quer dizer: aquilo que, uma vez visto, se mostra o mais chamativo e o mais forte, não nos chama a atenção.

**130.**

Nossos jogos de linguagem simples e claros não são estudos preliminares para uma regulamentação futura da linguagem, – por assim dizer, primeiras aproximações, desconsiderando o atrito e a resistência do ar. Pelo contrário, os jogos de linguagem apresentam-se como *objetos de comparação*, os quais, por meio de semelhanças e dessemelhanças, devem lançar luz sobre as conexões de nossa linguagem.

### 131.

Com efeito, apenas assim podemos escapar ao caráter pouco justo, ou vazio, de nossas afirmações: ao propor o modelo como aquilo que ele é, como objeto de comparação – por assim dizer, como padrão de medida; e não como ideia preconcebida que *precisasse* corresponder à realidade. (O dogmatismo em que, ao filosofar, tão facilmente recaímos.)

### 132.

Queremos estabelecer uma ordem em nosso conhecimento do uso da linguagem: uma ordem voltada a determinado propósito; uma ordem entre muitas possíveis; não *a* ordem. Com esse propósito iremos *destacar*, reiteradamente, distinções que passam facilmente despercebidas em nossas formas linguísticas usuais. Pode-se assim ficar com a impressão de que consideramos como nossa tarefa reformar a linguagem.

Uma reforma desse tipo, voltada a determinados propósitos práticos, uma melhoria da nossa terminologia para evitar mal-entendidos no uso prático da linguagem, é bem possível. Mas não são esses os casos com os quais temos de lidar. As confusões de que nos ocupamos surgem, por assim dizer, quando a linguagem gira em falso, não quando ela trabalha.

### 133.

Não desejamos refinar ou tornar completo, de alguma maneira inaudita, o sistema de regras para o emprego de nossas palavras.

A clareza que nos esforçamos para atingir é, de todo modo, *completa*. Mas isso quer dizer apenas que os problemas filosóficos devem desaparecer *completamente*.

A verdadeira descoberta é aquela que me torna capaz de parar de filosofar quando quero. – Aquela que faz a filosofia descansar, de tal maneira que ela não é mais espicaçada por questões que colocam *ela mesma* em questão. – O que mostramos, por meio de exemplos, é um método, e a sequência desses exemplos pode ser interrompida. — Problemas são resolvidos (dificuldades são afastadas), não *um* problema.

> Não há *um* método da filosofia, o que há são métodos, diferentes terapias, por assim dizer.

### 134.

Consideremos a seguinte proposição: "As coisas se passam de tal e tal modo" – como posso dizer que essa é a forma geral da proposição? – Antes de tudo, *ela mesma* é uma proposição, uma proposição do português, pois tem sujeito e predicado. Como, porém, essa proposição é aplicada – quer dizer, aplicada em nossa linguagem cotidiana? Pois foi *daí*, com efeito, que eu a retirei.

Dizemos, por exemplo: "Ele me explicou sua situação, disse-me que as coisas se passam de tal e tal modo, e que por isso precisa de um adiantamento". É nessa medida, então, que se pode dizer que essa proposição corresponde a algum tipo de enunciado. Ela é empregada como *esquema* proposicional; mas isso acontece *somente* porque ela tem a estrutura de uma proposição do português. Em vez dela, poderíamos dizer também, sem grandes problemas: "isto e aquilo é o caso", ou "é de tal e tal modo que as coisas estão" etc. Poderíamos também simplesmente usar, como na lógica simbólica, uma letra do alfabeto, uma variável. Mas certamente ninguém chamará a letra "p" de forma geral da proposição. Como dissemos: "As coisas se passam de tal e tal modo" só era isso pelo fato de que ela mesma é aquilo que chamamos de uma proposição do português. Mas embora ela seja uma proposição, certamente só tem emprego como variável proposicional. Dizer que essa proposição está de acordo com a realidade (ou não está de acordo) seria um evidente absurdo, o qual ilustra, assim, que *um* traço distintivo do nosso conceito de proposição é *soar como uma proposição*.

**135.**

Mas será então que não temos um conceito para o que é uma proposição, para o que entendemos por "proposição"? – Sim; na mesma medida em que também temos um conceito para o que entendemos por "jogo". Se nos perguntam o que é uma proposição – quer tenhamos que responder isso a outros ou a nós mesmos – daremos exemplos e, entre eles, também aquilo que se pode chamar de sequências indutivas de proposições; bem, *desse* modo nós temos um conceito de proposição. (Compare o conceito de proposição com o conceito de número.)

## 136.

No fundo, apresentar "As coisas se passam de tal e tal modo" como forma geral da proposição é o mesmo que dar a explicação: uma proposição é tudo o que pode ser verdadeiro ou falso. Pois, em vez de "As coisas se passam...", eu também poderia ter dito: "Isso e aquilo é verdadeiro". (Mas também: "Isso e aquilo é falso".) Mas então temos

'p' é verdadeiro = p
'p' é falso = não-p.

E dizer que uma proposição é tudo o que pode ser verdadeiro ou falso é o mesmo que dizer: Chamamos de proposição aquilo a que *em nossa linguagem* aplicamos o cálculo das funções de verdade.

Parece, agora, que é como se a explicação – proposição é aquilo que pode ser verdadeiro ou falso – determinasse o que é uma proposição na medida em que diz: O que se adéqua ao conceito 'verdadeiro', ou a que o conceito 'verdadeiro' se adéqua, isso é uma proposição. Desse modo, é como se tivéssemos um conceito de verdadeiro e falso com ajuda do qual podemos então determinar o que é e o que não é uma proposição. Aquilo que *engata* no conceito de verdade (como em uma engrenagem), isso é uma proposição.

Mas essa é uma má imagem. É como se alguém dissesse "O rei é *a* peça que se pode colocar em xeque". Mas de fato isso só pode significar que, no nosso jogo de xadrez, só damos xeque no rei. Assim como a proposição segundo a qual apenas uma *proposição* pode ser verdadeira só pode dizer que nós predicamos "verdadeiro" e "falso" somente daquilo que chamamos de proposição. E o que é uma proposição é determinado, em *um* sentido, pelas regras da estrutura proposicional (da língua alemã, por exemplo), e em outro sentido, pelo uso do sinal no jogo de linguagem. E o uso das palavras "verdadeiro" e "falso" pode também ser uma parte constituinte desse jogo; e então, para nós, esse uso *pertence* à proposição, mas não se '*adéqua*' a ela. Assim como também podemos dizer que levar xeque *pertence* ao nosso conceito de rei no xadrez (por assim dizer, como uma parte constituinte dele). Dizer que levar xeque não se *adéqua* ao nosso conceito de peão significaria que um jogo no qual se desse xeque no peão, em que, por exemplo, quem perde o peão perde o jogo, – que um tal jogo seria desinteressante, ou estúpido, ou complicado demais, ou coisa do gênero.

## 137.

E o que dizer, então, de quando aprendemos a determinar o sujeito da proposição por meio da pergunta "Quem ou o quê...?"? – Aqui certamente há um '*adequar-se*' do sujeito a essa pergunta; pois, do contrário, como foi que viemos a saber, por meio da pergunta, qual é o sujeito? Ficamos sabendo isso de modo semelhante a como ficamos sabendo qual letra vem depois do 'K' no alfabeto, ou seja, ao recitar o alfabeto até 'K'. Em que medida, então, o 'L' se adéqua a essa sequência de letras? – E *nessa* medida também se poderia dizer que "verdadeiro" e "falso" se adéquam à proposição; e se poderia ensinar uma criança a distinguir proposições de outras expressões dizendo-lhe: "Pergunte-se se você pode dizer, depois dela, 'é verdadeiro'. Se essas palavras forem adequadas, então é uma proposição". (E da mesma maneira se poderia dizer: Pergunte-se se você pode colocar, antes dela, a expressão "As coisas se passam *assim*:".)

## 138.

Mas será então que o significado de uma palavra que eu entendo não pode se adequar ao sentido de uma proposição que eu entendo? Ou o significado de uma palavra ao significado de outra palavra? — Evidentemente, se o significado é o *uso* que fazemos das palavras, então não faz sentido falar de uma tal adequação. Ora, mas nós *entendemos* o significado de uma palavra quando a ouvimos ou pronunciamos; nós a compreendemos de uma só vez; e o que assim compreendemos é, certamente, algo distinto do 'uso' distendido no tempo!

> a) Quando se diz que uma frase é sem sentido, então não é como se seu sentido fosse sem sentido. Na verdade, a frase é eliminada da linguagem.
>
> b) Será que eu preciso *saber* se entendo uma palavra? Será que também não ocorre de eu *imaginar* que entendo uma palavra (não muito diferente de quando entendo uma maneira de calcular) e então perceber que não a entendi? ("Eu acreditava saber o que significa movimento 'relativo' e 'absoluto', mas vejo que não sei.")
>
> c) "O fato de que três negações produzem novamente uma negação certamente já precisa residir nesta uma negação que agora uso." (A tentação de inventar um mito do "significado".)
> Tem-se a impressão de que se seguiria da natureza da negação que uma negação dupla é uma afirmação. (E há algo de correto nisso. O quê? *Nossa* natureza está associada a ambos os casos.)
>
> d) Não pode haver nenhuma discussão a respeito de se são essas ou se são outras as regras corretas para a palavra "não" (quero dizer, se elas estão de acordo com seu significado). Pois a palavra

> ainda não tem nenhum significado sem essas regras; e, se mudamos as regras, agora ela tem outro significado (ou nenhum), e nesse caso poderíamos simplesmente mudar a palavra.*

## 139.

Quando alguém me diz, por exemplo, a palavra "cubo", eu sei o que ela significa. Mas será então que a totalidade do *emprego* da palavra pode me vir à mente se assim a *entendo*?

Bem, mas será que, por outro lado, o significado da palavra também não é determinado por esse emprego? E será que essas determinações podem então se contradizer? Será que o que compreendemos *de uma só vez* pode estar de acordo, se adequar ou não se adequar, a um emprego? E como aquilo que se torna presente para nós instantaneamente, que vem à nossa mente instantaneamente, pode se adequar a um *emprego*?

O que é então que de fato vem à nossa mente quando *entendemos* uma palavra? – Não é algo como uma imagem? Não pode *ser* uma imagem?

Bem, suponha que, ao ouvir a palavra "cubo", uma imagem venha à sua mente. Por exemplo, o desenho de um cubo. Em que medida essa imagem pode se adequar, ou não se adequar,

---

* Os quatro itens que compõem esse boxe correspondem a quatro recortes distintos, todos eles extraídos do TS 228 (respectivamente seus parágrafos 67, 82, 92 e 93, e 533). No TS 227a, um dos tiposcritos gêmeos que serviram de base para a edição das *Investigações*, há uma anotação manuscrita (cuja caligrafia, porém, até hoje não foi identificada) indicando a inserção desses recortes junto ao parágrafo 138. Essas diretrizes não foram seguidas na edição de G. E. M. Anscombe e R. Rhees, que inseriram aqui apenas o item (b). Naquela edição, o item (a) foi omitido por aparecer (com pequenas variações) em outro lugar do texto, como parágrafo 500; e os itens (c) e (d) foram deslocados para o boxe do parágrafo 556. (N.T.)

a um emprego da palavra "cubo"? – Talvez você diga: "isso é simples; – quando essa imagem vem à minha mente e eu aponto, por exemplo, para um prisma triangular e digo que é um cubo, então esse emprego não se adéqua à imagem". – Mas será que não se adéqua? Escolhi o exemplo intencionalmente, para que seja fácil imaginar um *método de projeção* segundo o qual a imagem realmente se adéqua.

A imagem do cubo, com efeito, nos *sugeriu* certo emprego, mas eu também podia empregá-la de modo diferente.

a) "Eu acredito que a palavra correta neste caso é..." Será que isso não mostra que o significado da palavra é algo que nos vem à mente, e que é, por assim dizer, a imagem precisa que queremos usar aqui? Imagine que eu estivesse escolhendo entre as palavras "majestoso", "digno", "altivo", "que inspira respeito"; será que não é como se eu escolhesse entre desenhos em um catálogo? – Não; o fato de que falamos a respeito da *palavra apropriada* não *mostra* a existência de uma coisa, a qual etc. Se estamos inclinados a falar de algo como uma imagem é, antes, porque podemos ter a sensação de que uma palavra é apropriada; porque frequentemente escolhemos entre palavras do mesmo modo que entre imagens semelhantes, mas não idênticas; porque frequentemente usamos imagens em vez de palavras, ou para ilustrar palavras etc.

b) Eu vejo uma imagem: ela representa um homem velho, amparado em uma bengala, subindo por um caminho íngreme. – Mas como? Será que ela também não teria essa aparência caso o homem, nessa mesma posição, estivesse deslizando estrada abaixo? Um habitante de Marte talvez descrevesse a imagem assim. Eu não preciso explicar por que *nós* não a descrevemos assim.

## 140.

Mas de que tipo, então, foi meu erro; por acaso do tipo que se gostaria de expressar da seguinte maneira: eu acreditava que a imagem me compelia a um determinado emprego? Como, então, pude acreditar nisso? No que de fato acreditei, nesse caso? Será, então, que existe uma imagem, ou algo semelhante a uma imagem, que nos compele a determinada aplicação, e meu erro foi, portanto, uma confusão? – Pois também poderíamos estar inclinados a nos expressar da seguinte maneira: nós estávamos, no máximo, sob uma compulsão psicológica, mas não sob uma compulsão lógica. E aqui parece mesmo que conhecemos os dois tipos de caso.

Que efeito, então, teve meu argumento? Ele chamou a atenção para o fato de que (nos lembrou de que), em certas circunstâncias, estaríamos dispostos a chamar de "aplicação da imagem de um cubo" também um outro processo, e não somente aquele em que originalmente havíamos pensado. Nossa 'crença de que a imagem nos compele a uma determinada aplicação' consistia portanto no fato de que nos ocorreu apenas aquele único caso, e nenhum outro. "Há também uma outra solução" significa: há também algo diferente que estou disposto a chamar de "solução"; ao qual estou disposto a aplicar tal e tal imagem, tal e tal analogia etc.

E o essencial é, então, que vemos que a mesma coisa nos vem à mente ao ouvir a palavra, e ainda assim sua aplicação pode ser diferente. Será então que, nos dois casos, ela tem o *mesmo* significado? Acredito que iremos negar isso.

## 141.

E se não fosse simplesmente a imagem do cubo o que nos vem à mente, mas, somado a ela, também o método de projeção? —

Como devo imaginar isso? – Talvez eu veja diante de mim um esquema do modo de projeção. Uma imagem, por exemplo, que mostra dois cubos conectados por linhas de projeção. – Mas será que isso realmente me leva adiante? Será que não posso, agora, imaginar também diferentes aplicações desse esquema? — Sim, mas então não pode me vir *à mente uma aplicação*? – Certamente; apenas precisamos tornar mais clara para nós a aplicação *dessa* expressão. Suponha que eu explique a uma pessoa diferentes métodos de projeção, para que depois ela os aplique; e nos perguntemos em que caso diremos que ela tem em mente *o* método de projeção a que quero me referir.

Reconhecemos para isso, evidentemente, dois tipos de critério: De um lado, a imagem (de qualquer tipo que ela seja) que, em certo momento, ela tem em mente; de outro lado, à aplicação que ela faz – no decorrer do tempo – dessa representação mental. (E acaso não é claro, aqui, que é totalmente irrelevante que essa imagem ocorra à sua imaginação em vez de se apresentar à sua frente como um desenho ou modelo; ou mesmo em vez de ser produzida por ela como modelo?)

Será então que imagem e aplicação podem colidir? Bem, elas podem colidir na medida em que a imagem nos permita esperar um outro emprego; porque em geral as pessoas fazem *essa* aplicação *dessa* imagem.

Eu quero dizer: Existe aqui um caso *normal* e casos anormais.

### 142.

Apenas em casos normais o uso das palavras nos é claramente prescrito; nós não temos nenhuma dúvida, nós sabemos o que temos de dizer neste ou naquele caso. Quanto mais anormal é o caso, mais duvidoso se torna aquilo que devemos dizer. E se as coisas se passassem de modo completamente diferente do que realmente se passam — se não houvesse, por exemplo, nenhuma expressão característica de dor, de medo, de alegria; se o que é regra se tornasse exceção, e o que é exceção se tornasse regra; ou se ambas se tornassem fenômenos mais ou menos da mesma frequência — então, com isso, nossos jogos de linguagem normais perderiam aquele espírito que os caracteriza. – O procedimento de colocar um pedaço de queijo na balança e determinar seu preço de acordo com o que ela indica perderia seu espírito característico se frequentemente acontecesse de esse pedaço, sem causa aparente, crescer ou encolher repentinamente. Essa observação se tornará mais clara quando falarmos a respeito de coisas como a relação entre um sentimento e sua expressão, e outras semelhantes.

> Aquilo que precisamos dizer para explicar o significado (quero dizer, a importância) de um conceito frequentemente são fatos naturais extraordinariamente gerais. Aqueles que, devido a sua grande generalidade, quase nunca são mencionados.

## 143.

Consideremos agora o seguinte tipo de jogo de linguagem: a partir de uma ordem de **A**, **B** deve escrever sequências de sinais segundo uma determinada lei de construção.

A primeira dessas sequências deve ser a dos números naturais no sistema decimal. – Como ele aprende esse sistema? – Primeiramente, sequências de números lhe são apresentadas por escrito e lhe é solicitado que as reescreva. (Não se deixe perturbar pela expressão "sequências de números", ela não está sendo usada de modo incorreto aqui!) E já aqui há uma reação normal e uma reação anormal daquele que aprende. – Inicialmente, talvez conduzamos sua mão quando ele reescreve a sequência de 0 a 9; mas então a *possibilidade de entendimento* irá depender de que ele, agora, siga escrevendo por conta própria. – E aqui podemos imaginar, por exemplo, que embora ele copie cifras por conta própria, não o faça de acordo com a sequência, copiando às vezes uma, às vezes outra, de forma desregrada. E *nesse ponto* então cessa o entendimento. – Ou então ele comete 'erros' na ordem da sequência. – A diferença entre este caso e o primeiro é, evidentemente, uma diferença de frequência. – Ou: ele comete um erro *sistemático*, por exemplo, sempre pulando os números de dois em dois; ou ele copia a sequência 0, 1, 2, 3, 4, 5, ... da seguinte maneira: 1, 0, 3, 2, 5, 4, ... Aqui quase estaremos tentados a dizer que ele nos entendeu *erroneamente*.

Mas note: Não há qualquer limite nítido entre um erro desregrado e um erro sistemático. Isto é, entre aquilo que você está inclinado a chamar de "erro desregrado" e de "erro sistemático".

Talvez possamos desabituá-lo do erro sistemático (como de um vício). Ou podemos aceitar como válido seu modo de copiar e tentar ensinar o modo normal como uma versão divergente, uma variante do seu. – E também aqui a capacidade de aprendizagem do nosso aluno pode cessar.

## 144.

O que quero dizer então quando digo "aqui a capacidade de aprendizagem do aluno *pode* cessar"? Digo isso a partir da minha experiência? Evidentemente, não. (Ainda que eu tivesse tido uma tal experiência.) E o que faço então com aquela frase? O que eu gostaria é que você dissesse: "Sim, é verdade, também podemos imaginar isso, também isso poderia acontecer!".

– Mas será que eu queria chamar a atenção de alguém para o fato de que ele é capaz de imaginar isso? — Eu queria colocar essa imagem diante de seus olhos, e seu *reconhecimento* dessa imagem consiste em que ele agora está inclinado a considerar um determinado caso de modo diferente: a saber, a compará-lo com *essa* sequência de imagens. Eu mudei seu *modo de ver*. [Matemáticos indianos: "Olhe para isso!"]

**145.**

Que o aluno escreva agora a sequência de 0 a 9 de modo que fiquemos satisfeitos. – E esse só será o caso se ele consegue fazer isso *frequentemente*, não se acerta uma vez em cem tentativas. Eu lhe ensino então a continuação da sequência e chamo sua atenção para o fato de que a primeira sequência reaparece nas unidades; e depois reaparece nas dezenas. (O que apenas significa que eu uso certa entonação, sublinho sinais, escrevo-os de tal e tal maneira uns sob os outros, e coisas semelhantes.) – E então, em certo momento, ele continua a sequência por conta própria, – ou não o faz. – Mas por que você diz isso? *isso* é óbvio! – Sem dúvida; eu queria apenas dizer: o efeito de toda *explicação* posterior depende da sua *reação*.

Mas suponhamos agora que, depois de algum esforço do professor, o aluno continue a sequência corretamente, isto é, tal como nós o fazemos. Agora podemos dizer então: ele domina o sistema. – Mas até que ponto ele precisa continuar corretamente a sequência para que possamos dizer isso justificadamente? Isto é claro: aqui você não consegue apresentar nenhuma delimitação.

**146.**

Se agora eu pergunto: "Caso ele continue a sequência por cem posições, será que entendeu o sistema?". Ou – caso eu não deva falar de 'entender' em nosso jogo de linguagem primitivo: Caso ele continue corretamente a sequência *até esse ponto*, será que ele se apropriou do sistema? – Nesse caso, talvez você diga: Apropriar-se do sistema (ou também entendê-lo) não pode consistir em que alguém continue a sequência até *esse* ou *aquele* número; *isso* é apenas a aplicação do entendimento. O entendimento ele próprio é um estado *a partir do qual* nasce o emprego correto.

E, nesse caso, em que exatamente se está pensando? Será que não se está pensando na derivação de uma sequência a partir de sua expressão algébrica? Ou em algo análogo? – Mas já passamos por esse ponto uma vez. Nós certamente podemos imaginar mais do que *uma* aplicação de uma expressão algébrica; e, na verdade, cada maneira de aplicá-la pode, por sua vez, ser formulada de maneira algébrica, mas isso obviamente não nos leva adiante. – A aplicação continua a ser um critério para o entendimento.

**147.**

"Mas como ela pode sê-lo? Quando *eu* digo que entendo a lei de uma sequência, então de fato não digo isso com base na *experiência* de que até agora apliquei a expressão algébrica de tal e tal maneira! De todo modo, eu certamente sei, a respeito de mim mesmo, que a sequência que tenho em mente é tal e tal; independentemente do ponto até o qual eu de fato a tenha desenvolvido." –

Então você quer dizer: você sabe a aplicação da lei da sequência, mesmo desconsiderando completamente a memória das aplicações efetivas a determinados números. E você dirá, talvez: "Obviamente! pois a sequência é infinita, e o segmento de sequência que eu posso ter desenvolvido é finito".

### 148.

No que consiste, porém, esse saber? Permita-me perguntar: *Quando* você sabe essa aplicação? Sempre? De dia e de noite? ou somente enquanto você está pensando na lei da sequência? Ou seja: Será que você sabe essa lei da mesma maneira que sabe o ABC e a tabuada? ou será que você chama de 'saber' um processo ou estado de consciência – por exemplo, um pensar-em--algo, ou coisa semelhante?

### 149.

Quando alguém diz que saber o ABC é um estado da alma, então essa pessoa está pensando no estado de um aparelho anímico (por exemplo, nosso cérebro) por meio do qual explicamos as *manifestações* desse saber. Chamamos um tal estado de disposição. Contudo, não é sem objeções que se pode falar aqui de um estado da alma, já que deveria haver dois critérios para esse estado; a saber, um conhecimento acerca da construção do aparelho, independentemente de seus efeitos. (Nada causaria mais confusão, aqui, do que o uso das palavras "consciente" e "inconsciente" para a oposição entre estado de consciência e disposição. Pois o primeiro par de palavras oculta uma distinção gramatical.)

a) 'Entender uma palavra', um estado. Mas um estado *anímico*?
– Aflição, excitação, dor, são o que chamamos de estados anímicos. Faça a seguinte consideração gramatical: Nós dizemos
"Ele esteve aflito durante todo o dia"
"Ele esteve em grande excitação durante todo o dia"
"Desde ontem ele tem tido dores ininterruptamente". –
Nós também dizemos "Eu entendo essa palavra desde ontem". Mas "ininterruptamente"? – Sim, pode-se falar de uma interrupção do entendimento. Mas em quais casos? Compare: "Quando foi que suas dores diminuíram?" e "Quando foi que você parou de entender a palavra?".

b) E se alguém perguntasse: Quando você *sabe*\* jogar xadrez? Sempre? ou no momento em que está fazendo um lance? E será que, a cada lance, o jogo inteiro? – E que estranho que saber jogar xadrez precise de um tempo tão curto, e uma partida precise de um tempo tão mais longo.

## 150.

A gramática da palavra "saber" está, é claro, intimamente relacionada à gramática das expressões "conseguir", "ser capaz de". Mas também intimamente relacionada à gramática da palavra "entender". ('Dominar' uma técnica.)

---

\* O verbo utilizado aqui é *"können"*, normalmente traduzido por "poder", "conseguir" ou "ser capaz de". Precisamente essa polissemia é tematizada nos parágrafos seguintes, particularmente nos parágrafos 150 e 151. Ver entrada pertinente no Vocabulário crítico, ao fim desta edição. (N.T.)

## 151.

Porém, há também o *seguinte* emprego da palavra "saber": Nós dizemos "Agora eu sei!" – e igualmente "Agora eu consigo!" e "Agora eu entendo!".

Imaginemos o seguinte exemplo: **A** escreve sequências de números; **B** o observa e tenta encontrar uma lei na sequência numérica. Caso seja bem-sucedido, ele grita: "Agora eu consigo continuar!". — Essa capacidade, esse entendimento é, portanto, algo que surge instantaneamente. Examinemos, portanto, o seguinte: O que é isso que surge aqui? – **A** escreveu os números 1, 5, 11, 19, 29; e então **B** diz que, agora, sabe prosseguir. O que aconteceu aí? Podem ter acontecido diferentes coisas; por exemplo: Enquanto **A** colocava lentamente um número depois do outro, **B** ocupava-se em testar, relativamente aos números escritos, diferentes fórmulas algébricas. Quando **A** escreveu o número 19, **B** testou a fórmula $a_n = n^2 + n - 1$; e o próximo número confirmou sua suposição.

Ou então: **B** não pensa em fórmulas. Ele observa, com certo sentimento de tensão, enquanto **A** escreve seus números; ao fazer isso, passa por sua cabeça todo tipo de pensamentos imprecisos. Finalmente, ele se pergunta "Qual é a sequência das diferenças?". Ele encontra: 4, 6, 8, 10 e diz: Agora eu consigo prosseguir.

Ou então ele dá uma olhada e diz: "Sim, *essa* sequência eu conheço" – e a continua; como talvez também tivesse feito caso **A** tivesse escrito a sequência 1, 3, 5, 7, 9. – Ou ele não diz absolutamente nada e simplesmente escreve a continuação da sequência. Talvez ele tenha tido a sensação que se pode chamar de "essa é fácil!". (Uma tal sensação é, por exemplo, a de inspirar de maneira súbita e ligeira, semelhante a quando tomamos um leve susto.)

## 152.

Mas será então que esses processos que acabo de descrever são o *entendimento*?

"**B** entende a lógica da sequência" decerto não significa meramente: ocorre a **B** a fórmula "$a_n = ...$"! Pois é plenamente concebível que a fórmula lhe ocorra e ele ainda assim não entenda. "Ele entende" precisa conter mais do que: ocorre-lhe a fórmula. E igualmente mais do que quaisquer daqueles *processos concomitantes*, ou manifestações, mais ou menos característicos do entendimento.

## 153.

Nós tentamos, então, compreender o processo anímico do entendimento, o qual, assim parece, esconde-se por detrás daqueles fenômenos concomitantes mais grosseiros e, portanto, mais facilmente visíveis. Mas isso não funciona. Ou, dito de modo mais correto: isso sequer chega a ser uma verdadeira tentativa. Pois mesmo pressupondo que eu tivesse encontrado algo que acontecesse em todos aqueles casos de entendimento, – por que então *isso* deveria ser o entendimento? Aliás, como então o processo de entendimento podia estar escondido, se eu efetivamente disse "Agora eu entendo" *porque* entendi?! E quando eu digo que o processo está escondido, – como é que eu sei então o que tenho de procurar? Eu estou em uma bela de uma confusão.

## 154.

Mas espere! – se "agora eu entendo a lógica da sequência" não diz o mesmo que "ocorre-me a fórmula ..." (ou "eu pronuncio a fórmula", "eu a escrevo" etc.) – será que se segue daí que eu emprego a frase "agora eu entendo ..." ou "agora eu consigo continuar" como descrição de um processo que subsiste por detrás ou ao lado do pronunciar da fórmula?

Caso precise haver algo 'por detrás do pronunciar da fórmula', então esse algo são *certas circunstâncias* que me autorizam a dizer que posso continuar, – caso a fórmula me ocorra.

Não pense, de forma alguma, no entendimento como um 'processo anímico'! – Pois *esse* é o modo de falar que faz com que você se confunda. Em vez disso, pergunte-se: em que tipo de caso, em que tipo de circunstâncias nós dizemos "Agora sei prosseguir"? quero dizer, caso a fórmula tenha me ocorrido. –

No sentido em que há processos (incluindo processos anímicos) característicos do entendimento, o entendimento não é um processo anímico.

(O aumento e a diminuição de uma sensação de dor, a audição de uma melodia, de uma frase: processos anímicos.)

### 155.

Eu queria portanto dizer: Quando ele repentinamente soube prosseguir a sequência, quando entendeu sua lógica, talvez tenha tido uma experiência específica – a qual ele talvez descreva, de modo semelhante ao que fizemos acima, caso lhe perguntem "Como é que foi, o que aconteceu, quando você repentinamente compreendeu a lógica da sequência?" — no entanto, aquilo que para nós o autoriza a dizer, em tal caso, que ele entende, que ele sabe prosseguir, são as *circunstâncias* nas quais ele teve tal experiência.

## 156.

Isso ficará mais claro caso voltemos nossas considerações para uma outra palavra, a saber, a palavra *"ler"*. Em primeiro lugar, devo observar que, nessas considerações, não conto como 'ler' o entendimento do sentido daquilo que é lido; em vez disso, ler é aqui a atividade de converter em sons aquilo que está escrito ou impresso; mas também escrever o que foi ditado, transcrever o que está impresso, tocar de acordo com a partitura e coisas semelhantes.

Naturalmente, o uso dessa palavra nas circunstâncias de nossa vida cotidiana nos é muitíssimo bem conhecido. Contudo, seria difícil apresentar, mesmo que em traços grosseiros, o papel que essa palavra desempenha em nossa vida e, portanto, o jogo de linguagem no qual a empregamos. Uma pessoa, digamos um alemão, passou por um dos tipos de ensinamento que nos é usual, na escola ou em casa, e a partir desse ensinamento aprendeu a ler em sua língua materna. Mais tarde ele lê livros, cartas, o jornal etc.

O que acontece, por exemplo, quando ele lê o jornal? — Seus olhos deslizam – como dizemos – ao longo das palavras impressas, ele as pronuncia, – ou apenas as diz para si mesmo; e, além disso, algumas palavras ele lê ao apanhar sua forma impressa como um todo, outras depois que seu olho apanhou as primeiras sílabas, algumas ele lê sílaba por sílaba, e uma ou outra, talvez, letra por letra. – Também diríamos que ele leu uma frase quando, durante a leitura, ele não fala nem em voz alta nem para si mesmo, mas depois é capaz de repetir a frase aproximada ou literalmente. – Ele pode prestar atenção no que está lendo ou também – como poderíamos dizer – funcionar como mera máquina de ler, quero dizer, ele lê corretamente em voz alta, sem prestar atenção naquilo que está lendo; talvez, durante esse tempo, sua atenção esteja dirigida a algo completamente distinto (de tal maneira que ele não é capaz de dizer o que foi que leu, caso alguém lhe pergunte imediatamente depois).

Compare, agora, esse leitor com um iniciante. Ele lê as palavras soletrando-as com esforço. – Algumas palavras, contudo, ele adivinha a partir do contexto; ou talvez ele já saiba o trecho parcialmente de cor. O professor diz, então, que ele não está verdadeiramente *lendo* as palavras (e, em certos casos, que ele está apenas fingindo lê-las).

Se pensamos *nesse* ler, no ler do iniciante, e nos perguntamos em que consiste *ler*, estaremos inclinados a dizer: trata-se de uma certa atividade mental consciente.

Também dizemos a respeito do aluno: "Somente ele sabe, é claro, se realmente está lendo ou se está meramente recitando de cor as palavras". (Ainda precisamos falar a respeito destas frases: "Somente *ele* sabe...".)

Eu quero, porém, dizer: Precisamos admitir que – no que toca à pronúncia de qualquer *uma* das palavras impressas – na consciência do aluno que 'finge' ler pode acontecer o mesmo que na consciência do leitor treinado que 'lê'. A palavra "ler" é aplicada de maneira *diferente* quando falamos de iniciantes e de leitores treinados. — Evidentemente, gostaríamos agora de dizer: Aquilo que acontece no leitor treinado e no leitor iniciante, quando pronunciam as palavras, não *pode* ser o mesmo. E se não houvesse nenhuma diferença naquilo de que, naquele momento, eles estão conscientes, então haveria uma diferença no trabalho inconsciente de suas mentes; ou ainda, no cérebro. – Gostaríamos de dizer, portanto: Temos aqui, em todo caso, dois mecanismos distintos! E aquilo que se passa neles deve diferenciar o ler do não ler. – Mas esses mecanismos são de fato apenas hipóteses; modelos para explicar, para resumir, aquilo que você percebe.

## 157.

Reflita a respeito do seguinte caso: Seres humanos, ou outras criaturas, são utilizados por nós como máquinas de ler. Eles são adestrados para esse propósito. Aquele que os adestra diz, de alguns deles, que já sabem ler, de outros, que ainda não sabem. Tome o caso de um aluno que ainda não passou pelo adestramento: quando lhe mostram uma palavra escrita, às vezes ele produz alguns sons, e vez ou outra acontece então, 'por acaso', de eles estarem mais ou menos corretos. Uma terceira pessoa ouve esse aluno em um tal caso e diz "Ele está lendo". Mas o professor diz: "Não, ele não está lendo; foi apenas um acaso". – Mas suponhamos que esse aluno, quando novas palavras lhe são agora apresentadas, reaja a elas, repetidamente, de maneira correta. Depois de algum tempo, o professor diz: "Agora ele sabe ler!". – Mas o que se passou com aquela primeira palavra? Será que o professor deve dizer: "Eu estava enganado, ele a leu, *sim*" – ou: "Apenas mais tarde ele realmente começou a ler"? – Quando ele começou a ler? Qual a primeira palavra que ele *leu*? Essa pergunta não tem sentido aqui. A não ser que nós definíssemos: "A primeira palavra que alguém 'lê' é a primeira palavra da primeira sequência de 50 palavras que ele lê corretamente" (ou algo do gênero).

Se empregamos, em contraste, "ler" para certa experiência relativa à passagem do sinal para o som falado, então faz todo sentido falar de uma *primeira* palavra que ele realmente leu. Ele pode então dizer, por exemplo: "Com essas palavras eu tive pela primeira vez o sentimento: 'agora estou lendo'".

Contudo, em um caso diferente desse, por exemplo o caso de uma máquina de ler que traduz sinais em sons à maneira de uma pianola, poderíamos dizer: "Apenas depois que isto e aquilo aconteceu na máquina – depois que tais e tais partes foram conectadas por meio de fios – a máquina *leu*; o primeiro sinal que ela leu foi...".

No caso, porém, da máquina de ler viva, "ler" significava: reagir de tal e tal modo a sinais escritos. Esse conceito era, portanto, completamente independente do conceito de um mecanismo anímico ou de qualquer outro mecanismo. – Aqui o professor também não pode dizer, a respeito daquele que passou pelo adestramento: "Talvez naquele momento ele tenha lido a palavra". Pois não há dúvida alguma a respeito do que ele fez. – A mudança que ocorreu quando o aluno começou a ler foi uma mudança no seu *comportamento*; e aqui não faz sentido falar de uma 'primeira palavra no novo estado'.

## 158.

Mas será que isso não se deve ao nosso conhecimento demasiadamente escasso a respeito dos processos no cérebro e no sistema nervoso? Se os conhecêssemos mais precisamente, veríamos quais conexões foram produzidas pelo adestramento, e então poderíamos dizer, caso olhássemos dentro de seu cérebro: "Agora ele *leu* essa palavra, agora a conexão relativa à leitura foi produzida". — E, supostamente, isso *precisa* ser assim – pois, do contrário, como poderíamos ter tanta certeza de que há uma tal conexão? Supostamente, isso é a priori – ou será que é apenas provável? E quão provável é isso? Pergunte-se: o que você *sabe*, então, a respeito dessas coisas? — Mas caso seja a priori, isso significa que se trata de uma forma de apresentação muito evidente para nós.

**159.**

Contudo, quando refletimos a esse respeito, ficamos tentados a dizer: o único verdadeiro critério para que alguém esteja *lendo* é o ato consciente de ler, de transpor letras em sons. "Uma pessoa realmente sabe se está lendo ou se apenas está fingindo ler!" – Suponhamos que **A** queira fazer **B** acreditar que **A** sabe ler o alfabeto cirílico. Ele aprende de cor uma frase em russo e, enquanto olha para as palavras impressas, pronuncia a frase como se a estivesse lendo. Certamente, diremos aqui que **A** sabe não estar lendo, e que, enquanto finge estar lendo, tem exatamente essa sensação. Pois existe, evidentemente, uma porção de sensações mais ou menos características para a leitura de uma frase impressa; não é difícil trazer à memória tais sensações: pense nas sensações de empacar, olhar mais de perto, equivocar-se na leitura, maior ou menor fluência na sequência de palavras, entre outras. E, da mesma maneira, existem sensações características para quando recitamos algo que aprendemos de cor. E, no nosso caso, **A** não terá nenhuma das sensações que são características da leitura, e terá talvez uma série de sensações que são características da enganação.

**160.**

Imagine, porém, o seguinte caso: Damos a alguém que sabe ler fluentemente um texto para ler, o qual ele nunca viu antes. Ele nos lê esse texto em voz alta – mas com a sensação de estar recitando algo que aprendeu de cor (isso poderia ser o efeito de algum tipo de veneno). Será que, em tal caso, diríamos que ele realmente não está lendo o trecho? Será, portanto, que aceitaríamos aqui suas sensações como critério para dizer se ele está lendo ou não?

Ou ainda: Colocamos diante de uma pessoa sob influência de determinado veneno uma sequência de sinais escritos, os quais não precisam pertencer a nenhum alfabeto existente, e então ela pronuncia palavras em quantidade igual ao número de sinais, como se os sinais fossem letras, e ainda por cima com todas as sensações e traços exteriores característicos da leitura. (Temos experiências desse tipo em sonhos; e depois que acordamos, dizemos algo assim: "Parecia-me estar lendo os sinais, embora absolutamente não fossem sinais".) Em um caso como esse, alguns estariam inclinados a dizer que a pessoa *lê* esses sinais. Outros, que ela não os lê. – Suponhamos que a pessoa tenha lido (ou interpretado), dessa maneira, um grupo de quatro sinais, como CIMA – agora lhe mostramos os mesmos sinais em ordem invertida e ela lê AMIC, e mantém, em tentativas subsequentes, sempre a mesma interpretação dos sinais: aqui estaríamos bastante inclinados a dizer que ela construiu para si um alfabeto ad hoc e, então, passou a ler de acordo com ele.

### 161.

Pense agora também que existe uma sequência contínua de transições entre o caso em que uma pessoa recita de cor aquilo que deve ler e o caso em que ela lê letra por letra cada palavra, sem qualquer auxílio de adivinhação pelo contexto ou das coisas que sabe de cor.

Faça a seguinte tentativa: diga a sequência dos números de 1 até 12. Agora olhe para o mostrador do seu relógio e *leia* essa sequência. – O que foi que, nesse caso, você chamou de "ler"? Ou seja: o que foi que você fez para converter isso em *leitura*?

## 162.

Tentemos a seguinte explicação: Alguém lê ao *derivar* uma reprodução a partir do modelo. E chamo de 'modelo' o texto que ele lê ou copia; o ditado a partir do qual ele escreve; a partitura que ele toca etc. etc. – Bem, se tivéssemos ensinado a alguém o alfabeto cirílico, por exemplo, e como cada letra deve ser pronunciada, – se depois lhe apresentamos um trecho e ele o lê pronunciando cada letra tal como ensinamos, – então nós certamente diremos que ele deriva o som de uma palavra, a partir da imagem escrita, com auxílio da regra que lhe demos. E este também é um caso claro de *leitura*. (Poderíamos dizer que lhe ensinamos a 'regra do alfabeto'.)

Mas por que dizemos que ele *derivou* as palavras faladas a partir das impressas? Será que sabemos mais do que isto: que lhe ensinamos como cada letra deve ser pronunciada, e que então ele leu as palavras em voz alta? Nós responderemos, talvez: o aluno mostra que faz a passagem do impresso para o falado com auxílio da regra que lhe demos. – O modo como se pode *mostrar* isso ficará mais claro se nós alterarmos nosso exemplo de maneira que o aluno, em vez de ler o texto em voz alta, tenha de copiá-lo, convertê-lo da escrita impressa para a escrita à mão. Pois, nesse caso, podemos lhe dar a regra na forma de uma tabela; em uma coluna estão as letras impressas, na outra, as letras cursivas. E que ele deriva a escrita à mão a partir da impressa mostra-se pelo fato de que consulta a tabela.

## 163.

Mas e se ele fizesse isso e, ao fazê-lo, convertesse um *A* sempre em um *b*, um *B* em um *c*, um *C* em um *d* etc., e um *Z* em um *a*? – Também isso nós chamaríamos de uma derivação de acordo com a tabela. – Agora ele a usa, poderíamos dizer, de acordo com o segundo esquema no §86, e não de acordo com o primeiro.

Também isso ainda seria uma derivação de acordo com a tabela, mas uma derivação dada por um esquema de setas sem qualquer regularidade simples.

Mas suponha que ele não permaneça em *um* tipo de transcrição; pelo contrário, que ele o altere de acordo com uma regra simples: Caso tenha, uma vez, convertido um *A* em um *n*, então ele escreve o próximo *A* como um *o*, o seguinte como um *p*, e assim por diante. – Mas onde está o limite entre esse modo de proceder e um modo desregrado?

Mas será que isso agora quer dizer que a palavra "derivar" na verdade não tem significado, já que seu significado parece se dissolver em nada quando o examinamos?

## 164.

No caso (162), o significado da palavra "derivar" se apresentava claramente diante de nós. Mas nós dissemos que esse era apenas um caso muito específico da derivação, uma vestimenta muito específica; essa vestimenta precisaria ser retirada se quiséssemos conhecer a essência da derivação. Agora já a despimos desses invólucros particulares; mas aí desapareceu a própria derivação. – Para encontrar a verdadeira alcachofra, acabamos por despojá-la de suas folhas. Pois o caso (162) era, evidentemente, um caso específico da derivação, mas o essencial da derivação não estava escondido sob o aspecto exterior desse caso; esse 'aspecto exterior' era um caso extraído da família de casos da derivação.

E, do mesmo modo, empregamos também a palavra "ler" para uma família de casos. E, em diferentes circunstâncias, aplicamos diferentes critérios para dizer que alguém está lendo.

## 165.

Mas ler – poderíamos dizer – é um processo bastante específico! Leia uma página impressa e você verá; passa-se aí algo especial, e algo muito característico. — Bem, o que é então que se passa quando leio uma página impressa? Vejo palavras impressas e pronuncio palavras. Mas isso, evidentemente, não é tudo; pois eu poderia ver palavras impressas e pronunciar palavras sem que isso fosse ler. Nem mesmo se as palavras que falo fossem aquelas que, de acordo com certo alfabeto existente, *devessem* ser lidas a partir das palavras impressas. – E se você diz que ler é uma experiência específica, então o fato de ler ou não ler de acordo com uma regra do alfabeto geralmente reconhecida pelas pessoas não desempenha absolutamente nenhum papel. – Em que consiste, portanto, o aspecto característico da experiência de ler? – Aqui eu gostaria de dizer: "As palavras que pronuncio me *vêm* de um modo especial". A saber, elas não me vêm como viriam, por exemplo, caso eu as inventasse. – Elas vêm por si mesmas. – Mas mesmo isso não é suficiente; pois podem me *ocorrer* sons de palavras enquanto observo as palavras impressas sem que, porém, eu as tenha lido. – Nesse caso, eu ainda poderia dizer que as palavras faladas também não me ocorrem como se, por exemplo, algo me fizesse lembrar delas. Eu não gostaria, por exemplo, de dizer: a palavra impressa "nada" me faz lembrar sempre do som "nada". – Na verdade, as palavras faladas vão deslizando, por assim dizer, para dentro de mim enquanto leio. Aliás, não posso de modo algum olhar para uma palavra impressa do alemão sem um processo peculiar de ouvir internamente o som da palavra.

> A gramática da expressão: "uma (atmosfera) bastante específica".
> Dizemos "Esse rosto tem uma expressão bastante *específica*",
> e como que buscamos por palavras que a caracterizem.

## 166.

Eu disse que, ao ler, as palavras faladas vêm 'de um modo especial'; mas de que modo? Será que isso não é uma ficção? Olhemos para letras isoladas e prestemos atenção ao modo como o som das letras nos vem. Leia a letra *A*. – Bem, como foi que o som lhe veio? – Não sabemos dizer absolutamente nada a esse respeito. — Agora escreva um *a* minúsculo do alfabeto latino! – Como foi que o movimento da mão lhe veio ao escrever? De maneira diferente do que o som na tentativa anterior? – Eu olhei para a letra impressa e escrevi a letra cursiva; mais do que isso eu não sei. — Agora observe o sinal ↄ e deixe que lhe ocorra um som; pronuncie-o. A mim ocorreu o som 'U'; mas eu não poderia dizer que houve uma diferença essencial no modo como esse som me *veio*. A diferença residia na situação, que é um tanto diferente: Eu me havia dito que deveria deixar que um som me ocorresse; houve aqui certa expectativa antes que o som me viesse. E eu não falei automaticamente o som 'U', como quando olho para a letra *U*. Além disso, aquele sinal não me era *familiar*, como são as letras. Eu olhei para ele com expectativa, por assim dizer, com certo interesse por sua forma; ao fazer isso, pensei em um sigma invertido. — Imagine agora que você precisasse utilizar esse sinal como letra, de maneira regular; você se acostuma, portanto, a pronunciar um som específico ao olhar para ele, por exemplo, o som 'ch'. Será que podemos dizer mais do que isto: que depois de algum tempo esse som nos vem automaticamente quando olhamos para o sinal? Ou seja, ao olhar para ele, não me pergunto mais "Que tipo de letra é esta?" – e, evidentemente, também não digo "Ao olhar para este sinal tenho vontade de pronunciar o som 'ch'" – e nem mesmo "Este sinal me faz lembrar, de alguma maneira, o som 'ch'".

(Compare isso com a seguinte ideia: a imagem da memória distingue-se de outras imagens mentais por meio de um traço especial.)

### 167.

O que se passa, então, com a afirmação de que ler é 'um processo bastante específico'? Isso certamente significa que, ao ler, ocorre sempre *um* processo específico, que reconhecemos. – Porém, se uma vez leio uma frase impressa e, outra vez, a escrevo em código Morse, – será que ocorre aqui realmente o mesmo processo anímico? — Em sentido contrário, porém, há uma evidente uniformidade na experiência da leitura de uma página impressa. Pois este é, com efeito, um processo uniforme. E, com efeito, é facilmente compreensível que esse processo se distinga do processo, por exemplo, de deixar que me ocorram palavras ao olhar para riscos arbitrários. – Pois a simples visão de uma linha impressa já é algo muitíssimo característico, quer dizer, trata-se de uma imagem bastante particular: As letras todas mais ou menos do mesmo tamanho, e também com formatos aparentados, que sempre reaparecem; palavras que, em sua maior parte, repetem-se constantemente e nos são infinitamente familiares, como rostos bem conhecidos. – Pense no desconforto que sentimos quando a ortografia de uma palavra é mudada. (E nos sentimentos ainda mais profundos que já foram despertados por questões acerca da escrita das palavras.) Evidentemente, nem todo formato de sinal está *profundamente* entranhado em nós. Um sinal da lógica algébrica, por exemplo, pode ser substituído por qualquer outro sem que sentimentos profundos nos sejam despertados. –

Leve em consideração que a imagem visual de uma palavra nos é tão familiar quanto sua imagem sonora.

## 168.

Além disso, o olhar desliza de modo diferente sobre a linha impressa e sobre uma sequência arbitrária de arabescos. (Não estou falando aqui, porém, do que pode ser verificado por meio da observação do movimento dos olhos do leitor.) O olhar desliza, gostaríamos de dizer, sem qualquer resistência, sem se deter em nada; e, no entanto, ele não *derrapa*. Enquanto isso, ocorre um falar involuntário na mente. E é desse modo que se passam as coisas quando leio alemão e outras línguas; seja em forma impressa ou escrita, e em diferentes formatos de escrita. – Mas, de tudo isso, o que é essencial para a leitura como tal? Não um traço que ocorra em todos os casos de leitura! (Compare o processo de ler a escrita impressa usual com a leitura de palavras inteiramente impressas em maiúsculas, como são às vezes as soluções de palavras cruzadas. Trata-se de um processo completamente diferente! – Ou a leitura de nossa escrita da direita para a esquerda.)

## 169.

Mas será que não sentimos, quando lemos, um tipo de causação de nossa fala pelas imagens das palavras? — Leia uma frase! – e agora acompanhe com os olhos a sequência e, ao fazer isso, fale uma frase. Acaso não sentimos que, no primeiro caso, o falar estava *conectado* à visão dos sinais e, no segundo, ele corria paralelamente à visualização dos sinais, sem qualquer conexão?

Mas por que é que você diz que sentíamos uma causação? A causação é certamente algo que verificamos por meio de experimentos; por exemplo, ao observar a concomitância regular de processos. Como então eu poderia dizer que *sinto* aquilo que é verificado, dessa maneira, por experimentação? (É bem verdade que não verificamos a causação apenas por meio da observação de uma concomitância regular.) Poder-se-ia ainda dizer que sinto que as letras são a *razão* pela qual leio de tal e tal modo. Pois se alguém me pergunta: "Por que você lê *assim*?" – então eu apresento como justificativa as letras que estão ali.

Mas o que significa *sentir* essa justificativa que apresentei, que pensei? Eu gostaria de dizer: Ao ler, sinto certa *influência* das letras sobre mim — mas não sinto uma influência daquela sequência arbitrária de arabescos sobre aquilo que falo. – Comparemos novamente uma letra isolada com um tal arabesco! Será que eu também diria que sinto a influência do "i" quando leio essa letra? Há, evidentemente, uma diferença caso eu diga o som *i* ao olhar para "i" ou ao olhar para "§". Talvez a diferença seja que, ao olhar para a letra, ocorre automaticamente a audição interna do som *i*, e até mesmo contra minha vontade; e, quando leio a letra em voz alta, sua pronúncia se dá com menos esforço do que quando olho para "§". Quer dizer – as coisas se passam assim quando faço essa *tentativa*; mas evidentemente não quando, olhando casualmente para o sinal "§", pronuncio uma palavra na qual o som *i* ocorre.

## 170.

Jamais teríamos chegado à ideia de que *sentimos a influência* das letras sobre nós ao ler se não tivéssemos comparado o caso das letras com o de riscos arbitrários. Aqui notamos, em todo caso, uma *diferença*. E interpretamos essa diferença como influência e como ausência de influência.

E, aliás, estamos especialmente inclinados a essa interpretação quando lemos de modo intencionalmente lento, – por exemplo, para ver o que ocorre, afinal de contas, quando lemos. Quando nós, por assim dizer, nos deixamos *conduzir* de modo completamente intencional pelas letras. Mas esse 'me deixar conduzir', mais uma vez, consiste apenas em que eu olho bem para as letras, – por exemplo, bloqueando certos outros pensamentos.

Nós imaginamos perceber, por meio de algo como um sentimento, um mecanismo que conecta a imagem da palavra ao som que falamos. Pois quando falo da experiência de uma influência, de uma causação, de um ser conduzido, então isso deve querer dizer que sinto o movimento da alavanca que, por assim dizer, conecta a visão da letra e o falar.

## 171.

Eu poderia ter expressado com palavras, de diversas maneiras adequadas, minha experiência ao ler uma palavra. Assim, eu poderia dizer que o que está escrito me *sugere* os sons. – Mas também que, por ocasião da leitura, letra e som constituem uma *unidade* – como se fosse uma liga metálica. (Há uma fusão semelhante, por exemplo, entre os rostos de homens famosos e o som de seus nomes. Para nós, é como se tal nome fosse a única expressão correta para tal rosto.) Quando sinto essa unidade, eu poderia dizer: eu vejo o som, eu o escuto na palavra escrita. –

Agora, porém, leia um par de frases impressas tal como você o faz costumeiramente, quando não está pensando no conceito de leitura; e pergunte a si mesmo se, ao ler, você teve tais experiências de unidade, de influência etc. – Não diga que as teve inconscientemente! Também não nos deixemos enganar pela imagem de que esses fenômenos se revelariam 'por meio de uma observação mais próxima'! Caso eu deva descrever o aspecto de um objeto à distância, então essa descrição não se tornará mais precisa se eu disser aquilo que poderia ser notado nele por meio de uma observação mais próxima.

### 172.

Pensemos na experiência de ser conduzido! Perguntemo-nos: no que consiste essa experiência quando, por exemplo, somos conduzidos por um *caminho*? – Imagine os seguintes casos:

Você está em um parquinho, digamos que com os olhos vendados, e alguém guia você pela mão, às vezes para a esquerda, às vezes para a direita; você precisa estar sempre preparado para os puxões da mão dele, e também prestar atenção para não tropeçar por conta de algum puxão inesperado.

Ou ainda: você é conduzido por alguém com violência, pela mão, para um lugar aonde não quer ir.

Ou: você é conduzido na dança por um parceiro; você se faz tão receptivo quanto possível, para adivinhar sua intenção e seguir a mais leve pressão.

Ou: alguém conduz você por um passeio público; vocês conversam enquanto caminham; aonde quer que ele vá, você vai também.

Ou: você está andando por um caminho no campo e se deixa conduzir por ele.

Todas essas situações são semelhantes umas às outras; mas o que é comum a todas essas experiências?

## 173.

"Mas ser conduzido certamente é uma experiência específica!" – A resposta para isso é: Agora você está *pensando* em uma experiência específica de ser conduzido.

Se quero visualizar com clareza a experiência daquela pessoa que, em um dos exemplos anteriores, ao escrever, é conduzida pelo texto impresso e pela tabela, então imagino que a consulta a eles é feita de maneira 'conscienciosa' etc. Chego mesmo a supor, nesse caso, uma expressão facial específica (aquela, por exemplo, de um contador conscienciosos). Nessa imagem, por exemplo, o *zelo* é bastante essencial; em outra, essencial é a eliminação de qualquer vontade própria. (Imagine, porém, que alguém faz certas coisas, as quais uma pessoa normal faz com sinais de falta de atenção, com a expressão – e por que não com as sensações? – de zelo. – Será então que esse alguém é zeloso? Imagine, por exemplo, que o garçom deixe cair no chão a bandeja de chá, com tudo o que está em cima dela, com os sinais exteriores de zelo.) Quando visualizo com clareza uma tal experiência específica, então ela me aparece como *a* experiência de ser conduzido (ou de ler). Agora, contudo, eu me pergunto: O que você faz? – Você olha cada sinal, você faz, para cada um deles, certa expressão facial, você escreve as letras com cuidado (e coisas assim). – Será, portanto, que essa é a experiência de ser conduzido? — Aqui eu gostaria de dizer: "Não, não é; trata-se de algo mais íntimo, mais essencial". – É como se, em um primeiro momento, todos esses processos mais ou menos inessenciais estivessem revestidos por uma atmosfera específica, que então se dissipa quando a observo mais precisamente.

**174.**

Pergunte-se como você traça 'com cuidado' um segmento de reta paralelo a um segmento de reta dado, – e como, em outra ocasião, traça com cuidado um segmento de reta fazendo um ângulo relativo a ele. O que é a experiência do cuidado? Aqui lhe ocorre imediatamente uma expressão facial específica, um gesto, – e então você gostaria de dizer: "é claramente uma experiência interna *específica*". (Com o que, evidentemente, você não acrescentou absolutamente nada.)
(Há aqui uma conexão com a pergunta a respeito da essência da intenção, da vontade.)

**175.**

Faça um rabisco arbitrário sobre o papel. — E agora o copie ao lado, deixe-se conduzir por ele. — Eu gostaria de dizer: "É isso! agora eu me deixei conduzir. Mas o que de característico aconteceu aí? – Quando digo o que aconteceu, já não me parece mais característico".

Agora, porém, note o seguinte: *Enquanto* eu me deixo conduzir, tudo é muito simples, não noto nada de *especial*; mais tarde, porém, quando me pergunto o que aconteceu, então parece ter sido algo indescritível. *Mais tarde* nenhuma descrição me basta. Eu não consigo acreditar, por assim dizer, que meramente olhei, fiz tal expressão facial, tracei o risco. – Mas será que me *lembro*, então, de algo diferente? Não; e no entanto tenho a impressão de que precisa ter havido algo diferente; especialmente quando, nessas ocasiões, digo para mim mesmo as palavras *"conduzir"*, *"influência"* e outras do tipo. "Pois eu realmente fui *conduzido*", digo para mim mesmo. – Apenas nesse momento aparece a ideia dessa influência etérea, intangível.

## 176.

Quando penso retrospectivamente nessa experiência, tenho o sentimento de que o essencial nela é a 'experiência de uma influência', de uma conexão – em oposição a alguma mera simultaneidade de fenômenos: Ao mesmo tempo, porém, não gostaria de chamar nenhum fenômeno que experimentei de "experiência da influência". (Aqui reside a ideia: a vontade não é um *fenômeno*.) Eu gostaria de dizer que experimentei o *'porque'*; e, no entanto, não quero chamar nenhum fenômeno de "experiência do porque".

## 177.

Eu gostaria de dizer: "Eu experimento o porque". Mas não porque eu me lembre dessa experiência; e sim porque, quando reflito a respeito do que experimento em um tal caso, vejo isso através do *medium* do conceito 'porque' (ou 'influência', ou 'causa', ou 'conexão'). – Pois é evidentemente correto dizer que eu tracei essa linha sob a influência do modelo: isso não reside, porém, simplesmente naquilo que sinto ao traçar a linha – mas, por exemplo, em certas circunstâncias, no fato de que eu a traço paralelamente a outra; muito embora, mais uma vez, isso não seja em geral essencial para o ser-conduzido. –

**178.**

Também dizemos: "Você certamente *vê* que eu me deixo conduzir por ela" – e o que vê quem vê isso?

Quando digo para mim mesmo: "Eu realmente sou conduzido" – então acrescento a isso, talvez, o movimento de mão que expressa o conduzir. – Faça um tal movimento de mão, como se você estivesse guiando alguém, e pergunte-se então em que consiste o caráter *conducente* desse movimento. Pois aqui você não conduziu ninguém. E no entanto você gostaria de chamar esse movimento de 'conducente'. Portanto, nesse movimento, e nessa sensação, não estava contida a essência do conduzir, e mesmo assim você é impelido a usar essa designação. É claramente *uma forma fenomênica* do conduzir o que nos impõe essa expressão.

**179.**

Retornemos ao nosso caso (151). Está claro: nós não diríamos que **B** está justificado em dizer as palavras "Agora eu sei prosseguir" porque a fórmula lhe ocorreu, – caso não existisse empiricamente uma conexão entre o fato de que a fórmula lhe ocorre – que ele a pronuncia, a escreve – e a efetiva continuação da sequência. E é evidente que uma tal conexão existe. – E agora alguém poderia pensar que a frase "Eu consigo continuar" diz tanto quanto: "Eu estou tendo uma experiência que conduz empiricamente à continuação da sequência". Mas será que é isso o que **B** quer dizer quando diz que consegue continuar? Será que, nesse momento, essa frase vem à sua mente; será que ele está disposto a oferecê-la como explicação para aquilo que quer dizer?

Não. Caso a fórmula lhe tenha ocorrido, as palavras "Agora eu sei prosseguir" foram aplicadas corretamente: a saber, em certas circunstâncias. Por exemplo, caso ele tivesse aprendido álgebra, caso já tivesse utilizado antes tais fórmulas. – Isso não significa, porém, que aquele enunciado é apenas uma abreviação para a descrição do conjunto de circunstâncias que constituem a cena de nosso jogo de linguagem. – Pense em como aprendemos a usar as expressões "agora eu sei prosseguir", "agora eu consigo continuar", entre outras; em que família de jogos de linguagem nós aprendemos seu uso.

Também podemos imaginar o caso em que absolutamente nada se passou na mente de **B**; ele apenas disse, subitamente, "Agora eu sei prosseguir" – talvez com uma sensação de alívio; e em que ele agora efetivamente calcule os próximos elementos da sequência, sem utilizar a fórmula. E também nesse caso diríamos – em certas circunstâncias – que ele soube prosseguir.

### 180.

*Assim são usadas essas palavras.* Seria bastante enganoso, nesse último caso, chamar essas palavras, por exemplo, de uma "descrição de um estado anímico". – Em vez disso, poderíamos chamá-las aqui de uma "sinalização"; é a partir do que ele faz a seguir que julgamos se essa sinalização foi dada corretamente.

### 181.

Para entender isso, precisamos refletir também a respeito do seguinte: Suponha que **B** diga que sabe prosseguir – contudo, quando agora quer continuar, empaca e não consegue: Será que devemos dizer, então, que ele disse injustificadamente que conseguia continuar, ou será que devemos dizer: naquele momento ele teria conseguido continuar, mas agora não consegue? – Está claro que, em diferentes casos, diremos coisas diferentes. (Reflita a respeito dos dois tipos de casos.)

## 182.

A gramática de "adequar-se", "conseguir" e "entender". Tarefas: 1) Quando é que dizemos que um cilindro C se adéqua a uma cavidade cilíndrica CC? Apenas enquanto C está encaixado em CC? 2) Às vezes dizemos: em certo momento, C deixou de se adequar a CC. Em tal caso, quais critérios empregamos para dizer que isso aconteceu naquele momento? 3) O que consideramos como critério para que um corpo tenha alterado seu peso em determinado momento, se naquele momento ele não estava sobre a balança? 4) Ontem, eu sabia o poema de cor; hoje, não sei mais. Em que tipos de casos a seguinte pergunta faz sentido: "Quando foi que deixei de sabê-lo de cor?"? 5) Alguém me pergunta: "Você consegue levantar este peso?". Eu respondo "Sim". Agora ele diz "Então levante!" – e aí eu não consigo. Em que tipo de circunstâncias aceitaríamos a seguinte justificativa: "Quando respondi 'Sim', eu *conseguia* levantar o peso, somente agora é que não consigo"?

Os critérios que aceitamos para o 'adequar-se', o 'conseguir', o 'entender' são muito mais complicados do que poderia parecer em um primeiro momento. Ou seja, o jogo com essas palavras, seu emprego no comércio linguístico em que elas circulam, é mais intrincado – o papel dessas palavras na nossa linguagem, diferente do que estamos tentados a acreditar.

(É esse papel que precisamos entender para dissolver paradoxos filosóficos. E eis por que, para fazer isso, usualmente não basta uma definição; e muito menos afirmar que a palavra é 'indefinível'.)

### 183.

Mas e então, – será que a frase "Agora eu consigo continuar", no caso (151), significava o mesmo que "Agora a fórmula me ocorreu" ou significava algo diferente? Podemos dizer que essa frase, nessas circunstâncias, tem o mesmo sentido (realiza o mesmo) que aquela outra. Mas também que, *em geral*, essas duas frases não têm o mesmo sentido. Dizemos também: "Agora eu consigo continuar, quero dizer, eu sei a fórmula"; assim como dizemos: "Eu consigo ir com você, isto é, eu tenho tempo"; mas também: "Eu consigo ir com você, isto é, já estou suficientemente forte"; ou: "Eu consigo ir com você, ao menos no que diz respeito ao estado de minhas pernas", a saber, quando contrastamos *essa* condição para ir com alguém a outras condições. Aqui, contudo, precisamos tomar cuidado para não crer que há uma *totalidade* de condições (por exemplo, para ir a algum lugar) correspondente à natureza do caso, de modo que a pessoa, por assim dizer, necessariamente *conseguisse* ir se todas as condições estivessem cumpridas.

### 184.

Eu quero me lembrar de uma melodia, mas ela não me ocorre; de repente digo "Agora eu sei!", e a canto. O que se passou quando eu, de repente, a soube? Com efeito, ela não pode ter me ocorrido *inteira* naquele momento! – Talvez você diga: "Trata-se de um sentimento específico, como se agora ela estivesse *presente*" – mas será que ela *está* mesmo presente? E se eu então começasse a cantá-la e empacasse? — Mas será então que eu não podia estar *seguro*, naquele momento, de que a sabia? Mas em algum sentido ela certamente estava *presente*! — Mas em que sentido? Você diz que a melodia está presente, por exemplo, quando alguém a canta inteira, ou quando a ouve internamente do começo ao fim. Eu evidentemente não nego que pode ser dado um sentido completamente diferente à afirmação de que a melodia está presente – por exemplo, o de que tenho um pedaço de papel em que ela está escrita. – E em que consiste, então, o fato de que alguém está 'seguro' de que a sabe? – Podemos evidentemente dizer: Quando alguém diz com convicção que agora sabe a melodia, então nesse momento ela se apresenta (de alguma maneira) inteira à sua mente — e essa é uma explicação para as palavras: "a melodia se apresenta inteira à sua mente".

**185.**

Voltemos então ao nosso exemplo (143). O aluno agora domina – se julgamos a partir dos critérios usuais – a sequência dos números naturais. Então também lhe ensinamos a escrever outras sequências de números naturais, e conseguimos que ele escreva, a partir de ordens da forma "+ n", sequências da forma

0, n, 2n, 3n etc.;

a partir da ordem "+ 1", portanto, a sequência dos números naturais. – Suponha que tenhamos feito exercícios e testado sua compreensão, no domínio dos números, até 1000.

Pedimos agora que o aluno continue uma sequência (digamos "+ 2") para além de 1000, – e então ele escreve: 1000, 1004, 1008, 1012.

Nós lhe dizemos: "Veja o que você está fazendo!". – Ele não nos entende. Nós dizemos: "Você deveria somar *dois*; veja como você começou a sequência!". – Ele responde: "Sim! Então não está correto? Eu pensei que era assim que eu *deveria* fazer".
— Ou suponha que ele dissesse, apontando para a sequência: "Mas eu continuei da mesma maneira!". – Nesse momento, não nos serviria de nada dizer "Mas então você não vê...?" – e lhe repetir as antigas explicações e exemplos. – Em um tal caso, talvez pudéssemos dizer: Por natureza, essa pessoa entende aquela ordem, a partir de nossas explicações, da mesma maneira que *nós* entendemos a ordem: "Até 1000, sempre some 2; até 2000, 4; até 3000, 6; etc.".

Esse caso teria semelhança com aquele em que uma pessoa, por natureza, reagisse a um gesto indicativo da mão olhando na direção da ponta do dedo para o punho, em vez de olhar na direção oposta.

## 186.

"O que você diz, portanto, equivale a dizer que, para seguir corretamente a ordem '+ n', é necessário ter um novo estalo – uma intuição – a cada etapa." – Para segui-la corretamente! Pois como é decidido, em determinado ponto, qual é o passo correto? – "O passo correto é aquele que está de acordo com a ordem – tal como a *tínhamos em mente*." – Quer dizer, então, que no momento em que deu a ordem "+ 2" você tinha em mente que ele, depois de escrever 1000, deveria escrever 1002 – e naquele momento você também tinha em mente que ele, depois de escrever 1866, deveria escrever 1868, e depois de 100034, 100036, e assim por diante – uma quantidade infinita de tais proposições? – "Não; o que eu tinha em mente era que ele deveria escrever, depois de *cada* número, aquele que vem dois números depois; e é daí que se seguem, segundo a posição de cada uma, todas aquelas proposições." – Mas a questão é justamente o que se segue daquela ordem, em uma posição qualquer. Ou ainda – o que devemos chamar de "estar de acordo", em uma posição qualquer, com aquela ordem (e também com a maneira como, naquele momento, você a *tinha em mente*, – o que quer que isso possa ser). Em vez de dizer que uma intuição é necessária em cada ponto, seria quase mais correto dizer: em cada ponto é necessária uma nova decisão.

### 187.

"Mas no momento em que dei a ordem, eu já sabia que, depois de 1000, ele deveria escrever 1002!" – É claro; e você pode até mesmo dizer que era isso o que *tinha em mente* naquele momento; você só não deve se deixar enganar pela gramática das expressões "saber" e "ter em mente", pois você evidentemente não quer dizer que, naquele momento, pensou na passagem do 1000 para o 1002 – e mesmo que tenha pensado nessa passagem, certamente não pensou em alguma outra. O seu "Naquele momento eu já sabia..." significa algo como: "Se naquele momento alguém tivesse me perguntado qual número ele deveria escrever depois de 1000, então eu teria respondido '1002'". E disso eu não duvido. Trata-se de uma suposição, por exemplo, do tipo desta: "Se naquele momento ele tivesse caído na água, então eu teria pulado para salvá-lo". – Onde reside, então, o erro da sua ideia?

## 188.

Neste ponto, eu gostaria em primeiro lugar de dizer: Sua ideia foi a de que ter em mente aquela ordem já fez, a seu modo, todas aquelas passagens: nesse ter em mente, sua alma voa em antecipação, por assim dizer, e faz todas as passagens antes que você chegue corporeamente a esta ou àquela passagem.

Portanto, você estava inclinado a expressões como: "As passagens, *na verdade*, já estão feitas; mesmo antes que eu as faça por escrito, oralmente ou em pensamento". E parecia que elas estavam, de um modo *singular*, predeterminadas, antecipadas – como apenas o ter em mente pode antecipar a realidade.

## 189.

"Mas então as passagens *não* estão determinadas pela fórmula algébrica?" – Há um erro na pergunta.

Nós empregamos a expressão: "as passagens estão determinadas pela fórmula ...". *Como* ela é empregada? – Nós podemos falar, por exemplo, a respeito de pessoas que são levadas a empregar, devido a sua educação (adestramento), a fórmula $y = x^2$ de modo que, ao substituir x pelo mesmo número, todas sempre obtêm o mesmo número para y. Ou podemos dizer: "Essas pessoas são adestradas de tal modo que todas elas, diante da ordem '+ 3', fazem as mesmas passagens, nas mesmas etapas". Poderíamos expressar isso da seguinte maneira: "A ordem '+ 3' determina completamente, para essas pessoas, todas as passagens de um número ao próximo". (Em oposição a outras pessoas que, diante dessa ordem, não sabem o que têm de fazer; ou que reagem a ela com total segurança, mas cada uma de um modo diferente.)

Por outro lado, podemos contrastar umas com as outras diferentes tipos de fórmulas, e os diferentes tipos de emprego (diferentes tipos de adestramento) a elas correspondentes. Nós *chamamos*, então, fórmulas de um certo tipo (e os modos de emprego correspondentes) de "fórmulas que determinam um número y para um dado x", e fórmulas de outro tipo de "fórmulas que não determinam o número y para um dado x". ($y = x^2$ seria do primeiro tipo, $y \neq x^2$, do segundo.) A frase "A fórmula ... determina um número y" é então um enunciado sobre a forma da fórmula – e deve-se então distinguir uma frase como esta: "A fórmula que escrevi determina y" ou "Esta é uma fórmula que determina y" – de uma frase do seguinte tipo: "A fórmula $y = x^2$ determina o número y para um dado x". A pergunta "Será que esta é uma fórmula que determina y?" significa então o mesmo que: "Será que esta é uma fórmula deste tipo ou daquele tipo?" – mas não é claro, sem maiores considerações, aquilo que devemos fazer com a pergunta "Será que $y = x^2$ é uma fórmula que determina y para um dado x?". Poderíamos dirigir essa pergunta a um aluno, por exemplo, para testar se ele entende o emprego da palavra "determinar"; ou poderia ser uma tarefa matemática provar, em um determinado sistema, que x possui apenas um quadrado.

**190.**

Pode-se, então, dizer: "O que temos em mente ao usar a fórmula é o que determina quais passagens devem ser feitas". Qual critério estabelece o que temos em mente ao usar a fórmula? Talvez o modo como reiteradamente a usamos, o modo como nos ensinaram a usá-la.

Por exemplo, dizemos a alguém que está usando um símbolo desconhecido por nós: "Se, ao usar 'x!2', você tem em mente $x^2$, então você obtém *este* valor para y; se tem em mente 2x, *este outro*". – Agora pergunte-se: Como é que fazemos para, ao usar "x!2", *ter em mente* uma ou outra coisa?

É *desse modo*, portanto, que o ter em mente pode determinar antecipadamente as passagens.

### 191.

"É como se pudéssemos apreender de uma só vez todo o emprego da palavra." – Como *o quê*, por exemplo? – Será que não é *possível* – em certo sentido – apreender esse emprego de uma só vez? E em *qual* sentido você não pode fazer isso? – É como se pudéssemos 'apreender de uma só vez' esse emprego em um sentido ainda muito mais direto. – Mas será que você tem um modelo para isso? Não. O que se oferece para nós é somente esse modo de expressão. Como resultado de imagens que se cruzam.

### 192.

Você não tem nenhum modelo desse fato superlativo, mas você é seduzido a usar uma super-expressão. (Poderíamos chamar isso de um superlativo filosófico.)

### 193.

A máquina como símbolo de seu modo de operar: A máquina – eu poderia dizer de início – parece já conter em si seu modo de operar. O que isso significa? – Quando conhecemos a máquina, tudo o mais – a saber, os movimentos que ela fará – já parece estar completamente determinado.

Nós falamos como se esses componentes só pudessem se mover assim, como se eles não pudessem fazer nada de diferente. Como é que é isso? – Será, então, que esquecemos a possibilidade de que eles entortem, quebrem, derretam etc.? Sim; em muitos casos, absolutamente não pensamos nisso. Usamos uma máquina, ou a imagem de uma máquina, como símbolo para determinado modo de operar. Por exemplo, comunicamos a alguém essa imagem e pressupomos que ele deriva dela o modo como se manifesta o movimento dos componentes. (Assim como podemos comunicar um número a alguém dizendo que se trata do vigésimo quinto da sequência 1, 4, 9, 16, ...)

"A máquina parece já conter em si seu modo de operar" significa: estamos inclinados a comparar os futuros movimentos da máquina, no que diz respeito à sua determinação, com objetos que já estão em uma gaveta, e agora são retirados por nós. — Mas não falamos dessa maneira quando se trata de prever o comportamento real de uma máquina. Nesse caso, em geral não nos esquecemos da possibilidade de deformação dos componentes etc. — Mas é isso o que fazemos quando nos espantamos com a maneira como podemos empregar a máquina como símbolo de um modo de se mover, – pois ela também pode se mover de modo completamente *diferente*.

Poderíamos dizer que a máquina, ou sua imagem, é o começo de uma sequência de imagens que aprendemos a derivar da imagem inicial.

Porém, quando refletimos que a máquina também poderia ter se movido de modo diferente, então agora pode parecer que na máquina como símbolo seu tipo de movimento precisaria estar contido de modo ainda muito mais determinado do que na máquina real. Não bastaria, aqui, que esses fossem os movimentos empiricamente predeterminados; em vez disso, eles precisariam realmente – em um sentido misterioso – já estar *presentes*. E é verdade: o movimento da máquina-símbolo é predeterminado de um modo diferente do que o movimento de uma máquina real qualquer.

## 194.

Quando é que se pensa, então: a máquina já contém em si, de algum modo misterioso, seus movimentos possíveis? – Ora, quando se filosofa. E o que nos desencaminha a pensar isso? O modo como falamos a respeito da máquina. Dizemos, por exemplo, que a máquina *contém* (possui) essas possibilidades de movimento; falamos da máquina idealmente rígida, a qual só *pode* se mover de tal e tal modo. — A *possibilidade* de movimento, o que é ela? Ela não é o *movimento*; mas também não parece ser a mera condição física do movimento – por exemplo, que haja uma folga entre o parafuso e a dobradiça, que o parafuso não fique travado dentro dela. Pois de fato essa é, empiricamente, a condição do movimento, mas também se poderia imaginar a coisa de modo diferente. A possibilidade de movimento seria, antes, como uma sombra do próprio movimento. Mas você conhece uma sombra assim? E por sombra eu entendo não alguma imagem do movimento, – pois essa imagem não precisaria ser a imagem precisamente *desse* movimento. Mas a possibilidade desse movimento precisa ser a possibilidade precisamente desse movimento. (Veja quão altas se erguem, aqui, as ondas da linguagem!)

As ondas se aquietam assim que nos perguntamos: Ao falar a respeito de uma máquina, como é que usamos a expressão "possibilidade de movimento"? — Mas de onde vieram, então, essas ideias estranhas? Ora, eu mostro a você a possibilidade de movimento, por exemplo, por meio de uma *imagem* do movimento: 'portanto, a possibilidade é algo semelhante à realidade'. Nós dizemos: "ainda não se move, mas já tem a possibilidade de se mover" — 'portanto, a possibilidade é algo muito próximo à realidade'. Podemos até mesmo duvidar se essa e aquela condição física tornam possível esse movimento, mas nunca discutimos se *essa* é a possibilidade desse ou daquele movimento: 'portanto, a possibilidade do movimento se encontra em uma relação singular com o movimento ele próprio; mais estreita do que a relação da imagem com seu objeto'; pois pode-se duvidar se essa é a imagem deste ou daquele objeto. Nós dizemos "A experiência mostrará se isso oferece à dobradiça essa possibilidade de movimento", mas não dizemos "A experiência mostrará se essa é a possibilidade desse movimento": 'portanto, não é um fato empírico que essa possibilidade seja a possibilidade precisamente desse movimento'.

Prestamos atenção ao nosso próprio modo de expressão no que se refere a essas coisas, mas não o entendemos, o interpretamos mal. Quando filosofamos somos como selvagens, homens primitivos, que ouvem o modo de expressão de homens civilizados, o interpretam mal, e então extraem as mais estranhas conclusões dessa interpretação.

### 195.

"Mas eu não quero dizer que aquilo que agora estou fazendo (naquele ato de apreensão) determina *causal* e empiricamente o emprego futuro, mas sim que, de uma maneira *estranha*, o emprego ele mesmo, em algum sentido, já está presente." – Contudo, 'em *algum* sentido' ele de fato está! Na verdade, naquilo que você está dizendo, apenas a expressão "de maneira estranha" está errada. O restante está correto; e a frase só parece estranha quando imaginamos, relativamente a ela, um jogo de linguagem diferente daquele em que efetivamente a empregamos. (Alguém me disse que, quando criança, espantava-se que o alfaiate pudesse '*costurar uma roupa*' – ele pensava que isso significava que, para produzir uma roupa, o alfaiate a costurava fio a fio.)

### 196.

O emprego não compreendido de uma palavra é interpretado como expressão de um *processo* estranho. (Assim como pensamos o tempo como um *medium* estranho, e a alma como um ente estranho.)

### 197.

"É como se pudéssemos apreender de uma só vez todo o emprego da palavra." – De fato, é isso que dizemos fazer. Ou seja, às vezes descrevemos aquilo que fazemos com essas palavras. Contudo, naquilo que acontece não há nada de espantoso, de estranho. Isso só se torna estranho quando somos levados a pensar que, no ato de apreender, o futuro desenvolvimento de alguma maneira já precisa estar presente, mas ainda não está. – Pois dizemos que não há dúvida quanto ao fato de que entendemos essa palavra e, por outro lado, seu significado reside em seu emprego. Não há dúvida de que agora quero jogar xadrez; mas o jogo de xadrez é esse jogo graças a todas as suas regras (e assim por diante). Será então que não sei o que queria jogar antes de *ter jogado*? ou será que todas as regras estão contidas em meu ato intencional? E será que é a experiência aquilo que me ensina que, depois desse ato intencional, segue-se usualmente esse tipo de jogo? será, portanto, que não posso estar seguro quanto àquilo que tinha intenção de fazer? E se isso não faz sentido, – que tipo de conexão super-rígida existe entre o ato de intenção e aquilo que se tem intenção de fazer? — Onde é feita a conexão entre o sentido da expressão "Joguemos uma partida de xadrez!" e todas as regras do jogo? – Bem, na lista de regras do jogo, no ensino do xadrez, na prática cotidiana de jogar.

## 198.

"Mas como é que uma regra pode me ensinar o que tenho de fazer *neste* lugar? Com efeito, o que quer que eu faça pode ser conciliado com a regra por meio de alguma interpretação." – Não, não se trata disso. Trata-se do seguinte: Cada interpretação está suspensa no ar, juntamente com o interpretado; ela não pode lhe servir de apoio. As interpretações, sozinhas, não determinam o significado.

"Portanto, o que quer que eu faça é conciliável com a regra?" – Deixe-me perguntar assim: O que é que a expressão da regra – digamos, a placa que indica o caminho – tem a ver com minhas ações? Que tipo de conexão existe aí? – Bem, talvez a seguinte: eu fui adestrado a ter determinada reação a esse sinal, e é assim que agora reajo.

Mas, com isso, você somente apresentou uma conexão causal, somente explicou como é que aconteceu de, agora, nos orientarmos pela placa que indica o caminho; não explicou no que consiste, verdadeiramente, esse seguir-o-sinal. Não; eu também dei a entender que uma pessoa só se orienta por uma placa na medida em que existe um uso constante, um costume.

### 199.

Será que aquilo que chamamos de "seguir uma regra" é algo que pode ser feito por uma *única* pessoa somente *uma vez* na vida?
– E isso é, evidentemente, um apontamento acerca da *gramática* da expressão "seguir a regra".

Não é possível que uma regra tenha sido seguida por somente uma pessoa uma única vez. Não é possível que uma informação, ou uma ordem, tenha sido dada, tenha sido entendida etc. somente uma única vez. – Seguir uma regra, dar uma informação ou uma ordem, jogar uma partida de xadrez são *costumes* (usos, instituições).

Entender uma frase significa entender uma linguagem. Entender uma linguagem significa dominar uma técnica.

### 200.

É evidentemente concebível que, em um povo que não conhece jogos, duas pessoas se sentem diante de um tabuleiro de xadrez e executem os lances de uma partida de xadrez; e até mesmo com todos os fenômenos anímicos que os acompanham. E, caso *nós* víssemos isso, então diríamos que eles estão jogando xadrez. Mas agora imagine uma partida de xadrez traduzida, segundo certas regras, em uma sequência de ações que nós não estamos acostumados a associar a um *jogo*, – por exemplo, um irromper de gritos e batidas de pés. E agora aqueles dois devem gritar e pisotear em vez de jogar a forma de xadrez corriqueira para nós; e de tal maneira que esses processos se deixem traduzir, segundo regras apropriadas, em uma partida de xadrez. Será, então, que ainda estaríamos inclinados a dizer que eles jogavam um jogo; e com que direito se poderia dizer isso?

**201.**

Nosso paradoxo era o seguinte: uma regra não poderia determinar nenhum modo de agir, uma vez que todo modo de agir pode ser posto em concordância com a regra. A resposta era: Se tudo pode ser posto em concordância com a regra, então também pode ser posto em contradição com ela. Sendo assim, não haveria aqui nem concordância nem contradição.

Que há um mal-entendido aí é algo que já se mostra no fato de que, nessa linha de pensamento, vamos enfileirando uma interpretação atrás da outra; como se cada uma nos tranquilizasse ao menos por um momento, até que pensamos em uma interpretação que, uma vez mais, se encontra por trás da anterior. Desse modo mostramos, notadamente, que há um modo de conceber uma regra que *não* é uma *interpretação*; mas que se expressa, a cada caso de sua aplicação, naquilo que chamamos de "seguir a regra", e no que chamamos de "agir contrariamente a ela".

Eis por que existe uma inclinação a dizer: toda ação segundo a regra é um interpretar. Porém, deveríamos chamar de "interpretar" apenas: substituir uma expressão da regra por outra.

**202.**

Eis por que 'seguir a regra' é uma prática. E *acreditar* seguir a regra não é: seguir a regra. E eis por que não se pode seguir a regra 'privadamente', pois do contrário acreditar seguir a regra seria o mesmo que seguir a regra.

**203.**

A linguagem é um labirinto de caminhos. Você chega vindo de *um* lado e sabe se orientar; você chega ao mesmo lugar vindo de outro lado e não sabe mais se orientar.

**204.**

Tal como são as coisas, eu posso, por exemplo, inventar um jogo que nunca foi jogado por ninguém. – Mas será que isto também seria possível: A humanidade nunca jogou jogos; uma vez, porém, alguém inventou um jogo, – o qual, contudo, nunca foi jogado?

**205.**

"É isso o que é estranho na *intenção*, no processo anímico, o fato de que, para ele, não é necessária a existência do costume, da técnica. O fato, por exemplo, de que é concebível que duas pessoas joguem uma partida de xadrez em um mundo no qual, de resto, não se joga, e que até mesmo apenas comecem uma partida de xadrez, – quando então são interrompidas."

Mas o jogo de xadrez não é definido por suas regras? E como é que essas regras estão presentes na mente daquele que tem a intenção de jogar xadrez?

**206.**

Seguir uma regra, isso é análogo a: obedecer a uma ordem. Uma pessoa é adestrada para isso, e reage à ordem de determinada maneira. Mas e se uma pessoa reage *de uma maneira*, e outra pessoa *de outra maneira*, à ordem e ao adestramento? Quem então está certo?

Imagine que você chegasse, como pesquisador, em uma terra desconhecida, com uma linguagem completamente estranha para você. Em que circunstâncias você diria que os habitantes dessa terra dão ordens, que as entendem, obedecem a elas, revoltam-se contra elas, e assim por diante?

O modo de agir comum aos homens é o sistema de referência por meio do qual interpretamos uma linguagem que nos é estranha.

## 207.

Imaginemos que os habitantes daquela terra executam atividades humanas usuais e, assim parece, utilizam-se para isso de uma linguagem articulada. Se observamos seus afazeres, eles são compreensíveis, nos parecem 'lógicos'. Porém, caso tentemos aprender sua linguagem, então descobrimos que é impossível. Com efeito, não existe entre eles nenhuma conexão regular entre o que é falado, entre os sons e as ações; apesar disso, esses sons não são supérfluos; pois, por exemplo, se amordaçamos um desses habitantes, então isso tem as mesmas consequências que entre nós: sem aqueles sons, suas ações se perdem em confusão – assim quero me expressar.

Será que devemos dizer que esses habitantes têm uma linguagem; ordens, informações, e assim por diante?

Para aquilo que chamamos de "linguagem" falta a regularidade.

## 208.

Será que é assim, portanto, que eu explico o que "ordem" e "regra" querem dizer, pela "regularidade"? – Como explico a alguém o significado de "regular", "uniforme", "igual"? – Irei explicar essas palavras a alguém que, digamos, fala apenas francês, por meio das palavras francesas correspondentes. Mas, para alguém que ainda não possua esses *conceitos*, ensinarei o uso dessas palavras por meio de *exemplos* e por meio de *exercício*. – E, com isso, não comunico a ele menos do que eu próprio sei.

Assim, eu irei lhe mostrar, nesse ensinamento, cores iguais, comprimentos iguais, figuras iguais, irei pedir que ele os encontre e os reproduza, e assim por diante. Talvez eu vá orientá-lo a continuar 'uniformemente' sequências de ornamentos quando recebe uma ordem. – E também orientá-lo a continuar progressões. Por exemplo, a continuar . .. ... da seguinte maneira: .... ...... ........ .

Eu faço isso diante dele, e ele repete depois de mim; e eu o influencio por meio de manifestações de assentimento, de rejeição, de expectativa, de encorajamento. Eu deixo que ele prossiga ou o detenho; e assim por diante.

Imagine que você testemunhasse um tal ensinamento. Nenhuma palavra aí seria explicada por meio de si própria, não se cairia em nenhuma circularidade lógica.

Também as expressões "e assim por diante" e "e assim por diante ad infinitum" serão explicadas nesse ensinamento. Um gesto, entre outras coisas, também pode servir para isso. O gesto que significa "continue dessa maneira!", ou "e assim por diante", tem uma função comparável ao de apontar para um objeto ou para um lugar.

Deve-se distinguir: o "e assim por diante" que é uma abreviação da notação daquele que *não* o é. O "e assim por diante ad infinitum" *não* é uma abreviação da notação. O fato de que não podemos escrever todas as casas decimais do $\pi$ não é uma limitação humana, como por vezes acreditam os matemáticos.

Um ensinamento que queira se ater aos exemplos apresentados se distingue de um que '*aponta para além*' deles.

### 209.

"Mas será que a compreensão não ultrapassa todos os exemplos?" – Um modo de falar muito estranho, e completamente natural! –

Mas isso é *tudo*? Será que não há uma explicação ainda mais profunda; será que a *compreensão* da explicação não precisa ser ainda mais profunda? – Bem, será que eu próprio tenho uma compreensão mais profunda? Será que *tenho* mais do que dou na explicação? – De onde então o sentimento de que eu teria mais?

Será que é como quando eu interpreto o não limitado como um comprimento que ultrapassa todos os comprimentos?

### 210.

"Mas será que você está realmente explicando a ele aquilo que você mesmo entende? Será que não está deixando que ele *adivinhe* o essencial? Você lhe dá exemplos, – mas ele precisa adivinhar sua tendência, portanto, a intenção que você tinha." – Toda explicação que posso dar a mim mesmo também dou a ele. – "Ele adivinha o que quero dizer" significaria: vêm-lhe à mente diferentes interpretações da minha explicação, e ele escolhe uma entre elas. Nesse caso, então, ele poderia fazer perguntas; e eu poderia, e iria, responder-lhe.

**211.**

"Independentemente de como você lhe ensina a continuar a sequência de ornamentos, – como é que ele *sabe* como deve prosseguir por conta própria?" – Bem, como é que *eu* sei? – Caso isso signifique "Será que tenho razões?", então a resposta é: as razões rapidamente irão me faltar. E então eu agirei, sem razões.

**212.**

Quando alguém que eu temo me dá a ordem de continuar a sequência, então irei agir rapidamente, com total segurança, e a falta de razões não me incomoda.

**213.**

"Mas o começo dessa sequência podia, evidentemente, ser interpretado de diferentes maneiras (por exemplo, por meio de expressões algébricas) e, portanto, você precisava primeiro escolher *uma* dessas interpretações." – Absolutamente não! Em algumas circunstâncias, uma dúvida era possível. Mas isso não significa que eu tenha duvidado, ou mesmo que pudesse duvidar. (Isso está relacionado com aquilo que se pode dizer acerca da 'atmosfera' psicológica de um processo.)

Será que apenas a intuição podia afastar essa dúvida? – Caso ela seja uma voz interior, – como é que eu sei *como* devo segui-la? E como é que sei que ela não está me levando para o caminho errado? Com efeito, se ela pode me levar para o caminho certo, pode também me levar para o caminho errado.

((A intuição, um subterfúgio desnecessário.))

**214.**

Se é necessária uma intuição para desenvolver a sequência 1 2 3 4..., então ela também é necessária para desenvolver a sequência 2 2 2 2... .

**215.**

Mas será ao menos que igual não é: *igual*?
Na igualdade de uma coisa consigo mesma, parece que temos um paradigma infalível para a igualdade. Eu quero dizer: "Aqui certamente não pode haver diferentes interpretações. Quando alguém vê uma coisa diante de si, então vê também a igualdade".
Será então que duas coisas são iguais quando são como *uma* coisa? E como é então que devo aplicar ao caso de duas coisas aquilo que *uma* coisa me mostra?

**216.**

"Uma coisa é idêntica a si mesma." – Não existe exemplo mais perfeito de uma frase inútil que, no entanto, está associada a um jogo da imaginação. É como se, na imaginação, inseríssemos a coisa em sua própria forma e víssemos que ela se adéqua.
Também poderíamos dizer: "Toda coisa se adéqua a si mesma". – Ou ainda: "Toda coisa se adéqua dentro de sua própria forma". Ao fazer isso, olhamos para uma coisa e imaginamos que o espaço para ela foi deixado livre e que, agora, ela se adéqua precisamente lá dentro.

Será que a mancha 🖤 '*se adéqua*' ao seu entorno branco? – *Mas é precisamente essa a impressão que teríamos* caso, em vez desse entorno, houvesse primeiramente um buraco e agora ela se adequasse lá dentro. Com a expressão "ela se adéqua", não estamos simplesmente descrevendo essa imagem. Não estamos simplesmente descrevendo essa *situação*.

"Toda mancha de cor se adéqua precisamente ao seu entorno" é uma versão um tanto especializada do princípio de identidade.

## 217.

"Como é que posso seguir uma regra?" – caso essa não seja uma pergunta a respeito das causas, então é uma pergunta a respeito da justificação para o fato de que eu ajo *dessa maneira* quando a sigo.

Quando esgoto as fundamentações, alcanço a rocha dura e minha pá verga. Então estou inclinado a dizer: "É assim que ajo".

(Lembre-se de que, às vezes, exigimos explicações não devido ao conteúdo, mas devido à forma da explicação. Nossa exigência é de tipo arquitetônico; a explicação é uma espécie de cornija ornamental, que nada sustenta.)

## 218.

De onde vem a ideia de que o começo da sequência seria um trecho visível de um trilho que se prolonga, invisivelmente, até o infinito? Bem, em vez de pensar na regra, poderíamos pensar em trilhos. E trilhos infinitamente longos correspondem à aplicação não limitada da regra.

**219.**

"As passagens, na verdade, já estão todas feitas" significa: eu não tenho mais escolha. A regra, uma vez carimbada com determinado significado, traça através de todo o espaço as linhas em que deve ser seguida. — Mas se algo assim fosse realmente o caso, em que isso me ajudaria?

Não; minha descrição tinha sentido apenas se fosse compreendida metaforicamente. – *É assim que as coisas se apresentam a mim* – eu deveria dizer.

Quando sigo a regra, não escolho.

Sigo a regra *cegamente*.

**220.**

Mas qual o propósito daquela frase metafórica? Ela deveria ressaltar uma distinção entre condicionantes causais e condicionantes lógicas.

**221.**

Minha expressão metafórica era, na verdade, uma descrição mitológica do uso de uma regra.

**222.**

"A linha me sugere o modo como devo seguir em frente." – Mas isso é, evidentemente, apenas uma imagem. E caso eu julgue que ela me sugere isso ou aquilo, por assim dizer sem responsabilidade, então eu não diria que a sigo como uma regra.

## 223.

Não sentimos que sempre precisamos ter presente o aceno (o sussurro) da regra. Pelo contrário. Não nos preocupamos com o que ela está nos dizendo exatamente agora; na verdade, ela sempre nos diz o mesmo, e nós fazemos o que ela nos diz.
    Poderíamos dizer àquele que adestramos: "Veja, eu faço sempre igual: eu...".

## 224.

A palavra "concordância" e a palavra "regra" são *aparentadas* uma à outra, elas são primas. Se ensino a alguém o uso de uma delas, então com isso ele também aprende o uso da outra.

## 225.

O emprego da palavra "regra" está entrelaçado ao emprego da palavra "igual". (Assim como o emprego de "proposição", ao emprego de "verdadeiro".)

## 226.

Suponha que alguém obtenha a sequência 1, 3, 5, 7, ... ao escrever a sequência que resulta de $2x - 1$.* E ele se pergunta: "mas

---

\* No tiposcrito que serve de base às *Investigações filosóficas*, esse trecho aparece assim: "Suponha que alguém obtenha a sequência x = 1, 3, 5, 7, ... ao escrever a sequência de $x^2 + 1$". O texto apresenta problemas de interpretação. Entre outras coisas, a última fórmula não funciona como expressão algébrica será que eu também estou fazendo sempre algo igual, ou a cada vez faço algo diferente?".

Quem promete, dia após dia, "Amanhã vou visitar você" – diz todo dia algo igual; ou todo dia algo diferente?

### 227.

Será que faria algum sentido dizer: "Se a cada vez ele fizesse algo *diferente*, nós não diríamos: ele segue uma regra"? Isso não faz *nenhum* sentido.

### 228.

"Uma sequência tem para nós *uma* cara!" – É claro; mas qual? Bem, certamente a algébrica, e a de um trecho de seu desenvolvimento. Ou será que ela tem ainda uma outra? – "Mas tudo já está dado aí!" – Mas essa não é uma constatação sobre o trecho da sequência, ou sobre algo que vemos nele; e sim a expressão do fato de que nós apenas olhamos para o que a regra está dizendo e *agimos*, e não apelamos a nenhuma instrução adicional.

---

→ da sequência indicada. Por esse motivo, na primeira edição da obra, ela foi corrigida para "2x + 1" — o que só funcionaria se começássemos as substituições pelo 0, algo estranho no presente contexto. Em nossa tradução, assim, optamos por colocar "2x - 1", a mesma opção adotada na quarta edição da Wiley-Blackwell. (N.T.)

**229.**

No trecho da sequência, creio perceber com grande acuidade um desenho, um traço característico ao qual falta apenas o "e assim por diante" para alcançar o infinito.

**230.**

"A linha me sugere como devo prosseguir": isso é uma mera paráfrase para: ela é minha *última* instância para como devo prosseguir.

**231.**

"Mas você certamente vê que...!" Bem, essa é justamente a manifestação característica de alguém que é compelido pela regra.

**232.**

Suponha que uma regra me sugira como devo segui-la; ou seja, quando acompanho a linha com os olhos, então uma voz interior me diz: "Siga traçando *assim*!". – Qual é a diferença entre esse processo, de seguir uma espécie de inspiração, e o processo de seguir uma regra? Pois decerto eles não são iguais. No caso da inspiração, eu *espero* por uma sinalização. Eu não poderei ensinar a outra pessoa minha 'técnica' de seguir a linha. A não ser que eu lhe ensinasse uma espécie de escuta atenta, de receptividade. Mas então, evidentemente, não posso exigir que ela siga a linha como eu.

Essas não são experiências minhas relativas a agir segundo uma inspiração e segundo uma regra; elas são, antes, apontamentos gramaticais.

### 233.

Poderíamos também imaginar um ensinamento como esse para uma espécie de aritmética. As crianças podem então fazer contas, cada uma à sua maneira, – desde que elas escutem a voz interior e a sigam. Fazer contas desse modo seria como compor música.

### 234.

Mas será também que não poderíamos fazer contas do modo como as fazemos (todos concordando etc.) e, ainda assim, ter a cada passo a sensação de sermos guiados pela regra como por um encantamento; espantados, talvez, com o fato de que concordamos? (Talvez agradecendo à divindade por esse acordo.)

### 235.

A partir daí você vê tudo o que pertence à fisionomia daquilo que chamamos, na vida cotidiana, de "seguir uma regra"!

### 236.

Os calculadores-prodígio que conseguem chegar aos resultados corretos, mas não sabem dizer como. Será que devemos dizer que eles não fazem contas? (Uma família de casos.)

## 237.

Imagine que alguém seguisse uma linha como regra da seguinte maneira: Ele segura um compasso e, com uma de suas pontas, vai acompanhando a linha-regra, enquanto com a outra ponta vai traçando a linha que segue a regra. E, enquanto vai acompanhando dessa maneira a regra, ele altera a abertura do compasso, aparentemente com grande precisão, mantendo sempre em vista a regra, como se ela determinasse o que ele faz. Mas nós que o estamos observando não vemos nenhum tipo de regularidade nesse abrir e fechar do compasso. Não conseguimos aprender com ele seu modo de seguir a linha. Aqui, talvez realmente disséssemos: "O original parece *sugerir* a ele como deve prosseguir. Mas não é uma regra".

## 238.

Para que eu possa ter a impressão de que a regra produz antecipadamente todas as suas consequências, elas precisam ser *óbvias* para mim. Tão óbvio quanto é, para mim, chamar esta cor de "azul". (Critérios para que isso seja 'óbvio' para mim.)

## 239.

Como ele faz para saber que cor tem de escolher quando ouve "vermelho"? – Muito simples: ele deve pegar a cor cuja imagem lhe ocorre quando ouve a palavra. – Mas como ele faz para saber qual cor é aquela 'cuja imagem lhe ocorre'? Será que para isso é necessário mais um critério? (Mas certamente existe este processo: escolher a cor que nos ocorre quando ouvimos a palavra ...)

"'Vermelho' significa a cor que me ocorre quando ouço a palavra 'vermelho'" – seria uma *definição*. E não uma explicação da *essência* da designação por meio de uma palavra.

**240.**

Não surgem disputas (entre matemáticos, digamos) acerca de se alguém procedeu de acordo com a regra ou não. A esse respeito, não se chega às vias de fato, por exemplo. Isso pertence à estrutura a partir da qual nossa linguagem opera (dá uma descrição, por exemplo).

**241.**

"Então você está dizendo que a concordância entre os homens decide o que é certo e o que é errado?" – Certo e errado é o que os homens *dizem*; e, na *linguagem*, os homens concordam. Essa não é uma concordância das opiniões, mas da forma de vida.

**242.**

Ao entendimento mútuo por meio da linguagem pertence não apenas uma concordância nas definições, mas (por mais estranho que isso possa soar) uma concordância nos juízos. Isso parece abolir a lógica; mas não a abole. – Uma coisa é descrever o método de medida; outra, encontrar e enunciar resultados da medição. Mas o que chamamos de "medir" é determinado também por certa constância dos resultados da medição.

## 243.

Uma pessoa pode encorajar a si mesma, ordenar a si mesma, obedecer, censurar, punir, apresentar uma questão e respondê-la. Assim, poderíamos também imaginar pessoas que falassem apenas por meio de monólogos. Que fizessem suas atividades serem acompanhadas por conversas consigo mesmas. – Um pesquisador que as observasse e espreitasse suas conversas poderia chegar a traduzir sua linguagem para a nossa. (Ele estaria, assim, em condições de prever corretamente as ações desse povo, pois os ouve fazendo planos e tomando decisões.)

Mas acaso também seria concebível uma linguagem em que alguém pudesse escrever ou exprimir suas experiências interiores – seus sentimentos, seus humores etc. – para seu próprio uso? — Bem, será que não podemos fazer isso em nossa linguagem usual? – Mas não é isso o que estou querendo dizer. As palavras dessa linguagem devem se referir àquilo que apenas aquele que fala pode saber; às suas sensações imediatas, privadas. Outra pessoa não pode, portanto, compreender essa linguagem.

## 244.

Como palavras se *referem* a sensações? – Não parece haver nenhum problema aí; pois acaso não falamos diariamente acerca de sensações, e as nomeamos? Mas como é que a conexão entre o nome e o nomeado é produzida? A pergunta é a mesma que esta: Como uma pessoa aprende o significado dos nomes das sensações? Por exemplo, da palavra "dor". Eis uma possibilidade: Palavras são conectadas à expressão originária, natural, da sensação, e postas em seu lugar. Uma criança se machuca e grita; e então os adultos falam com ela e lhe ensinam exclamações e, mais tarde, frases. Eles ensinam à criança um novo comportamento de dor.

"Então você está dizendo que a palavra 'dor', na verdade, significa aquele grito?" – Pelo contrário; a expressão verbal da dor substitui o grito, ela não o descreve.

**245.**

Como posso então pretender me interpor, por meio da linguagem, entre a manifestação da dor e a dor?

**246.**

Em que medida, então, minhas sensações são *privadas*? – Bem, apenas eu posso saber se realmente estou sentindo dor; outra pessoa pode apenas supô-lo. – Isso é, por um lado, falso; por outro, sem sentido. Quando usamos a palavra "saber" tal como normalmente é usada (e de que outra maneira, então, deveríamos usá-la!), então as outras pessoas sabem, muito frequentemente, se estou sentindo dor. – Sim, mas claro que não com a certeza com a qual eu mesmo sei! – De mim, não se pode de modo algum dizer (a não ser como brincadeira) que eu *sei* que estou sentindo dor. Pois o que isso significaria – a não ser, talvez, que *estou sentindo* dor?

Não se pode dizer que as outras pessoas tomam conhecimento da minha sensação *apenas* por meio do meu comportamento, – pois de mim não se pode dizer que tomei conhecimento dela. Eu a *sinto*.

Isto é certo: faz sentido dizer, das outras pessoas, que elas estão em dúvida a respeito de se estou sentindo dor; mas não faz sentido dizer isso de mim mesmo.

**247.**

"Somente você pode saber se tinha essa intenção." Poderíamos dizer isso a alguém se estivéssemos lhe explicando o significado da palavra "intenção". Nesse caso, isso quer dizer o seguinte: é *assim* que a usamos.
(E "saber" quer dizer, aqui, que a expressão de incerteza não faz sentido.)

**248.**

A proposição "Sensações são privadas" é comparável a: "O jogo de paciência se joga sozinho".

**249.**

Será, talvez, que estamos sendo precipitados ao supor que a risada do bebê não é fingimento? – E sobre qual experiência se apoia nossa suposição?
(Mentir é um jogo de linguagem que deve ser aprendido, como qualquer outro.)

**250.**

Por que um cachorro não pode fingir dor? Será que ele é honesto demais para isso? Será que poderíamos ensinar um cachorro a fingir dor? Podemos talvez ensiná-lo a uivar, em determinadas circunstâncias, como se sentisse dor, sem que a esteja sentindo. Mas, para um verdadeiro fingimento, continuaria faltando a esse comportamento o contexto correto.

## 251.

O que é que significa quando dizemos: "Não consigo imaginar o contrário disso", ou: "Como é que seria, então, se isso fosse diferente?". – Por exemplo, se alguém dissesse que minhas representações mentais são privadas; ou que só eu mesmo posso saber se estou sentindo certa dor; e coisas semelhantes.

"Não consigo imaginar o contrário" evidentemente não significa, aqui: minha capacidade de imaginar não é suficiente. Com essas palavras, nós nos precavemos contra algo que, por sua forma, nos aparece enganosamente como uma proposição empírica, mas que na verdade é uma proposição gramatical.

Mas por que digo "Não consigo imaginar o contrário"? Por que não: "Não consigo imaginar aquilo que você está dizendo"?

Exemplo: "Toda barra tem um comprimento". Isso significa algo como: nós chamamos alguma coisa (ou *isto*) de "o comprimento de uma barra" – mas não chamamos coisa alguma de "o comprimento de uma esfera". Será então que posso imaginar que 'toda barra tem um comprimento'? Bem, eu simplesmente imagino uma barra; eis tudo. O que acontece é apenas que, em conexão com essa proposição, essa imagem desempenha um papel completamente diferente do que uma imagem em conexão com a proposição "Essa mesa tem o mesmo comprimento que aquela ali". Pois aqui eu entendo o que significa fazer uma imagem da situação contrária (e não precisa ser uma imagem mental).

A imagem associada à proposição gramatical, porém, podia mostrar apenas o que chamamos de "comprimento de uma barra". E qual deveria ser a imagem oposta a essa?

((Observação sobre a negação de uma proposição a priori.))

**252.**

À proposição "Este corpo tem uma extensão", poderíamos responder: "Isso não faz sentido!" – mas nos inclinamos a responder: "É claro!". – Por quê?

**253.**

"Outra pessoa não pode sentir minha dor." – Qual é *minha* dor? O que conta, aqui, como critério de identidade? Reflita a respeito do que torna possível, no caso de objetos físicos, falar de "dois exatamente iguais". Por exemplo, dizer: "Esta poltrona não é a mesma que você viu aqui ontem, mas uma exatamente igual a ela".

Na medida em que faz *sentido* dizer que minha dor é a mesma que a dele, também nós dois podemos sentir a mesma dor. (Aliás, também seria concebível que duas pessoas sentissem dor no mesmo lugar – e não apenas em lugares homólogos. Entre gêmeos siameses, por exemplo, esse poderia ser o caso.)

Em uma discussão sobre esse tema, vi alguém bater no peito e dizer: "Mas outra pessoa certamente não pode sentir ESTA dor!". – A resposta a isso é que, por meio da entonação enfática da palavra "esta", não se define qualquer critério de identidade. O que a ênfase faz é, antes, nos dar a impressão enganosa de que tal critério nos é familiar; no entanto, nós precisamos ser recordados dele.

**254.**

Também a substituição da palavra "igual" por "idêntico" (por exemplo) é um expediente típico em filosofia. Como se falássemos de matizes de significado e se tratasse apenas de encontrar, com nossas palavras, a nuance correta. E, ao filosofar, isso acontece apenas quando nossa tarefa é apresentar, de modo psicologicamente preciso, a tentação de usar determinado modo de expressão. O que 'estamos tentados a dizer', em tal caso, evidentemente não é filosofia; é, antes, sua matéria-prima. Assim, aquilo que um matemático, por exemplo, está inclinado a dizer sobre a objetividade e a realidade dos fatos matemáticos não é uma filosofia da matemática, mas algo que a filosofia teria que *tratar*.

## 255.

O filósofo trata uma pergunta; como trata uma doença.

## 256.

O que se passa, então, com a linguagem que descreve minhas experiências interiores e que apenas eu mesmo posso entender? *Como* designo minhas sensações por meio de palavras? – Do mesmo modo como usualmente fazemos? Será então que minhas palavras para sensações se conectam às minhas expressões naturais para sensações? – Nesse caso, minha linguagem não é 'privada'. Uma outra pessoa poderia entendê-la tão bem quanto eu. – Mas e se eu não possuísse quaisquer expressões naturais para uma sensação, mas apenas a sensação? E então eu simplesmente *associo* nomes às sensações e emprego esses nomes em uma descrição. –

## 257.

"Como seria se as pessoas não expressassem sua dor (não gemessem, não contraíssem o rosto etc.)? Nesse caso, não se poderia ensinar a uma criança o uso da expressão 'dor de dente'." – Bem, suponhamos que a criança seja um gênio e invente ela própria um nome para a sensação! – Mas agora, evidentemente, ela não conseguiria se fazer entender por meio dessa palavra. – Quer dizer então que ela entende o nome, mas não consegue explicar seu significado a ninguém? – Mas o que significa então dizer que ela 'nomeou sua dor'? – Como foi que ela fez isso: nomear a dor?! E, o que quer que ela tenha feito, qual o propósito disso? – Quando alguém diz "Ela deu um nome à sensação", então se esquece de que muita coisa já precisa estar preparada na linguagem para que o simples ato de nomear tenha sentido. E quando falamos que alguém dá um nome para a dor, nesse caso o que está preparado é a gramática da palavra "dor"; ela mostra o posto em que a nova palavra é colocada.

## 258.

Imaginemos o seguinte caso. Quero manter um diário acerca da recorrência de certa sensação. Para isso, eu associo a sensação ao sinal "S" e escrevo esse sinal em um calendário todos os dias em que tenho a sensação. — Gostaria primeiramente de observar que não é possível formular uma definição para o sinal. – Mas decerto posso dá-la a mim mesmo como uma espécie de definição ostensiva! – Como? será que posso apontar para a sensação? – Não no sentido usual. Mas eu falo ou escrevo o sinal e, ao fazer isso, concentro minha atenção sobre a sensação – de modo que aponto para ela, por assim dizer, em meu interior.

– Mas para que essa cerimônia? pois é só isso o que ela parece ser! Com efeito, uma definição serve para estabelecer o significado de um sinal. – Bem, isso acontece justamente por meio do ato de concentrar a atenção; pois é assim que gravo em mim a conexão entre o sinal e a sensação. – "Gravo em mim a conexão" certamente só pode significar: esse processo tem o efeito de que, no futuro, eu me recorde *corretamente* da conexão. Mas no nosso caso eu não tenho qualquer critério para a correção. Aqui se gostaria de dizer: é correto o que quer que venha a me parecer correto. E isso significa apenas que, aqui, não se pode falar de 'correto'.

### 259.

Será que as regras da linguagem privada são *impressões* de regras? – A balança com a qual se pesam as impressões não é a *impressão* de uma balança.

### 260.

"Ora, eu *acredito* que essa seja novamente a sensação S." – Você bem que *acredita* acreditar!

Quer dizer então que quem registrou o sinal no calendário não anotou *absolutamente nada*? – Não considere óbvio que alguém anota algo quando registra sinais – por exemplo, em um calendário. Uma anotação, com efeito, tem uma função; e o "S" até agora não tem nenhuma.

(Pode-se conversar consigo mesmo. – Será que toda pessoa que conversa quando não há ninguém mais presente fala consigo mesma?)

**261.**

Que razão temos para chamar "S" de o sinal para uma *sensação*? "Sensação" é notadamente uma palavra da nossa linguagem comum, e não de uma linguagem compreensível apenas para mim. O uso dessa palavra necessita, portanto, de uma justificação que todos compreendam. – E não ajudaria em nada dizer: não precisaria ser uma *sensação*; quando uma pessoa escreve "S", ela tem *algo* – e não poderíamos dizer mais do que isso. Mas "ter" e "algo" também pertencem à linguagem comum. – Assim, ao filosofar, chega-se por fim a um ponto em que se gostaria de emitir apenas um som inarticulado. – Mas um tal som só é uma expressão em determinado jogo de linguagem, o qual agora deve ser descrito.

**262.**

Poder-se-ia dizer: Quem dá a si mesmo uma explicação privada de uma palavra precisa então se *comprometer*, em seu interior, a usar a palavra de tal e tal modo. E como essa pessoa se compromete a isso? Será que devo supor que ela inventa a técnica de aplicação dessa palavra; ou que já a encontrou pronta?

**263.**

"Eu certamente posso me comprometer (em meu interior) a no futuro chamar ISTO de 'dor'." – "Mas você tem certeza de que se comprometeu com isso? Você está seguro de que, para tanto, era suficiente concentrar a atenção sobre o seu sentimento?" – Pergunta estranha. –

**264.**

"Uma vez que você saiba *o que* a palavra designa, você a entende, conhece toda a sua aplicação."

**265.**

Pensemos em uma tabela que existe apenas na nossa imaginação; algo como um dicionário. Por meio de um dicionário, pode-se justificar a tradução de uma palavra X por uma palavra Y. Mas será que também devemos chamar isso de justificação quando essa tabela é consultada apenas na imaginação? – "Bem, nesse caso, trata-se claramente de uma justificação subjetiva." – Mas a justificação consiste precisamente em apelar a uma instância independente. – "Mas eu certamente também posso apelar a uma lembrança a partir de outra lembrança. Eu não sei (por exemplo) se vi corretamente o horário de partida do trem, e chamo à memória, para me certificar, a imagem da folha com os horários dos trens. Não temos aqui o mesmo caso?" – Não; pois esse processo então precisa evocar a lembrança realmente *correta*. Se a correção da imagem mental da folha de horários não pudesse ser ela própria *checada*, como ela poderia confirmar a correção da primeira lembrança? (Como se alguém comprasse vários exemplares do jornal matinal de hoje para se certificar de que ele diz a verdade.)

Consultar uma tabela na imaginação é tão pouco consultar uma tabela quanto a imaginação do resultado de um experimento imaginado é o resultado de um experimento.

### 266.

Posso olhar o relógio para ver que horas são. Mas posso também olhar para o mostrador de um relógio para *adivinhar* que horas são; ou, com esse propósito, mover o ponteiro de um relógio até que a posição me pareça correta. Assim, a imagem de um relógio pode servir para determinar as horas de mais de uma maneira. (Olhar o relógio na imaginação.)

### 267.

Suponhamos que eu quisesse justificar o dimensionamento de uma ponte construída em minha imaginação e, para isso, começasse por fazer, na imaginação, um teste de resistência de materiais. Isso seria, evidentemente, a imaginação daquilo que chamamos de justificação para o dimensionamento de uma ponte. Mas será que também chamaríamos isso de justificação da imaginação de um dimensionamento?

### 268.

Por que minha mão direita não pode doar dinheiro para minha mão esquerda? – Minha mão direita pode colocar dinheiro na minha mão esquerda. Minha mão direita pode escrever um documento de doação e minha mão esquerda um recibo. – Mas as demais consequências práticas não seriam as de uma doação. Quando a mão esquerda pegasse o dinheiro da mão direita etc., perguntaríamos: "Bem, e agora?". E poderíamos perguntar a mesma coisa caso alguém tivesse dado a si mesmo uma explicação privada para uma palavra; quero dizer, caso sussurrasse a si mesmo uma palavra e, ao fazer isso, dirigisse sua atenção para uma sensação.

## 269.

Recordemo-nos de que existem certos critérios de comportamento para quando alguém não entende uma palavra: para quando a palavra não lhe diz nada, e a pessoa não sabe o que fazer com ela. E existem critérios para quando essa pessoa 'acredita entender' a palavra, conecta um significado a ela, mas não o correto. E, finalmente, critérios para quando a pessoa entende corretamente a palavra. No segundo caso, poderíamos falar de um entendimento subjetivo. E poderíamos chamar de "linguagem privada" sons que nenhuma outra pessoa entende, mas que eu '*pareço entender*'.

## 270.

Imaginemos agora um emprego para o registro do sinal "S" no meu diário. Eu faço a seguinte experiência: Sempre que tenho determinada sensação, um manômetro me mostra que minha pressão sanguínea se eleva. Assim, acho-me em condições de anunciar uma elevação na minha pressão sanguínea sem ajuda de um aparelho. Esse é um resultado útil. E aqui parece ser totalmente indiferente se eu reconheci *corretamente* ou não a sensação. Se supomos que eu erro constantemente na sua identificação, então isso não tem nenhuma importância. E isso já mostra que a suposição desse erro era apenas ilusão. (Nós estávamos girando um botão, por assim dizer, por meio do qual tínhamos a impressão de poder acionar algo na máquina; mas era um mero enfeite, que absolutamente não estava conectado ao mecanismo.)

E que razão temos aqui para chamar "S" de designação de uma sensação? Talvez o modo como o sinal é empregado nesse jogo de linguagem. – E por que uma "determinada sensação", portanto toda vez a mesma? Bem, é que nós supomos escrever, toda vez, "S".

## 271.

"Imagine uma pessoa que não conseguisse reter na memória *o que* significa a palavra 'dor' – e que, por isso, sempre dá esse nome a algo diferente –, mas que, apesar disso, empregasse a palavra em concordância com os indícios e pressupostos usuais de dor!" – que a emprega, portanto, como todos nós. Aqui eu gostaria de dizer: não pertence à máquina uma engrenagem que se pode girar sem que qualquer outra coisa mova-se junto com ela.

## 272.

O essencial na experiência privada não é, na verdade, que cada um possui seu próprio exemplar, mas que ninguém sabe se o outro também tem *isso*, ou algo diferente. Seria portanto possível – embora não verificável – a suposição de que uma parte da humanidade tem *uma* sensação do vermelho, e outra parte, outra.

## 273.

O que se passa, então, com a palavra "vermelho" – será que devo dizer que ela designa algo 'que está diante de nós todos', e que todos deveriam ter, na verdade, além dessa palavra, ainda uma outra para designar sua *própria* sensação de vermelho? Ou será que é assim: a palavra "vermelho" designa algo conhecido em comum por nós; e, além disso, algo conhecido apenas por cada um? (Ou melhor, talvez: ela se *refere* a algo conhecido apenas por cada um.)

### 274.

Evidentemente, não nos ajuda em nada, para compreender a função da palavra "vermelho", dizer que ela "se *refere* ao" privado, em vez de dizer que "ela designa" o privado; a primeira, porém, é a expressão psicologicamente mais adequada para determinada experiência que se tem ao filosofar. É como se, ao pronunciar a palavra, eu lançasse um olhar de soslaio para minha própria sensação, como que para me dizer a mim mesmo: eu já sei o que quero dizer com isso.

### 275.

Olhe para o céu azul e diga a si mesmo "Como o céu está azul!". – Quando você faz isso espontaneamente – e não com intenções filosóficas –, então não ocorre a você a ideia de que essa impressão de cor pertence apenas a *você*. E você não hesita em dirigir essa exclamação a outra pessoa. E se, ao usar essas palavras, você aponta para algo, é para o céu que você aponta. Quero dizer: Você não tem o sentimento de apontar-para-dentro-de-si que frequentemente acompanha o 'nomear a sensação' quando refletimos sobre a 'linguagem privada'. Você também não pensa que, na verdade, não deveria apontar com a mão para a cor, mas apenas com a atenção. (Reflita a respeito do que significa "apontar para algo com a atenção".)

**276.**

"Mas será que ao menos não *queremos nos referir* a algo completamente determinado quando olhamos para uma cor e nomeamos a impressão da cor?" É como se destacássemos do objeto visto a *impressão* da cor, como uma película. (Isso deveria despertar nossa suspeita.)

**277.**

Mas como é possível que estejamos tentados a acreditar que às vezes, com uma palavra, *queremos nos referir* a uma cor conhecida por todos, – e, às vezes: à 'impressão visual' que *eu agora* estou tendo? Como é que pode chegar a existir aqui uma tentação? — Nesses dois casos, eu não dirijo à cor o mesmo tipo de atenção. Quando quero me referir (como gostaria de dizer) à impressão de cor que pertence somente a mim, então me aprofundo na cor – aproximadamente como quando 'não me canso de ver' uma cor. Portanto, é mais fácil produzir essa experiência quando olhamos para uma cor viva, ou para uma combinação de cores, que fica gravada em nós.

**278.**

"Eu sei como a cor verde *me* parece" – bem, isso certamente faz sentido! – Claro; em qual emprego da frase você está pensando?

### 279.

Imagine alguém que dissesse: "Eu certamente sei a minha altura!" e, como sinal disso, pusesse a mão no topo da cabeça!

### 280.

Alguém pinta uma imagem para mostrar, por exemplo, como imagina uma cena no teatro. Então eu digo: "Essa imagem tem uma dupla função; ela comunica algo a outras pessoas, como imagens ou palavras costumam comunicar — mas, para aquele que comunica, ela é ainda uma representação (ou comunicação?) de outro tipo: para ele, trata-se de uma imagem de sua mente, de um modo que não pode ser para mais ninguém. Sua impressão privada da imagem lhe diz o que ele imaginou; em um sentido em que a imagem não pode dizer para mais ninguém". – E com que direito, nesse segundo caso, eu falo de representação, ou comunicação, – caso essas palavras tenham sido aplicadas corretamente no *primeiro* caso?

### 281.

"Mas será que o que você está dizendo não equivale a dizer, por exemplo, que não existe dor sem *comportamento de dor*?" – Equivale a dizer: apenas a respeito do homem vivo, e do que lhe é semelhante (se comporta de maneira semelhante), pode-se dizer que tem sensações; que vê; que está cego; que ouve; que está surdo; que está consciente; ou inconsciente.

## 282.

"Mas, no conto de fadas, também a panela pode ver e ouvir!" (Claro; mas ela também *pode* falar.)

"Mas o conto de fadas inventa apenas coisas que não acontecem; ele não diz coisas *sem sentido*." – Não é assim tão simples. Dizer que uma panela fala é uma inverdade ou algo sem sentido? Será que temos uma ideia clara de em quais circunstâncias diríamos que uma panela fala? (Também um poema sem sentido não é sem sentido da mesma maneira, por exemplo, que o balbuciar de uma criança.)

Sim; dizemos de coisas inanimadas que elas têm dor: na brincadeira com bonecas, por exemplo. Mas esse emprego do conceito de dor é um emprego secundário. Imaginemos, porém, o caso de pessoas que dissessem *apenas* de coisas inanimadas que elas têm dor; que se compadecessem *apenas* de bonecas! (Quando crianças brincam de trenzinho, sua brincadeira depende de seu conhecimento dos trens. Porém, crianças de uma tribo que desconhece os trens poderiam tomar emprestada essa brincadeira de outras crianças e brincar sem saber que estão imitando algo. Poderíamos dizer que, para elas, a brincadeira não tem o mesmo *sentido* que para nós.)

## 283.

De onde *sequer nos vem a ideia*: seres, objetos, poderiam sentir algo??

Será que minha educação me levou a isso, ao me tornar atento aos sentimentos em mim, de maneira que, depois, eu transpus essa ideia para objetos fora de mim? Será que reconheço que há algo ali (em mim) que posso chamar de "dor" sem entrar em contradição com o uso que os outros fazem da palavra? – Eu não transponho essa ideia para pedras, plantas etc.

Será que eu não poderia imaginar que tenho dores terríveis e que, enquanto as tenho, me transformo em uma pedra? Aliás, como é que eu sei, quando fecho os olhos, que não me transformei em uma pedra? – E, caso isso aconteça, em que medida *a pedra* terá dor? Em que medida se poderá falar isso a respeito da pedra? Aliás, por que é que a dor, aqui, precisa ter um portador?!

E será que se pode dizer, a respeito da pedra, que ela tem uma alma, e que *essa alma* tem dor? O que é que alma, o que é que ter dor, têm a ver com uma pedra?

Apenas a respeito daquilo que se comporta como um homem pode-se dizer que *tem dor*.

Pois é necessário dizer isso a respeito de um corpo ou, se você quiser, a respeito de uma alma que *tem* um corpo. E como é que um corpo pode *ter* uma alma?

## 284.

Olhe para uma pedra e imagine que ela tem sensações! – Dizemos para nós mesmos: Como pudemos chegar à ideia de atribuir uma *sensação* a uma *coisa*? Poderíamos igualmente atribuí-la a um número! – E agora olhe para uma mosca que se debate e essa dificuldade imediatamente desaparece; aqui a dor parece poder se *agarrar* a algo, onde antes, por assim dizer, tudo a que ela poderia aderir era *liso*.

Da mesma maneira, também um cadáver nos parece totalmente inacessível à dor. – Não temos a mesma disposição em relação ao que vive e ao que está morto. Todas as nossas reações são diferentes. – Caso alguém diga: "Isso não pode residir simplesmente no fato de que aquilo que está vivo se move de certa maneira, e o que está morto não" – então eu lhe indicarei que estamos aqui diante de um caso da passagem 'da quantidade para a qualidade'.

**285.**

Pense no reconhecimento de *expressões faciais*. Ou na descrição de expressões faciais, – a qual não consiste em dar as medidas do rosto! Pense também em como conseguimos imitar a expressão de uma pessoa sem que, para isso, tenhamos que olhar nossa própria expressão em um espelho.

**286.**

Mas será que não é absurdo dizer, a respeito de um *corpo*, que ele tem dor? — E por que sentimos aí algo absurdo? Em que medida não é minha mão que sente dor; mas eu em minha mão?

Que tipo de controvérsia é esta: Será que é o *corpo* que sente dor? – Como se pode decidi-la? O que é que faz prevalecer que *não* seja o corpo? – Bem, talvez o seguinte: Quando alguém tem dor na mão, a *mão* não diz isso (a não ser que escreva), e não consolamos a mão, mas a pessoa que está sofrendo; olhamos em seus olhos.

**287.**

Como foi que me enchi de compaixão *por esta pessoa*? Como é que se mostra qual é o objeto da compaixão? (A compaixão, pode-se dizer, é uma forma de convicção de que outra pessoa tem dor.)

## 288.

Eu me transformo em pedra e minha dor continua. – E se agora eu estivesse enganado e não se tratasse mais de *dor*! — Mas aqui eu certamente não posso me enganar; não significa nada ficar em dúvida a respeito de se tenho dor! – Isto é: se alguém dissesse "Eu não sei, será que isso que tenho é uma dor ou é alguma outra coisa?", então talvez pensássemos que ele não sabe o que a palavra "dor" significa em português, e nós a explicaríamos para ele. – Como? Talvez por meio de gestos, ou o espetando com um prego e dizendo "Está vendo, isso é dor". Ele poderia entender essa explicação para a palavra, assim como qualquer outra explicação, corretamente, incorretamente ou de modo algum. E isso se mostrará no uso que ele faz da palavra, como aliás costuma acontecer.

Se ele agora dissesse, por exemplo: "Ah, eu sei o que 'dor' quer dizer, mas se *isso* que tenho aqui agora é dor, aí já não sei" – então nós simplesmente balançaríamos a cabeça e precisaríamos considerar suas palavras como uma reação estranha, com a qual não saberíamos o que fazer. (Seria como se, por exemplo, ouvíssemos alguém dizer seriamente: "Eu me lembro claramente de ter acreditado, algum tempo antes de nascer, ...".)

Aquela expressão de dúvida não pertence ao jogo de linguagem; mas se agora ficar excluída a expressão da sensação, o comportamento humano, então parece que me é novamente *permitido* ficar em dúvida. O fato de que, aqui, estou tentado a dizer que se pode tomar a sensação por algo diferente do que ela é vem do seguinte: Se penso que está abolido o jogo de linguagem normal, aquele com a expressão da sensação, então preciso de um critério de identidade para a sensação; e nesse caso existiria também a possibilidade do erro.

## 289.

"Quando digo 'Tenho dor', ao menos *diante de mim mesmo* estou justificado." – O que isso significa? Será que significa: "Se outra pessoa pudesse saber o que chamo de 'dor', ela admitiria que estou empregando a palavra corretamente"?

Usar uma palavra sem justificativa não significa usá-la injustificadamente.

## 290.

Eu evidentemente não identifico minha sensação por meio de critérios; o que faço é usar a mesma expressão. Mas com isso o jogo de linguagem não *acaba*; com isso ele começa.

Mas será que ele não começa com a sensação, – a qual descrevo? – Talvez a palavra "descrever" nos pregue aqui uma peça. Eu digo "Descrevo meu estado anímico" e "Descrevo meu quarto". É preciso trazer à memória as diferenças entre os jogos de linguagem.

## 291.

Aquilo que chamamos de "*descrições*" são instrumentos para empregos específicos. A esse respeito, pense no desenho de uma máquina, em um corte transversal, em um esquema com medidas, o qual o mecânico tem diante de si. Quando pensamos em uma descrição como uma imagem verbal dos fatos, há aí algo de enganador: Pensamos talvez apenas em imagens como as que penduramos nas paredes; as quais simplesmente parecem representar a aparência de uma coisa, o modo como ela é constituída. (Essas imagens são, por assim dizer, ociosas.)

**292.**

Não acredite sempre que você extrai suas palavras dos fatos; que você os representa em palavras segundo regras! Pois mesmo assim você precisaria aplicar a regra ao caso específico sem qualquer guia.

**293.**

Caso eu diga a respeito de mim mesmo que sei somente a partir do meu próprio caso o que significa a palavra "dor", – será que não preciso dizer *isso* também a respeito das outras pessoas? E como então posso generalizar, de maneira tão irresponsável, a partir de apenas *um* caso?

Bem, todo mundo me diz, a respeito de si, que sabe apenas a partir de si mesmo o que é dor! — Suponhamos que todo mundo tivesse uma caixa e que lá dentro houvesse algo que chamamos de "besouro". Ninguém pode, nunca, olhar dentro da caixa de outra pessoa; e todo mundo diz que sabe, apenas a partir da visão do *seu* besouro, o que é um besouro. – Então, poderia bem acontecer que cada um tivesse uma coisa diferente em sua caixa. Poderíamos até imaginar que essa coisa se alterasse continuamente. – Mas e se agora a palavra "besouro" tivesse um uso para essas pessoas? – Então esse uso não seria o da designação de uma coisa. A coisa na caixa não pertence de modo algum ao jogo de linguagem; nem sequer como um *algo*: pois a caixa poderia até mesmo estar vazia. – Não, essa coisa na caixa é o 'fator comum' de uma fração; ela é cancelada, o que quer que seja.

Isso significa: Caso construamos a gramática das expressões de sensação segundo o modelo de 'objeto e designação', então o objeto desaparece, como irrelevante, de nossas considerações.

**294.**

Se você diz que a pessoa vê uma imagem privada diante de si, a qual ela descreve, então mesmo assim você fez uma suposição a respeito do que ela tem diante de si. E isso significa que você pode descrevê-la, ou que de fato a descreve, mais precisamente. Caso você admita que não tem a menor ideia de que tipo de coisa poderia ser aquilo que a pessoa tem diante de si, – então o que leva você a dizer, apesar de tudo, que ela tem algo diante de si? Será que não é como se eu dissesse a respeito de alguém: "Ele *tem* algo. Mas se é dinheiro ou dívidas ou uma carteira vazia, isso eu não sei".

**295.**

E que tipo de proposição, afinal de contas, é "Eu sei somente a partir do meu *próprio* caso..."? Uma proposição empírica? Não. – Gramatical?

Penso comigo, então: Todo mundo diz, a respeito de si mesmo, que sabe apenas a partir da própria dor o que é dor. – Não que as pessoas digam isso realmente, ou mesmo que estejam dispostas a dizê-lo. Mas *caso* agora todo mundo o dissesse — poderia ser uma espécie de exclamação. E caso também ela não diga nada como informação, então se trata de uma imagem; e por que não deveríamos querer evocar uma tal imagem diante da alma? Imagine, em vez de palavras, uma imagem alegórica pintada.

Sim: quando, ao filosofar, olhamos dentro de nós, muitas vezes nos é dado ver justamente uma imagem assim. Literalmente, uma representação imagética da nossa gramática. Não fatos; mas, por assim dizer, expressões idiomáticas ilustradas.

### 296.

"Sim, mas há de fato um algo que acompanha meu grito de dor! E é em virtude disso que eu grito. E esse algo é aquilo que é importante, – e assustador." – Para quem, porém, informamos isso? E em que ocasião?

### 297.

Evidentemente, quando a água ferve na panela, o vapor sobe da panela, e também a imagem do vapor da imagem da panela. Mas e se alguém quisesse dizer que algo também precisa estar cozinhando na imagem da panela?

### 298.

Que estejamos tão ansiosos por dizer "O importante é *isto*" – apontando para nós mesmos a sensação –, mostra já o quão inclinados estamos a dizer algo que não é uma informação.

### 299.

Não poder evitar – quando nos dedicamos a pensamentos filosóficos – dizer isso e aquilo, inclinarmo-nos irresistivelmente a dizer tal coisa, não significa ser compelido a uma *suposição*, a ver imediatamente, ou a conhecer um estado de coisas.

**300.**

Ao jogo de linguagem com a expressão "ele tem dor" – poder-se-ia dizer – pertence não apenas a imagem do comportamento, mas também a imagem da dor. Ou: não apenas o paradigma do comportamento, mas também o da dor. – Dizer "A imagem da dor entra no jogo de linguagem com a palavra 'dor'" é um mal-entendido. A imaginação da dor não é uma imagem, e *essa* imaginação também não é substituível, no jogo de linguagem, por algo que chamaríamos de uma imagem. – É bem verdade que a imaginação da dor, em certo sentido, entra no jogo de linguagem; apenas não como imagem.

**301.**

Uma imaginação não é uma imagem, mas uma imagem pode corresponder a ela.

**302.**

Quando precisamos imaginar a dor de outra pessoa segundo o modelo da nossa própria, isso não é algo tão fácil: uma vez que devo imaginar dores que *não sinto* segundo dores que *sinto*. Com efeito, o que tenho de fazer não é simplesmente a transposição da dor, na imaginação, de um lugar para outro. Como no caso da dor na mão para a dor no braço. Pois não devo imaginar que eu sinto dor em certo lugar do corpo da outra pessoa. (Algo que também seria possível.)
    O comportamento de dor pode indicar um lugar dolorido, – mas a pessoa que sofre é aquela que manifesta dor.

### 303.

"Eu posso apenas *acreditar* que outra pessoa tem dor, mas eu *sei* quando tenho dor." – Sim; podemos nos decidir a dizer "Eu acredito que ele tem dor" em vez de "Ele tem dor". Mas isso é tudo. — O que aqui tem a aparência de uma explicação, ou de um enunciado sobre processos anímicos, é na verdade a troca de um modo de falar por outro, o qual, enquanto filosofamos, parece-nos o mais adequado.

Tente – em um caso real – duvidar do medo, da dor de outra pessoa!

### 304.

"Mas você certamente admitirá que há uma diferença entre o comportamento de dor com dor e o comportamento de dor sem dor." – Admitir? Que diferença poderia ser maior! – "E, no entanto, você sempre chega ao resultado de que a sensação ela própria é um nada." – É claro que não. Ela não é um algo, mas também não é um nada! O resultado foi apenas que um nada presta os mesmos serviços que um algo sobre o qual não se pode dizer nada. Nós apenas rejeitamos a gramática que, aqui, quer se impor a nós.

O paradoxo desaparece apenas quando rompemos radicalmente com a ideia de que a linguagem funciona sempre de *uma* maneira, que ela serve sempre ao mesmo propósito: veicular pensamentos – sejam eles pensamentos sobre casas, dores, bem e mal, ou o que quer que seja.

**305.**

"Mas você certamente não pode negar que ao recordar, por exemplo, ocorre um processo interno." – Por que surge a impressão de que gostaríamos de negar alguma coisa? Quando alguém diz "Mas certamente ocorre, nesse caso, um processo interno" – então essa pessoa quer continuar: "Você certamente *vê* isso". E é de fato esse processo interno o que a pessoa tem em mente com a palavra "recordar-se". – A impressão de que queríamos negar algo deriva do fato de que nos voltamos contra a imagem do 'processo interno'. O que negamos é que a imagem do processo interno nos dá a ideia correta do emprego da palavra "recordar". O que dizemos é que essa imagem, com suas ramificações, nos impede de ver o emprego da palavra tal como ele é.

**306.**

Por que então eu deveria negar que há aí um processo mental?! O que acontece é que "Ocorreu em mim agora o processo mental da recordação de…" não significa nada diferente de: "Eu me recordei agora de…". Negar o processo mental significaria negar o ato de recordar; negar que qualquer pessoa jamais se recorde de algo.

**307.**

"Será que você não é um behaviorista enrustido? Será que você não está dizendo, no fundo, que tudo é ficção, a não ser o comportamento humano?" – Se estou falando de uma ficção, então é de uma ficção *gramatical*.

### 308.

Como é então que se chega ao problema filosófico dos processos e estados anímicos e do behaviorismo? — O primeiro passo é aquele que passa completamente despercebido. Nós falamos de processos e estados, e deixamos sua natureza em aberto! Talvez, algum dia, saibamos mais a seu respeito – eis o que temos em mente. Mas justamente ao fazer isso é que nos comprometemos com um determinado modo de ver as coisas. Pois temos determinado conceito a respeito do que significa: conhecer melhor um processo. (O passo decisivo na prestidigitação foi dado, e precisamente ele nos parecia inocente.) – E agora desaba a analogia que deveria ter tornado nossos pensamentos compreensíveis. Precisamos, desse modo, negar o processo que ainda não entendemos em um *medium* que ainda não exploramos. E assim, então, parecemos ter negado os processos mentais. E evidentemente não queremos negá-los!

### 309.

Qual é seu objetivo na filosofia? – Mostrar à mosca o caminho para fora da garrafa em que está presa.

### 310.

Eu digo a alguém que tenho dor. Sua disposição em relação a mim será, então, a de crença; a de descrença; a de desconfiança; e assim por diante.

Suponhamos que ele diga: "Vai ficar tudo bem". – Acaso isso não é uma prova de que ele acredita que há algo por trás da manifestação de dor? — Sua disposição é uma prova da sua disposição. Pense não apenas na frase "Eu tenho dor", mas também na resposta "Vai ficar tudo bem", substituídas por sons naturais e por gestos!

## 311.

"Que diferença poderia ser maior!" – No caso da dor, eu acredito poder exibir essa diferença privadamente para mim. A diferença entre um dente quebrado e um dente não quebrado, porém, é algo que posso exibir para todo mundo. – Mas, para a exibição privada, você não precisa provocar em si dor alguma, é suficiente que você a *imagine*, – por exemplo, que você contorça um pouco o rosto. E será que você sabe que aquilo que exibe para si mesmo dessa maneira é dor, e não, por exemplo, uma expressão facial? Como é que você sabe o que deve exibir para si antes de exibi-lo para si? Essa exibição *privada* é uma ilusão.

## 312.

Mas será que os casos do dente e da dor não são, novamente, semelhantes? Pois a sensação visual em um caso corresponde à sensação de dor no outro. Eu posso exibir para mim mesmo a sensação visual tão bem ou tão mal quanto a sensação de dor.

Imaginemos o seguinte caso: As superfícies das coisas ao nosso redor (pedras, plantas etc. etc.) têm manchas e zonas que causam dor em nossa pele quando as tocamos. (Talvez devido à composição química dessas superfícies. Mas isso nós não precisamos saber.) Falaríamos então de uma folha de determinada planta com manchas de dor assim como hoje falamos de uma folha com manchas vermelhas. Eu imagino que a percepção dessas manchas e de seus formatos nos seria útil, que poderíamos extrair delas conclusões sobre propriedades importantes das coisas.

### 313.

Eu posso exibir dor assim como exibo o vermelho, e assim como exibo o reto e o curvo e árvores e pedras. – É precisamente *isso* o que *chamamos* de "exibir".

### 314.

Quando estou inclinado a examinar meu estado atual de dor de cabeça para ganhar clareza acerca do problema filosófico das sensações, isso mostra um mal-entendido fundamental.

### 315.

Poderia compreender a palavra "dor" alguém que *nunca* sentiu dor? – Será que é a experiência que me mostra se esse é ou não o caso? – E quando dizemos "Uma pessoa não pode imaginar a dor a não ser que a tenha sentido alguma vez" – como é que sabemos isso? Como se pode decidir se isso é verdade?

### 316.

Para obter clareza a respeito do significado da palavra "pensar", olhemos para nós mesmos enquanto pensamos: O que ali observamos, eis o que a palavra significará! – Mas não é assim, de fato, que esse conceito é usado. (Seria como se, sem qualquer conhecimento do jogo de xadrez, eu quisesse descobrir, pela observação minuciosa dos últimos lances de uma partida, o que a expressão "dar xeque-mate" significa.)

### 317.

Paralelo enganoso: O grito como expressão de dor – a proposição como expressão do pensamento!
Como se o objetivo da proposição fosse fazer alguém saber como outra pessoa está se sentindo: Só que no aparelho pensante, por assim dizer, e não no aparelho digestivo.

### 318.

Quando falamos ou mesmo escrevemos e essas atividades são acompanhadas de pensamento – quero dizer, como normalmente fazemos –, então em geral não diremos que pensamos mais rápido do que falamos; ao contrário, o pensamento aqui parece *não* estar *dissociado* de sua expressão. Por outro lado, contudo, fala-se da rapidez do pensamento; de como um pensamento passa pela cabeça como um relâmpago, de como os problemas se tornam claros para nós de uma só vez etc. Então é natural perguntar: Será que, no pensamento relâmpago, acontece o mesmo que na fala acompanhada de pensamento – só que de modo extremamente acelerado? De modo, portanto, que no primeiro caso o mecanismo do relógio avança, por assim dizer, de um só tranco, mas no segundo caso, retardado pelas palavras, passo a passo.

### 319.

Eu posso ver ou entender um pensamento inteiro diante de mim, como um relâmpago, no mesmo sentido em que posso anotá-lo com poucas palavras ou traços.
O que faz dessa anotação um resumo desse pensamento?

### 320.

O pensamento relâmpago pode se relacionar ao pensamento falado assim como a fórmula algébrica a uma sequência numérica que desenvolvo a partir dela.
  Caso, por exemplo, uma função algébrica me seja dada, então eu tenho *certeza* de que conseguirei calcular seu valor para os argumentos 1, 2, 3, até 10. Chamaremos essa certeza de 'bem fundamentada', pois aprendi a calcular tais funções, e assim por diante. Em outros casos, ela não estará fundamentada, – mas estará justificada, mesmo assim, por seu sucesso.

### 321.

"O que acontece quando uma pessoa entende repentinamente?" – A pergunta está mal formulada. Caso ela esteja perguntando pelo significado da expressão "entender repentinamente", então a resposta não consiste em apontar para um processo que chamamos assim. – A pergunta poderia significar: Quais são os indícios para se dizer que alguém entende repentinamente; quais são os fenômenos psíquicos característicos que acompanham o entendimento repentino?

(Não há razão para supor que uma pessoa sinta, por exemplo,

os movimentos expressivos de seu rosto, ou as alterações de respiração características de uma emoção. Mesmo que ela os sinta tão logo dirija sua atenção para essas coisas.) ((Postura))

**322.**

Que a resposta para a pergunta acerca do significado da expressão não seja dada por uma tal descrição nos induz erroneamente à conclusão de que o entendimento seria uma experiência específica, indefinível. Esquecemos, porém, que o que deve nos interessar é a pergunta: Como é que *comparamos* essas experiências; o que é que *nós estabelecemos* como critério de identidade para sua ocorrência?

**323.**

"Agora sei prosseguir!" é uma exclamação; corresponde a um som instintivo, a um espasmo de alegria. Da minha sensação evidentemente não se segue que eu não vá empacar assim que tento dar prosseguimento à sequência. – Há casos em que eu direi: "Quando eu disse que sabia prosseguir, naquele momento *era* assim mesmo". Alguém dirá isso, por exemplo, se um estorvo imprevisto tiver aparecido. Mas o imprevisto não podia ser simplesmente o de que empaquei.

Também seria concebível que alguém repetidamente tivesse inspirações aparentes, – exclamasse "Agora eu peguei!", mas sua prática nunca pudesse justificar sua exclamação. – Poderia lhe parecer que, mais uma vez, ele esqueceu momentaneamente o significado da imagem que lhe veio à mente.

## 324.

Acaso seria correto dizer que se trata aqui de indução, e que tenho tanta certeza de que conseguirei continuar a sequência quanto tenho de que este livro cairá no chão se eu o soltar; e que eu não ficaria menos espantado se, sem causa aparente, eu empacasse repentinamente no desenvolvimento da sequência do que ficaria se o livro, em vez de cair, pairasse no ar? – A isso quero responder que claramente não precisamos de quaisquer fundamentos para *essa* certeza. Que *melhor* justificação poderia ser dada para a certeza do que seu sucesso?

## 325.

"A certeza de que conseguirei continuar depois que tive essa experiência – por exemplo, depois que vi essa fórmula – fundamenta-se simplesmente na indução." O que isso significa? – "A certeza de que o fogo me queimará fundamenta-se na indução." Será que isso significa que concluo comigo mesmo "Eu sempre me queimei ao tocar uma chama, portanto isso também acontecerá agora"? Ou será que a experiência passada é a *causa* da minha certeza, e não seu fundamento? Se a experiência passada é a causa da minha certeza – isso depende do sistema de hipóteses, de leis naturais, no interior do qual observamos o fenômeno da certeza.

A confiança está justificada? – O que as pessoas aceitam como justificativa, – isso mostra como elas pensam e vivem.

## 326.

Esperamos *isto* e ficamos surpresos com *aquilo*; mas a cadeia de fundamentações tem um fim.

**327.**

"Pode-se pensar sem falar?" – E o que é *pensar*? – Bem, você nunca pensa? Você não consegue se observar e ver o que ocorre aí? Isso deveria ser bastante simples. Você não precisa esperar por isso como espera por um evento astronômico, para então fazer sua observação um tanto às pressas.

**328.**

Bem, mas o que então chamamos de "pensar"? Para que aprendemos a utilizar essa palavra? – Quando digo que pensei, – será que sempre preciso ter razão? – Que *tipo* de erro existe aí? Será que existem circunstâncias nas quais perguntaríamos: "Será que isso que tive foi realmente um pensamento; será que não me engano?". Se uma pessoa, em meio a uma linha de pensamento, realiza uma medição: será que ela interrompeu o pensamento, caso não fale consigo mesma ao medir?

**329.**

Quando ao pensar estou no interior da linguagem, não me vêm à mente, além das expressões linguísticas, também 'significados'; ao contrário, a própria linguagem é o veículo do pensamento.

**330.**

Será que o pensamento é um tipo de fala? Alguém poderia dizer que ele é aquilo que distingue o falar acompanhado de pensamento do falar desacompanhado de pensamento. – E então ele parece ser algo que acompanha o falar. Um processo que talvez também possa acompanhar alguma outra coisa, ou transcorrer por conta própria.

Recite os versos: "A pena está pouco afiada. Ora, ora, mas funciona".* Uma primeira vez, acompanhado de pensamento; depois, desacompanhado de pensamento; finalmente, pense apenas o pensamento, mas sem as palavras. – Bem, eu poderia, no decorrer de uma ação, testar a ponta da minha pena, contrair o rosto, – e então, com um gesto de resignação, continuar escrevendo. – Eu também poderia, ao fazer algumas medições, agir de tal maneira que quem me visse dissesse que – sem palavras – eu pensei: Se duas grandezas são iguais a uma terceira, então são iguais entre si. – Mas o que aqui constitui o pensamento não é um processo que precisa acompanhar as palavras que não devem ser ditas sem pensamento.

## 331.

Imagine pessoas que só conseguissem pensar em voz alta! (Do mesmo modo que existem pessoas que só conseguem ler em voz alta.)

## 332.

É bem verdade que às vezes chamamos de "pensar" o seguinte: acompanhar uma frase de um processo anímico; mas não cha-

---

* Os versos foram extraídos da peça *Ein treuer Diener seines Herrn* [Um servo fiel de seu senhor, 1830], do dramaturgo vienense Franz Grillparzer. (N.T.)

mamos de "pensamento" isso que a acompanha. — Pronuncie uma frase e a pense; pronuncie-a entendendo o que você diz! – E agora não a pronuncie, faça apenas aquilo com que você a acompanhou quando a pronunciou entendendo o que disse! – (Cante essa canção com expressividade! E agora não a cante, mas retome a expressividade! – E realmente, aqui, seria possível retomar alguma coisa; por exemplo, o balanço do corpo, o respirar mais rapidamente ou mais lentamente etc.)

### 333.

"Só pode dizer tal coisa alguém que está *convencido* disso." – Como é que a convicção o ajuda quando ele diz tal coisa? – Será então que a convicção está presente ao lado da expressão falada? (Ou será que ela está encoberta pela expressão falada, como um som baixo por um som alto, de maneira que, por assim dizer, não se pode mais ouvi-la quando ela é expressa?) E se alguém dissesse: "Para que alguém possa cantar uma melodia de memória, é preciso que a escute na mente e então a reproduza"?

### 334.

"Então na verdade você queria dizer..." – Com esse modo de falar, conduzimos uma pessoa de uma forma de expressão para outra. Estamos tentados a usar a seguinte imagem: aquilo que a pessoa na verdade 'pretendia dizer', aquilo que ela 'queria dizer', estava presente em sua mente mesmo antes que nós o formulássemos. Aquilo que nos leva a abrir mão de uma expressão e assumir outra em seu lugar pode ser de diferentes tipos. Para entender isso, é útil considerar a relação que há entre as soluções de problemas matemáticos e a ocasião em que são propostos, sua origem. O conceito 'trissecção do ângulo com régua e compasso', quando alguém está procurando pela trissecção e, por outro lado, quando está provado que ela não existe.

### 335.

O que acontece quando nos esforçamos – por exemplo, ao escrever uma carta – para encontrar a expressão correta para nossos pensamentos? – Tal modo de falar compara esse processo ao de uma tradução, ou descrição: Os pensamentos estão lá (como que de antemão) e nós apenas estamos buscando sua expressão. Essa imagem é mais adequada a alguns casos do que a outros. – Mas qualquer coisa pode acontecer aqui! – Eu me entrego a certo estado de espírito, e a expressão *vem*. Ou: uma imagem vem à minha mente, e eu tento descrevê-la. Ou: ocorre-me uma expressão em inglês, e eu quero lembrar a expressão correspondente em alemão. Ou: eu faço um gesto, e me pergunto: "Quais são as palavras que correspondem a esse gesto?". Etc.

Se agora perguntássemos "Será então que você tem o pensamento antes de ter a expressão?" – o que seria preciso responder aqui? E o que seria preciso responder à seguinte pergunta: "Em que consistia o pensamento, tal como estava presente antes da expressão?".

### 336.

Há aqui um caso semelhante a quando alguém imagina que não se pode pensar uma frase do alemão ou do latim simplesmente como ela está, com suas estranhas posições para as palavras.

Precisaríamos primeiro pensá-la, para depois colocar as palavras naquela ordem esquisita. (Certa vez, um político francês escreveu que é uma peculiaridade da língua francesa o fato de que, nela, as palavras estão na ordem em que são pensadas.)

### 337.

Mas será que, por exemplo, minha intenção não alcança a forma total da frase já desde o seu começo? Portanto, a frase certamente já estava em minha mente mesmo antes de ter sido pronunciada! – Se ela estava em minha mente, então não era, em geral, com outra posição das palavras. Mas aqui, mais uma vez, formamos uma imagem enganosa do 'ter a intenção'; ou seja, do uso dessa expressão. A intenção está incrustada na situação, nos costumes e instituições humanos. Caso não houvesse a técnica do jogo de xadrez, então eu não poderia ter a intenção de jogar uma partida de xadrez. Se minha intenção alcança, de antemão, a forma da frase, isso é possibilitado pelo fato de que sei falar alemão.

### 338.

Certamente só se pode dizer algo quando se aprendeu a falar. Portanto, uma pessoa que *quer* dizer algo também precisa, para isso, ter aprendido a dominar uma linguagem; e, no entanto, é claro que, ao querer falar, ela não precisa falar. Assim como, ao querer dançar, ela não dança.

E quando refletimos a esse respeito, então a mente busca apanhar a *representação* da dança, da fala etc.

## 339.

Pensar não é um processo incorpóreo que confere vida e sentido à fala, e que poderíamos separar da fala, por assim dizer, como o diabo tirou a sombra de Schlemihl do chão.* — Mas como assim: "não é um processo incorpóreo"? Será então que conheço processos incorpóreos, mas o pensamento não é um deles? Não; eu me vali da expressão "processo incorpóreo" para me ajudar em meu embaraço, uma vez que eu queria explicar, de modo primitivo, o significado da palavra "pensar".

Poder-se-ia no entanto dizer "Pensar é um processo incorpóreo" caso com isso se quisesse distinguir, por exemplo, a gramática da palavra "pensar" da gramática da palavra "comer". Ocorre que, dessa maneira, a distinção entre os significados parece *muito pequena*. (Semelhante a quando dizemos: os sinais numéricos são reais, os números são objetos não reais.) Um modo de expressão inadequado é um meio seguro de ficar empacado em uma confusão. Ele bloqueia, por assim dizer, a saída da confusão.

## 340.

Não se pode adivinhar o modo como uma palavra funciona. É preciso *observar* sua aplicação e aprender a partir dela.

A dificuldade, porém, está em afastar o preconceito que se opõe a esse aprendizado. Esse não é um preconceito *tolo*.

---

\* Referência à novela de Adelbert von Chamisso, *A maravilhosa história de Peter Schlemihl* (São Paulo: Estação Liberdade, 2003), publicada em 1814, em que o personagem principal vende sua sombra ao diabo em troca de um saco de ouro que nunca se esgota. (N.T.)

### 341.

Falar desacompanhado de pensamento e acompanhado de pensamento pode ser comparado a tocar uma peça musical desacompanhado de pensamento e acompanhado de pensamento.

### 342.

Para mostrar que é possível pensar sem falar, William James cita as recordações de um surdo-mudo, sr. Ballard, o qual escreve que, em sua tenra juventude, mesmo antes de poder falar, teve pensamentos a respeito de Deus e do mundo. – O que é que isso poderia significar! – Ballard escreve: "*It was during those delightful rides, some two or three years before my initiation into the rudiments of written language, that I began to ask myself the question: how came the world into being?*".\* – Você tem certeza de que essa é a tradução correta em palavras dos seus pensamentos sem palavras? – gostaríamos de perguntar. E por que essa pergunta – a qual parece não existir de modo algum em outras circunstâncias – coloca aqui sua cabeça para fora? Será que quero dizer que a memória engana o escritor? – Eu realmente não sei se diria *isso*. Essas recordações são um estranho fenômeno da memória – e eu não sei quais conclusões acerca do passado daquele que as conta se podem extrair delas!

---

\* Em inglês no original: "Foi durante aquelas deliciosas viagens, dois ou três anos antes de minha iniciação nos rudimentos da linguagem escrita, que comecei a fazer a mim mesmo a pergunta: como foi que o mundo surgiu?". (N.T.)

### 343.

As palavras com as quais expresso minha recordação são minha reação à recordação.

### 344.

Acaso seria concebível que pessoas nunca falassem uma linguagem audível, mas falassem uma linguagem em seu interior, na imaginação, para si mesmas?
"Se as pessoas sempre falassem apenas em seu interior consigo mesmas, então, no final das contas, elas só fariam *constantemente* aquilo que hoje fazem *às vezes*." – Com efeito, é muito simples imaginar isso; é preciso apenas fazer a simples passagem de alguns para todos. (Semelhante a: "Uma sequência de árvores infinitamente longa é, simplesmente, uma que *não* chega a um fim".) Nosso critério para que alguém fale consigo mesmo é o que ele nos diz, e seus demais comportamentos; e dizemos apenas a respeito daquele que em sentido usual *é capaz de falar* que ele fala consigo mesmo. E também não dizemos isso a respeito de um papagaio; e tampouco a respeito de um gramofone.

### 345.

"O que acontece às vezes poderia acontecer sempre" – que tipo de frase seria essa? Semelhante a esta: Se "F(a)" tem sentido, então "(x).F(x)" tem sentido.
"Se pode ocorrer de alguém fazer um lance errado no jogo, então poderia ser o caso que todos os homens, em todos os jo-

gos, não fizessem outra coisa senão lances errados." – Estamos aqui sob a tentação, portanto, de compreender mal a lógica de nossas expressões, de apresentar incorretamente o uso de nossas palavras.

Ordens às vezes não são seguidas. Com o que se pareceria, no entanto, o caso em que ordens *nunca* fossem seguidas? O conceito de 'ordem' perderia seu propósito.

## 346.

Mas será que não poderíamos imaginar que Deus presenteou subitamente um papagaio com entendimento, e que agora ele falasse consigo mesmo? – Mas aqui é importante que, para imaginar isso, eu tenha precisado imaginar, em meu auxílio, uma divindade.

## 347.

"Mas eu certamente sei, a partir de mim mesmo, o que significa 'falar consigo mesmo'. E caso eu fosse privado dos órgãos da fala, então, apesar disso, eu poderia conduzir em mim diálogos comigo mesmo."

Se sei isso apenas a partir de mim mesmo, então sei apenas o que *eu* chamo assim, e não o que outra pessoa chama assim.

## 348.

"Todos esses surdos-mudos aprenderam apenas uma linguagem de sinais, porém cada um fala consigo mesmo, em seu interior, uma linguagem de sons." – Bem, você não compreende isso? – Como é que eu sei se entendo isso?! – O que posso fazer com essa informação (caso ela seja uma informação)? Toda a ideia de compreensão assume aqui um ar suspeito. Eu não sei se devo dizer que compreendo isso ou que não compreendo. Eu gostaria de responder: "Trata-se de uma frase em português; *aparentemente* em perfeita ordem – ao menos antes que se queira trabalhar com ela; ela se encontra em uma relação com outras frases que torna difícil para nós dizer que, na verdade, não se sabe o que ela nos comunica; quem quer que não tenha se tornado insensível por meio da filosofia nota que algo não está certo aqui".

### 349.

"Mas essa suposição, com toda certeza, tem perfeito sentido!" – Sim; essas palavras e essa imagem têm, em circunstâncias usuais, uma aplicação que nos é corriqueira. – Se supomos, no entanto, um caso em que essa aplicação não está mais disponível, então nos tornamos conscientes pela primeira vez, por assim dizer, da nudez das palavras e da imagem.

### 350.

"Mas se suponho que uma pessoa tem dor, então simplesmente suponho que ela tem o mesmo que eu já tive tantas vezes." – Isso não nos leva adiante. É como se eu dissesse: "Você certamente sabe o que significa 'Aqui são 5 horas'; então você também sabe o que significa que são 5 horas no Sol. O que isso significa é que são tantas horas lá quantas são aqui quando aqui são 5 horas". – A explicação por meio da *igualdade* não funciona aqui. Pois embora eu saiba que se pode chamar 5 horas aqui de 'a mesma hora' que 5 horas lá, ainda assim claramente não sei em que caso se deve falar de igualdade de horas aqui e ali.

Assim também, não é uma explicação dizer: a suposição de que ele tem dor é precisamente a suposição de que ele tem o mesmo que eu. Pois *esta* parte da gramática é bastante clara para mim: a saber, que uma pessoa estará dizendo que o forno tem a mesma experiência que eu *se* ela disser: o forno tem dor e eu tenho dor.

## 351.

Contudo, gostaríamos sempre de dizer: "Sensação de dor é sensação de dor – quer *ele* a tenha, quer *eu* a tenha; e não importa a maneira como fico sabendo se alguém a tem ou não". – Eu poderia me declarar de acordo com isso. – E caso você me pergunte: "Então você não sabe o que quero dizer quando digo que o forno tem dor?" – então posso responder: Tais palavras podem me levar a imaginar toda sorte de coisas; mas sua utilidade não vai além disso. E também consigo imaginar alguma coisa diante das palavras "Eram precisamente 5 horas da tarde no Sol" – por exemplo, um relógio de pêndulo que indica 5. – Ainda melhor, porém, seria o exemplo da aplicação de "em cima" e "embaixo" ao globo terrestre. Aqui, todos imaginamos bem claramente o que significa "em cima" e "embaixo". Eu certamente vejo que estou em cima; a Terra certamente está embaixo de mim! (Não ria desse exemplo. Na escola, com efeito, já nos é ensinado que é tolo dizer algo assim. Mas é muito mais fácil encobrir um problema do que resolvê-lo.) E somente uma reflexão nos mostra que, nesse caso, "em cima" e "embaixo" não podem ser usados da maneira usual. (Por exemplo, que podemos falar dos antípodas como as pessoas 'embaixo' da parte da Terra em que estamos, mas que então precisamos reconhecer como correto quando eles aplicam a mesma expressão a nós.)

## 352.

Aqui acontece, então, que nosso pensamento nos prega uma estranha peça. Com efeito, queremos citar a lei do terceiro excluído e dizer: "Ou uma tal imagem lhe vem à mente ou não; não há uma terceira possibilidade!". – Encontramos esse estranho argumento também em outras áreas da filosofia. "No desenvolvimento infinito de $\pi$, o grupo "7777" ou ocorre, ou não – não há uma terceira possibilidade." Quer dizer: Deus vê se ele ocorre – mas nós não sabemos se ele ocorre. O que, porém, significa isso? – Nós usamos uma imagem; a imagem de uma sequência visível que um vê em sua totalidade e o outro não. O princípio do terceiro excluído diz aqui: O que se vê deve ter *este* ou *aquele* aspecto. Na verdade, portanto, ele não diz – e isso é, com efeito, uma obviedade – absolutamente nada; ele nos dá uma imagem. E o problema agora será: se a realidade está ou não de acordo com a imagem. E essa imagem *parece* agora determinar o que devemos fazer, como e o que devemos procurar – mas ela não o faz, precisamente porque não sabemos como se deve aplicá-la. Aqui, quando dizemos "Não há terceira possibilidade", ou "Certamente não há terceira possibilidade!" – então expressamos, desse modo, que não conseguimos afastar o olhar dessa imagem, – e parece como se o problema e sua solução já precisassem estar nela, ao passo, porém, que *sentimos* que esse não é o caso.

Da mesma maneira, se alguém diz "Ou ele tem essa sensação ou não tem!" – então o que nos vem à mente é sobretudo uma imagem, a qual já parece determinar *inequivocamente* o sentido dos enunciados. "Agora você sabe do que se trata" – alguém gostaria de dizer. E é justamente isso o que ele ainda não sabe.

### 353.

A pergunta acerca do tipo e da possibilidade de verificação de uma frase é apenas uma forma específica da pergunta "O que você quer dizer com isso?". A resposta é uma contribuição para a gramática da frase.

### 354.

A oscilação na gramática entre critérios e sintomas permite que surja a ilusão de que haveria apenas sintomas. Dizemos, por exemplo: "A experiência mostra que está chovendo quando o barômetro cai, mas ela também mostra que está chovendo quando temos certa sensação de umidade e frio, ou tal e tal impressão visual". Como argumento para isso, alega-se então que essas impressões sensíveis podem nos enganar. Nesse caso, porém, não se leva em conta o fato de que, quando as impressões sensíveis nos dão a ilusão precisamente da chuva, isso se baseia em uma definição.

### 355.

Não se trata de que nossas impressões sensíveis podem nos enganar, mas de que compreendemos sua linguagem. (E essa linguagem se baseia, como qualquer outra, em convenção.)

## 356.

Estamos inclinados a dizer: "Está chovendo ou não está chovendo – como eu sei isso, como a notícia a esse respeito chegou até mim, isso é outra coisa". Mas coloquemos a pergunta, então, do seguinte modo: O que chamo de "uma notícia de que está chovendo"? (Ou será que, também a respeito dessa notícia, recebi apenas uma notícia?) E o que caracteriza então essa 'notícia' como notícia a respeito de algo? Será que aqui a forma de nossa expressão não nos leva para o caminho errado? Será que esta não é uma metáfora desencaminhadora: "Meus olhos me dão notícia de que ali está uma poltrona"?

## 357.

Não dizemos que um cachorro *possivelmente* fale consigo mesmo. Será que é porque conhecemos tão precisamente sua alma? Bem, alguém poderia se expressar assim: Quando se vê o comportamento de um ser vivo, então se vê sua alma. – Mas será que também digo a meu respeito que falo comigo mesmo porque me comporto de tal e tal maneira? – Eu *não* falo isso a partir da observação do meu comportamento. Mas isso apenas faz sentido porque me comporto de tal maneira. – Então não é porque *quero dizer* isso que isso faz sentido?

## 358.

Mas acaso não é nosso *querer dizer* o que dá sentido à frase? (E isso está evidentemente relacionado a: Não conseguimos querer dizer sequências sem sentido de palavras.) E o querer dizer é algo no âmbito anímico. Mas também é algo privado! É o algo inapreensível; comparável apenas à própria consciência.

Como isso pode soar ridículo! trata-se, por assim dizer, de um sonho da nossa linguagem.

**359.**

Uma máquina poderia pensar? — Ela poderia ter dor? – Bem, será que deveríamos dizer que o corpo humano é uma tal máquina? Ele é, com efeito, o que chega mais próximo de ser uma tal máquina.

**360.**

Mas uma máquina certamente não pode pensar! – Isso é uma proposição empírica? Não. Apenas a respeito de seres humanos, e do que lhes é semelhante, dizemos que pensa. Dizemos isso também a respeito de bonecas, e até mesmo a respeito de espíritos. Veja a palavra "pensamento" como um instrumento!

**361.**

A poltrona pensa consigo mesma: .....
    Onde? Em uma de suas partes? Ou fora de seu corpo; no ar ao seu redor? Ou absolutamente em *nenhum lugar*? Mas qual é, então, a diferença entre a linguagem interior dessa poltrona e a de outra poltrona ao seu lado? – Mas o que se passa, então, com o homem: Onde *ele* fala consigo mesmo? Como fala con-

sigo mesmo?* Por que é que essa pergunta parece sem sentido; e não é necessária nenhuma determinação de lugar, a não ser que justamente esse homem fala consigo mesmo? Ao passo que a pergunta a respeito de *onde* a poltrona fala consigo mesma parece exigir uma resposta. – A razão é: Nós queremos saber *como* a poltrona deve ser equiparada aqui ao homem; por exemplo, se a cabeça está na extremidade superior do encosto, e assim por diante.

O que acontece quando alguém fala consigo mesmo em seu interior; o que se passa aí? – Como devo explicar isso? Bem, somente do modo como você pode ensinar a alguém o significado da expressão "falar consigo mesmo". E de fato aprendemos, quando crianças, o significado dessa expressão. – O que acontece é que ninguém dirá que quem nos ensina esse significado está nos dizendo 'o que se passa aí'.

### 362.

Parece-nos muito mais que o professor, nesse caso, *ensina* ao aluno o significado – sem dizê-lo diretamente a ele; mas que o aluno é finalmente levado a dar a si mesmo a explicação ostensiva correta. E aqui reside nossa ilusão.

### 363.

"Quando imagino algo, então é claro que algo *acontece*!" Bem, algo acontece – e para que, então, faço um ruído? Justamente

* Essa frase, presente no tiposcrito, foi omitida na edição de G. E. M. Anscombe e R. Rhees. (N.T.)

para comunicar o que acontece. – Mas como é, em geral, que se comunica algo? Quando é que se diz que algo é comunicado? – Qual é o jogo de linguagem da comunicação?

Eu gostaria de dizer: você considera demasiadamente óbvio que se possa comunicar algo a alguém. Quer dizer: Estamos tão acostumados à comunicação pela fala, na conversação, que nos parece que o ponto central da comunicação reside em que uma outra pessoa compreende o sentido das minhas palavras – algo anímico –, que ela o apreende, por assim dizer, em sua mente. Se essa pessoa, então, ainda quer fazer alguma coisa com isso, é algo que já não pertence ao objetivo imediato da linguagem.

Talvez alguém quisesse dizer "A comunicação tem o efeito de que ele *sabe* que tenho dor; ela produz como efeito esse fenômeno mental; todo o resto é inessencial para a comunicação". O que seja esse estranho fenômeno do saber – isso deixamos para depois. Processos anímicos de fato são estranhos. (É como se alguém dissesse: "O relógio nos mostra as horas. *O que* as horas são, *o que* o tempo é, isso ainda não se decidiu. E *para que* vemos as horas – isso não nos interessa aqui".)

## 364.

Uma pessoa faz uma conta de cabeça. Ela emprega o resultado, digamos, para construir uma ponte ou uma máquina. – Será que você quer dizer que ela *na verdade* não encontrou esse número por meio de contas? Será que o número caiu em seu colo, talvez por uma espécie de devaneio? Certamente ele precisava ser calculado ali, e foi calculado. Pois a pessoa *sabe* que calculou, e como calculou; e o resultado correto não poderia ser explicado sem as contas. — Mas e se eu dissesse: "Ela *tem a impressão* de que calculou. E por que o resultado correto deveria poder ser explicado? Acaso não é suficientemente incompreensível que a pessoa possa ter CALCULADO sem qualquer palavra ou sinal escrito?". –

Será que fazer contas na imaginação é, em algum sentido, menos real do que fazer contas sobre o papel? Trata-se da *real* – conta de cabeça. – Será que ela é semelhante à conta sobre o papel? – Eu não sei se devo chamá-la de semelhante. Será que um pedaço de papel branco com tracinhos pretos sobre ele é semelhante a um corpo humano?

## 365.

Será que Adelaide e o bispo jogam uma partida *real* de xadrez?[*] – É claro. Eles não estão simplesmente fingindo jogar uma partida – como aliás poderia acontecer em uma peça de teatro. – Mas essa partida, por exemplo, não tem começo! – É claro que tem; senão, não seria uma partida de xadrez. –

## 366.

Será que fazer contas de cabeça é menos real do que fazer contas sobre o papel? – Talvez estejamos inclinados a dizer algo assim; mas também poderíamos chegar ao ponto de vista oposto se disséssemos: papel, tinta etc. são apenas construções lógicas a partir de nossos dados sensíveis.

"Eu realizei a multiplicação ... de cabeça" – será, talvez, que não *acredito* em um enunciado como esse? – Mas era realmen-

---

[*] Referência à peça *Götz von Berlichingen da mão de ferro* (1773), de Goethe. (N.T.)

te uma multiplicação? Não era simplesmente 'uma' multiplicação, era *esta* multiplicação – de cabeça. Esse é o ponto no qual me perco. Pois agora quero dizer: Tratava-se de algum tipo de processo mental *correspondente* à multiplicação sobre o papel. De modo que faria sentido dizer: "*Esse* processo na mente corresponde a *esse* processo sobre o papel". E então faria sentido falar a respeito de um método de projeção por meio do qual a imagem mental do sinal representa o próprio sinal.

### 367.

A imagem mental é a imagem que é descrita quando alguém descreve sua imaginação.

### 368.

Eu descrevo um quarto a alguém e peço-lhe então, como sinal de que ele entendeu minha descrição, que pinte uma imagem *impressionista* a partir dessa descrição. – Ele pinta então as cadeiras, que em minha descrição eram verdes, de vermelho escuro; onde eu disse "amarelo", ele pinta de azul. – Essa é a impressão que ele teve desse quarto. E agora eu digo: "Muito bem; essa é a aparência do quarto".

### 369.

Talvez alguém perguntasse: "O que é isso – o que se passa aí – quando alguém faz contas de cabeça?". – E, em um caso específico, a resposta pode ser: "Eu primeiro somo 17 e 18, depois subtraio 39...". Mas essa não é a resposta à nossa pergunta. O que significa fazer contas de cabeça não é explicado *dessa* maneira.

## 370.

É preciso perguntar não o que são imaginações, ou o que acontece quando se imagina algo, mas sim: como a palavra "imaginação" é usada. Mas isso não significa que eu quero falar apenas a respeito de palavras. Pois, na medida em que, na minha pergunta, estou falando a respeito da palavra "imaginação", também estou falando, nessa pergunta, a respeito da essência da imaginação. E eu apenas estou dizendo que essa pergunta não pode ser resolvida – quer para quem imagina, quer para alguma outra pessoa – nem por meio de um apontar, nem por meio da descrição de um processo qualquer. A primeira pergunta também pede uma explicação da palavra; mas ela dirige nossa expectativa para um tipo errado de resposta.

## 371.

A *essência* é expressa na gramática.

## 372.

Reflita: "O único correlato na linguagem a uma necessidade natural é uma regra arbitrária. Ela é a única coisa que se pode extrair dessa necessidade natural na forma de uma proposição".

## 373.

É a gramática que diz que tipo de objeto algo é. (Teologia como gramática.)

## 374.

A grande dificuldade aqui é não apresentar a coisa como se não *conseguíssemos* fazer algo. Como se realmente houvesse aí um objeto do qual extraio a descrição, mas eu não fosse capaz de apontá-lo para alguém. — E o melhor que posso propor é, na verdade, que abandonemos a tentação de usar essa imagem: e que então investiguemos que aspecto tem a *aplicação* dessa imagem.

## 375.

Como é que se ensina alguém a ler silenciosamente para si mesmo? Como é que se sabe em que momento ele consegue fazer isso? Como é que ele próprio sabe que está fazendo o que é exigido dele?

## 376.

Quando recito para mim, em meu interior, o ABC, qual é o critério para que eu esteja fazendo algo igual ao que outra pessoa faz quando recita o ABC para si mesma em silêncio? Poder-se-ia descobrir que, quando fazemos isso, coisas iguais ocorrem na minha laringe e na dela. (E do mesmo modo quando nós dois pensamos em coisas iguais, desejamos coisas iguais etc.) Mas será que, quando aprendemos o emprego da expressão "recitar isso e aquilo para si mesmo em silêncio", foi com alguém nos apontando para um processo na laringe ou no cérebro? E acaso também não é plenamente possível que minha imagem mental do som *a* e a dela correspondam a diferentes processos fisiológicos? A questão é: *Como é que se comparam* imagens mentais?

### 377.

Um lógico talvez pense: Igual é igual – o modo como uma pessoa se convence da igualdade é uma questão psicológica. (Alto é alto – pertence à psicologia que a pessoa às vezes o *veja*, às vezes o *escute*.)

Qual é o critério para a igualdade de duas imagens mentais? – Qual é o critério para a vermelhidão de uma imagem mental? Para mim, quando outra pessoa a tem: o que ela diz e faz. Para mim, quando eu a tenho: absolutamente nada. E o que vale para "vermelho" vale também para "igual".

### 378.

"Antes que eu julgue que duas de minhas imagens mentais são iguais, certamente preciso reconhecê-las como iguais." E, caso isso tenha ocorrido, como então saberei que a palavra "igual" descreve meu reconhecimento? Apenas se eu expressar esse reconhecimento de outra maneira e outra pessoa puder me ensinar que "igual" é a palavra correta aqui.

Pois, se eu necessito de uma justificação para usar uma palavra, então ela também precisa ser uma justificação para a outra pessoa.

### 379.

Eu reconheço algo inicialmente como *isso*; e então me lembro de como isso se chama. – Reflita: Em que casos se pode dizer tal coisa justificadamente?

### 380.

Como reconheço que isso é vermelho? – "Eu vejo que ele é *isso*; e então eu sei que isso se chama assim." Isso? – O quê?! Que tipo de resposta faz sentido para essa pergunta?
 (Você sempre volta a manobrar na direção de uma explicação ostensiva interna.)
 Eu não poderia aplicar nenhuma regra à transição *privada* do que é visto para a palavra. Aqui a regra realmente estaria pairando no ar; já que falta a instituição de sua aplicação.

### 381.

Como reconheço que essa cor é o vermelho? – Uma resposta seria: "Eu aprendi português".

### 382.

Como é que posso *justificar* que, a partir dessas palavras, produzo essa imagem mental?
 Será que alguém me mostrou a imagem mental da cor azul e disse que *ela* é tal imagem?

O que significa a expressão "*essa* imagem mental"? Como é que se aponta para uma imagem mental? Como é que se aponta duas vezes para a mesma imagem mental?

### 383.

Nós não analisamos um fenômeno (por exemplo, o pensamento), mas um conceito (por exemplo, o de pensamento) e, portanto, a aplicação de uma palavra. Desse modo, pode parecer que o que fazemos é nominalismo. Nominalistas cometem o erro de interpretar todas as palavras como *nomes*, ou seja, eles não descrevem realmente seu emprego, mas oferecem apenas, por assim dizer, uma instrução protocolar para tal descrição.

### 384.

Você aprendeu o *conceito* de 'dor' com a linguagem.

### 385.

Pergunte-se: Acaso seria concebível que alguém aprendesse a fazer contas de cabeça sem jamais fazer contas de modo escrito ou oral? – "Aprender isso" significa justamente: ser levado a conseguir fazer isso. E perguntamos apenas o que se aceitará como critério de que alguém consegue fazer isso. — Mas será que também é possível que uma tribo saiba fazer apenas contas de cabeça, e nenhum outro tipo de conta? Aqui é preciso se perguntar "Com o que isso se pareceria?". – Será preciso imaginar isso, então, como um caso-limite. E aqui se perguntará se ainda queremos aplicar o conceito de 'fazer contas de cabeça' – ou se ele, em tais circunstâncias, perdeu seu propósito; pois os fenômenos, agora, gravitam na direção de um outro modelo.

## 386.

"Mas por que você confia tão pouco em si mesmo? Em geral, você sempre sabe o que 'fazer contas' significa. Quando você diz, portanto, que fez contas na imaginação, então esse certamente será o caso. Se você *não* tivesse feito contas, então não diria isso. Da mesma maneira: quando você diz que viu algo vermelho na imaginação, então isso certamente *será* vermelho. Em geral, você sabe o que é 'vermelho'. – E mais: você não confia em todos os casos na concordância com os outros; pois você frequentemente relata ter visto algo que nenhuma outra pessoa viu." — Mas é claro que confio em mim – aliás, digo sem refletir que fiz essa conta de cabeça, que imaginei essa cor. A dificuldade não é que eu duvide de que realmente imaginei algo vermelho. Mas é *esta*: que podemos indicar ou descrever, sem maiores considerações, qual cor nós imaginamos, que a projeção dessa imagem mental sobre a realidade não nos apresenta absolutamente nenhuma dificuldade. Será então que são tão semelhantes a ponto de nos confundir? – Mas eu certamente posso, também sem maiores considerações, reconhecer uma pessoa a partir de um desenho. – Mas será então que posso perguntar "Com o que se parece uma imagem mental correta dessa cor?" ou "Do que ela é feita?"; será que posso *aprender* isso?

(Não posso aceitar o testemunho dessa pessoa porque esse não é *testemunho* algum. Ele apenas me diz o que ela está *inclinada* a dizer.)

## 387.

O aspecto *profundo* nos escapa facilmente.

## 388.

"Embora eu não esteja vendo aqui nada violeta, se você me der um estojo de aquarela sou capaz de lhe mostrar, ali dentro, essa cor." Como alguém pode *saber* que é capaz de mostrar essa cor se..., que é capaz de reconhecer essa cor, portanto, quando a vê?

Como é que eu sei, a partir de minha *imagem mental*, com o que a cor realmente se parece?

Como é que eu sei que serei capaz de fazer algo? ou seja, que o estado no qual agora me encontro é este: ser capaz de fazer aquilo?

## 389.

"A imagem mental precisa ser mais semelhante a seu objeto do que qualquer outra imagem: Pois, por mais que eu faça uma imagem semelhante àquilo que ela deve representar, pode sempre acontecer de ela ser a imagem de outra coisa. Mas a imagem mental tem em si a característica de ser a imagem *disto* e de nada mais." Assim, poder-se-ia chegar a ver a imagem mental como um super-retrato.

## 390.

Será que conseguiríamos imaginar que uma pedra tivesse consciência? E se alguém consegue fazer isso – por que isso não provaria, simplesmente, que toda essa bagunça de imaginações não tem nenhum interesse para nós?

## 391.

Talvez eu também consiga imaginar (embora isso não seja fácil) que cada pessoa que vejo na rua tem dores horríveis, mas as disfarça habilmente. E é importante que eu precise imaginar, aqui, um disfarçar habilidoso. Que eu não diga simplesmente: "Bem, sua alma tem dor; mas o que isso tem a ver com seu corpo?!", ou "no final das contas, isso não precisa se mostrar no corpo!". – E caso agora eu imagine tal coisa, – o que é que estou fazendo; o que é que digo para mim mesmo; de que modo vejo essas pessoas? Talvez eu olhe para uma delas e pense "Deve ser difícil rir quando se tem uma tal dor", e muitas outras coisas assim. Eu interpreto, por assim dizer, um papel, eu *ajo como se* as outras pessoas tivessem dor. Quando ajo dessa maneira, talvez se diga que eu imagino ...

## 392.

"Quando imagino que ele tem dor, na verdade o que acontece em mim é apenas que..." Outra pessoa então diz: "Creio que também consigo imaginar isso *sem* que, ao fazê-lo, pense em...". ("Creio que consigo pensar sem falar.") Isso não leva a nada. A análise oscila, com suas muitas cores, entre o científico e o gramatical.

## 393.

"Quando imagino que alguém que está rindo na realidade tem dor, então certamente não imagino nenhum comportamento de dor, pois o que vejo é justamente o contrário. Então *o que* imagino?" – Eu já disse. E não imagino necessariamente que seja *eu* a sentir dor. — "Mas como então acontece isso: imaginar tal coisa?" — Onde é que (fora da filosofia) empregamos a expressão "Eu consigo imaginar que ele tem dor", ou "Eu imagino que...", ou "Imagine que...!"?

Dizemos, por exemplo, para alguém que tem que interpretar um papel no teatro: "Você precisa imaginar aqui que esse homem tem dor, mas a disfarça" – e não lhe damos, então, nenhuma instrução, não lhe dizemos o que ele *verdadeiramente* deve fazer. Eis por que também aquela análise não é pertinente. – E agora observamos o ator, enquanto ele imagina essa situação.

## 394.

Em que tipo de circunstâncias perguntaríamos a alguém: "O que foi que verdadeiramente aconteceu em você quando imaginou isso?". – E que tipo de resposta esperamos aqui?

## 395.

Há pouca clareza a respeito de qual papel a *possibilidade de imaginar* desempenha em nossa investigação. A saber, em que medida ela garante o sentido de uma frase.

## 396.

Para a compreensão de uma frase, é tão pouco essencial que se imagine algo ao ouvi-la quanto que se faça um desenho a partir dela.

## 397.

Em vez de "possibilidade de imaginar", aqui também se pode dizer: possibilidade de representar em determinado meio de representação. E de uma tal representação, de fato, *pode* partir um caminho seguro que conduz a novos empregos. Por outro lado, uma imagem pode se impor a nós e não servir para absolutamente nada.

## 398.

"Mas quando imagino algo, ou mesmo quando realmente *vejo* objetos, então certamente *tenho* algo que meu vizinho não tem." – Eu entendo você. Você quer olhar em torno de si mesmo e dizer: "Sou só *eu* que tenho ISSO". – Para que essas palavras? Elas não servem para nada. – Ora, será que também não se pode dizer "Trata-se aqui de um 'ver' – e, por conseguinte, também de um 'ter' – e de um sujeito, portanto também do eu"? Será que eu não poderia perguntar: Isso de que você fala, isso que você diz que só você tem, – em que medida então você o *tem*? Será que você o possui? Você nem mesmo o *vê*. Ora, será que você não precisaria dizer, a respeito disso, que ninguém o tem? Isto é bastante claro: quando você exclui logicamente que outra pessoa tenha algo, então também perde o sentido dizer que você o tem.

Mas o que então é isso de que você fala? Eu já disse que sei em meu interior o que você quer dizer. Mas isso significava: eu sei como se quer apreender, ver, esse objeto, como se quer, por assim dizer, designá-lo por meio do olhar e dos gestos. Eu sei de que maneira, nesse caso, olha-se diante e em torno de si, – e outras coisas. Creio que se pode dizer: Você fala (quando, por exemplo, está sentado no quarto) do 'quarto visual'. Isso que nenhum possuidor tem é o quarto visual. Eu posso possuí-lo tão pouco quanto posso andar dentro dele, ou vê-lo, ou apontar para ele. Na medida em que não pode pertencer a ninguém mais, ele não pertence a mim. Ou: na medida em que quero aplicar a ele a mesma forma de expressão que aplico ao quarto material em que estou sentado, ele não pertence a mim. A descrição do quarto material não precisa mencionar nenhum possuidor, aliás ele também não precisa ter nenhum possuidor. Mas já o quarto visual não *pode* ter um possuidor. "Pois ele não tem nenhum senhor fora de si, e nenhum senhor dentro de si" – poder-se-ia dizer.

Pense na imagem de uma paisagem, uma paisagem imaginada, e nela uma casa – e que alguém pergunta "A quem pertence essa casa?". – Eventualmente, a resposta a isso poderia ser: "Ao camponês sentado no banco diante da casa". Mas nesse caso ele não pode, por exemplo, entrar em sua casa.

## 399.

Também se poderia dizer: o possuidor do quarto visual certamente precisaria ser da mesma natureza que o quarto; mas ele não se encontra nele, nem há aí um fora.

**400.**

Aquilo que, por assim dizer, parece ter sido descoberto por aquele que descobriu o quarto visual, – isso que ele encontrou foi um novo modo de falar, uma nova analogia; e, também se poderia dizer, uma nova sensação.

**401.**

Você interpreta a nova concepção como a visão de um novo objeto. Você interpreta um movimento gramatical que você fez: como se fosse um fenômeno físico que você observa. (Pense, por exemplo, na pergunta "Os dados sensíveis são a matéria-prima do universo?".)

Mas minha expressão não é inobjetável: Você fez um movimento 'gramatical'. Acima de tudo, você encontrou uma nova concepção. Como se tivesse inventado um novo estilo de pintura; ou mesmo um novo metro, ou um novo tipo de canto. –

**402.**

"Embora eu diga 'agora eu tenho tal e tal imagem mental', a expressão 'eu tenho' é apenas um sinal para o *outro*; o mundo das imagens mentais está *inteiramente* apresentado na descrição da imagem mental." – Você quer dizer: o "Eu tenho" é como um "Agora, atenção!". Você está inclinado a dizer que aquilo na verdade deveria ser expresso de modo diverso. Talvez simplesmente fazendo um sinal com a mão e depois dando uma descrição. – Quando não se está de acordo, como aqui, com as expressões da nossa linguagem usual (as quais, no entanto, cumprem com seu dever), então temos na cabeça uma imagem que conflita com a imagem de nossos modos de expressão usuais. Ao passo que estamos tentados a dizer que nossos modos de expressão não descrevem os fatos do modo como eles realmente são. Como se (por exemplo) a frase "Ele tem dor" pudesse ser falsa ainda de outro modo que não por meio do fato de que esse homem *não* tem dor. Como se a forma de expressão dissesse algo falso, mesmo quando a frase, por falta de coisa melhor, afirmasse algo correto.

Pois *assim* parecem ser as disputas entre idealistas, solipsistas e realistas. Uns atacam as formas normais de expressão como se atacassem uma afirmação; outros as defendem como se constatassem fatos que qualquer pessoa razoável reconhece.

### 403.

Se eu exigir que a palavra "dor" seja usada exatamente para aquilo que, até agora, chamei de "minha dor", e que outros chamavam de "a dor de L. W.", então não haveria prejuízo nenhum aos outros, desde que dispuséssemos de uma notação em que a ausência da palavra "dor", em outros contextos, fosse de algum modo suprida. Os outros, mesmo nesse caso, são objeto de compadecimento, são tratados pelo médico etc. Evidentemente *não* seria uma objeção contra esse modo de se expressar dizer: "Mas os outros têm de fato exatamente a mesma coisa que você tem!".

Mas o que eu ganharia, então, com esse novo tipo de representação? Nada. O solipsista, porém, não *quer* nenhuma vantagem prática quando defende sua concepção!

**404.**

"Quando digo 'eu tenho dor', não aponto para uma pessoa que tem a dor, uma vez que, em certo sentido, eu absolutamente não sei *quem* a tem." E é possível justificar isso. Pois acima de tudo: Eu realmente não disse que tal e tal pessoa tem dor, mas que "eu tenho...". E com isso, de fato, não nomeio pessoa nenhuma. Tão pouco quanto se eu *gemesse* de dor. Muito embora o outro perceba, a partir do gemido, quem tem dor.

O que significa, então: saber *quem* tem dor? Significa, por exemplo, saber qual dos homens neste quarto tem dor: ou seja, aquele sentado ali, ou aquele de pé no canto, aquele alto de cabelos loiros etc. – Aonde quero chegar com isso? Quero indicar que existem critérios muito distintos para a '*identidade*' de uma pessoa.

Então, o que é que me leva a dizer que '*eu*' tenho dor? Absolutamente nada.

**405.**

"De toda maneira, quando você diz 'eu tenho dor', certamente quer dirigir a atenção do outro para uma determinada pessoa." – A resposta poderia ser: Não; quero dirigi-la somente a *mim*. –

**406.**

"Mas certamente, por meio da expressão 'Eu tenho...', você quer distinguir entre *você* e *o outro*." – Será que se pode dizer isso em todos os casos? Também no caso em que estou simplesmente gemendo? E mesmo que eu 'queira distinguir' entre mim e o outro – será que com isso quero distinguir entre a pessoa L. W. e a pessoa N. N.?

**407.**

Poderíamos imaginar que alguém estivesse gemendo: "Alguém tem dor – não sei quem!" – e então nos apressaríamos para socorrer aquele que está gemendo.

**408.**

"Mas você certamente não tem dúvidas a respeito de se é você ou o outro que tem dor!" – A frase "Eu não sei se sou eu ou o outro que tem dor" seria um produto lógico, em que um dos fatores é: "Eu não sei se tenho dor ou não" – e essa não é uma frase com sentido.

**409.**

Imagine que várias pessoas estejam em uma roda, e entre elas eu. Um de nós – às vezes um, às vezes outro – é conectado ao polo de um gerador eletrostático, sem que possamos ver quem é. Eu observo o rosto das outras pessoas e busco reconhecer qual de nós está sendo eletrizado agora. – Em certo momento, digo: "Agora eu *sei* quem é; sou *eu*". Nesse sentido, eu também poderia dizer: "Agora eu sei quem está sentindo a descarga; sou eu". Esse seria um modo de falar um tanto estranho. – Contudo, se eu supuser aqui que posso sentir a descarga também quando outras pessoas estão sendo eletrizadas, então a expressão

"Agora eu sei quem..." se torna totalmente inadequada. Ela não pertence a esse jogo.

### 410.

"Eu" não nomeia uma pessoa, "aqui" não nomeia um lugar, "esse" não é um nome. Mas eles estão relacionados a nomes. Nomes são explicados por meio deles. Também é verdade que a física é caracterizada pelo fato de não empregar essas palavras.

### 411.

Reflita: Como as seguintes perguntas podem ser aplicadas, e como podem ser decididas:
1) "Estes livros são *meus* livros?"
2) "Este pé é *meu* pé?"
3) "Este corpo é *meu* corpo?"
4) "Esta sensação é *minha* sensação?"

Cada uma dessas perguntas tem aplicações práticas (não-filosóficas).

Em relação a 2): Pense em casos nos quais meu pé está anestesiado ou paralisado. Em certas circunstâncias a pergunta poderia ser decidida verificando-se se sinto dor nesse pé.

Em relação a 3): Nesse caso, poderíamos apontar para uma imagem no espelho. Em certas circunstâncias, porém, poderíamos apalpar um corpo e fazer aquela pergunta. Em outras circunstâncias, ela significa o mesmo que: "É *essa* a aparência do meu corpo?".

Em relação a 4): Qual é, então, *esta* sensação? Ou seja: como se emprega aqui o pronome demonstrativo? Certamente de modo diverso do que, digamos, no primeiro exemplo! Confusões voltam a surgir aqui pelo fato de que imaginamos que se aponta para uma sensação direcionando-se a atenção para ela.

## 412.

O sentimento de que há um abismo intransponível entre consciência e processo cerebral: Por que é que esse sentimento não desempenha um papel nas reflexões da vida cotidiana? A ideia de que há aqui uma diferença de tipo está ligada a uma leve vertigem, – que surge quando fazemos truques de lógica. (A mesma vertigem nos toma em certos teoremas da teoria dos conjuntos.) Em nosso caso, quando é que surge esse sentimento? Bem, quando dirijo, por exemplo, minha atenção de determinado modo para minha consciência e, ao fazê-lo, digo espantado: ISTO deve ter sido produzido por um processo cerebral! – enquanto aperto com força minha testa. – Mas o que é que pode significar: "dirigir minha atenção para minha consciência"? Nada é mais estranho do que a existência de tal coisa! O que eu chamei assim (pois essas palavras, com efeito, não são usadas na vida cotidiana) foi um ato de olhar. Eu olhei rigidamente à minha frente – mas *não* para um ponto ou objeto determinado. Meus olhos estavam completamente abertos, minhas sobrancelhas não estavam franzidas (como costuma ocorrer quando determinado objeto me interessa). Nenhum interesse desse tipo precedeu o olhar. Meu olhar estava '*vacant*';* ou *semelhante* ao de uma pessoa que admira a luminosidade do céu e se embevece com a luz.

Considere agora que não havia absolutamente nada de paradoxal com a frase que eu pronunciei como um paradoxo

---

* Em inglês no original: "vazio". (N.T.)

(ISTO foi produzido por um processo cerebral!). Eu poderia tê-la pronunciado durante um experimento cujo objetivo fosse mostrar que o efeito da luminosidade que vejo foi produzido pelo estímulo de determinada parte do cérebro. – Mas eu não pronunciei a frase no contexto em que ela teria tido um sentido cotidiano e não-paradoxal. E minha atenção não era do tipo que teria sido condizente com o experimento. (Meu olhar teria sido '*intent*',* e não '*vacant*'.)

## 413.

Temos aqui um caso de introspecção; não muito diferente daquele do qual William James extraiu que o 'si' consistiria sobretudo de '*peculiar motions in the head and between the head and throat*'.**
E o que a introspecção de James mostrou não foi o significado da palavra "si" (na medida em que ela significa algo semelhante a "pessoa", "ser humano", "ele mesmo", "eu mesmo"), nem a análise de uma tal substância, mas sim o estado de atenção de um filósofo que fala para si mesmo a palavra "si" e quer analisar seu significado. (E muito se pode aprender a partir disso.)

## 414.

Você pensa que realmente precisa tecer um tecido: pois você se senta diante de um tear – ainda que vazio – e faz os movimentos de tecer.

---

\* Em inglês no original: "atento". (N.T.)

\*\* Em inglês no original: "movimentos peculiares na cabeça e entre a cabeça e a garganta". (N.T.)

### 415.

O que oferecemos, na verdade, são observações acerca da história natural do homem; mas não curiosidades, e sim constatações de que ninguém duvidou, e que só passam despercebidas por estarem constantemente diante de nossos olhos.

### 416.

"As pessoas estão de acordo em dizer: elas veem, ouvem, sentem etc. (ainda que várias sejam cegas e várias sejam surdas). Elas afirmam de si mesmas, assim, que têm *consciência*." – Mas que estranho! para quem, na verdade, eu dou a informação quando digo "Eu tenho consciência"? Qual é o objetivo de dizer isso a mim mesmo, e como pode outra pessoa me entender? – Bem, frases como "Eu vejo", "Eu ouço", "Eu estou consciente" realmente têm seu uso. Para o médico, eu digo "Agora estou ouvindo novamente com este ouvido"; para aquele que pensa que estou desmaiado, eu digo "Estou novamente consciente", e assim por diante.

### 417.

Será, então, que observo a mim mesmo e percebo que estou vendo, ou que estou consciente? E para que, afinal, falar de observação!? Por que não dizer simplesmente "Eu percebo que estou consciente"? – Mas para que, aqui, a expressão "Eu percebo" – por que não dizer "Eu estou consciente"? – Mas será que a expressão "Eu percebo" não mostra, aqui, que estou prestando atenção à minha consciência? – o que, de resto, não é usualmente o caso. – Se for assim, então a frase "Eu percebo que..."

não diz que estou consciente, mas sim que minha atenção está disposta de tal e tal maneira.

Mas será, então, que não é uma experiência específica o que me leva a dizer "Estou novamente consciente"? – *Qual* experiência? Em que situação dizemos isso?

### 418.

Que eu tenha consciência, será que isso é um fato empírico? –

Mas acaso não dizemos do homem que ele tem consciência; mas de uma árvore, ou de uma pedra, que não têm? – O que aconteceria se fosse de outra maneira? – Será que os homens estariam todos inconscientes? – Não; não no sentido usual da palavra. Mas eu, por exemplo, não teria consciência — do modo como agora, de fato, a tenho.

### 419.

Em que circunstâncias direi que uma tribo tem um *cacique*? E certamente o cacique precisa ter *consciência*. Ele realmente não pode não ser alguém sem consciência.

### 420.

Mas será que não posso imaginar que as pessoas ao meu redor sejam autômatos, não tenham consciência, ainda que seu modo de agir seja o mesmo de sempre? – Quando agora – sozinho em meu quarto – imagino isso, vejo as pessoas seguindo seus afazeres com o olhar fixo (como que em transe) – a ideia talvez seja um pouco perturbadora. Mas tente, então, aferrar-se a essa ideia nas relações usuais com outras pessoas, digamos, andando na rua! Diga a si mesmo, por exemplo: "Aquelas crianças são meros autômatos; toda a sua vivacidade é meramente automática". E essas palavras ou passarão a não dizer absolutamente nada para você; ou despertarão em você um tipo de sentimento perturbador, ou algo do gênero.

Ver um homem vivo como um autômato é análogo a ver uma figura qualquer como um caso-limite, ou uma variação de uma outra, por exemplo, a esquadria em cruz de uma janela como uma suástica.

### 421.

Parece-nos paradoxal que misturemos uns com os outros em *um* relato, confusamente, estados corpóreos e estados de consciência: "Ele estava sofrendo grandes tormentos, e revirava-se inquieto de um lado para o outro". Isso é bastante usual; por que então nos parece paradoxal? Porque queremos dizer que a frase trata de coisas tangíveis e de coisas intangíveis. – Mas acaso você vê algo de errado se digo: "Estes três apoios dão estabilidade à estrutura"? Acaso três e estabilidade são tangíveis? — Veja a frase como um instrumento, e seu sentido como seu emprego!

### 422.

Em que acredito quando acredito em uma alma no homem? Em que acredito quando acredito que essa substância contém dois anéis de átomos de carbono? Nos dois casos há uma imagem no primeiro plano, mas o sentido está distante, em segundo plano; ou seja, não é fácil ter uma visão panorâmica da aplicação da imagem.

### 423.

*Certamente* essas coisas todas acontecem em você. – E agora apenas me permita entender a expressão que usamos. – A imagem está lá. E não contesto sua validade no caso específico. – Apenas me permita entender agora a aplicação da imagem.

### 424.

A imagem está *lá*; e não contesto sua *correção*. Mas *qual* é sua aplicação? Pense na imagem da cegueira como uma escuridão na alma ou na cabeça do cego.

### 425.

De fato, em inúmeros casos, nos esforçamos para encontrar uma imagem e, quando ela é encontrada, a aplicação, por assim dizer, se faz por si mesma; aqui, porém, já temos uma imagem que se impõe a nós a cada passo, – mas ela não nos ajuda a sair da dificuldade, que está apenas começando.

Se eu pergunto, por exemplo: "De que maneira devo imaginar *este* mecanismo entrando *neste* invólucro?" – então, talvez, um desenho em escala reduzida possa servir como resposta. Nesse caso alguém pode me dizer "Está vendo, é *assim* que ele entra"; ou talvez, também: "Por que você se admira? É assim, do modo como você está vendo *aqui*, que também acontece ali". – Evidentemente, a última frase já não explica mais nada; ela apenas me incita a fazer a aplicação da imagem que me foi dada.

## 426.

Uma imagem é suscitada, e ela parece determinar de maneira *unívoca* o sentido. O emprego efetivo parece algo impuro em relação àquele que a imagem delineia para nós. Mais uma vez, ocorre aqui como na teoria dos conjuntos: O modo de expressão parece ter sido talhado por um deus que sabe o que não podemos saber; ele vê as sequências infinitas completas e vê no interior da consciência dos homens. Para nós, evidentemente, essas formas de expressão são como uma veste litúrgica; nós bem que a vestimos, mas não podemos fazer muita coisa com ela, uma vez que nos falta o poder real que daria a essa vestimenta sentido e propósito.

No emprego efetivo das expressões, é como se tomássemos desvios e andássemos por becos laterais; enquanto vemos bem diante de nós a avenida reta e larga, embora não a possamos usar, pois ela está permanentemente interditada.

## 427.

"Enquanto falava com ele, eu não sabia o que se passava em sua cabeça." Nesse caso, não pensamos em processos no cérebro, mas em processos no pensamento. A imagem deve ser levada a sério. Nós realmente gostaríamos de olhar dentro de sua cabeça. E, no entanto, com isso queremos dizer apenas o que habitualmente queremos dizer com as seguintes palavras: gostaríamos de saber o que ele está pensando. Quero dizer: temos a imagem vívida – e aquele uso que parece contradizer a imagem, e que exprime o psíquico.

## 428.

"O pensamento, essa estranha substância" – mas ele não nos parece estranho quando pensamos. O pensamento não nos parece misterioso enquanto pensamos, mas apenas quando dizemos, por assim dizer, retrospectivamente: "Como é que isso foi possível?". Como foi possível que o pensamento tenha tratado desse objeto *ele próprio*? Temos a impressão de que, com o pensamento, teríamos capturado a realidade.

## 429.

A concordância, a harmonia, entre pensamento e realidade consiste em que, quando digo falsamente que algo é *vermelho*, ainda assim é *vermelho* o que esse algo não é. E quando quero explicar a alguém a palavra "vermelho" na frase "Isto não é vermelho", para fazê-lo, aponto para algo vermelho.

## 430.

"Coloque uma régua sobre esse corpo; ela não diz que o corpo tem tal comprimento. Em si mesma, a régua – eu gostaria de dizer – é morta, e não faz nenhuma das coisas que o pensamento faz." – É como se tivéssemos nos convencido de que o essencial no ser humano vivo é sua forma externa, e então tivéssemos produzido um bloco de madeira com essa forma e olhássemos envergonhados para aquele negócio morto, que realmente não tem nenhuma semelhança com um ser vivo.

### 431.

"Há um abismo entre a ordem e sua execução. Ele precisa ser preenchido pelo entendimento."

"É somente no entendimento que está dito que temos de fazer ISSO. A *ordem*: — isso são apenas sons, traços de tinta. –"

### 432.

Cada sinal *isoladamente* parece morto. *O que* lhe dá vida? – No uso ele *ganha vida*. Será que é no uso que ele contém em si seu sopro de vida? – Ou o sopro é o *uso*?

### 433.

Quando damos uma ordem, pode parecer que a principal coisa que ela deseja deve permanecer não-expressa, já que sempre permanece um abismo entre a ordem e sua execução. Eu desejo, por exemplo, que uma pessoa faça determinado movimento, que por exemplo levante o braço. Para que isso fique totalmente claro, faço o movimento diante dela. Essa imagem parece inequívoca; até que se pergunte: como ela sabe que *deve fazer esse movimento*? – Como ela sabe, aliás, como deve usar os sinais que lhe dou, quaisquer que sejam eles? – Talvez eu tente, então, complementar a ordem por meio de outros sinais, apontando para mim e depois para ela, fazendo gestos de encorajamento etc. Aqui, é como se a ordem começasse a gaguejar.

Como se o sinal tentasse despertar em nós, com meios pouco seguros, um entendimento. – Mas se agora o entendemos, por meio de que sinais o fazemos?

### 434.

O gesto *tenta* fornecer um modelo – gostaríamos de dizer –, mas não consegue.

### 435.

Quando se pergunta "Como é que a frase faz para representar?" – então a resposta poderia ser: "Então você não sabe? Você bem vê como ela faz, quando a usa". Não há nada oculto.
 Como a frase faz isso? – Então você não sabe? Não há nada escondido.
 Mas à resposta "Você sabe muito bem como a frase faz isso, não há nada oculto", alguém talvez quisesse retrucar: "Sim, mas as coisas vão passando todas tão rápido, e eu gostaria de vê-las, por assim dizer, dispostas mais distantes umas das outras".

### 436.

Aqui é fácil acabar entrando naquele beco sem saída da filosofia, onde se acredita que a dificuldade da tarefa consiste em que fenômenos difíceis de captar, a experiência presente que rapidamente nos escapa, ou algo assim, devam ser descritos por nós. Onde a linguagem usual nos parece demasiado crua, e é como se não tivéssemos de lidar com os fenômenos de que falamos cotidianamente, mas "com fenômenos facilmente evanescentes, que com seu emergir e submergir produzem, aproximadamente, aqueles primeiros".

(Agostinho: *Manifestissima et usitatissima sunt, et eadem rursus nimis latent, et nova est inventio eorum.*)*

## 437.

O desejo parece já saber o que o realizará, ou o realizaria; a frase, o pensamento, o que os faz verdadeiros, mesmo quando isso absolutamente não está presente! De onde vem essa *determinação* por parte daquilo que ainda não está presente? Essa exigência despótica? ("A dureza da necessidade lógica.")

## 438.

"O plano é, como plano, algo ainda não satisfeito." (Assim como o desejo, a expectativa, a suposição etc.)

E aqui quero dizer o seguinte: a expectativa não está satisfeita porque é a expectativa de algo; a crença, a opinião, não está satisfeita porque é a opinião de que algo é o caso, algo real, algo que está fora do processo da opinião.

## 439.

Em que medida se pode chamar o desejo, a expectativa, a crença etc. de "não-satisfeitos"? Qual é nosso arquétipo da não-satisfação? Será um espaço vazio? E será que diríamos, de um tal

---

* Em latim no original: "São coisas das mais evidentes e comuns e, no entanto, demasiado obscuras, e a descoberta delas é novidade". (*Confissões*, XI/22. Trad. de Lorenzo Mammì. São Paulo: Penguin-Companhia, 2017.) (N.T.)

espaço, que ele está não-satisfeito? Não seria isso também uma metáfora? – Será que aquilo que chamamos de não-satisfação não é um sentimento, – por exemplo, a fome?

Podemos descrever um objeto, em determinado sistema de expressão, por meio das palavras "satisfeito" e "não-satisfeito". Por exemplo, se decidimos chamar uma cavidade cilíndrica de "cilindro não-satisfeito" e o cilindro maciço que a preenche de "sua satisfação".

**440.**

Dizer "Estou com vontade de comer uma maçã" não significa: Creio que uma maçã silenciará meu sentimento de não-satisfação. *Essa* frase não é a manifestação do desejo, mas sim da não satisfação.

**441.**

Por natureza e por determinado adestramento, educação, encontramo-nos dispostos a fazer, em determinadas circunstâncias, manifestações de desejo. (O *desejo*, evidentemente, não é uma tal 'circunstância'.) Uma pergunta a respeito de se eu sei o que desejo, antes que meu desejo seja realizado, absolutamente não pode comparecer nesse jogo. E que um acontecimento leve meu desejo a se calar, isso não significa que ele realiza o desejo. Talvez eu não ficasse satisfeito caso meu desejo fosse satisfeito.

Por outro lado, a palavra "desejar" é utilizada também da seguinte maneira: "Eu mesmo não sei o que desejo". ("Pois os desejos escondem de nós mesmos aquilo que é desejado.")

E se alguém perguntasse: "Será que eu sei o que almejo antes de o obter?". Se aprendi a falar, então eu sei.

### 442.

Eu vejo alguém apontando uma arma e digo: "Espero por um estrondo". O tiro ocorre. – Como? era isso que você esperava? Será então que esse estrondo já estava de algum modo na sua expectativa? Ou será que sua expectativa concorda com o ocorrido apenas sob outro aspecto; esse barulho não estava contido em sua expectativa e adveio apenas como acidente quando a expectativa foi realizada? – Mas não; caso o barulho não tivesse ocorrido, então minha expectativa não teria se realizado; foi o barulho que a realizou; ele não se juntou a essa realização como um segundo convidado se junta àquele que eu estava esperando. – Acaso aquilo que estava no acontecimento, mas não na expectativa, era um acidente, um brinde da providência? – Mas, nesse caso, o que *não* seria um brinde? Será então que alguma coisa desse tiro já estava em minha expectativa? – E o que, então, *era* brinde, – pois será que eu não estava esperando o tiro completo?

"O estrondo não foi tão alto quanto eu esperava." – "Será então que ele estrondou mais alto em sua expectativa?"

### 443.

"O vermelho que você imagina certamente não é o mesmo (não é a mesma coisa) que esse que você vê diante de si; como então você pode dizer que é isso o que tinha imaginado?" – Mas será que as coisas não se passam de modo análogo nas frases "Aqui há uma mancha vermelha" e "Aqui não há uma mancha vermelha"? Nas duas ocorre a palavra "vermelho"; portanto, essa palavra não pode indicar a presença de algo vermelho.

## 444.

Talvez tenhamos o sentimento de que, na frase "Eu espero que ele chegue", as palavras "ele chegue" são usadas com um significado diferente do que na afirmação "Ele chega". Mas, se fosse assim, como é que eu poderia falar que minha expectativa veio a se realizar? Se eu quisesse explicar essas duas palavras, "ele" e "chega", talvez por meio de explicações ostensivas, então as mesmas explicações dessas palavras valeriam para as duas frases.

Mas agora alguém poderia perguntar: O que acontece quando ele chega? – A porta se abre, alguém entra etc. – O que acontece quando eu espero que ele chegue? – Eu ando de um lado para o outro no quarto, olho de vez em quando para o relógio etc. – Mas um processo não tem a menor semelhança com o outro! Como é então que se podem usar as mesmas palavras para descrevê-los? – Mas então eu digo, talvez enquanto ando de um lado para o outro: "Espero que ele entre". – Agora há uma semelhança à mão. Mas de que tipo é ela?!

## 445.

É na linguagem que expectativa e realização se tocam.

### 446.

Seria engraçado dizer: "Um evento parece diferente quando acontece e quando não acontece". Ou: "Uma mancha vermelha parece diferente quando está presente e quando não está presente – mas a linguagem abstrai essa diferença, pois fala de uma mancha vermelha estando ela presente ou não".

### 447.

Sentimos como se, para negar uma frase, a frase negativa primeiro precisasse, em certo sentido, torná-la verdadeira.
(A asserção da frase negativa contém a frase negada, mas não sua asserção.)

### 448.

"Quando digo que *não* sonhei hoje à noite, então certamente preciso saber onde se deveria procurar pelo sonho; ou seja: a frase 'Eu sonhei', aplicada à situação fática, pode ser falsa, mas não sem sentido." – Será então que isso significa que você pressentiu algo, por assim dizer, o indício de um sonho, que o tornou consciente do lugar em que um sonho teria estado?
Ou: quando digo "Eu não tenho dor no braço", será que isso significa que tenho a sombra de uma sensação de dor, que por assim dizer indica o lugar no qual a dor poderia aparecer?
Em que medida o atual estado de ausência de dor contém a possibilidade da dor?
Se alguém diz: "Para que a palavra 'dor' tenha significado, é necessário que a pessoa reconheça a dor como tal quando ela

aparece" – então se pode responder: "Isso não é mais necessário do que reconhecer a falta de dor".

### 449.

"Mas será que não preciso saber como seria se eu tivesse dor?" – Não nos livramos da ideia de que a utilização da frase consiste em que, a cada palavra, imaginamos alguma coisa.

Não prestamos atenção ao fato de que *calculamos* com as palavras, operamos com elas, de que com o passar do tempo as vamos transportando para esta ou aquela imagem. – É como se se acreditasse, por exemplo, que o documento escrito que ordena que alguém me dê uma vaca precisasse vir sempre acompanhado da representação de uma vaca para que não perdesse seu sentido.

### 450.

Saber qual a aparência de uma pessoa: ser capaz de imaginá-la – mas também: ser capaz de *imitá-la*. Será que precisamos imaginá-la para poder imitá-la? E será que imitá-la não tem a mesma força que imaginá-la?

### 451.

O que se passa quando dou a alguém a ordem "Imagine um círculo vermelho aqui!" – e depois digo: entender a ordem significa saber o que se passa quando ela foi executada – ou ainda: ser capaz de imaginar o que se passa...?

### 452.

Eu quero dizer: "Se alguém fosse capaz de ver a expectativa, o processo mental, precisaria ver *o que* é esperado". – Mas é assim mesmo: Quem vê a expressão da expectativa vê o que é esperado. E de que outra maneira, em que outro sentido, seria possível vê-lo?

### 453.

Quem percebesse minha expectativa precisaria perceber imediatamente *o que* é esperado. Ou seja: não deveria *inferi-lo* a partir do processo percebido! – Dizer, no entanto, que alguém percebe a expectativa *não tem nenhum sentido*. A não ser, talvez, este: a pessoa percebe a expressão da expectativa. Dizer, de alguém que está esperando, que ele percebe a expectativa, em vez de dizer que ele está esperando, seria uma distorção estúpida da expressão.

### 454.

"Tudo já está no seguinte..." Como a seta → chega a apontar? Acaso não parece que ela já traz em si algo que está fora de si mesma? – "Não, não se trata do tracinho morto; apenas o psíquico, o significado, é capaz de fazer isso." – Isso é verdadeiro e falso. A seta só aponta na aplicação que o ser vivo faz dela.

Esse apontar *não* é um passe de mágica, que apenas a alma pode realizar.

**455.**

Gostaríamos de dizer: "Quando temos algo em mente, não se trata aqui de uma imagem morta (qualquer que seja seu tipo); é como se caminhássemos até alguém". Nós caminhamos na direção daquilo que temos em mente.

**456.**

"Quando temos algo em mente, é a nós mesmos que temos em mente"; assim como nos movimentamos a nós mesmos. Nós nos lançamos a nós mesmos à frente e, portanto, não podemos também observar esse lançar-se. Certamente não.

**457.**

Sim; ter algo em mente é como caminhar até alguém.

**458.**

"A ordem ordena sua execução." Será então que ela conhece sua execução antes mesmo que esta esteja presente? – Mas essa era uma proposição gramatical, que diz: Quando uma ordem manda "Faça isso e aquilo!", então chamamos "fazer isso e aquilo" a execução da ordem.

### 459.

Dizemos "A ordem ordena *isto* –" e fazemos o que ela diz; mas também: "A ordem ordena isto: eu devo...". Nós às vezes a traduzimos em uma frase, às vezes em uma demonstração, e às vezes em ato.

### 460.

Será que a justificação de uma ação como sendo a execução de uma ordem poderia ser dada assim: "Você disse 'Traga-me uma flor amarela', e esta flor aqui me trouxe imediatamente um sentimento de satisfação, por isso eu a trouxe"? Será que não procuraríamos responder a isso: "Eu certamente não mandei você trazer a flor que, diante de minhas palavras, lhe traria esse sentimento!".

### 461.

Em que medida, então, a ordem antecipa a execução? – Acaso na medida em que ela agora ordena *aquilo* que mais tarde será executado? – Isso, porém, deveria significar: "aquilo que mais tarde será ou também não será executado". E isso não diz nada.

"Mas ainda que meu desejo não determine o que será o caso, ele ao menos determina o que se poderia chamar de o tema de um fato; quer esse fato realize o desejo ou não." Nós não nos admiramos – por assim dizer – com o fato de que uma pessoa saiba o futuro; mas sim com o fato de que ela possa fazer profecias (certas ou erradas).

Como se a mera profecia, independentemente de estar certa ou errada, já prenunciasse uma sombra do futuro; ao passo que ela não sabe nada acerca do futuro, e não pode saber menos do que nada.

## 462.

Posso procurá-lo quando ele não está aí, mas não pendurá-lo quando não está aí.

Alguém talvez quisesse dizer: "Mas ele também precisa estar por ali caso eu o esteja procurando". – Então ele também precisa estar por ali caso eu não o encontre, e até mesmo caso ele não exista.

## 463.

"Era *ele* que você estava procurando? Você nem mesmo podia saber se ele está aí!" – Esse problema, porém, *realmente* surge na procura matemática. Por exemplo, pode-se colocar a questão: Como foi possível sequer *procurar* pela trissecção do ângulo?

## 464.

O que quero ensinar é: passar de um contrassenso não manifesto a um manifesto.

## 465.

"Uma expectativa é feita de tal modo que o quer que aconteça precisa estar ou não de acordo com ela."

Caso alguém agora pergunte: Será então que o fato é ou não determinado pela expectativa de um sim ou não – ou seja, será que está determinado em qual sentido a expectativa será respondida por um acontecimento – qualquer que ele seja? Então se deve responder "Sim; a não ser que a expressão da expectativa seja indeterminada, que ela contenha, por exemplo, uma disjunção de diferentes possibilidades".

### 466.

Para que o homem pensa? para que isso lhe é útil? – Para que ele *calcula* ao construir caldeiras a vapor, em vez de deixar ao acaso a resistência de suas paredes? Com efeito, é apenas um fato empírico que caldeiras assim calculadas não explodam a toda hora! Mas assim como ele faria qualquer coisa antes de colocar no fogo uma mão que já queimou, fará tudo antes de não calcular uma caldeira. – Como, porém, não nos interessamos por causas, – diremos: É um fato que os homens pensam: eles procedem dessa maneira, por exemplo, ao construir uma caldeira. – Será então que uma caldeira assim produzida não pode explodir? Ah, se pode.

### 467.

Será então que o homem pensa porque isso deu bons resultados? – Porque ele pensa que lhe é vantajoso pensar?

(Será que ele educa suas crianças porque isso deu bons resultados?)

**468.**

Como se poderia descobrir: *por que* ele pensa?

**469.**

E, no entanto, pode-se dizer que pensar deu bons resultados. Que há hoje menos explosões de caldeiras do que antes, digamos, desde que a resistência das paredes deixou de ser determinada a olho, passando a ser calculada de tal e tal maneira. Ou ainda, desde que cada cálculo de um engenheiro passou a poder ser verificado por um outro.

**470.**

*Às vezes*, portanto, pensamos porque isso deu bons resultados.

**471.**

Frequentemente, é apenas suprimindo a pergunta "por quê" que nos damos conta dos *fatos* importantes; os quais, então, conduzem a uma resposta em nossas investigações.

**472.**

A natureza da crença na uniformidade dos acontecimentos se mostra da maneira mais clara nos casos em que sentimos medo daquilo que estamos esperando. Nada poderia me fazer colocar a mão no fogo, – embora eu tenha me queimado *apenas no passado*.

### 473.

A crença de que o fogo irá me queimar é do mesmo tipo que o medo de que ele irá me queimar.

### 474.

Que o fogo irá me queimar quando ponho a mão ali: certeza é isso.
    Quer dizer, vemos aí o que certeza significa. (Não apenas o que a palavra "certeza" significa, mas também tudo o que ela traz consigo.)

### 475.

Quando nos perguntam pelas razões de uma suposição, *recordamo-nos* dessas razões. Será que aqui acontece o mesmo que quando refletimos a respeito de quais poderiam ter sido as causas de um acontecimento?

### 476.

Deve-se distinguir entre o objeto do medo e a causa do medo.
    É por isso que o rosto que nos inspira medo, ou deleite (o objeto do medo, do deleite), não é sua causa, mas – poderíamos dizer – sua direção.

**477.**

"Por que você acredita que irá se queimar na boca acesa do fogão?" – Será que você tem razões para essa crença; e você precisa de razões?

**478.**

Que tipo de razão tenho para supor que meu dedo, quando toca a mesa, irá sentir uma resistência? Que tipo de razão para acreditar que não será sem dor que esse lápis se cravará na minha mão? – Quando pergunto isso, centenas de razões se apresentam, cada uma abafando a voz da outra. "Eu mesmo passei por isso incontáveis vezes; e também ouvi frequentemente acerca de experiências semelhantes; caso não fosse assim, então...; etc."

**479.**

A pergunta "Com base em que razões você acredita nisso?" poderia significar: "Com base em que razões você conclui isso agora (você concluiu isso agora)?". Mas também: "Quais razões você pode me oferecer, retrospectivamente, para essa suposição?".

**480.**

Portanto, por razões para uma opinião só se poderia de fato compreender aquilo que alguém disse a si mesmo antes de chegar a tal opinião. O cálculo que ele de fato realizou. Se alguém então perguntasse: Mas como é que a experiência passada *pode* ser uma razão para a suposição de que mais tarde isso e aquilo irá ocorrer? – então a resposta é: Que conceito geral fazemos então a respeito da razão para uma tal suposição? Nós claramente chamamos esse tipo de informação sobre o passado de razão para a suposição de que isso irá acontecer no futuro. – E quando nos admiramos por jogar um tal jogo, então eu apelo para o *efeito* de uma experiência passada (para o fato de que uma criança queimada teme o fogo).

## 181.

Se alguém dissesse que não está convencido, por meio de informações sobre o passado, de que algo irá acontecer no futuro, – eu não o entenderia. Poderíamos lhe perguntar: O que então você quer ouvir? Que tipo de informações você chama de razões para acreditar nisso? O que então você chama de "convencer"? Que tipo de convencimento você está esperando? – Se *isso* não são razões, o que então são razões? – Se você diz que isso não são razões, então você precisa poder indicar qual precisaria ser o caso para que pudéssemos dizer, justificadamente, que há razões disponíveis para nossa suposição.

Pois veja bem: Razões, aqui, não são proposições a partir das quais se segue logicamente aquilo em que se crê.

Mas não é como se alguém pudesse dizer: Para acreditar é preciso menos do que para saber. – Pois não se trata aqui de uma aproximação à inferência lógica.

## 482.

Somos desencaminhados pelo seguinte modo de falar: "Essa razão é boa, pois ela torna provável a ocorrência do acontecimento". Aqui, é como se tivéssemos dito algo a mais a respeito da razão, que a justifica como razão; ao passo que, com a afirmação de que essa razão torna mais provável a ocorrência, nada é dito além de que essa razão corresponde a determinado padrão de medida para as boas razões, – o padrão de medida, porém, não é fundamentado!

## 483.

Uma boa razão é uma que *assim* parece.*

## 484.

Gostaríamos de dizer: "Uma boa razão só é uma boa razão porque torna a ocorrência *realmente* provável". Porque, por assim dizer, realmente exerce uma influência sobre o acontecimento; uma influência, portanto, quase empírica.

---

* O texto original é "Ein guter Grund ist einer, der so aussieht". Ele comporta duas interpretações, que poderiam ser parafraseadas da seguinte maneira: "Uma boa razão é uma que tem *este* aspecto" ou "Uma boa razão é uma que parece ser uma boa razão". Em nossa tradução, tentamos manter a ambiguidade. (N.T.)

**485.**

A justificação por meio da experiência tem um fim. Se não tivesse fim, não seria justificação.

**486.**

Será que, das impressões sensíveis que estou recebendo, *segue-se* que ali está uma poltrona? – Como então uma *frase* pode se seguir de impressões sensíveis? Será então que ela se segue das frases que descrevem as impressões sensíveis? Não. – Mas acaso então não concluo, a partir das impressões, dos dados sensíveis, que ali está uma poltrona? – Não extraio conclusão alguma! – Às vozes, porém, é isso que faço. Eu vejo, por exemplo, uma fotografia e digo "Então uma poltrona deve ter estado ali", ou também "A partir do que se vê aí, concluo que ali está uma poltrona". Essa é uma conclusão; mas não uma conclusão da lógica. Uma conclusão é a passagem para uma afirmação; portanto, também para o comportamento que corresponde à afirmação. 'Eu extraio as consequências' não apenas em palavras, mas também em ações.

Será que eu estava justificado em extrair essas consequências? O que é que *chamamos* aqui de uma justificação? – Como é usada a palavra "justificação"? Descreva jogos de linguagem! É a partir deles que se poderá derivar também a importância do estar justificado.

**487.**

"Estou saindo do quarto porque você está ordenando."
"Estou saindo do quarto, mas não porque você está ordenando."

Será que essa frase *descreve* uma conexão entre minha ação e a ordem que ele deu; ou será que ela cria a conexão?

Será que se pode perguntar: "Como é que você sabe se faz isso por essa razão ou se faz isso, mas não por essa razão?". E será que a resposta é então: "Eu sinto isso"?

## 488.

Como eu julgo se é assim? Por indícios?

## 489.

Pergunte-se: Em que ocasião, com que propósito, dizemos isso?

Quais modos de agir acompanham essas palavras? (Pense nas saudações!) Em quais cenários elas são usadas; e para quê?

## 490.

Como é que eu sei que *essa linha de pensamento* me levou a essa ação? – Bem, esta é uma certa imagem: por exemplo, em uma pesquisa experimental, ser levado a um novo experimento por meio de um cálculo. É *assim* que parece ser — e agora eu poderia descrever um exemplo.

## 491.

Não: "sem linguagem não poderíamos nos comunicar uns com os outros" – mas sim: sem linguagem não podemos influenciar outros homens de tal e tal maneira; não podemos construir estradas e máquinas etc. E também: Sem o uso da fala e da escrita os homens não poderiam se comunicar.

## 492.

Inventar uma linguagem poderia significar inventar, com base em leis naturais (ou em concordância com elas), um dispositivo para determinado propósito; mas há também outro sentido, análogo a esse, em que falamos da invenção de um jogo.

Aqui, digo algo a respeito da gramática da palavra "linguagem", na medida em que a conecto com a gramática da palavra "inventar".

## 493.

Dizemos: "O galo chama as galinhas por meio de seu canto" – mas será que na base disso já não há uma comparação com nossa linguagem? – Será que as coisas não mudam totalmente de aspecto se imaginamos que o canto põe as galinhas em movimento por meio de uma causação física?

Mas se fosse mostrado de que maneira a expressão "Venha até mim!" age sobre o destinatário, de modo que, no fim das contas, os músculos de suas pernas sejam acionados sob certas condições etc. – será que com isso aquela frase perderia para nós o caráter de frase?

### 494.

Eu quero dizer: Aquilo que chamamos de "linguagem" é, *antes de tudo*, o aparato de nossa linguagem usual, de nossa linguagem verbal; e depois outras coisas, por analogia ou pela possibilidade de fazer comparações com ela.

### 495.

É claro que posso constatar por meio da experiência que uma pessoa (ou um animal) reage do modo que eu quero a um sinal, mas não a outro. Que, por exemplo, uma pessoa vai para a direita diante do sinal "→" e para a esquerda diante do sinal "←"; mas que, diante do sinal "o–|", ela não reage do mesmo modo que diante do sinal "←", etc.

Aliás, eu não preciso inventar absolutamente nenhum caso, mas apenas observar o que realmente ocorre: que é só por meio da língua alemã que posso guiar um homem que só aprendeu alemão. (Pois aqui eu considero o aprendizado da língua alemã como a regulagem de um mecanismo para reagir a certo tipo de influência; e para nós pode ser indiferente se a pessoa aprendeu a linguagem ou se talvez já é constituída desde o nascimento de modo que reage às frases da língua alemã do mesmo modo que uma pessoa normal que aprendeu alemão.)

### 496.

A gramática não diz como a linguagem deve ser construída para cumprir seu propósito, para agir de tal e tal maneira sobre os homens. Ela apenas descreve o uso dos sinais, mas de modo algum os explica.

### 497.

As regras da gramática podem ser chamadas de "arbitrárias" caso se queira dizer com isso que o *propósito* da gramática é apenas o propósito da linguagem.

Quando alguém diz "Se a nossa linguagem não tivesse essa gramática, então não poderia expressar esses fatos" – então que se pergunte o que significa, aqui, esse *"poderia"*.

### 498.

Quando digo que as ordens "Traga-me açúcar!" e "Traga-me leite!" têm sentido, mas não a combinação "Leite-me açúcar", isso não significa que pronunciar essa combinação de palavras não produza nenhum efeito. E caso agora ela tenha o efeito de que alguém me olhe perplexo e fique de queixo caído, nem por isso eu a chamo de uma ordem para que essa pessoa me olhe perplexa etc., mesmo que eu desejasse provocar exatamente esse efeito.

### 499.

Dizer "Essa combinação de palavras não tem sentido" a exclui do domínio da linguagem e, desse modo, delimita o âmbito da linguagem. Se alguém traça um limite, porém, isso pode se dar por diferentes razões. Quando eu cerco uma área com uma cerca, com uma linha, ou de qualquer outra maneira, então isso pode ter o propósito de não deixar alguém sair, ou de não deixar alguém entrar; também pode, contudo, fazer parte de um jogo, em que os limites, por exemplo, devem ser saltados pelos jogadores; ou pode indicar onde termina a propriedade de uma pessoa e começa a de outra etc. Se eu traço um limite, portanto, então ainda não está dito, com isso, por que o traço.

**500.**

Quando se diz que uma frase é sem sentido, então não é como se seu sentido fosse sem sentido. Na verdade, uma combinação de palavras é excluída da linguagem, é retirada de circulação.*

**501.**

"O propósito da linguagem é expressar pensamentos." – O propósito de toda frase seria, assim, expressar um pensamento. Que pensamento, então, expressa por exemplo a frase "Está chovendo"? –

**502.**

A pergunta a respeito do sentido. Compare:
   "Esta frase tem sentido." – "Qual sentido?"
   "Esta sequência de palavras é uma frase." – "Qual frase?"

**503.**

Quando dou uma ordem para alguém, então para mim é *completamente suficiente* dar-lhe sinais. E eu nunca diria: Isso são

---

* Essa observação aparece também como item (a) no boxe do parágrafo 138. Por essa razão, na edição de G. E. M. Anscombe e R. Rhees, o item é omitido ali. (N.T.)

apenas palavras, eu preciso penetrar as palavras e me colocar por detrás delas. Do mesmo modo, se eu pergunto algo para alguém e a pessoa me dá uma resposta (portanto, um sinal), eu fico satisfeito – Era isso o que eu esperava – e não objeto: Isso é uma mera resposta.

### 504.

Caso, porém, alguém diga: "Como posso saber o que ele quer dizer? Afinal, vejo apenas seus sinais", então eu digo: "Como *ele* pode saber o que quer dizer? Afinal, ele também tem apenas seus sinais"

### 505.

Será que preciso entender uma ordem antes que eu possa agir de acordo com ela? – Certamente! senão você não saberia o que tem de fazer. – Mas do *saber* ao fazer há, certamente, um novo salto! –

### 506.

O distraído que se volta para a esquerda após a ordem "Direita, volver!" e então diz, batendo na testa, "Ah, sim – volver à direita", e se vira para a direita. – O que foi que lhe ocorreu? Uma interpretação?

### 507.

"Eu não apenas digo isso; com isso eu também quero dizer algo." – Quando refletimos acerca do que se passa em nós quando *queremos dizer* algo com palavras (e não apenas as dizemos), então parece-nos que alguma coisa estaria engatada a essas palavras, pois caso contrário elas girariam em falso. – Como se, por assim dizer, elas engrenassem em nós.

### 508.

Eu digo uma frase: "Que dia bonito hoje"; mas as palavras certamente são sinais arbitrários – coloquemos então, no lugar delas, estas: "a b c d". Mas quando leio isso agora, não consigo, sem maiores considerações, associar a elas o sentido acima. – Não estou acostumado, eu poderia dizer, a falar "a" em vez de "que", "b" em vez de "dia" etc. Mas com isso não quero dizer que não estou acostumado a associar imediatamente "a" à palavra "que"; na verdade, não estou acostumado a usar "a" *no lugar* de "que" – portanto, com o significado de "que". (Eu não domino essa linguagem.)

(Eu não estou acostumado a medir temperaturas em graus Fahrenheit. Por isso, indicações de temperatura desse tipo não me '*dizem*' nada.)

### 509.

E se perguntássemos a alguém "Em que medida essas palavras são uma descrição daquilo que você vê?" – e ele respondesse: "Eu *quero dizer* isso com essas palavras". (Digamos que ele estivesse observando uma paisagem.) Por que essa resposta, "Eu *quero dizer* isso...", não é de modo algum uma resposta?

Como é que se *quer dizer* com palavras o que se vê diante de si?

Imagine que eu dissesse "a b c d" e, com isso, quisesse dizer: Que dia bonito hoje. Com efeito, ao pronunciar esses sinais, eu tive a experiência que normalmente só teria quem usou, por muitos anos, "a" com o significado de "que", "b" com o significado de "dia" etc. – Será então que "a b c d" diz: que dia bonito hoje?

Qual deve ser o critério para dizer que eu tive *essa* experiência?

## 510.

Faça a seguinte tentativa: *Diga* "Está frio aqui" e *queira dizer* "Está quente aqui". Você consegue fazer isso? – E o que você faz nesse caso? E existe apenas um modo de fazer isso?

## 511.

O que significa então: "descobrir que um enunciado não tem sentido"? – E o que significa isto: "Se quero dizer algo com isso, isso certamente precisa ter sentido"? – Se quero dizer algo com isso? – Se quero dizer *o que* com isso?! – Eis o que se quer falar: a frase com sentido é aquela que não apenas se pode dizer, mas que também se pode pensar.

**512.**

É como se pudéssemos dizer: "A linguagem verbal admite composições sem sentido de palavras, a linguagem da imaginação, porém, não admite imaginações sem sentido". – Será então que a linguagem do desenho também não admite desenhos sem sentido? Imagine que houvesse desenhos a partir dos quais corpos devessem ser modelados. Então alguns desenhos têm sentido, e outros não. – E se eu imagino composições sem sentido de palavras?

**513.**

Considere a seguinte forma de expressão: "Meu livro tem tantas páginas quanto uma das soluções da equação $x^3 + 2x - 3 = 0$". Ou: "O número de amigos que tenho é n, e $n^2 + 2n + 2 = 0$". Essa frase tem sentido? Não é possível identificá-lo imediatamente. A partir desse exemplo se vê como pode ocorrer de algo que não faz sentido algum se parecer com uma frase que entendemos.

(Isso lança luz sobre os conceitos de 'entender' e 'querer dizer'.)

**514.**

Um filósofo diz: que entende a frase "Eu estou aqui", que quer dizer algo com ela, que pensa algo, – mesmo que ele de modo algum atine com a maneira como, e em que ocasião, essa frase é empregada. E se digo "Também no escuro a rosa é vermelha", você de fato vê essa vermelhidão diante de si no escuro.

**515.**

Duas imagens da rosa no escuro. Uma delas é totalmente preta; então a rosa é invisível. Na outra, ela está pintada em todos os seus detalhes e rodeada pelo preto. Será que uma delas está correta e a outra errada? Acaso não falamos a respeito de uma rosa branca no escuro e de uma rosa vermelha no escuro? E acaso não dizemos que é impossível distingui-las no escuro?

**516.**

Parece claro; nós entendemos o que significa a pergunta "Será que a sequência de dígitos 7777 ocorre no desenvolvimento de $\pi$?". Trata-se de uma frase em português; é possível mostrar o que significa dizer que 415 ocorre no desenvolvimento de $\pi$; e outras coisas semelhantes. Bem, é na medida em que tais explicações bastam que se pode dizer que entendemos aquela pergunta.

**517.**

Pergunta-se: Será então que não podemos nos enganar quanto ao fato de que entendemos uma pergunta?

Pois várias provas matemáticas nos conduzem justamente a dizer que *não* conseguimos imaginar aquilo que acreditávamos poder imaginar. (Por exemplo, a construção do heptágono.) Essas provas nos levam a revisar o que conta para nós como o domínio do imaginável.

## 518.

Sócrates para Teeteto: "E aquele que imagina não deveria imaginar *algo*?". – Teeteto: "Necessariamente". – Sócrates: "E aquele que imagina algo não deveria imaginar algo real?". – Teeteto: "Assim parece".\*

E aquele que pinta não deveria pintar algo – e aquele que pinta algo não deveria pintar algo real? – Com efeito, qual é o objeto da pintura: a imagem de um ser humano (por exemplo) ou o ser humano que a imagem representa?

## 519.

Queremos dizer: uma ordem é uma imagem da ação que foi realizada de acordo com ela; mas também uma imagem da ação que *deve* ser realizada de acordo com ela.

## 520.

"Mesmo que se conceba a proposição como imagem de um possível estado de coisas e se diga que ela mostra a possibilidade do estado de coisas, ainda assim a proposição pode fazer, no melhor dos casos, o que faz uma imagem pintada ou modelada em plástico, ou um filme; e portanto ela não pode, seja como for, apresentar o que não é o caso. Será então que depende inteiramente de nossa gramática aquilo que é, e aquilo que não é, chamado de (logicamente) possível, – a saber, justamente aqui-

---

\* Platão, *Teeteto*, 189a. Tradução a partir da versão alemã de K. Preisendanz, utilizada aqui por Wittgenstein. (N.T.)

lo que ela permite?" – Mas isso certamente é arbitrário! – É arbitrário? – Não é com toda construção semelhante a uma proposição que sabemos fazer alguma coisa, nem toda técnica tem um emprego em nossa vida, e se na filosofia estamos tentados a contar como proposição algo completamente inútil, então isso acontece, frequentemente, porque ainda não refletimos o suficiente acerca de sua aplicação.

### 521.

Compare 'logicamente possível' com 'quimicamente possível'. Poderíamos chamar de quimicamente possível, por exemplo, um composto para o qual existe uma fórmula estrutural com as valências corretas (por exemplo, H-O-O-O-H). Um tal composto, evidentemente, não precisa existir; mas até mesmo a uma fórmula como $HO_2$ não pode corresponder na realidade algo menos do que não haver um tal composto.

### 522.

Quando comparamos a proposição com uma imagem, então precisamos refletir se a estamos comparando com um retrato (uma representação histórica) ou com uma pintura de gênero. E ambas as comparações têm sentido.

Quando olho para uma pintura de gênero, então ela me 'diz' alguma coisa, mesmo quando não acredito (não suponho), em nenhum momento, que as pessoas que estou vendo ali sejam reais ou que tenham existido pessoas reais nessa situação. Mas e se eu perguntasse: "*O que*, então, ela me diz?".

**523.**

"O que a imagem me diz é ela própria" – eu gostaria de dizer. Ou seja, que ela me diga algo está dado em sua própria estrutura, em *suas* formas e cores. (O que significaria se alguém dissesse "O que o tema musical me diz é ele próprio"?)

**524.**

Não veja como óbvio, mas como um fato notável, que imagens e narrações fictícias nos causam prazer; ocupam nossa mente.
("Não veja como óbvio" – isso significa: Espante-se com isso tanto quanto com outras coisas que o inquietam. Então o que há de problemático aí desaparecerá à medida que você aceita um desses fatos da mesma maneira que o outro.)
((Passagem de um contrassenso manifesto a um não-manifesto.))

**525.**

"Depois de ter dito isso, ele a deixou, como no dia anterior." – Será que entendo essa frase? Será que a entendo da mesma maneira que a entenderia se a ouvisse no curso de uma narração? Se ela estiver isolada, então eu diria que não sei do que ela trata. Eu saberia, no entanto, como talvez se pudesse usar essa frase; eu mesmo poderia inventar um contexto para ela.
(Um conjunto de trilhas bem conhecidas conduz, a partir dessas palavras, a todas as direções.)

## 526.

O que significa entender uma imagem, um desenho? Também aqui existe entender e não entender. E também aqui essas expressões podem significar coisas diferentes. A imagem é, digamos, uma natureza-morta; uma parte dela, porém, eu não entendo: não sou capaz de ver corpos ali, vejo apenas manchas de cor sobre a tela. – Ou vejo tudo como corpos, mas se trata de objetos que não conheço (eles parecem ser aparelhos, mas não conheço seu uso). – Talvez, porém, eu conheça os objetos, mas não entenda, em outro sentido – seu arranjo.

## 527.

A compreensão de uma frase da linguagem é muito mais aparentada à compreensão de um tema em música do que talvez se acredite. Mas o que quero dizer com isso é o seguinte: a compreensão da frase linguística está mais próxima do que se pensa daquilo que costumeiramente se chama de compreensão de um tema musical. Por que a intensidade e o tempo devem evoluir precisamente *dessa* maneira? Talvez alguém quisesse dizer: "Porque eu sei o que isso tudo significa". Mas o que isso significa? Eu não saberia dizer. Para dar uma 'explicação', eu poderia comparar o tema com outro diferente que tenha o mesmo ritmo (quero dizer, a mesma evolução). (Dizemos: "Você não está vendo? É como se aqui se extraísse uma conclusão" ou: "Isso é como um parêntese" etc. Como fundamentamos tais comparações? – Aqui há fundamentações de tipos muito distintos.)

**528.**

Poderíamos imaginar pessoas que possuíssem algo não completamente diferente de uma linguagem: um gestual sonoro sem léxico ou gramática. ('Falar em línguas.')*

**529.**

"Mas qual seria aqui o significado dos sons?" – Qual é o significado deles na música? Ainda que eu não queira de modo algum dizer que essa linguagem de gestos sonoros precisasse ser comparada com a música.

**530.**

Poderia também haver uma linguagem em cujo emprego a 'alma' das palavras não desempenha nenhum papel. Na qual, por exemplo, não tivesse nenhuma importância para nós que uma palavra fosse substituída por uma nova palavra inventada qualquer. (?)**

---

* A expressão em alemão é "Mit Zungen reden". Trata-se da tradução de Lutero para uma expressão que aparece na Bíblia, particularmente na primeira epístola de Paulo aos Coríntios. Em português, as traduções variam. Por exemplo: "falar em outras línguas" (Bíblia Almeida), ou "falar em línguas estranhas" (Bíblia NTLH). Preferimos a expressão "falar em línguas", mais comum na tradição evangélica, por dois motivos: 1) É mais próxima, e mantém a mesma estranheza, da expressão alemã; 2) Ao não adjetivar "línguas", indica mais claramente o fenômeno que Wittgenstein tinha em vista, a saber, a suposta capacidade que algumas pessoas teriam de, durante um transe religioso, falar uma linguagem sem gramática conhecida ou mesmo sem gramática, e não simplesmente uma língua por elas desconhecida (glossolalia).

** Essa interrogação entre parênteses, presente no tiposcrito, foi omitida na edição de G. E. M. Anscombe e R. Rhees. (N.T.)

**531.**

Nós falamos da compreensão de uma frase no sentido em que esta pode ser substituída por outra que diz a mesma coisa; mas também no sentido em que ela não pode ser substituída por nenhuma outra. (Assim como um tema musical não pode ser substituído por outro.)

Em um caso, o pensamento correspondente à frase é aquilo que é comum a diferentes frases; no outro, algo que apenas estas palavras, nestas posições, expressam. (A compreensão de um poema.)

**532.**

Será então que "compreender" tem aqui dois significados diferentes? – Eu prefiro dizer que esses modos de usar "compreender" compõem seu significado, compõem meu *conceito* de compreensão.

Pois *quero* aplicar "compreender" a tudo isso.

**533.**

Naquele segundo caso, porém, como se pode explicar a expressão, comunicar a compreensão? Pergunte-se: Como é que *levamos* alguém à compreensão de um poema, ou de um tema? A resposta a isso diz como se explica o sentido aqui.

**534.**

*Ouvir* uma palavra em certo sentido. Que estranho que haja algo assim!

*Assim* formulada, assim entonada, assim ouvida, a frase é o começo de uma transição para *essas* frases, imagens, ações.

((Um conjunto de trilhas bem conhecidas conduz, a partir dessas palavras, a todas as direções.))

**535.**

O que acontece quando aprendemos a *sentir* certa conclusão, em música modal gregoriana, como conclusão?

**536.**

Eu digo: "Eu consigo pensar nesse rosto (que dá a impressão de pusilanimidade) também como um rosto corajoso". Com isso, não queremos dizer que consigo imaginar como alguém com esse rosto, por exemplo, pode salvar a vida de outra pessoa (evidentemente, pode-se imaginar tal coisa em relação a qualquer rosto). Eu me refiro, antes, a um aspecto do próprio rosto. O que eu quero dizer também não é que consigo imaginar que esse homem possa alterar seu rosto para um rosto corajoso no sentido usual; mas sim que o rosto pode ir se convertendo, de um modo bem determinado, em um rosto corajoso. Pode-se comparar a reinterpretação de uma expressão facial à reinterpretação de um acorde musical, quando o sentimos como transição às vezes a uma, às vezes a outra tonalidade.

**537.**

Pode-se dizer "Eu leio pusilanimidade nesse rosto", mas a pusilanimidade não parece, em todo caso, meramente associada, externamente conectada, ao rosto; antes, o medo vive nos traços do rosto. Caso os traços se alterem um pouco, então podemos falar de uma correspondente alteração do medo. Se nos perguntassem: "Será que você consegue pensar nesse rosto também como expressão de coragem?" – então não saberíamos, por assim dizer, como abrigar a coragem sob esses traços. Então digo algo como: "Se esse rosto é um rosto corajoso, então não sei o que isso significa". Mas qual seria o aspecto da solução para uma tal questão? Talvez se diga: "Bem, agora eu entendo: o rosto é, por assim dizer, indiferente ao mundo exterior". Assim, nossa interpretação atribuiu coragem a ele. A coragem, poderíamos dizer, volta a *adequar-se* ao rosto. Mas *o que*, aqui, adéqua-se *a quê*?

## 538.

Temos um caso aparentado (embora talvez não pareça assim) quando falantes do alemão se espantam com o fato, por exemplo, de que em francês o predicativo do sujeito concorda em gênero com o sujeito, e isso lhes é explicado da seguinte maneira: Os franceses querem dizer "o homem é *um bom homem*".*

---

* Em alemão, o predicativo do sujeito não é declinado. Assim, o correto é "Der Mensch ist gut", em que a forma não declinada *gut* não expressa nenhum dos três gêneros do alemão (o masculino seria *guter*; o feminino, *gute*; e o neutro, *gutes*). Em francês, como em português, isso é impossível. Dizemos "O homem é bom", "A mulher é boa", com o predicativo sempre concordando em gênero com o substantivo. (N.T.)

**539.**

Vejo uma imagem que representa uma cabeça sorrindo. O que será que faço quando concebo o sorriso às vezes como amistoso, às vezes como maldoso? Será que frequentemente não o imagino em um contexto espacial e temporal que é amistoso ou maldoso? Nesse caso, eu poderia imaginar, em acréscimo à imagem, que a pessoa ri observando uma criança que brinca, ou observando o sofrimento de um inimigo.

Nada será alterado aí pelo fato de que posso, em vista de um novo contexto, oferecer uma interpretação diferente para a situação que, à primeira vista, parecia amorosa. – Caso nenhum contexto específico altere minha interpretação, irei conceber certo sorriso como amistoso, chamá-lo de "amistoso", e reagir de modo correspondente.

((Probabilidade, frequência.))

**540.**

"Acaso não é peculiar que – sem a instituição da linguagem e todos os seus entornos – eu não seria capaz de pensar que em breve vai parar de chover?" – Acaso você quer dizer que é estranho o fato de que, sem esses entornos, você não seria capaz de usar essas palavras *querendo dizer* algo com elas?

Suponha que alguém grite, apontando para o céu, uma sequência de palavras incompreensíveis. Quando lhe perguntamos o que ele quer dizer, ele diz que isso significa "Graças a Deus, em breve vai parar de chover". Aliás, ele também nos explica o que cada uma das palavras significa. – Suponho agora que ele, por assim dizer, voltasse repentinamente a si e dissesse que aquela frase era completamente sem sentido, mas que, quando a pronunciou, ela lhe pareceu uma frase de sua linguagem corrente. (E até mesmo uma citação bem conhecida.) – O que eu deveria dizer agora? Será que ele não entendeu a frase no momento em que a dizia? Acaso a frase não trazia em si todo o seu significado?

### 541.

Mas onde residiam aquela compreensão e o significado? Ele falou as sequências de sons em um tom alegre, enquanto apontava para o céu, no momento em que ainda chovia, embora estivesse ficando mais claro; *mais tarde* ele fez uma conexão entre suas palavras e as palavras do português.

### 542.

"Mas ele sentia suas palavras exatamente como as palavras de uma linguagem que lhe era bem conhecida." – Sim; um critério para tanto é que, mais tarde, ele disse *isso*. E agora *nem pense* em dizer: "Nós realmente sentimos as palavras de uma linguagem que nos é corrente de um modo bastante específico". (Qual é a *expressão* desse sentimento?)

### 543.

Será que não posso dizer: o grito, o riso, são plenos de significado?
E isso significa aproximadamente: Pode-se ler neles muitas coisas.

### 544.

Quando um anseio me faz dizer "Ah, se ele viesse!", o sentimento dá 'significado' às palavras. Mas será que ele dá significado a cada uma das palavras?

Aqui, porém, também se poderia dizer: o sentimento dá *verdade* às palavras. E assim você vê como os conceitos se interpenetram aqui. (Isso lembra a pergunta: Qual o *sentido* de uma proposição matemática?)

### 545.

Quando, porém, alguém diz "Eu *espero* que ele venha" – será que o sentimento não dá à palavra "esperar" seu significado? (E o que dizer da frase "Eu *não* espero mais que ele venha"?) O sentimento talvez dê à palavra "esperar" seu tom específico; ou seja, é no tom que ele tem sua expressão. – Quando o sentimento dá à palavra seu significado, então "significado" aqui quer dizer: *aquilo que realmente importa*. Mas por que é o sentimento o que importa?

A esperança é um sentimento? (Traços característicos.)

### 546.

Assim, eu gostaria de dizer, as palavras "Queria tanto que ele viesse!" estão carregadas com meu desejo. E palavras podem nos escapar, – como um grito. Palavras podem ser *difíceis* de se dizer: aquelas, por exemplo, com as quais se renuncia a algo, ou com as quais se assume uma fraqueza. (Palavras também são atos.)

**547.**

Negar: uma 'atividade mental'. Negue algo e observe o que você faz! – Acaso você balança a cabeça interiormente? E se for assim – será então que esse processo é mais digno de nosso interesse do que, por exemplo, escrever o sinal de negação em uma frase? Será que agora você conhece a *essência* da negação?

**548.**

Qual é a diferença entre estes dois processos: Desejar que algo aconteça – e desejar que a mesma coisa *não* aconteça?
Caso se queira representar isso imageticamente, então faremos coisas diferentes com a imagem do acontecimento: nós a riscaremos, a isolaremos, e assim por diante. Mas isso, ocorre-nos agora, é um método de expressão *rudimentar*. Na linguagem verbal, o que empregamos é o sinal "não". Mas isso é como um recurso desajeitado. O que se quer dizer é: no *pensamento* o que acontece é diferente.

**549.**

"Como é que a palavra 'não' consegue negar?!" – "O sinal 'não' indica que você deve conceber negativamente o que segue." O que se gostaria de dizer é: O sinal de negação é um convite a se fazer algo – possivelmente algo muito complicado. É como se o sinal de negação nos convidasse a algo. Mas a quê? Isso não é dito. É como se isso só precisasse ser indicado; como se já o soubéssemos. Como se uma explicação fosse desnecessária, uma vez que, de qualquer maneira, já conhecemos a coisa.

### 550.

A negação, poder-se-ia dizer, é um gesto que exclui, que rejeita. Mas empregamos um tal gesto em casos muito diferentes!

### 551.

"Será que estas são a *mesma* negação: 'O ferro não derrete a 100 graus Celsius' e '2 vezes 2 não é 5'?" Será que isso deve ser decidido por meio de introspecção, tentando ver o que *pensamos* por ocasião de cada uma das frases?

### 552.

E se eu perguntasse: Será que se vê claramente, quando pronunciamos as frases "Esta barra tem 1 m de comprimento" e "Aqui há 1 soldado", que queremos dizer coisas diferentes com "1", que "1" tem significados diferentes? – Absolutamente não se vê. – Diga, por exemplo, uma frase como "A cada 1 m há um soldado, a cada 2 m, portanto, 2 soldados". Caso se perguntasse "Você quer dizer a mesma coisa com os dois '1'?", talvez se respondesse: "É claro que quero dizer a mesma coisa: *um*!". (E ao fazer isso talvez se levantasse um dedo.)

### 553.

Será que o "1" tem significados diferentes quando, em certos casos, está no lugar de uma medida e, em outros, no lugar de uma quantidade? Se a pergunta for posta *assim*, então será respondida afirmativamente.

### 554.

Podemos facilmente imaginar homens com uma lógica 'mais primitiva', na qual existe algo correspondente à nossa negação apenas para determinadas frases; para aquelas frases, por exemplo, que ainda não contêm nenhuma negação. Seria possível negar a frase "Ele entra na casa", mas uma negação da frase negativa seria sem sentido, ou valeria apenas como repetição da negação. Pense em meios diferentes dos nossos para expressar uma negação: por exemplo, por meio da entonação da frase. Com que se pareceria, aqui, uma dupla negação?

### 555.

Perguntar se a negação tem o mesmo significado para esses homens e para nós seria análogo a perguntar se o algarismo "5" tem o mesmo significado para nós e para homens cuja sequência numérica termina em 5.

### 556.

Imagine uma linguagem com duas palavras diferentes para a negação, sendo uma "X" e a outra "Y". Um duplo "X" resulta em uma afirmação, mas um duplo "Y" reforça a negação. Afora isso, as duas palavras são empregadas da mesma maneira. – Será então que "X" e "Y" têm o mesmo significado quando aparecem sem repetição nas frases? – Seria possível responder a isso de diferentes modos.

a) As duas palavras têm usos diferentes. Portanto, significados diferentes. Porém, as frases nas quais elas aparecem sem repetição, e que são de resto iguais, têm o mesmo sentido.

b) As duas palavras têm a mesma função nos jogos de linguagem, salvo por uma única diferença relativa à sua origem e que é coisa de pouca importância. O uso das duas palavras é ensinado da mesma maneira, por meio das mesmas ações, gestos, imagens etc.; e a diferença na maneira de usá-las é adicionada à explicação dessas palavras como algo acessório, como um daqueles traços caprichosos da linguagem. É por isso que diremos: "X" e "Y" têm o mesmo significado.

c) Associamos imagens diferentes às duas negações. "X", por assim dizer, gira o sentido em 180 graus. E é *por isso* que duas negações desse tipo trazem o sentido de volta para sua antiga posição. "Y" é como um balançar de cabeça. E, do mesmo modo que não se cancela um balançar de cabeça por meio de um segundo balançar de cabeça, também um "Y" não é cancelado por um segundo "Y". E assim, mesmo que frases com as duas negações venham a dar no mesmo na prática, "X" e "Y" expressam ideias diferentes.

> a) "O fato de que três negações produzem novamente uma negação certamente já precisa residir nesta uma negação que agora uso." (A tentação de inventar um mito do "significado".) Tem-se a impressão de que se seguiria da natureza da negação que uma negação dupla é uma afirmação. (E há algo de correto nisso. O quê? *Nossa* natureza está associada a ambos os casos.)
>
> b) Não pode haver nenhuma discussão a respeito de se são essas ou se são outras as regras corretas para a palavra "não" (quero dizer, se elas estão de acordo com seu significado). Pois a palavra ainda não tem nenhum significado sem essas regras;

> e, se mudamos as regras, agora ela tem outro significado (ou nenhum), e nesse caso poderíamos simplesmente mudar a palavra.*

## 557.

Em que pode ter consistido o fato de que, ao pronunciar a dupla negação, eu tenha querido expressar com ela um reforço da negação e não uma afirmação? Não há nenhuma resposta que diga: "Consistiu no fato de que...". Em vez de dizer "Essa duplicação queria expressar um reforço", posso *pronunciá-la, em certas circunstâncias,* como reforço. Em vez de dizer "A duplicação da negação quer expressar seu cancelamento", posso, por exemplo, inserir parênteses. – "Sim, mas esses parênteses podem, também eles, desempenhar diferentes papéis; pois quem é que diz que eles devem ser compreendidos como *parênteses*?". Ninguém. E você, com efeito, mais uma vez explicou sua compreensão por meio de palavras. O que significam os parênteses é algo que reside em sua técnica de aplicação. A questão é: Em que circunstâncias faz sentido dizer "Eu quis expressar..." e quais circunstâncias justificam que eu diga "Ele quis expressar..."?

---

* O material desse boxe já apareceu como itens (c) e (d) do boxe do parágrafo 138, posição que lhe foi indicada por uma nota à mão no TS 227a. Na primeira edição da obra, contudo, G. E. M. Anscombe e R. Rhees optaram por retirar esse material da posição original e reinseri-lo aqui. Nossa decisão de manter esses itens no boxe do parágrafo 138 já foi explicada em nota àquele boxe. No entanto, devido à evidente afinidade temática com a discussão do parágrafo 556, achamos adequado reproduzi-lo também aqui, no que seguimos a edição crítico-genética de J. Schulte (mas não a quarta edição revista por P. Hacker e J. Schulte). (N.T.)

**558.**

O que significa o fato de que, na frase "A rosa é vermelha", o "é" tem um significado diferente do que em "dois vezes dois é quatro"? Caso alguém responda que isso significa que valem diferentes regras para essas duas palavras, então se deve dizer que, aqui, temos somente *uma* palavra. – E caso eu leve em consideração apenas as regras gramaticais, então estas claramente permitem o emprego da palavra "é" em qualquer um dos dois contextos. – Contudo, a regra que mostra que a palavra "é" tem significados diferentes nessas duas frases é a mesma regra que permite substituir a palavra "é" pelo sinal de igualdade na segunda frase, e que proíbe essa substituição na primeira frase.

**559.**

Talvez se quisesse falar a respeito da função da palavra em *tal ou qual* frase. Como se a frase fosse um mecanismo no qual a palavra tivesse uma função determinada. Mas em que consiste essa função? Como ela vem à luz? Pois não há nada oculto, nós vemos a frase inteira! A função precisa se mostrar no decorrer do cálculo. ((Corpos de significado))

**560.**

"O significado da palavra é aquilo que a explicação do significado explica." Ou seja: se você quiser entender o uso da palavra "significado", então consulte o que se chama "explicação do significado".

## 561.

Mas não é então estranho que eu diga que a palavra "é" é usada com dois significados diferentes (como cópula e como sinal de igualdade), e não esteja disposto a dizer que seu significado é seu uso: a saber, como cópula e como sinal de igualdade?

Talvez se esteja disposto a dizer que esses dois tipos de uso não resultam em *um* significado; a unificação em palavras iguais seria um acaso inessencial.

## 562.

Mas como é que posso decidir o que é um traço essencial e o que é um traço inessencial, casual, da notação? Será então que há uma realidade por detrás da notação, pela qual sua gramática se orienta?

Consideremos um caso semelhante em um jogo: no jogo de damas, uma dama é caracterizada pelo fato de que colocamos duas peças uma sobre a outra. Será então que não diremos que é inessencial para o jogo que uma dama consista de duas peças?

## 563.

Digamos: o significado de uma peça é seu papel no jogo. – Bem, antes do início de cada partida de xadrez, decide-se por sorteio qual jogador ficará com as peças brancas. Para isso, um deles esconde em cada uma de suas mãos fechadas um rei, enquanto o outro escolhe aleatoriamente uma das duas mãos. Será que iremos contar entre os papéis do rei no xadrez o fato de que ele é empregado em tal sorteio?

## 564.

Estou inclinado então a distinguir, também nos jogos, entre regras essenciais e inessenciais. O jogo, gostaríamos de dizer, não tem apenas regras, mas também um *espírito característico*.

## 565.

Para que palavras iguais? Afinal, não fazemos nenhum uso dessa igualdade no cálculo! – Por que peças iguais para dois propósitos? – Mas o que significa, aqui, "fazer uso da igualdade"? Acaso então não é um uso se claramente usamos palavras iguais?

## 566.

Aqui é como se o uso de palavras iguais, de peças iguais, tivesse um *propósito* – caso a igualdade não seja casual, inessencial. E como se o propósito fosse ser capaz de reconhecer a peça e saber como se deve jogar. – Será que aqui se trata de uma possibilidade física ou de uma possibilidade lógica? Caso se trate da segunda, então a igualdade das peças claramente pertence ao jogo.

## 567.

Certamente o jogo deve ser determinado pelas regras! Assim, quando uma regra do jogo prescreve que, para o sorteio anterior à partida de xadrez, devem ser usados os reis, então isso pertence essencialmente ao jogo. O que se poderia objetar a isso? Que não se está vendo o ponto dessa prescrição. Talvez como quando também não se vê o ponto de uma regra segundo a qual cada peça deveria ser girada três vezes antes de ser movida. Caso encontrássemos essa regra em um jogo de tabuleiro, então nos espantaríamos e faríamos conjecturas sobre o propósito da regra. ("Será que essa prescrição deveria impedir que se jogasse irrefletidamente?")

### 568.

Se entendo corretamente o caráter do jogo – eu poderia dizer –, então isso não pertence essencialmente a ele.
(((O significado, uma fisionomia.))

### 569.

A linguagem é um instrumento. Seus conceitos são instrumentos. Imagine-se agora, por exemplo, que possa não fazer *grande* diferença *quais* conceitos nós empregamos. Assim como se pode estudar física, afinal de contas, tanto com pés e polegadas como com metros e centímetros; a diferença seria, com efeito, apenas uma questão de comodidade. Mas nem mesmo isso é verdade quando, por exemplo, cálculos em um sistema de medida exigem mais tempo e esforço do que podemos dispensar.

### 570.

Conceitos nos conduzem a investigações. Eles são a expressão do nosso interesse, e dirigem o nosso interesse.

### 571.

Um paralelo enganoso: A psicologia trata dos processos na esfera psíquica, do mesmo modo que a física trata dos processos na esfera física.

Ver, ouvir, pensar, sentir, querer não são objetos da psicologia *no mesmo sentido* que o movimento dos corpos, os fenômenos elétricos etc. são objetos da física. Percebe-se isso a partir do fato de que o físico vê, ouve esses fenômenos, reflete sobre eles, comunica-os para nós, ao passo que o psicólogo observa as *manifestações* (o comportamento) do sujeito.

### 572.

A expectativa é, gramaticalmente, um estado: assim como: ter uma opinião, ter uma esperança, saber algo, ser capaz de algo. Mas, para entender a gramática desses estados, é preciso perguntar: "O que conta como critério para que alguém se encontre nesse estado?". (Estado de dureza, de peso, de adequação.)

### 573.

Ter um ponto de vista é um estado. – Um estado do quê? Da alma? da mente? Bem, a respeito de quê dizemos que tem um ponto de vista? Do senhor N. N., por exemplo. E essa é a resposta correta.

Da resposta a essa pergunta ainda não se deve esperar nenhum esclarecimento. Perguntas que vão mais fundo são: O que é que consideramos, em casos específicos, como critérios para que uma pessoa tenha essa ou aquela opinião? Quando é que dizemos que a pessoa chegou a essa opinião em certo momento? E quando é que dizemos que ela mudou de opinião? E assim por diante. A imagem que nos é dada pelas respostas a essas perguntas mostra *o que*, aqui, é tratado gramaticalmente como *estado*.

### 574.

Uma frase – e portanto, em outro sentido, um pensamento – pode ser a 'expressão' de uma crença, de uma esperança, de uma expectativa etc. Mas crença não é pensamento. (Uma observação gramatical.) Os conceitos de crença, expectativa, esperança são menos heterogêneos entre si do que o são relativamente ao conceito de pensamento.

### 575.

Quando me sentei nesta cadeira, eu acreditava, evidentemente, que ela me aguentaria. Eu absolutamente não pensei que ela pudesse quebrar.

Porém: "Apesar de tudo o que ele fez, eu me mantive firme na crença de que...". Aqui se está pensando, e talvez se esteja lutando insistentemente para manter certa disposição.

### 576.

Eu vejo um rastilho de pólvora aceso, acompanho com grande tensão o avançar do fogo à medida que ele se aproxima dos explosivos. Talvez eu não pense em absolutamente nada, ou tenha uma porção de pensamentos desconexos. Este é, com certeza, um caso de expectativa.

### 577.

Dizemos "Estou esperando por ele" quando acreditamos que ele virá, mas não estamos *preocupados* com sua chegada. ("Estou esperando por ele" significaria aqui "Eu ficaria espantado se ele não viesse" – e isso não será chamado de descrição de um estado anímico.) Mas também dizemos "Estou esperando por ele" para dizer: Estou esperando ansiosamente por ele. Poderíamos imaginar uma linguagem que, nesses casos, usasse diferentes verbos de maneira consistente. E, do mesmo modo, que usasse mais do que um verbo ali onde falamos de 'acreditar', 'ter esperança' e assim por diante. Os conceitos dessa linguagem talvez fossem mais apropriados para uma compreensão da psicologia do que os conceitos da nossa linguagem.

### 578.

Pergunte-se: O que significa *acreditar* na conjectura de Goldbach? Em que consiste essa crença? Será que consiste em um sentimento de certeza quando pronunciamos, ouvimos ou pensamos nessa conjectura? (Isso não nos interessa.) E quais são os traços característicos desse sentimento? Eu realmente não sei até que ponto o sentimento pode ser evocado pela própria conjectura.

Será que devo dizer que a crença é uma tonalidade de cor do pensamento? De onde vem essa ideia? Bem, há uma entonação de crença assim como de dúvida.

Eu gostaria de perguntar: Como a crença engata nessa conjectura? Vejamos que consequências tem essa crença, aonde ela nos leva. "Ela me leva à busca de uma prova para essa conjectura." – Muito bem, agora vejamos em que sua busca realmente consiste! então saberemos o que se passa com a crença nessa conjectura.

**579.**

O sentimento de confiança. Como ele se manifesta no comportamento?

**580.**

Um 'processo interno' necessita de critérios externos.

**581.**

Uma expectativa está imersa na situação a partir da qual ela nasce. A expectativa de uma explosão pode nascer, por exemplo, de uma situação na qual *se deve esperar* uma explosão.

**582.**

Se, em vez de dizer "Eu espero a explosão a qualquer momento", alguém sussurra: "Vai estourar daqui a pouco", então suas palavras certamente não descrevem nenhum sentimento; embora essas palavras e seu tom possam ser uma manifestação de seu sentimento.

### 583.

"Mas você fala como se eu não estivesse realmente esperando, não tivesse realmente esperança *agora* – no momento em que acredito ter esperança. Como se o que acontece *agora* não tivesse um significado profundo." – O que quer dizer: "O que acontece agora tem significado" ou "tem um significado profundo"? O que é um sentimento *profundo*? Será que alguém poderia sentir internamente, por um segundo, amor ou esperança, – *independentemente* do que antecedeu esse segundo ou do que se segue a ele? — O que acontece agora tem significado – nesse contexto. O contexto lhe dá sua importância. E a expressão "ter esperança" se refere a um fenômeno da vida humana. (Uma boca risonha *ri* apenas em um rosto humano.)

### 584.

Caso eu agora me sente em meu quarto e tenha esperança de que N. N. chegará e me trará dinheiro, e se um minuto desse estado pudesse ser isolado e retirado de seu contexto: acaso então o que acontece nesse minuto não seria esperança? – Pense, por exemplo, nas palavras que talvez você pronuncie durante esse período. Agora elas já não pertencem a esta linguagem. E também não há, em outro contexto, o dinheiro como instituição.

A coroação de um rei é a imagem do esplendor e da dignidade. Retire de seu contexto um minuto desse evento: o rei, envolto em seu manto de coroação, recebe a coroa sobre a cabeça. – Em um outro contexto, porém, o ouro é o mais barato dos metais, e seu brilho é considerado vulgar. O tecido do manto, ali, é facilmente obtido. A coroa é a paródia de um chapéu respeitável. Etc.

### 585.

Quando alguém diz "Eu tenho esperança de que ele virá" – será que isso é um *relato* a respeito de seu estado anímico ou uma *manifestação* de sua esperança? – Posso dizê-lo, por exemplo, para mim mesmo. E certamente não faço relatos para mim mesmo. Pode ser um suspiro; mas não é preciso que seja um suspiro. Caso eu diga a alguém "Hoje não estou conseguindo manter meus pensamentos no trabalho; estou sempre pensando na chegada dele" – então *isso* será chamado de uma descrição do meu estado anímico.

### 586.

"Ouvi dizer que ele virá; estou esperando por ele o dia inteiro." Esse é um relato a respeito de como eu passei o dia. — Em uma conversação, eu chego à conclusão de que devo esperar determinado acontecimento, e extraio essa conclusão com as seguintes palavras: "Então agora devo esperar sua chegada". Pode-se chamar a isso o primeiro pensamento, o primeiro ato dessa espera. — O grito "Espero ansiosamente por ele!" pode ser chamado de um ato da espera. Posso, porém, pronunciar essas mesmas palavras como resultado de uma auto-observação, e nesse caso elas significariam mais ou menos o seguinte: "Depois de tudo o que aconteceu, eu ainda o espero com ansiedade". O que importa é: Como foi que se chegou a essas palavras?

### 587.

Será que faz sentido perguntar "Como você sabe que acredita

nisso?" – e será que a resposta é: "Eu o reconheço por meio de introspecção"?

Em *vários* casos será possível dizer algo assim, na maioria não.

Faz sentido perguntar: "Será que realmente a amo? Será que não me iludo quanto a isso?" e o processo de introspecção é a evocação de recordações; de imagens mentais de situações possíveis, e de sentimentos que se teria caso...

## 588.

"Estou remoendo a decisão de partir em viagem amanhã." (Pode-se chamar isso de a descrição de um estado de humor.) — "Suas razões não me convencem; eu continuo tendo a intenção de partir em viagem amanhã." Aqui se estaria tentado a chamar a intenção de um sentimento. O sentimento é o de uma certa rigidez; o de uma decisão inabalável. (Mas também aqui há muitos sentimentos característicos e posturas diferentes.) — Alguém me pergunta: "Por quanto tempo você vai ficar aqui?". Eu respondo: "Parto em viagem amanhã; minhas férias estão acabando". – Mas por outro lado: Eu digo, ao final de uma briga, "Pois muito bem; então parto em viagem amanhã!". Eu tomo uma decisão.

## 589.

"Em meu coração, estou decidido a fazer isso." E, em casos assim, também estamos inclinados a apontar para o peito. Esse modo de falar deve ser levado a sério do ponto de vista psicológico. Por que ele deveria ser levado menos a sério do que o enunciado de que a fé é um estado da alma? (Lutero: "A fé está sob o mamilo esquerdo".)

### 590.

Poderia ser o caso de que alguém aprendesse o significado da expressão "*querer dizer* seriamente o que se diz" por meio de um gesto indicando o coração. Mas então é preciso perguntar "Como se mostra que ele aprendeu?".

### 591.

Será que devo dizer que quem tem uma intenção experimenta uma tendência? Que há determinadas experiências associadas a tendências? – Lembre-se do seguinte caso: Quando, em uma discussão, queremos urgentemente fazer uma observação, uma objeção, acontece frequentemente de abrirmos a boca, inspirarmos fundo e segurarmos o ar; caso então decidamos deixar de lado a objeção, aí soltamos o ar. A experiência desse processo é evidentemente a experiência de uma tendência a falar. Uma pessoa que me observa irá reconhecer que eu queria dizer algo, mas então refleti e mudei de ideia. Especificamente *nessa* situação. – Em outra, ela não interpretaria meu comportamento dessa maneira, por mais característico que ele seja, na presente situação, da intenção de falar. E será que há alguma razão para supor que essa mesma experiência não poderia surgir em uma situação completamente diferente, – na qual ela não tem nada a ver com uma tendência?

### 592.

"Mas quando você diz 'Eu tenho a intenção de partir em viagem', então certamente está querendo dizer isso! Claramente, trata-se aqui mais uma vez do querer dizer mental, que anima a frase. Caso você meramente arremedasse a frase de outra pessoa, talvez para escarnecer do seu modo de falar, então você a diria sem esse querer dizer." – Quando filosofamos, então às vezes pode parecer assim. Mas pensemos em situações realmente *diferentes*, e em conversas, e em como aquela frase é pronunciada nelas! – "Eu sempre encontro um subtom mental; talvez nem sempre o *mesmo*." – E será que não havia nenhum subtom quando você arremedou a frase da outra pessoa? E como então separar o 'subtom' do resto da experiência de falar?

### 593.

Uma das causas principais das doenças filosóficas – uma dieta unilateral: alimenta-se o pensamento com apenas um tipo de exemplos.

### 594.

"Mas as palavras, quando pronunciadas significativamente, não têm apenas superfície, mas também uma dimensão de profundidade!" Claramente acontece algo diferente quando elas são pronunciadas significativamente e quando são meramente pronunciadas. – O modo como expresso isso não importa. Se digo que, no primeiro caso, elas têm profundidade; ou que ocorre algo em mim, em meu interior; ou que elas têm uma atmosfera – sempre dá no mesmo.

"Se todos nós concordamos nesse ponto, acaso então isso não será verdade?"

(Não posso aceitar o testemunho de outra pessoa, pois não se trata de *testemunho* algum. Ele apenas me diz o que ela está *inclinada* a dizer.)

## 595.

É natural para nós pronunciar a frase nesse contexto; e pouco natural pronunciá-la isoladamente. Será que devemos dizer: Há um determinado sentimento que acompanha todas as frases que, para nós, é natural pronunciar?

## 596.

O sentimento de 'familiaridade' e de 'naturalidade'. É mais fácil encontrar um sentimento de não-familiaridade e de não--naturalidade. Ou: *sentimentos*. Pois nem tudo que não nos é familiar produz em nós uma impressão de não-familiaridade. E aqui se deve refletir acerca do que chamamos de "não-familiar". Reconhecemos como tal uma pedra que vemos no caminho, mas talvez não como a pedra que sempre esteve ali. Um homem talvez como homem, mas não como um conhecido. Há sentimentos de completa familiaridade; sua manifestação é, às vezes, um piscar de olhos, ou então as palavras "O velho quarto!" (no qual morei por muitos anos, e agora reencontro inalterado). Do mesmo modo, há sentimentos de estranhamento: Eu paro de repente; vejo o objeto, ou o homem, de maneira inquisidora e desconfiada; digo "Tudo isso me é estranho". – Mas não é porque há esse sentimento de estranheza que se pode dizer: todo objeto que conhecemos bem e que não nos parece estranho nos dá um sentimento de familiaridade. – É como se quiséssemos dizer que o lugar antes ocupado pelo sentimento de estranheza precisasse ser ocupado *de algum modo*. O lugar para essa atmosfera está disponível, e se uma atmosfera não o ocupa, então outra o faz.

### 597.

Do mesmo modo que um alemão que fala bem inglês recai em germanismos, muito embora não comece pela expressão alemã para depois traduzi-la para o inglês; do mesmo modo, portanto, que ele fala inglês *como se traduzisse* 'inconscientemente' a partir do alemão, assim frequentemente é, para nós, como se houvesse na base do nosso pensamento – assim pensamos – um esquema de pensamento; como se traduzíssemos, a partir de um modo de pensar mais primitivo, para o nosso.

### 598.

Quando filosofamos, desejamos hipostasiar sentimentos onde não há sentimento algum. Eles servem para nos explicar nossos pensamentos.

'*Aqui* a explicação do nosso pensamento exige um sentimento!' É como se nossa convicção, motivada por essa exigência, a atendesse.

**599.**

Em filosofia, não são extraídas conclusões. "É certamente necessário que as coisas se passem assim!" não é uma proposição da filosofia. Ela apenas constata aquilo que todos concedem a ela.

**600.**

Será que tudo aquilo que não nos é conspícuo produz a impressão de inconspicuidade? Será que o que nos é habitual sempre produz a *impressão* de habitualidade?

**601.**

Quando falo a respeito dessa mesa, – será que me *lembro* de que esse objeto é chamado de "mesa"?

**602.**

Se alguém me pergunta "Será que você reconheceu sua escrivaninha quando entrou em seu quarto hoje pela manhã?" – então eu certamente direi "É claro!". E, não obstante, seria enganador dizer que, nesse caso, ocorreu um reconhecimento. A escrivaninha, evidentemente, não me era estranha; eu não fiquei surpreso ao vê-la, como ficaria se houvesse outra escrivaninha ali, ou um objeto insólito.

## 603.

Ninguém dirá que toda vez que entro em meu quarto, naquele ambiente com o qual estou acostumado há muito tempo, ocorre um reconhecimento de tudo aquilo que vejo e que já vi centenas de vezes.

## 604.

É fácil ter, a respeito do processo que chamamos de "reconhecimento", uma falsa imagem; como se o reconhecimento sempre consistisse em comparar duas impressões uma com a outra. É como se eu trouxesse comigo uma imagem de um objeto e depois identificasse um objeto como aquele que a imagem representa. Nossa memória nos parece, assim, intermediar uma comparação, ao nos preservar uma imagem do que vimos antes ou ao nos permitir (como por meio de uma luneta) observar o passado.

## 605.

E não é tanto como se eu comparasse o objeto com uma imagem que está a seu lado, mas como se ele fosse *recoberto* pela imagem. Eu vejo, portanto, apenas uma coisa, não duas.

## 606.

Nós dizemos "A expressão da sua voz era *sincera*". Caso ela fosse insincera, então pensamos que há, por assim dizer, uma outra por trás dela. – Exteriormente ele mostra *esse* rosto, mas interiormente, um outro. – Porém, isso não significa que, caso sua expressão fosse *sincera*, ele mostraria dois rostos iguais.

(("Uma expressão bastante específica"))

## 607.

Como estimamos que horas são? Mas não, quero dizer, a partir de pontos de referência externos, a posição do Sol, a claridade no quarto, e coisas semelhantes. – Perguntamo-nos talvez "Que horas devem ser agora?", detemo-nos por um momento, colocamo-nos talvez diante do mostrador do relógio, e então pronunciamos uma hora qualquer. – Ou consideramos diversas possibilidades; pensamos em *certa* hora, depois em outra, e finalmente nos decidimos por uma. Acontecem coisas assim, e outras semelhantes. — Mas será que aquilo que me ocorre não é acompanhado por um sentimento de convicção; e será que isso não quer dizer que aquilo que me ocorre concorda então com um relógio interno? – Não, eu não leio as horas em relógio algum; há um sentimento de convicção ali apenas na medida em que digo para mim mesmo uma hora *sem* a sensação de dúvida, com calma e certeza. – Mas será que não há algo que se encaixa quando informo essas horas? – Nada que eu saiba; a não ser que você chame assim a escolha final de um número, a calma que vem depois da reflexão. Aliás, eu jamais teria falado aqui de um 'sentimento de convicção'; o que eu teria dito é: eu refleti por algum tempo e então me decidi por cinco e quinze. – Com base em que, porém, eu me decidi? Talvez eu dissesse: "com base meramente no sentimento"; isso significa apenas: eu cedi àquilo que me ocorreu. — Mas ao menos você precisou se colocar em certo estado ao estimar as horas; e você não toma qualquer informação das horas que lhe venha à mente como a informação da hora certa! – Como dito: eu havia me *perguntado* "Que horas podem ser agora?". Ou seja, eu não li essa pergunta, por exemplo, em uma história; nem a citei como algo que outra pessoa disse; nem estava me exercitando na pronúncia dessas palavras; e assim por diante. Não foi *nessas* circunstâncias que falei as palavras. – Mas em *quais* circunstâncias, então? – Eu estava pensando no meu café da manhã, e se hoje o tomaria mais tarde. As circunstâncias eram desse tipo. – Mas será que você realmente não vê que estava em um estado característico, ainda que intangível, para a estimativa das horas, por assim dizer, em uma atmosfera característica? – Sim, o que era característico foi que eu me perguntei "Que horas podem ser agora?". – E caso essa frase tenha uma determinada atmosfera, – como é que eu poderia separar a atmosfera da frase ela mesma? Jamais teria me ocorrido que a frase tivesse um tal halo, caso eu não tivesse pensado que outras pessoas poderiam dizê-la também de modo diferente – como citação, em um gracejo, como um exercício de fala etc. E foi *então* que de repente eu tive vontade de dizer, foi então que de repente me pareceu que eu precisava ter *querido dizer* as palavras de algum modo especial; a saber, de um modo diferente do que em todos aqueles outros casos. A imagem de uma atmosfera especial se impôs a mim; eu a vejo distintamente diante de mim – ao menos enquanto não vejo aquilo que, de acordo com minhas recordações, realmente aconteceu.

E no que se refere ao sentimento de certeza: às vezes digo a mim mesmo "Tenho certeza de que são ... horas", e em tons de voz que expressam maior ou menor certeza etc. Caso você me peça a *razão* para essa certeza, então não tenho nenhuma.

Quando digo: eu li as horas em um relógio interno, – então essa é uma imagem que corresponde apenas ao fato de que eu dei essa informação das horas. E o propósito da imagem é assimilar esse caso ao outro. Eu me recuso a reconhecer a diferença entre os dois casos.

**608.**

A ideia de intangibilidade daquele estado mental ao estimar as horas é da maior importância. Por que ele é *intangível*? Será que não é porque nós nos negamos a incluir, no estado específico que postulamos, aquilo que é tangível em nosso estado?

**609.**

A descrição de uma atmosfera é uma aplicação específica da linguagem, para propósitos específicos.
 ((Interpretar a 'compreensão' como atmosfera; como um ato anímico. Para todas as coisas se pode construir uma atmosfera. 'Um caráter indescritível'.))

**610.**

Descreva o aroma do café! – Por que não dá para fazer isso? Será que nos faltam as palavras? E faltam palavras *para quê*? – De onde vem, porém, o pensamento de que uma tal descrição deveria ser possível? Será que alguma vez já lhe fez falta uma tal descrição? Será que você tentou descrever o aroma e fracassou?
 ((Eu gostaria de dizer "Esses sons estão dizendo algo magnífico, mas eu não sei o quê". Esses sons são um gesto poderoso, mas eu não consigo compará-los a nada que os explique. Um aceno de cabeça grave e profundo. James: "Faltam-nos as palavras". Por que então não as introduzimos? Qual precisaria ser o caso para que pudéssemos fazer isso?))

**611.**

"Também o querer é apenas uma experiência", talvez se quisesse dizer (também a 'vontade', apenas 'representação'). Ele vem quando vem, e não consigo produzi-lo.
    Não consigo produzi-lo? – Como *o quê*? O que então eu consigo produzir? Com o que estou comparando o querer quando digo isso?

**612.**

Eu não diria, por exemplo, a respeito do movimento do meu braço, que ele vem quando vem etc. E esse é o domínio no qual faz sentido dizer que algo não nos ocorre simplesmente, mas que nós o *fazemos*. "Eu não preciso esperar até que meu braço se levante, – eu consigo levantá-lo." E aqui eu contrasto o movimento do meu braço com o fato, digamos, de que o violento bater do meu coração se acalmará.

**613.**

No sentido em que chego a conseguir produzir algo (por exemplo, dor de estômago ao comer excessivamente), também consigo produzir o querer. Nesse sentido, produzo o querer-nadar ao pular na água. Eu bem que gostaria de dizer: eu não conseguiria querer o querer; ou seja, não faz sentido falar do querer-querer. "Querer" não é o nome de uma ação e, portanto, também não é o nome de nenhuma ação voluntária. E minha expressão incorreta veio do fato de que se quer pensar o querer como um produzir imediato, não-causal. Na base dessa ideia, porém, há uma analogia enganosa; o nexo causal parece ser criado por um mecanismo que conecta duas peças de uma máquina. A conexão pode se desfazer caso o mecanismo seja perturbado. (Pensa-se apenas nas perturbações às quais um mecanismo está normalmente submetido; não na situação, por exemplo, em que as rodas dentadas se tornam subitamente flácidas ou atravessam umas as outras etc.)

### 614.

Quando eu movo 'voluntariamente' meu braço, não me sirvo de um meio para produzir o movimento. Também o meu desejo não é um meio desse tipo.

### 615.

"O querer, se não deve ser considerado como um tipo de desejar, precisa ser o próprio agir. Ele não deve se deter em um ponto anterior ao agir." Se ele é o agir, então o é no sentido usual da palavra; portanto: falar, escrever, andar, levantar alguma coisa, imaginar alguma coisa. Mas também: intentar, tentar, esforçar-se – para falar, para escrever, para levantar alguma coisa, para imaginar alguma coisa etc.

### 616.

Ao levantar meu braço, eu *não* desejei que ele se levantasse. A ação voluntária exclui esse desejo. Pode-se, contudo, dizer: "Eu espero traçar o círculo sem nenhum erro". E, com isso, expressa-se o desejo de que a mão se mova de tal e tal maneira.

**617.**

Se fechamos nossos dedos de certa maneira específica, então às vezes não somos capazes de mexer um dedo determinado quando alguém nos pede, caso aquele que pede simplesmente *indique* o dedo – simplesmente o indique para nossos olhos. Ao contrário, quando ele o toca, então conseguimos mexê-lo. Talvez se quisesse descrever essa experiência assim: não somos capazes de *querer* mexer o dedo. Esse caso é totalmente diferente daquele em que não somos capazes de mexer o dedo porque, por exemplo, alguém o está segurando. Talvez se fique agora tentado a descrever o primeiro caso assim: a pessoa não consegue encontrar nenhum ponto de apoio para a vontade antes que seu dedo seja tocado. Apenas depois de senti-lo, a vontade consegue saber onde tem de se apoiar. – Mas esse modo de expressão é enganoso. Talvez se quisesse dizer: "Como então devo saber onde tenho de colocar a vontade nos casos em que a sensação não indica o lugar?". Porém, quando a sensação está presente, como é que se sabe para onde tenho de inclinar a vontade?

Que nesse caso, por assim dizer, o dedo esteja paralisado antes que sintamos um toque nele, isso é o que a experiência mostra; não podia ser percebido a priori.

**618.**

Aqui, imagina-se o sujeito da vontade como algo sem massa (sem inércia); como um motor que não precisa superar, em si mesmo, nenhuma resistência inercial. E que, portanto, é apenas movente, e não movido. Ou seja: Pode-se dizer "Eu quero, mas o meu corpo não me obedece" – mas não: "Minha vontade não me obedece". (Agostinho)

Mas no sentido em que não consigo fracassar ao querer, também não consigo tentar querer.

**619.**

E se poderia dizer: "É apenas na medida em que sempre posso *querer* que nunca posso tentar querer".

**620.**

O *agir* ele próprio parece não possuir nenhum volume de experiência. Ele parece ser um ponto sem extensão, a ponta de uma agulha. Essa ponta parece ser o verdadeiro agente. E o que acontece no campo fenomênico, apenas a consequência desse agir. "Eu *ajo*" parece ter um sentido determinado, destacado de toda experiência.

**621.**

Mas não nos esqueçamos de uma coisa: quando 'eu levanto meu braço', meu braço se levanta. E surge o problema: o que é isso que sobra quando subtraio, do fato de que eu levanto meu braço, o fato de que meu braço se levanta?
((Será então que as sensações sinestésicas são o meu querer?))

**622.**

Quando levanto meu braço, normalmente não *tento* levantá-lo.

### 623.

"Eu quero chegar a essa casa a todo custo." Mas quando não há nenhuma dificuldade aí, – será que *consigo* pretender chegar a essa casa a todo custo?

### 624.

Em um laboratório, digamos sob a influência de correntes elétricas, alguém diz, com os olhos fechados, "Estou movimentando meu braço para cima e para baixo" – embora o braço não esteja se movendo. "Ele tem, portanto, a sensação específica desse movimento", dizemos. – Mova seu braço, com os olhos fechados, de um lado para o outro. E agora tente, enquanto faz isso, se convencer de que o braço está parado, e de que você tem apenas certas sensações estranhas nos músculos e nas articulações!

### 625.

"Como é que você sabe que levantou seu braço?" – "Eu sinto isso." Será então que isso que você reconhece é a sensação? E você tem certeza de que a reconhece corretamente? – Você tem certeza de que levantou seu braço. Será que esse não é o critério, a medida, do reconhecimento?

### 626.

"Quando toco esse objeto com uma vara, tenho a sensação tátil na ponta da vara, não na mão que a segura." Se alguém diz "Eu não tenho dor aqui na mão, mas no pulso", então a consequência é que o médico examina o pulso. Que diferença faz, porém, se digo que sinto a dureza do objeto na ponta da vara ou na mão? Será que o que digo significa: "É como se eu tivesse terminações nervosas na ponta da vara"? *Em que medida* esse é o caso? – Bem, de toda forma estou inclinado a dizer "Eu sinto a dureza etc. na ponta da vara". E conectado a isso está o fato de que, ao tocar o objeto, eu não olho para minha mão, e sim para a ponta da vara; de que descrevo o que sinto com as palavras "Sinto ali algo duro, redondo" – e não com as palavras "Sinto uma pressão contra a ponta do polegar, do dedo médio e do indicador...". Se alguém me perguntasse algo como "O que você está sentindo agora nos dedos que seguram a sonda?", então eu poderia lhe responder: "Eu não sei — eu sinto *ali* algo duro, áspero".

### 627.

Considere a seguinte descrição de uma ação voluntária: "Eu tomo a decisão de soar o sino às 5 horas; e quando batem 5 horas, meu braço então faz esse movimento". – Será que essa é a descrição correta, e não *esta*: "... e quando batem 5 horas, eu levanto meu braço"? — Talvez se quisesse complementar a primeira descrição assim: "e veja só! meu braço se levanta quando batem 5 horas". E esse "veja só" é precisamente o que se deixa de lado aqui. Eu *não* digo: "Veja, meu braço está se levantando!" quando eu o levanto.

### 628.

Então se poderia dizer: o movimento voluntário é caracterizado pela ausência do espanto. E agora não quero que se pergunte "Mas *por que* não nos espantamos aqui?".

### 629.

Quando as pessoas falam a respeito da possibilidade de um conhecimento antecipado do futuro, elas sempre esquecem o fato de que prevemos os movimentos voluntários.

### 630.

Considere os seguintes dois jogos de linguagem:

a) Alguém dá, a outra pessoa, a ordem de fazer determinados movimentos com o braço ou de assumir determinadas posições corporais (professor de ginástica e alunos). E uma variante desse jogo de linguagem é a seguinte: O aluno dá ordens a si mesmo e então as executa.

b) Alguém observa certos processos regulares – por exemplo, as reações de diferentes metais a ácidos – e faz, a partir disso, previsões acerca das reações que, em determinados casos, ocorrerão.

Existe um evidente parentesco entre esses dois jogos de linguagem, e também certa diferença fundamental. Em ambos, as palavras pronunciadas poderiam ser chamadas de "previsões". Compare, porém, o treinamento que leva à primeira dessas técnicas ao treinamento que leva à segunda!

### 631.

"Agora eu vou ingerir duas cápsulas; e meia hora depois eu vou vomitar." – Eu não explico nada se digo que, no primeiro caso, eu sou o agente e, no segundo, simplesmente o observador. Ou: no primeiro caso, que eu veria o nexo causal de dentro, e no segundo, de fora. E muitas coisas semelhantes.

Também não vem ao caso dizer que uma previsão do primeiro tipo é tão pouco infalível quanto uma previsão do segundo tipo.

Não foi com base em observações do meu comportamento que eu disse que agora iria ingerir duas cápsulas. Os antecedentes dessa frase eram outros. Eu me refiro aos pensamentos, ações etc. que levam até ela. E apenas conduziria a equívocos dizer: "O único pressuposto essencial da sua manifestação foi, justamente, a sua decisão".

## 632.

Eu não quero dizer: no caso da manifestação de vontade "Eu vou ingerir algumas cápsulas", a previsão é a causa – e sua realização, o efeito. (Uma investigação fisiológica talvez pudesse decidir isso.) Ao menos o seguinte, porém, é verdade: Frequentemente, podemos prever a ação de uma pessoa a partir da manifestação de sua decisão. Um jogo de linguagem importante.

## 633.

"Você foi interrompido agora há pouco; você ainda sabe o que queria dizer?" – Se eu ainda sei e o digo – será que isso significa que eu já havia pensado antes no que queria dizer, e apenas não o havia dito? Não. A não ser que você trate a certeza com a qual eu continuo a frase interrompida como critério para o fato de que o pensamento já estava pronto desde antes. – Mas é claro que todas as coisas possíveis que me ajudam a continuar aquela frase já estavam contidas na situação e nos meus pensamentos.

### 634.

Caso eu continue a frase interrompida e diga que, naquele momento, eu teria querido continuá-la *assim*, então isso é semelhante a quando eu desenvolvo uma linha de raciocínio consultando algumas anotações.

E acaso então eu não *interpreto* essas anotações? Será que apenas *uma* continuação era possível naquelas circunstâncias? Certamente não. Mas eu não *escolhi* entre essas interpretações. Eu me *recordei*: de que queria dizer aquilo.

### 635.

"Eu queria dizer..." – Você se recorda de diversos detalhes. Mas nem todos eles juntos mostram essa intenção. É como se tivesse sido registrada a imagem de uma cena, mas só se pudessem ver dela alguns poucos detalhes esparsos; aqui uma mão, ali o pedaço de um rosto, ou um chapéu, – o resto está escuro. E agora é como se eu soubesse, com grande certeza, o que a imagem inteira representa. Como se eu pudesse ler a escuridão.

### 636.

Esses 'detalhes' não são irrelevantes no sentido em que são irrelevantes outras circunstâncias, das quais eu posso igualmente me lembrar. Mas a pessoa para quem eu comunico "Por um momento eu quis dizer..." não fica sabendo, com isso, esses detalhes e também não precisa adivinhá-los. Por exemplo, ela não precisa saber que eu já havia aberto a boca para falar. Ela *pode*, porém, 'imaginar em detalhes' o que se passou. (E essa capacidade faz parte da compreensão do que eu comuniquei.)

## 637.

"Eu sei exatamente o que eu queria dizer!" E, no entanto, eu não o disse. – E também não o leio a partir de nenhum outro processo que ocorreu antes e que está na minha lembrança.

E tampouco *interpreto* a situação daquele momento e sua história pregressa. Pois eu não reflito a seu respeito nem a julgo.

## 638.

Mas como então acontece de eu, apesar disso, estar inclinado a ver aí uma interpretação quando digo "Por um momento eu quis enganá-lo"?

"Como é que você pode ter certeza de que, por um momento, quis enganá-lo? Será que as ações e pensamentos que você teve não eram demasiado rudimentares?"

Será então que não é possível que a evidência seja demasiado escassa? Sim, quando vamos atrás dela, ela parece extraordinariamente escassa; mas será que isso não é assim porque deixamos de considerar a história dessa evidência? Se, por um momento, tive a intenção de simular para outra pessoa um mal-estar, isso exigia uma história pregressa.

Será que aquele que diz "Por um momento..." realmente descreve apenas um processo momentâneo?

Mas nem mesmo a história inteira era a evidência com base na qual eu disse "Por um momento...".

## 639.

O que tenho em mente, poder-se-ia dizer, *se desenvolve*. Mas também aí há um erro.

## 640.

"Esse pensamento se concatena com pensamentos que tive anteriormente." – Como ele faz isso? Será que por meio de um *sentimento* de concatenação? Mas como é que o sentimento pode efetivamente concatenar os pensamentos? – A palavra "sentimento" é desencaminhadora aqui. Mas às vezes é possível dizer com certeza "Esse pensamento se conecta àqueles pensamentos anteriores", sem que, no entanto, sejamos capazes de mostrar a conexão. Talvez mais tarde consigamos fazer isso.

## 641.

"Caso eu tivesse dito as palavras 'Agora eu quero enganá-lo', nem por isso eu teria mais certeza quanto à minha intenção." – Mas caso você tivesse dito essas palavras, será que não precisaria tê-las querido dizer totalmente a sério? (Assim, portanto, mesmo a mais explícita expressão da intenção não é, sozinha, evidência suficiente da intenção.)

## 642.

"Naquele momento eu o odiei" – o que aconteceu aí? Será que isso não consistia em pensamentos, sentimentos e ações? E caso eu repassasse para mim mesmo aquele momento, eu faria determinada expressão facial, pensaria em certos acontecimentos, respiraria de determinada maneira, produziria em mim certos sentimentos. Eu poderia imaginar um diálogo, toda uma cena, na qual esse ódio se inflamaria. E isso poderia ser encenado por mim com sentimentos que se aproximariam de um caso real. Nessa ocasião, o fato de que eu realmente vivi algo semelhante evidentemente me ajudará.

### 643.

Se agora eu me envergonho desse caso, eu me envergonho de todas as coisas: das palavras, do tom venenoso etc.

### 644.

"Eu não me envergonho do que fiz naquele momento, mas da intenção que tive." – E será que a intenção não residia *também* naquilo que fiz? O que justifica a vergonha? Toda a história daquele caso.

### 645.

"Por um momento eu quis..." Ou seja, tive determinado sentimento, determinada experiência interna; e me lembro disso. — E agora lembre-se *com absoluta precisão*! Então a 'experiência interna' do querer parece outra vez desaparecer. Em vez disso, lembramo-nos de pensamentos, sentimentos, movimentos, e também de conexões com situações anteriores.

É como se tivéssemos alterado os ajustes de um microscópio, e o que agora está em foco é algo que não víamos antes.

## 646.

"Bem, isso apenas mostra que você ajustou o microscópio incorretamente. Você deveria observar uma determinada camada do preparado, mas está vendo outra."

Há algo de correto aí. Mas suponha que eu me lembrasse (usando um determinado ajuste das lentes) de *uma* sensação; o que me permite dizer que essa sensação é o que chamo de "intenção"? Poderia acontecer de que determinada coceira (por exemplo) acompanhasse todas as minhas intenções.

## 647.

Qual é a expressão natural de uma intenção? – Observe um gato que se aproxima furtivamente de um pássaro; ou um animal que quer fugir.

((Conexão com frases acerca de sensações.))

## 648.

"Eu já não me lembro das minhas palavras, mas me lembro precisamente da minha intenção: eu queria acalmá-lo com minhas palavras." O que é que minha lembrança me *mostra*; o que é que ela coloca diante de minha alma? Bem, e se ela não fizesse outra coisa senão me fornecer essas palavras! e talvez algumas outras que representam a situação com ainda maior precisão. –

("Eu já não me lembro de minhas palavras, mas sim do espírito das minhas palavras.")

## 649.

"Quer dizer então que quem não aprendeu nenhuma linguagem não pode ter certas lembranças?" Evidentemente, – ele não pode ter lembranças linguísticas, desejos ou temores linguísticos etc. E lembranças etc. na linguagem não são meramente representações desbotadas das *verdadeiras* experiências; pois acaso o que é linguístico não é uma experiência?

## 650.

Nós dizemos que o cachorro teme que seu dono vá lhe bater; mas não que: ele teme que seu dono vá lhe bater amanhã. Por que não?

## 651.

"Eu me lembro de que, naquele momento, gostaria de ter ficado ainda mais um pouco." – Qual imagem desse anseio aparece em minha alma? Absolutamente nenhuma. Aquilo que vejo diante de mim em minha lembrança não permite chegar a nenhuma conclusão a respeito de meus sentimentos. E, não obstante, eu me lembro muito distintamente de que eles estavam presentes.

## 652.

"Ele o mediu com olhar hostil e disse..." O leitor da história entende isso; ele não tem nenhuma dúvida em sua alma. Agora você diz: "Bem, ele acrescenta mentalmente o significado, ele o adivinha". – De maneira geral: Não. De maneira geral, ele não acrescenta nada mentalmente, não adivinha nada. – No entanto, também é possível que o olhar hostil e as palavras depois se mostrem um fingimento, ou que o leitor seja mantido em dúvida a respeito de se elas são ou não um fingimento. E que, então, ele realmente tente adivinhar uma possível interpretação. – Mas então ele tenta adivinhar, acima de tudo, baseado em um contexto. Ele diz para si próprio, talvez: as duas pessoas que aqui se comportam com tamanha animosidade na verdade são amigas etc. etc.

(("Se você quer entender a frase, você precisa imaginar o significado anímico, os estados anímicos, que a acompanham."))

## 653.

Pense no seguinte caso: Eu digo a alguém que percorri determinado caminho de acordo com um mapa que eu havia elaborado previamente. Ao fazer isso, mostro-lhe esse mapa, que consiste de traços sobre uma folha de papel; mas não consigo explicar em que medida esses traços são o mapa da minha caminhada, não consigo lhe indicar nenhuma regra a partir da qual interpretar o mapa. Apesar disso, eu segui aquele desenho com todos os sinais característicos de estar lendo um mapa. Eu poderia chamar um desenho assim de um mapa 'privado'; ou poderia chamar o fenômeno que descrevi de: "seguir um mapa privado". (Mas essa expressão, é claro, poderia ser facilmente compreendida de modo equivocado.)

Será que agora eu poderia dizer: "É como se eu estivesse lendo, a partir de um mapa, o fato de que naquele momento eu queria agir de tal e tal maneira, embora não haja ali nenhum mapa"? Mas isso realmente não significa nada além de: *Agora eu estou inclinado a dizer*: "Eu leio a intenção de agir assim em certos estados anímicos dos quais me lembro".

## 654.

Nosso erro é procurar por uma explicação ali onde deveríamos ver os fatos como 'fenômenos originários'. Ou seja, ali onde deveríamos dizer: *esse é o jogo de linguagem que está sendo jogado.*

## 655.

Não se trata da explicação de um jogo de linguagem por meio de nossas experiências, mas da constatação de um jogo de linguagem.

## 656.

*Para que* digo a alguém que eu tive anteriormente tal ou qual desejo? – Olhe para o jogo de linguagem como aquilo que é *primário*! E para os sentimentos etc. como um modo de ver o jogo de linguagem, como uma interpretação dele!

Poder-se-ia perguntar: Como foi que os homens chegaram a elaborar uma manifestação linguística que chamamos de "relato de um desejo passado" ou de uma intenção passada?

**657.**

Imaginemos que essa manifestação sempre tomasse a seguinte forma: "Eu disse a mim mesmo: 'ah, se eu pudesse ficar mais um pouco!'". O propósito de comunicar algo assim poderia ser o de dar a conhecer aos outros minhas reações. (Compare a gramática de *meinen* [querer dizer] com a de *vouloir dire* [querer dizer].)\*

**658.**

Imagine que sempre expressássemos a intenção de uma pessoa dizendo: "É como se ele dissesse para si mesmo 'Eu quero...'". – Essa é a imagem. E agora eu quero saber: Como é que se emprega a expressão "é como se ele dissesse algo para si mesmo"? Pois ela não significa: dizer algo para si mesmo.

**659.**

Por que quero comunicar a ele, além daquilo que fiz, também uma intenção? – Não porque a intenção seja algo que também ocorreu naquele momento. Mas sim porque quero lhe comunicar algo a *meu* respeito, algo que vai além do que aconteceu naquele momento.

Eu exponho a ele o meu interior quando digo o que eu queria fazer. – Não, porém, com base em uma auto-observação, mas sim por meio de uma reação (também se poderia chamar isso de uma intuição).

---

\* Deixamos aqui o verbo *meinen* e a locução verbal *vouloir dire* nas línguas originais, respectivamente alemão e francês. Para esclarecimentos, ver entrada de *meinen* no Vocabulário crítico ao fim desta edição. (N.T.)

## 660.

A gramática da expressão "Naquele momento eu queria dizer..." é aparentada à da expressão "Naquele momento eu teria podido continuar".

Em um caso, a lembrança de uma intenção; no outro, de uma compreensão.

## 661.

Eu me lembro de que queria me referir a *ele*.\* Acaso me lembro de um processo ou de um estado? – Quando foi que ele começou; como ele transcorreu; etc.?

## 662.

Em uma situação ligeiramente diferente, em vez de fazer em silêncio um gesto com o dedo, ele teria dito a alguém "Peça a N. que me procure". Pode-se então dizer que as palavras "Eu queria que N. me procurasse" descrevem o estado da minha alma naquele momento, mas pode-se também *não* dizer isso.

---

\* Daqui até o parágrafo 691, traduzimos o verbo *meinen* consistentemente como "querer se referir" (a única exceção ocorre no parágrafo 677, em que ele aparece como "querer dizer"). Ao longo do livro, a tradução mais frequente para esse verbo foi "querer dizer". O leitor deve ficar atento, então, para a unidade da discussão wittgensteiniana, mantendo em mente que tanto "querer se referir" como "querer dizer" são a tradução de um mesmo verbo. Para mais detalhes, consultar o verbete *meinen* do Vocabulário crítico. (N.T.)

### 663.

Quando digo "Eu queria me referir a *ele*", uma imagem pode muito bem me vir à mente, talvez a imagem de como eu o via etc.; mas ela é meramente como uma ilustração de uma história. A partir exclusivamente dela, na maioria dos casos não seria possível concluir absolutamente nada; apenas quando se conhece a história sabe-se o que fazer com a imagem.

### 664.

Seria possível distinguir, no uso de uma palavra, uma 'gramática superficial' de uma 'gramática profunda'. Aquilo que imediatamente se grava em nós no uso de uma palavra é o modo como ela é empregada na *estrutura da frase*, a parte de seu uso – poderíamos dizer – que se pode captar com o ouvido. — E agora compare a gramática profunda da expressão "querer se referir", por exemplo, com aquilo que sua gramática superficial nos faria supor. Não é surpresa alguma, então, que achemos difícil nos orientar aqui.

### 665.

Imagine que uma pessoa apontasse para a própria bochecha, fazendo expressão facial de dor, e dissesse "abracadabra!". – Perguntamos "A que você quer se referir?". E ela responde "Eu queria me referir à dor de dente". – Você pensa imediatamente: Como é que se pode '*querer se referir* à dor de dente' com aquela palavra? Ou, o que então *significaria*: *querer se referir* à dor com tal palavra? E ainda assim você teria afirmado, em outro contexto, que a atividade mental de *querer se referir* a tal e tal coisa é justamente o que há de mais importante no uso da linguagem.

Mas como assim, – será então que não posso dizer "Com 'abracadabra' quero me referir à dor de dente"? É claro; mas isso é uma definição; não é uma descrição daquilo que ocorre em mim ao pronunciar a palavra.

**666.**

Imagine que você está com dor e, ao mesmo tempo, ouve a seu lado o som de um piano. Você diz "Daqui a pouco vai parar". Certamente faz diferença se você quer se referir à dor ou ao som do piano! – É claro; mas em que consiste essa diferença? Eu concedo: em muitos casos, o que corresponderá ao ato querer se referir é um direcionamento da atenção, mas frequentemente também um olhar, um gesto ou um fechar de olhos que se poderia chamar de um "olhar-para-dentro".

**667.**

Imagine que alguém simula ter dor e então diz "Daqui a pouco vai passar". Será que não se pode dizer que ele quer se referir à dor? e, no entanto, ele não concentra sua atenção em nenhuma dor. – E se finalmente eu disser "A dor já parou"?

**668.**

Mas será que também não podemos mentir quando dizemos "Daqui a pouco vai parar", querendo nos referir à dor, – mas à pergunta "A que você queria se referir?" dar como resposta: "Ao barulho no quarto ao lado"? Em casos desse tipo, dizemos, por exemplo: "Eu queria responder..., mas refleti melhor e respondi...".

### 669.

Quando falamos, podemos nos referir a um objeto apontando para ele. O apontar é, aqui, uma parte do jogo de linguagem. Parece-nos então que, para falar de uma sensação, direcionamos nossa atenção para ela durante a fala. Mas onde está a analogia? Ela evidentemente reside no fato de que podemos apontar para algo por meio do *olhar* e do *escutar*.

Mas é claro que, em certas circunstâncias, *apontar* para o objeto do qual se fala também pode ser completamente inessencial para o jogo de linguagem, para o pensamento.

### 670.

Imagine que você telefona para alguém e diz: "Esta mesa é muito alta", enquanto aponta com o dedo para a mesa. Que papel o apontar desempenha aqui? Será que posso dizer: eu *quero me referir* à mesa em questão ao apontar para ela? Para que esse apontar, e para que essas palavras e o que quer que as possa acompanhar?

### 671.

E para o que é que aponto, então, por meio da atividade interna do escutar? Será que para o som que chega ao meu ouvido, e para o silêncio quando não ouço *nada*?

O escutar *procura*, por assim dizer, uma impressão auditiva e, por isso, não pode apontar para ela, mas somente para o *lugar* onde a procura.

**672.**

Se a disposição receptiva for chamada de um 'apontar' para algo, – então não se trata de um apontar para a sensação que assim obtemos.

**673.**

A disposição mental não '*acompanha*' a palavra no mesmo sentido que um gesto a acompanha. (Do mesmo modo que alguém pode viajar sozinho, mas acompanhado dos meus votos de boa viagem, e que um espaço pode estar vazio, mas inundado de luz.)

**674.**

Será que alguém diz, por exemplo: "Na verdade, agora eu não queria me referir à minha dor; eu não estava prestando suficiente atenção a ela"? Será, talvez, que pergunto a mim mesmo: "A que então eu queria me referir agora com essa palavra? minha atenção estava dividida entre a minha dor e o barulho –"?

**675.**

"Diga, o que se passava em você quando pronunciou as palavras...?" – A resposta a isso não é "Eu queria me referir a...."!

### 676.

"Com aquela palavra, eu queria me referir a *isso*" é uma comunicação empregada de modo diferente da comunicação de uma afecção da alma.

### 677.

Por outro lado: "Quando praguejou agora há pouco, você realmente queria dizer aquilo?". Isso significa tanto quanto: "Você estava realmente bravo naquele momento?". – E a resposta pode ser dada com base em uma introspecção, e frequentemente é deste tipo: "Eu não quis dizer aquilo muito a sério", "Eu quis dizer aquilo um pouco de brincadeira" etc. Há aqui diferenças de grau.

E, contudo, também se diz: "Ao dizer aquelas palavras, eu estava pensando um pouco nele".

### 678.

Em que consiste aquele querer se referir (à dor ou ao som do piano)? Não se chega a nenhuma resposta – pois as respostas que se oferecem a nós num primeiro momento não servem para muita coisa. – "E, não obstante, naquele momento eu *queria me referir* a um, não ao outro." Sim, – agora você apenas repetiu enfaticamente uma frase que de fato ninguém questionou.

### 679.

"Mas será que você pode ter dúvidas de que queria se referir *àquilo*?" – Não; mas tampouco posso ter certeza disso, saber isso.

**680.**

Quando você me diz que, ao praguejar, queria se referir a N., então me será indiferente se, naquela ocasião, você olhou para uma imagem dele, ou se o imaginou, pronunciou seu nome etc. As conclusões que me interessam acerca daquele fato não têm nada a ver com isso. Por outro lado, porém, poderia acontecer de alguém me explicar que o praguejar só *funciona* quando se imagina claramente a pessoa ou se pronuncia seu nome em voz alta. Mas não se diria "Depende do modo como o praguejador *quer se referir* à sua vítima".

**681.**

É claro que também não perguntamos: "Você tem certeza de que praguejou contra *ele*, de que a conexão com ele estava estabelecida?".

Quer dizer, então, que essa conexão é muito fácil de estabelecer, já que podemos ter tanta certeza a seu respeito!? Já que podemos saber que ela não erra o alvo. – Bem, será que pode acontecer de eu querer escrever a *certa pessoa* e de fato escrever a uma outra? e como isso poderia ocorrer?

**682.**

"Você disse 'Daqui a pouco vai parar'. – Você estava pensando no barulho ou na sua dor?" Caso a pessoa então responda "Eu estava pensando no som do piano" – será que ela está constatando que existia essa conexão ou a está produzindo por meio dessas palavras? – Será que não posso dizer *as duas coisas*? Se o que ela disse era verdade, acaso então não existia aquela conexão? – e será que, ao mesmo tempo, a pessoa não produz uma conexão que não existia?

## 683.

Eu desenho uma cabeça. Você pergunta "Quem é esse?". – Eu: "Era para ser o N.". – Você: "Mas não se parece com ele; se parece mais com M.". – Quando eu disse que era o N., – será que criei uma conexão, ou será que relatei uma conexão? Qual conexão existia então?

## 684.

O que conta a favor de dizer que minhas palavras descrevem uma conexão que existia? Bem, elas se referem a diversas coisas que não surgiram apenas a partir das minhas palavras. Elas dizem, por exemplo, que naquele momento eu *teria* dado determinada resposta se me fosse perguntado. E mesmo que isso seja apenas condicional, ainda assim diz algo a respeito do passado.

## 685.

"Procure A" não significa "Procure B"; mas ao seguir essas duas ordens, posso fazer exatamente a mesma coisa.

Dizer que, nesse caso, é preciso que algo diferente ocorra seria semelhante a se alguém dissesse: as frases "Meu aniversário é hoje" e "Meu aniversário é no dia 26 de abril" precisariam se referir a dias diferentes, uma vez que o sentido delas não é o mesmo.

### 686.

"É claro que quis me referir a B.; eu absolutamente não pensei em A.!"

"Eu queria que B. me procurasse para que..." – Tudo isso aponta para um contexto mais amplo.

### 687.

Em vez de dizer "Eu estava querendo me referir a ele", é claro que às vezes se pode dizer "Eu estava pensando nele"; às vezes também "Sim, estávamos falando a respeito dele". Pergunte-se, então, em que consiste 'falar a respeito dele'!

### 688.

Em certas circunstâncias, pode-se dizer: "Enquanto eu falava, tinha a sensação de estar dizendo isso *a você*". Mas eu não diria tal coisa caso estivesse simplesmente falando com você.

### 689.

"Estou pensando em N." "Estou falando a respeito de N."

Como falo a respeito dele? Talvez eu diga "Hoje preciso visitar N.". — Mas isso certamente não é suficiente! Com "N." eu poderia, de fato, querer me referir a diferentes pessoas que têm esse nome. – "Portanto, precisa existir ainda outra conexão entre minha fala e N., pois caso contrário *certamente* não era a ELE que eu queria me referir".

É claro que existe uma tal conexão. Apenas não do modo que você imagina: a saber, por meio de um *mecanismo* mental.

(Compara-se "querer se referir a ele" com "tê-lo em mira".)

### 690.

E o que acontece se, numa ocasião, faço uma observação aparentemente inocente, mas acompanhada de um olhar furtivo para alguém; e noutra ocasião, olhando para baixo, falo abertamente de alguém presente, mencionando seu nome, – será que de fato penso *expressamente* nele quando uso seu nome?

### 691.

Quando desenho para mim mesmo, de memória, o rosto de N., então realmente se pode dizer que *quero me referir* a ele com meu desenho. Mas de qual processo que ocorre durante o ato de desenhar (ou antes, ou depois) eu poderia dizer que é o querer se referir?

Pois evidentemente gostaríamos de dizer: no momento em que ele quis se referir a outra pessoa, ele a tinha em mira. Mas o que uma pessoa faz quando chama à lembrança o rosto de outra?

Quero dizer, como ela *o* chama à memória?

*Como ela o chama?*

### 692.

Será que está correto se alguém diz: "Quando dei a você essa regra, o que eu quis dizer foi que, nesse caso, você deveria..."? Ainda que, ao dar essa regra, a pessoa absolutamente não estivesse pensando nesse caso? É claro que está correto. "Querer dizer isso" claramente não significava: pensar nisso. Mas a pergunta agora é esta: Como devemos julgar se alguém queria dizer isso? – Um tal critério é que ele dominasse, por exemplo, uma determinada técnica de aritmética e álgebra e estivesse ensinando ao outro, do modo usual, como desenvolver uma sequência.

### 693.

"Quando ensino alguém a construir a sequência ..., o que quero dizer é que ele deve escrever ... na centésima posição." – Absolutamente certo: você quer dizer isso. E evidentemente, sem que seja necessário sequer pensar nisso. O que se mostra a você dessa maneira é quão diferentes são as gramáticas dos verbos "querer dizer" e "pensar". E nada mais distorcido do que chamar o querer dizer de uma atividade mental! A não ser que se tenha, desde o início, o propósito de criar confusão. (Também se poderia falar de uma atividade da manteiga, quando seu preço aumenta; e se desse modo não forem criados problemas, então isso é inofensivo.)

# Posfácio às *Investigações filosóficas*

**PREÂMBULO**

A recepção da obra de Wittgenstein tem uma história intrincada, marcada por publicações pouco claras quanto ao contexto e à origem de seus escritos e, sobretudo, por uma dificuldade inerente ao próprio texto, que raramente explicita de maneira direta sua articulação interna e seus argumentos. O resultado foi, durante um longo tempo, a atribuição às *Investigações filosóficas*, sua obra madura e mais importante, de concepções que lhe eram estranhas ou que já haviam sido abandonadas pelo autor. Os comentários sobre essa obra, uma das mais importantes da filosofia no século 20, costumam ser parciais e fragmentários, cedendo ao equívoco de supor que o texto é repetitivo, pouco ordenado ou que simplesmente sobrepõe temas e aforismos às vezes tenuemente relacionados.

Poucas suposições sobre as *Investigações filosóficas* poderiam ser mais equivocadas. O projeto deste posfácio é enfrentar esses equívocos. Em primeiro lugar, propondo uma estruturação para o conjunto do texto que tenta apreender a ordem que lhe é própria e esclarecer o contexto em meio ao qual cada um dos vários temas tratados no livro é apresentado, retomado, revisado. É apenas contra o pano de fundo dessa visão panorâmica do livro que cada um de seus passos ganha inteligibilidade. Isso se faz em paralelo ao esclarecimento do processo de sua escrita, realizado em sucessivas etapas entre 1936 e 1945. A compreensão das escolhas feitas por Wittgenstein em cada uma dessas etapas e da diferença entre os conjuntos de parágrafos que vão sendo agregados à obra é bastante esclarecedora da dinâmica interna do livro. Revela-se sempre interessante perguntar por que o livro segue em determinada direção e por que ele se alonga um pouco mais, em lugar de se encerrar no ponto a que já havia chegado. Este posfácio terá realizado seu objetivo caso auxilie os leitores e leitoras do livro a vislumbrar a estrutura geral de seu percurso e a maneira como as *Investigações filosóficas*, recorrendo a diferentes estilos e estratégias, expõem suas concepções sobre linguagem e pensamento.

Uma consequência indesejada desse projeto é que, à aparente repetição que se supõe marcar o texto das *Investigações*, que continuamente reelabora seus temas e argumentos, acrescenta-se a insistência na explicitação da ordenação geral da obra e dos problemas em torno dos quais ela se constrói. Em Wittgenstein, o que parece repetição é estratégia de um autor que está menos preocupado em expor de modo sistemático suas conclusões do que em acompanhar quem o lê, imaginando suas dificuldades e objeções, o que o conduz a reconstruir seus argumentos a partir de perspectivas distintas. A descrição cuidadosa do texto de Wittgenstein pressupõe a reconstrução dessa variação de seus argumentos e problemas. No contexto atual de sua recepção, parece também necessária a insistência na indicação da coesão do texto e da relação entre cada conjunto de argumentos e o debate mais geral que o livro propõe.

O vigor das *Investigações* estaria, segundo o próprio autor, em que aquilo que ele diz parece, em alguma medida, óbvio para quem o lê (§§126-128). Um comentário do texto de Wittgenstein deve se situar, assim, em um terreno ambíguo, entre apresentar algo novo, que não se apreendia por falta de uma visão panorâmica do conjunto do livro, e uma explicitação de que aquilo, em algum sentido, era óbvio.

## O INÍCIO DAS *INVESTIGAÇÕES FILOSÓFICAS*

Em agosto de 1936, Wittgenstein foi para Skjolden, na Noruega, um fiorde em uma região isolada onde ele tinha um pequeno chalé, para tentar escrever "seu livro". O projeto inicial era verter para o alemão o chamado *Brown Book*, texto ditado em inglês a alguns estudantes entre 1934 e 1935. Esse texto era a mais recente tentativa de apresentar seu trabalho maduro, que se iniciara em 1929, quando retornou para Cambridge com o objetivo de rever alguns elementos problemáticos na base das concepções expostas no *Tractatus*. Esses problemas se revelaram centrais e sua revisão resultou na elaboração de concepções cada vez mais distantes do horizonte filosófico tractariano. Nesses anos, Wittgenstein escreveu um volume imenso de material, continuamente revisado e reajustado, mas não conseguia resolver como apresentar essas novas concepções na forma de um livro. Entre o início de 1930, quando organiza anotações do ano anterior no volume postumamente publicado com o título de *Observações filosóficas* (esse material foi entregue ao Trinity College como parte de uma solicitação de bolsa de pesquisa), e a viagem à Noruega em 1936, acumularam-se tentativas infrutíferas de escrever seu livro e, pela segunda vez, encerrar sua carreira filosófica (como fizera após publicar o *Tractatus*). Vários dos títulos que hoje se encontram disponíveis, os quais, paradoxalmente, tornam Wittgenstein autor de muitos livros, são os resquícios dessas tentativas: o vasto material de anotações reunido e organizado tematicamente em *The Big Typescript*; a *Gramática filosófica*, um roteiro de recortes a partir do material do *Big Typescript* e de outras anotações; os ditados a Waismann, parte do projeto de comporem um livro conjunto; o *Blue Book*, texto com finalidade didática ditado a poucos alunos e alunas em 1933-34; e, finalmente, o *Brown Book*. Esses trabalhos têm em comum o caráter insatisfatório de seus resultados, do ponto de vista de Wittgenstein, e a dificuldade de tentar fixar uma filosofia que ainda se encontrava em forte transformação. Waismann *dá testemunho disso* ao descrever seu trabalho com Wittgenstein: "[Ele] tem o maravilhoso dom de sempre ver tudo como se fosse pela primeira vez. Mas me parece ser óbvio como isso torna difícil qualquer colaboração, pois ele sempre segue a inspiração do momento e demole aquilo que havia anteriormente planejado".\*

O *Brown Book*, levado para a Noruega em 1936, era a tentativa mais arrojada de exposição dessa nova filosofia. Ele propõe a revisão de uma sucessão de descrições de jogos de linguagem (como Wittgenstein chama a explicitação dos usos contextuais dados a diferentes termos), sem teorizar ou generalizar suas conclusões. Talvez se possa apresentar esse texto como um percurso no qual o leitor é conduzido a problematizar e delinear por si uma compreensão sobre como funciona a linguagem, esclarecida pela sucessão e ordenação dos casos abordados. Esse texto nos confronta com um estilo filosófico próprio e bastante ousado. Retrospectivamente, o resultado parece pouco fluido e, por

---

\* Friedrich Waismann, carta a Schlick de 2 de agosto de 1934, apud G. Baker (Org.), *The Voices of Wittgenstein*, p. XXVII.

vezes, difícil de ser apreendido sem explicações adicionais. As soluções encontradas na elaboração das *Investigações filosóficas* serão muito mais contundentes e interessantes.

O trabalho inicial na versão para o alemão do *Brown Book* logo se revela insatisfatório. Como Wittgenstein explica em uma carta a Moore de 20 de novembro de 1936, o resultado lhe parecia "monótono e artificial",* o que o levou a deixar esse trabalho de lado e escrever um novo texto, sem um roteiro prévio. Muito do material do *Brown Book* e de escritos anteriores seria retomado nesse processo, mas a partir de uma revisão e realocação que, com grande frequência, redefine seu significado e sua relevância. Ao longo dos últimos meses de 1936, foram escritos, assim, os 88 parágrafos iniciais das *Investigações filosóficas*. Wittgenstein retornou a Viena para o Natal bastante satisfeito com seu texto.

As soluções estilísticas utilizadas nesses 88 parágrafos iniciais do livro são particularmente interessantes e compõem parte importante da identidade da filosofia madura de Wittgenstein. O problema central a enfrentar era apresentar uma filosofia que se recusasse a se identificar como "teoria", como um discurso que diz "o que é" a linguagem, o conhecimento, a realidade. O trabalho de Wittgenstein desde 1929 fora em grande medida "negativo": desfazer-se de pressupostos que se revelaram infundados e reencontrar o uso efetivo da linguagem, para além da miragem essencialista que predominava no *Tractatus*. A suposição de uma "essência da linguagem" e a generalização que perde de vista o uso efetivo das palavras são adversários centrais desse projeto. Como expor essa filosofia sem que isso seja uma contradição em seus próprios termos,

---

* Ludwig Wittgenstein, Brian McGuinness (Org.), *Wittgenstein in Cambridge: Letters and Documents, 1911-1951*. Nova Jersey: John Wiley & Sons, 2008, p. 257.

sem que seja ela própria uma generalização e uma teoria sobre a linguagem? A alternativa esboçada pelo *Brown Book* era limitar-se a descrever jogos de linguagem, em uma sucessão que caminhava em direção à complexidade e que levaria quem o lesse a perceber nuances e a ver a linguagem de outra maneira. Essa escolha está na base dos problemas identificados por Wittgenstein no início de seu trabalho em Skjolden. Os parágrafos iniciais das *Investigações* encontram a solução em um uso hábil de um texto de Agostinho e na construção de um diálogo cuja estrutura formal é surpreendentemente ousada. Esse texto nos mostra uma nova forma de escrever filosofia, contraparte da novidade da reflexão filosófica que ele pretende expor.

A breve passagem de Agostinho, tirada das *Confissões*, tem um amplo papel nesse núcleo inicial do livro. Ela delineia o tom do debate, o contraponto a ser comentado por Wittgenstein e o roteiro da exposição. Agostinho não pretende nesse fragmento enunciar uma hipótese filosófica. Ele parece apenas descrever como teria aprendido a linguagem. O que Wittgenstein argumentará nos 88 parágrafos seguintes das *Investigações* é que o aprendizado da linguagem por Agostinho não poderia ter sido como ele o descreve, e que aquilo que parece uma descrição se constrói a partir de um conjunto infundado e equivocado de concepções sobre linguagem, conhecimento, mente, subjetividade. Ao colocar a citação de Agostinho no início do livro, Wittgenstein pode desdobrar seu texto de maneira puramente "negativa", investigando e desmontando as concepções associadas *à descrição* do aprendizado da linguagem proposta por Agostinho, sem que seja necessário afirmar nada como sendo a "natureza" da linguagem. O texto pode se articular como uma série de argumentos e exemplos contra Agostinho, delineando, por certo, uma concepção sobre a linguagem, mas que só se revela ao leitor como uma imagem lentamente esculpida, que se vislumbra a cada vez que uma lasca de pedra é retirada. Esse percurso negativo resolve de maneira mais ordenada, clara e elegante o problema expositivo que o *Brown Book* tentava resolver por meio de sucessivas descrições de jogos de linguagem.

O recurso a um "diálogo" nesse início de texto tem papel igualmente central na exposição e no delineamento da identidade da filosofia de Wittgenstein. Não se trata de um diálogo explícito, e quem lê o texto pode inicialmente não apreender claramente sua articulação. Ele se alterna entre uma sucessão de questionamentos e respostas, não raro com ironia, apresentadas em discurso direto ou na forma ainda mais ousada de enunciar apenas uma das vozes do diálogo, como que respondendo àquilo que não fora dito, mas ocorrera a quem lê o texto, trazendo-o para mais próximo, como um dos interlocutores. Por vezes, ainda, atribui-se ao leitor o papel de compor a parte do diálogo que aparece apenas insinuada. O efeito formal desse texto é vigoroso e envolvente. Mais ainda por esse diálogo dar vazão a revisões, retomadas, elaborações teóricas ou extrapolações das ideias iniciais referidas a Agostinho, explicitando-se a amplitude dos problemas que ali aparecem. O leitor das *Investigações filosóficas* se reconhece, desde o início do texto, como parte do livro que percorre: o texto não pretende enunciar como opera a linguagem ou alinhar argumentos contra seus adversários. Ele se atribui o papel muito mais circunstancial e delicado de revisitar com o leitor a maneira como compreendemos a linguagem e ajudá-lo a se desfazer de suas ilusões e preconceitos. Não se trata de uma enunciação da verdade, mas de um diálogo em que os interlocutores percorrem um caminho de transformação. Um efeito derivado desse texto, ora negativo, ora um diálogo em que se propõe ao leitor livrar-se de suas preconcepções, é a semelhança que se pode traçar entre o texto das *Investigações*, sobretudo nesses parágrafos iniciais, e uma argumentação cética.

A passagem das *Confissões* oferece, ainda, um roteiro que organiza os parágrafos iniciais do livro. Imediatamente após a citação do texto, Wittgenstein identifica nela uma certa "imagem da essência da linguagem humana": "as palavras da linguagem nomeiam objetos" (§1). Essa imagem se desdobra em três afirmações: cada palavra tem significado, o significado está correlacionado à palavra, ele é o objeto no lugar do qual a palavra está. Essas afirmações enunciam os temas dos 88 parágrafos seguintes, que tratarão, sucessivamente: do conceito de significado e da suposta uniformidade da linguagem; da definição ostensiva como conexão entre palavras e objetos; e, por fim, da suposição de que há objetos referidos pelas palavras, seja pelos nomes particulares, seja pelos conceitos. O resultado é um texto fortemente articulado, por meio do qual Wittgenstein delineia o núcleo de suas concepções, sem que seja necessário enunciar uma "teoria" sobre a linguagem e sem que se descuide nem da descrição particular dos usos da linguagem nem da perspectiva do leitor que o acompanha nesse percurso. A unidade e a coesão desse texto escrito em 1936 são tão grandes que talvez Wittgenstein tenha considerado que ele seria suficiente como apresentação de sua filosofia. De qualquer modo, a continuação imediata desse fragmento, escrita em 1937, quando Wittgenstein retorna a Skjolden, tem um tom bastante diferente e toma o fragmento inicial como tema, perguntando-se pela origem das ilusões que ele tenta desfazer e sobre o estatuto do discurso filosófico que ele encadeia.

## ANTES E DEPOIS DAS *INVESTIGAÇÕES*

O texto das *Investigações filosóficas* traz em si a marca e os fragmentos do longo percurso da filosofia de Wittgenstein desde 1929. A ida a Skjolden em 1936 tem por finalidade resolver o "problema" da escrita de seu livro e concluir essa etapa de sua vida. Wittgenstein era bolsista em Cambridge desde 1930 e suas perspectivas de futuro não pareciam envolver a possibilidade de continuar o trabalho lá. É nesse contexto que se compreende, por exemplo, seu estudo do russo, com a finalidade de, eventualmente, mudar-se para a URSS e lá trabalhar em algo dissociado da filosofia. Os anos de 1937 e 1938, entretanto, alteraram substancialmente essas perspectivas. Por um lado, seu livro começa a ganhar forma e avança enormemente ao longo de 1937, com o núcleo inicial se desdobrando em uma série de reflexões sobre regras e matemática. Por outro lado, entretanto, a situação política na Europa deteriora rapidamente e tanto Wittgenstein quanto sua família, de origem judaica, se veem diretamente ameaçados após a Anschluss, a anexação da Áustria e da região dos Sudetos pela Alemanha nazista. Esses eventos precipitam uma série de escolhas e decisões que terão efeito determinante sobre a escritura das *Investigações filosóficas*. Após se movimentar rapidamente para ajudar sua família na Áustria, Wittgenstein acaba por decidir se fixar definitivamente na Inglaterra, assumir cidadania inglesa e aceitar uma posição de professor em Cambridge, no lugar deixado por G. E. Moore, que se aposentara. Nesse novo cenário, seja pela complexidade do contexto político, humano e pessoal em que se encontra, seja por consolidar seu vínculo com Cambridge e eliminar a pressão pela finalização de seu trabalho, Wittgenstein adota uma nova postura com relação a seu livro, deixando para trás a urgência anterior e alongando o projeto indefinidamente.

Em 1938 Wittgenstein *já* tinha uma versão inicial do livro, resultado de seus dois últimos anos de trabalho: os parágrafos 1 a 189a, datilografados em agosto de 1937, compunham a *Ver-*

*são preliminar (Urfassung)* das *Investigações* (TS-220);* a isso se somava um vasto material sobre regras e matemática, escrito entre o segundo semestre de 1937 e o início de 1938 e datilografado em seguida (TS-221). Esse conjunto, acrescido de um prefácio escrito em agosto de 1938 (TS-225), compõe a chamada *Versão inicial* das *Investigações (Frühfassung)*. Wittgenstein negociou com a Cambridge University Press a publicação desse texto em edição bilíngue, sob o título de *Philosophical Remarks*. Dificuldades com a tradução para o inglês atrasaram o projeto e Wittgenstein, no contexto da guerra europeia que se delineava, decidiu interromper a publicação.

Entre 1939, quando assume a posição de Moore como professor em Cambridge, e 1943, Wittgenstein mantém intenso trabalho sobre "filosofia da matemática". Em 1943, ele se associa ao dr. R. T. Grant e a sua pesquisa sobre choque traumático (no contexto do tratamento de feridos da guerra). Nesse mesmo período é retomado o estudo mais sistemático de conceitos associados ao "pensamento" (sensações, imaginação, intenção). Apesar de manter suas aulas sobre filosofia da matemática até 1944, já a partir do final de 1943 Wittgenstein prepara uma cópia revisada da versão pré-guerra das *Investigações* e, novamente, procura a Cambridge University Press para publicar seu livro, agora em conjunto com o *Tractatus* (o que passa a considerar fundamental depois de reler seu primeiro trabalho acompanhado do filólogo russo Nikolai Bakhtin). O título proposto para o novo volume é *Investigações filosóficas contrapostas ao Tractatus Logico-Philosophicus* [*Philosophische Untersuchungen der Logisch-philosophischen Abhandlung entgegengestellt*].

---

* Essas indicações se referem ao catálogo organizado por Von Wright, no qual os manuscritos de Wittgenstein são numerados com a indicação inicial MS e os datiloscritos são numerados com a indicação TS. Cf. G. H. von Wright, *Wittgenstein*. Mineápolis: University of Minnesota Press, 1982.

A sistematização de seus escritos sobre pensamento, subjetividade, mente e conceitos psicológicos resulta, primeiro, na decisão, em 1944, de excluir do livro o material sobre matemática, exceto pelos parágrafos 189 a 197. O conjunto resultante dessa exclusão é a *Versão inicial revisada* das *Investigações* (*Bearbeitete Frühfassung*, TS-239). Essas anotações excluídas das *Investigações* foram publicadas postumamente (em uma sequência revisada por Wittgenstein ainda em 1938) como "Parte I" das *Observações sobre os fundamentos da matemática* [*Bemerkungen über die Grundlagen der Mathematik*]. Não obstante sua exclusão, trata-se de um texto de grande importância para a leitura das *Investigações*, pois apresenta uma extensa investigação do problema das regras. No lugar do debate sobre matemática, Wittgenstein inclui no livro, entre 1944 e o início de 1945, uma apresentação abreviada das dificuldades com o conceito de "seguir regras" e um vasto volume de novas anotações sobre o que se convencionou chamar de "filosofia da psicologia", elaborado a partir de material manuscrito dos três anos anteriores. Esse acréscimo corresponde aos parágrafos 198 a 421 do texto final, compondo a chamada *Versão intermediária* das *Investigações* (*Zwischenfassung*). Foi para esse conjunto que foi escrito o prefácio que acompanha o livro publicado. Nesses novos parágrafos se encontram a apresentação final do problema das regras e a transição para o debate sobre conceitos relacionados a "pensamento", "sensações" e "sentimentos", cujo núcleo mais conhecido são os comentários sobre a impossibilidade de uma linguagem privada (debatida entre os parágrafos 243 e 315). São tratados também os conceitos de "imaginação", "sujeito", "consciência", sempre tendo por horizonte a relação entre pensamento e linguagem. As anotações que estão na origem desse texto datam, em geral, de 1944, o que deixa claro o quanto é tardia sua inflexão para o debate de "conceitos psicológicos" nas *Investigações filosóficas*. Apesar de haver muitas anotações anteriores sobre linguagem privada e conceitos psicológicos, a redação do material que transitou para o livro ocorreu nos momentos finais de sua preparação. Nesse breve período, a identidade das *Investigações filosóficas* foi profundamente subvertida e redefinida.

Em 1945, Wittgenstein continua o trabalho sobre conceitos psicológicos e a sistematização de seus manuscritos anteriores, de que resulta um novo conjunto de quase trezentos parágrafos que são acrescentados à versão intermediária das *Investigações*. Eles correspondem aos parágrafos 422 a 693 da versão publicada e compõem aquela que acabou por ser a *Versão final* (ou *tardia*) das *Investigações* (*Spätfassung*; TS-227). Entre o final de 1945 e 1946, esse material foi datilografado e recebeu correções menores, que não alteraram de modo relevante o texto anterior.

Haviam já se passado dez anos daquela viagem a Skjolden em que Wittgenstein começara a escrever as *Investigações*. O texto de 1945 preservava integralmente os 88 parágrafos iniciais do livro, mas o conjunto tinha agora uma identidade muito distinta da que fora planejada a princípio. A decisão de ficar na Inglaterra mudou a maneira como Wittgenstein via seu livro e, apesar de continuar o trabalho até sua morte, em algum momento ele decidiu não mais tentar finalizá-lo e deixar a responsabilidade pela publicação para os herdeiros de seu espólio, após sua morte. Assim, se, por um lado, naquele trabalho de 1936 confluíam os vários anos anteriores e as tentativas frustradas de enunciar sua filosofia, por outro, as *Investigações* se espalham também para além de 1945, quando lhe foram acrescentados seus últimos parágrafos. Uma maneira interessante de compreender o conjunto de escritos de Wittgenstein entre 1946 e 1951, ano de sua morte, é como uma sucessão de revisões e reelaborações dos temas de seu livro. Por mais paradoxal que isso possa parecer ao leitor de hoje, que encontra seu nome em dezenas de volumes, Wittgenstein possivelmente se pensava como autor de um único livro, o qual ele desistiu de concluir em vida.

## A FILOSOFIA MADURA DE WITTGENSTEIN

A ideia de publicar o *Tractatus* junto com as *Investigações filosóficas*, proposta por Wittgenstein à Cambridge University Press em 1944, teria um efeito curioso. Mais do que simplesmente contrastar dois momentos muito diversos de sua obra, essa aproximação deixa claro o quanto o *Tractatus* é um personagem das *Investigações*. Wittgenstein se refere a seu livro anterior com frequência e fala de si, no passado, como "o autor do *Tractatus*". Em uma passagem exemplar encontrada no §65, um interlocutor acusa o autor das *Investigações* de não dizer o que é essencial à linguagem, problema central ao projeto do *Tractatus*: "Você se exime, portanto, precisamente da parte da investigação que, em tempos passados, havia dado a você mesmo as maiores dores de cabeça, a saber, aquela que diz respeito à *forma geral da proposição* e da linguagem". A resposta veemente e irônica do texto explicita um contraste que não poderia ser maior: "Isso é verdade. – Em vez de apresentar o que é comum a tudo o que chamamos de linguagem, eu digo que absolutamente não há uma coisa comum a todos esses fenômenos, em virtude da qual empregamos a mesma palavra para todos eles". No contexto da filosofia madura de Wittgenstein, a pergunta que estrutura o *Tractatus* é simplesmente recusada.

Por muito tempo o tema central dos comentários a respeito da obra de Wittgenstein foi a passagem da filosofia do *Tractatus* para as *Investigações*. Ainda que se possam identificar elementos que permanecem inalterados nesse amplo arco, o contraste entre seus extremos é surpreendente. Quase tudo o que parecia mais central ao projeto inicial é revisado. A partir de 1929, quando retorna a Cambridge, Wittgenstein revê algumas dificuldades da filosofia do *Tractatus* e inicia um movimento progressivo de distanciamento de suas concepções anteriores. Os problemas que dão origem a esse movimento estão relacionados principalmente à concepção tractariana de "objeto" (ou "objeto simples"). O *Tractatus* ancora o sentido da proposição no significado dos nomes simples, definidos por meio de uma relação referencial: nomes significam objetos. Para que tais "objetos" desempenhem o papel de garantidores de que o sentido da proposição é dado independentemente da verdade ou falsidade de qualquer outra proposição (independentemente, por exemplo, de existirem os objetos dos quais a proposição trata), eles precisam apresentar características que os distanciam da concepção ordinária de objetos. Como ficará claro nas *Investigações*, tais objetos precisariam ser eternos e indivisíveis. Aquilo que ordinariamente chamamos de objeto não é capaz de desempenhar esse papel. Como consequência, a concepção referencial do significado, que aparece no *Tractatus*, mas que tem sua origem no *Sofista* de Platão e nos textos lógicos de Aristóteles, pressuporia uma metafísica que a acompanhasse, na qual se delineia uma estrutura fixa do mundo e de sua "substância".[*]

No contexto da revisão das concepções do *Tractatus*, iniciada por Wittgenstein em 1929 (em meio ao qual se situam sua análise do espaço visual, do tempo e das cores), as consequências problemáticas da suposição de que nomes significam ob-

---

[*] Sobre a relação entre o *Tractatus* e o projeto lógico de Platão e Aristóteles, cf. Luiz Henrique L. dos Santos, "A essência da proposição e a essência do mundo". In: L. Wittgenstein, *Tractatus Logico-Philosophicus*. São Paulo: Edusp, 1993, pp. 18-24.

jetos simples se tornaram evidentes. Em um primeiro momento, Wittgenstein imagina que o projeto tractariano deveria ser complementado pela elaboração de uma "linguagem fenomenológica". Logo compreende, entretanto, que esse projeto é irrealizável, sendo levado a abandonar o núcleo da concepção referencial de significado que sustentara no *Tractatus*. O significado de um termo passa a ser concebido, então, a partir de sua relação com outros termos e não mais por referência a objetos simples.\* Essa revisão do conceito de significado é a origem do conceito de "gramática" que encontramos plenamente estruturado nos textos escritos e organizados por Wittgenstein entre 1931 e 1933 (que é também herdeiro do conceito de "espaço lógico" do *Tractatus*). Nesse momento inicial, Wittgenstein entende por gramática um sistema em meio ao qual o significado de um termo é definido (o significado de um termo seria seu lugar na gramática),\*\* supostamente sem que se pressuponha qualquer relação referencial a objetos.

O amplo recurso ao conceito de gramática e, principalmente, seu uso associado a um sistema, desaparecem nas *Investigações filosóficas*, onde se fala da "gramática de um termo", mas não de gramática como totalidade da linguagem. A concepção formal e rígida de gramática, elaborada por Wittgenstein no início dos anos 1930, cede lugar a uma nova maneira de conceber o significado, fortemente relacionada ao uso efetivo da linguagem, sem exigências ou pretensões de sistematicidade ou fixidez: o significado de uma palavra é dado pelos jogos de linguagem que jogamos com ela. O referencialismo do *Tractatus*,

---

\* Cf. Ludwig Wittgenstein, *Observações filosóficas*, 1.

\*\* Cf. Id., *The Big Typescript*, p. 38 (42v): o significado da palavra "é completamente determinado na gramática". Cf. também pp. 145 (191v), 152 (198v) e 184 (234).

que ainda assombra as concepções de Wittgenstein em seu período intermediário, seria, então, completamente abandonado pelo autor das *Investigações filosóficas*.

A caracterização do significado por meio de "jogos de linguagem" que se propõe nas *Investigações*, assim como sua versão abreviada, que associa significado e uso, são muito utilizadas e comentadas, para além dos trabalhos específicos sobre a obra de Wittgenstein, mas nem por isso deixam de ser frequentemente mal compreendidas. A ideia de que o significado se dá através de um *jogo* aponta para o uso que se faz de um termo: usamos um nome próprio para chamar alguém, para relacionar uma pessoa a algum evento, para falar de outras pessoas a ela aparentadas, para firmar contratos, para registrar ausências. Aprender o nome de N é descrito, nesse contexto, como aprender a jogar com esse termo a multiplicidade de jogos que jogamos com nomes de pessoas. Ao aprendermos o nome de N, passamos a ter um instrumento por meio do qual se torna possível fazer todas essas coisas. O que se explicita com a observação de que jogamos jogos de linguagem com as palavras é que a existência de um objeto referido pelo termo é absolutamente irrelevante: ainda que não exista nenhum objeto, pode haver uso para o termo, um papel para ele em nossos jogos.

A radicalidade da ruptura proposta nas *Investigações* se explicita a partir da substituição da referência pela descrição dos jogos: a linguagem não se constitui, então, como um espelho do mundo, cada termo correspondendo a um objeto. Também a verdade não poderá se definir a partir dessa imagem, como a descrição, por meio da linguagem, daquilo que há. Como a linguagem se constitui em meio a nossos usos das palavras, através dos jogos que jogamos com as palavras, ela está associada a essas práticas, não à estrutura essencial do *ser* ou do *pensamento*. Não se trata, por certo, de afirmar um relativismo segundo o qual nosso arcabouço conceitual e, eventualmente, a própria verdade, definem-se por convenção. Trata-se de constatar que ali onde a metafísica clássica procurava uma relação essencial entre linguagem e ser não há nada senão práticas humanas. Mas não se aprende, afinal, o nome de um objeto ou de uma pessoa apontando para *algo*? Não dizemos: este é N, e então outras pessoas sabem o significado desse nome? Sim, fazemos assim, mas apenas por já conhecermos os jogos que jogamos com nomes próprios, por sabermos o que fazer com esse tipo de palavra. A "definição" de um nome apontando-se para a pessoa nomeada é a abreviação de um conjunto complexo de jogos, longamente aprendido por nós.

A ideia de que o significado se constitui em meio ao uso das expressões e de que é dado pela descrição de jogos de linguagem, não de uma relação de referência a objetos, ocupa uma posição central e estruturante nas *Investigações*. Ela está por detrás, por exemplo, da contraposição à ideia de que nossas memórias, sensações e sentimentos desempenham papel equivalente a "objetos internos", como se fossem "um algo" para o qual apontamos e que seria o significado de termos psicológicos (da palavra "dor", por exemplo). Essa imagem é equivocada, *não* porque se recusa existirem "objetos internos" ou privados, mas por tais objetos, ainda que existissem, não serem os constituidores do significado de termos psicológicos. A recusa da possibilidade de uma linguagem privada é, então, um desdobramento da recusa de que possa haver jogos de linguagem privados.

## O FRAGMENTO INICIAL (§§1 A 88)

Os 88 parágrafos iniciais das *Investigações filosóficas* apresentam a versão madura das concepções de Wittgenstein sobre a linguagem. É nesse passo inicial que se expõe a ideia de que o significado é dado pelo uso, de que aprender um termo é aprender os jogos que com ele se jogam. Esse texto, que corresponde ao núcleo inicial do livro, escrito em 1936, propõe uma argumentação bastante estruturada contra a ideia tradicional, tractariana, mas também aristotélica, de que o significado é dado pela referência do nome. Delineia-se, assim, o perfil geral das concepções encontradas no restante das *Investigações*. Mesmo o debate sobre regras e sobre conceitos psicológicos, elaborado mais adiante, já se faz presente de modo preliminar nessas páginas. O roteiro a ser seguido pelo texto de Wittgenstein é dado pelas três ideias que teriam origem na imagem da linguagem identificada na citação de Agostinho no §1. Elas serão sucessivamente confrontadas ao longo dos 88 parágrafos escritos por Wittgenstein em 1936.

O argumento inicial do livro (§1 a §27a) contrapõe a enorme diversidade de coisas que fazemos com palavras à excessiva simplificação que acompanha a ideia de que toda palavra tem um significado. O exemplo apresentado ainda no primeiro parágrafo deixa clara essa limitação: na expressão "cinco maçãs vermelhas", cada um dos termos é usado de maneira distinta. Segundo o exemplo proposto por Wittgenstein, a palavra "maçã" estaria escrita em um dos cestos da loja em que se faz uma compra, a palavra "vermelho" indica a cor que devem ter as maçãs que serão retiradas do cesto, a palavra "cinco" deve ser dita na sequência dos números naturais, retirando-se uma maçã do cesto a cada número enunciado. Frente a essa diversidade, o conceito de significado chega a ser caracterizado como uma névoa que dificulta a visão clara de como a linguagem funciona. Qual seria o significado da palavra "cinco"? Isso parece não estar em questão no aprendizado do uso dessa palavra. A concepção depreendida da citação de Agostinho, de que cada palavra tem um significado, não se aplicaria sequer a uma linguagem mais limitada, como a descrita por Wittgenstein no §2 (em que um construtor diz "placa", "viga", "bloco", "coluna" e outro lhe traz o material nomeado). A pressuposição de que exista um "objeto" nomeado pela palavra não é facilmente atendida nem mesmo no caso do termo "maçã", pois o conceito de maçã é distinto de qualquer maçã particular. O aprendizado das palavras não se faria, então, por meio da elaboração de correlações entre nomes e objetos, mas por aquilo que Wittgenstein chama de "adestramento".

A caracterização do aprendizado do uso de uma palavra como adestramento explicita a vinculação entre significado e prática. Mais que isso, as descrições desse aprendizado não envolvem, em nenhum momento, o conceito de significado ou a identificação de uma correlação entre palavras e coisas significadas por elas. Da mesma maneira, o aprendizado por meio de adestramento não pressupõe que se produza uma imagem mental ou algo equivalente, apenas que se reaja de determinada maneira frente à palavra: quando o interlocutor do jogo de linguagem do §2 diz "bloco", seu companheiro lhe traz um determinado material de construção. Qualquer outra suposição que se adicione ao domínio restrito desse jogo (como a ocorrência de uma imagem mental ou a associação entre palavra e objeto) aparece como acrescentada. Nesse contexto, compreende a palavra "bloco" no jogo do §2 quem traz certo material de construção quando ela é enunciada.

Segundo a perspectiva do uso que se delineia no texto de Wittgenstein, as palavras aparecem, então, como mais semelhantes a um conjunto diversificado de ferramentas, cada uma delas associada a uma finalidade distinta, do que a uma lista de definições, todas relacionadas àquilo que se denomina "seu significado". Tal diversidade de palavras não é sequer fixada ou delimitada (como também não são, em uma indicação com sérias consequências para a lógica formal, a demarcação entre palavra e sentença e os vários tipos de sentenças). Uma classificação das palavras depende, ela própria, de nossos objetivos. É nesse contexto que Wittgenstein afirma que "imaginar uma linguagem significa imaginar uma forma de vida" (§19). Seu horizonte está aqui distante da proposta de uma metafísica ou ontologia associada a cada linguagem específica, como se sugeria na tradição filosófica pós-kantiana, já desde o início do século 19. Trata-se, antes, de sublinhar a identidade aberta dos usos que se podem fazer da linguagem no seio da diversidade com a qual se apresenta a vida humana. Não há nada de essencial à forma de estruturação da linguagem que impeça, por exemplo, que determinado povo utilize perguntas e respostas em lugar de afirmações, caso seja assim que se configurem seus jogos de linguagem e suas práticas — e caso assim o faça, parece plausível supor que esses jogos fazem sentido para ele. O saldo desse percurso inicial é a caracterização, ainda que pelo procedimento negativo que dá a identidade do texto de Wittgenstein, de uma concepção de linguagem que se define por meio de ações e práticas humanas e que não se compromete com o tipo de metafísica ou ontologia encontrada no núcleo das concepções clássicas sobre linguagem e ser, palavras e coisas. A linguagem se revela como linguagem humana, constituída em meio às ações humanas.

A problematização da relação que se estabeleceria entre palavras e objetos, segundo passo desse percurso inicial do livro, é tratada a partir do §27. No núcleo do debate se encontram as objeções de Wittgenstein a respeito do papel que se pretende atribuir a definições ostensivas, quando se aponta para um objeto e se diz seu nome, supostamente fixando-se, desse modo, uma conexão entre palavra e coisa. Definições ostensivas são usadas por nós cotidianamente, e Wittgenstein já de início afirma que não há nenhum problema com elas. Quando se considera a questão com mais cuidado fica claro, entretanto, que tais definições são inerentemente ambíguas. Apontamos, fazendo sempre o mesmo gesto, e dizemos: "isto é maçã", "isto é vermelho", "isto é cinco", "isto é mesa", "isto é apontar". Como diferenciar cada um desses casos? Em nosso uso cotidiano essa ambiguidade é eliminada recorrendo-se a outras palavras: dizemos "esta *cor* é vermelho", "este *número* é cinco", deixando claro o lugar que a palavra deve ocupar em nossos jogos de linguagem. Mas quando se supõe que tais definições ostensivas são capazes de desempenhar o papel de *instauradoras iniciais* da linguagem, de definidoras de todo significado, conectando as duas ordens a partir das quais se supõe organizar-se a linguagem, palavras e coisas, a situação é diferente e bastante problemática. Aquilo que vale para o uso cotidiano, em que a definição ostensiva se dá *em meio* à linguagem, não vale para esse novo papel que se pretende atribuir a ela. A ambiguidade que lhe é inerente não pode ser eliminada recorrendo-se a outras palavras, e todo o procedimento caminha para o fracasso. Caso se suponha que há objetos no mundo a serem nomeados e que palavras são associadas a eles, restará, ainda, o problema de explicar como essa associação se efetiva.

Uma alternativa para que se evitem as objeções à atribuição de papel inaugural à definição ostensiva nos defronta pela primeira vez com um tema caro a Wittgenstein ao longo de todo o livro: tentar resolver a dificuldade recorrendo a algo de mental. Nesse caso, a diferenciação entre apontar para a cor, para a quantidade ou para o objeto estaria numa certa atenção mental, algo como uma intenção, que acompanharia e diferenciaria apontar para a cor e para a forma, por exemplo. A resposta irônica a esse movimento em direção a algo oculto se coloca no horizonte do amplo debate sobre conceitos psicológicos que ocupa a maior parte do livro: "Nos casos em que nossa linguagem nos leva a supor um corpo onde não há corpo algum, ali, gostaríamos de dizer, há *algo mental*" (§36). O recurso a processos mentais não altera o problema e não responde às objeções, apenas o esconde por detrás da obscuridade que envolve nossas concepções sobre mente, interioridade e pensamento.

O terceiro passo da contraposição à imagem da linguagem subjacente à descrição de Agostinho é o mais longo e mais elaborado. Trata-se de retomar o problema do conceito de "objeto" ao qual o nome supostamente se refere, no qual Wittgenstein identificara as dificuldades que o levaram, a partir de 1929, a se distanciar progressivamente do *Tractatus*. O texto se divide em duas grandes partes: a referência de nomes próprios a objetos simples (§37 a §64) e a referência de conceitos (§65 a §88). Ao final desse fragmento encontramos a primeira apresentação do problema das regras nas *Investigações filosóficas*.

O debate sobre objetos simples traz uma crítica direta ao *Tractatus*. "Nothung" (espada mitológica de *O anel do Nibelungo*, de Richard Wagner) parece ser um nome próprio. Mas a afirmação "Nothung tem uma lâmina afiada" precisaria ter sentido ainda que a espada tenha sido quebrada. Caso "Nothung" fosse o nome de um objeto e esse objeto já não exista mais, a palavra não teria significado. A solução para essa dificuldade, que se encontra no *Tractatus*, mas também no *Teeteto* de Platão (citado no §46), é supor que "Nothung" é um *composto* que deve ser analisado até que se chegue a nomes que nomeiem "*simples*", elementos que não podem mais ser analisados. Essa estratégia "atomista" envolve grandes dificuldades. De imediato, ela apresenta uma exigência ontológica como condição ao significado do nome próprio e ao sentido da proposição em que ele aparece: deve haver "objetos simples" (e o termo "simples" é usado aqui em um sentido absoluto). Esses "objetos" não se assemelhariam, entretanto, ao que chamamos de objetos em nosso cotidiano, que se constata agora não terem as características necessárias para desempenhar o papel de referência dos nomes: objetos simples seriam necessariamente eternos e indestrutíveis. Eles desempenham o papel, como se dizia no *Tractatus*, de "substância do mundo".

Que algo possa ser descrito como "absolutamente simples" não é claro. Nosso uso dos conceitos de "simples" e "complexo" é contextualizado e relativo. A ideia de uma simplicidade absoluta carece de clareza e nos conduz ainda mais para o interior de uma metafísica obscura que descobrimos vinculada à suposição, aparentemente corriqueira, de que nomes significam objetos. "'*Nomes* designam apenas o que é *elemento* da realidade. O que não pode ser destruído; o que permanece o mesmo em toda mudança.' – Mas o que é isso? [...] Pois a experiência não nos mostra esses elementos" (§59).

O núcleo do argumento de Wittgenstein é importante para compreender como sua filosofia não propõe uma análise da linguagem ou uma concepção analítica de filosofia. Não haveria sentido em supor que há uma forma privilegiada, mais correta e adequada, de formular uma frase ou descrever um objeto. Falar que o cabo e a escova estão no canto da sala, em lugar de dizer que a vassoura está ali, não é necessariamente uma maneira mais *analisada*, transparente e completa de falar. Diferentes maneiras de falar se justificam por seus contextos e pelos jogos a que estão associadas, não pela referência a uma ideia absoluta de simplicidade ou a uma suposta forma geral e fixa da linguagem. Caso a ideia de que nomes se referem a objetos não possa se sustentar sem o imenso aparato metafísico que as sucessivas questões postas pelas *Investigações* nos revelam, pior para ela. A pergunta mais importante a ser colocada nesse contexto, que se contrapõe à metafísica e à ontologia que desde Platão se associa à linguagem, é se não podemos descrever nosso uso da linguagem sem recorrer a tais pressupostos, sem supor ontologias e essências, sem subordinar essa atividade cotidiana a uma estrutura rígida e geral do que se considera ser a linguagem, sem subsumir o uso efetivo da linguagem a um projeto de análise. A descrição da linguagem é descrição de práticas humanas, não da estrutura essencial do ser e do pensamento. O passo revolucionário proposto pelas *Investigações* deriva da modesta ousadia de imaginar possível descrever nosso uso da linguagem sem uma metafísica que lhe faça sombra. E se é mesmo assim, então quem recorre a essas metafísicas é que terá de se explicar e justificar o caminho mais longo que escolheu.

O §65, com sua ironia e contundência, abre o debate sobre a relação entre termos gerais (conceitos) e os supostos objetos por eles referidos. A posição de Wittgenstein não poderia ser mais clara e direta: não há nada comum àquilo que chamamos de "linguagem", "folha", "jogo", em razão de que chamamos todas essas coisas pelo mesmo nome. No debate desse tema são sucessivamente recusadas as várias alternativas que se acumulam ao longo da história da polêmica filosófica sobre o significado de conceitos: essências, características comuns, formas primordiais, definições não formuladas, extensões de conceitos, regras que determinam o uso. Wittgenstein recusa até mesmo que se possa supor uma delimitação fixa e rígida do significado: usamos conceitos sem que esteja dado o limite de sua aplicação, o conjunto daquilo a que ele se aplica. Em lugar de essências e limites claros, o que se vislumbra em nosso uso desses termos não poderia ser descrito como mais do que uma mera "semelhança de família".

É difícil exagerar a contundência e a radicalidade dessa concepção em seu contraste com a tradição filosófica precedente. A imagem da linguagem depreendida da descrição de Agostinho, citada no §1, indica uma suposição comum a concepções tão distintas quanto o conceito de essência de Aristóteles e definições extensionais, para as quais o significado de conceitos aparece como uma relação que esses termos gerais mantêm com uma unidade de qualquer natureza por eles referida. O conceito precisaria de *unidade*, e esta lhe seria assegurada por *algo* externo a ele. Que esse *algo* seja uma ideia platônica, uma entidade mental ou um mero agregado de objetos é secundário. Essas alternativas se assemelham na suposição de que *deve haver* uma unidade nomeada, dada por si ou constituída artificialmente, à qual o termo se refere. Em oposição a essa metafísica que se vislumbra na base do debate sobre conceitos, as *Investigações filosóficas* pretendem mostrar que a pressuposição de essências ou unidades nomeadas é uma concepção filosófica que não encontra correlato no uso cotidiano da linguagem: não há nada comum a tudo aquilo que chamamos de "linguagem" ou "folha" e disso não resulta nenhuma dificuldade. A suposição metafísica de que *deve haver* um *algo* nomeado é acrescentada. Ela é uma exigência projetada sobre o uso da linguagem, não algo que encontramos quando descrevemos esse uso. É para isso que Wittgenstein nos chama a atenção quando conclama: "não pense, veja!". Quando descrevemos nosso uso da linguagem, não vemos nada que seja *comum* a tudo o que chamamos de "jogo", "linguagem", "folha", apenas semelhanças, parentesco. O que se caracteriza por meio do termo "semelhança de família" é justamente a *ausência* de algo nomeado pelo conceito, não uma versão degradada e imperfeita de essências ou limites claros. A "semelhança" apontada pela expressão sequer pode ser concebida como um desdobramento mecânico, independentemente do uso que se faz de um termo. Ela nem é derivada mecanicamente daquilo que agrega nem delimita um conjunto claro de elementos aos quais se pode aplicar o conceito (de "jogo" ou de "folha", por exemplo). O desconforto gerado por essa concepção aflora no núcleo do diálogo: um conceito sem limites claros é um conceito? Quem não conhece os limites do conceito de "jogo" sabe realmente o que é um jogo? É esse desconforto que conduz à busca por algo mental e oculto que desempenhe o papel de garantidor da unidade do conceito, uma ideia ou uma definição não formulada, por exemplo.

O texto de Wittgenstein explicita a sobreposição de concepções sobre linguagem a concepções metafísicas e epistemológicas (um tema retomado de maneira bastante contundente nos últimos escritos de Wittgenstein). De um lado, aparecem as afirmações de que a unidade do objeto deve ser dada no mundo ou imposta a ele como condição da referencialidade e da significação. De outro, conhecer o que é "jogo" ou "linguagem" aparece associado à capacidade de delimitar com clareza o domínio ao qual esses conceitos se aplicam. Vislumbra-se nesses embates como a concepção de linguagem delineada nas *Investigações filosóficas*, ainda que restrita a um domínio que seu autor concebe como o da lógica, tem ramificações muito mais amplas: ela se contrapõe às metafísicas erigidas à maneira do *Sofista* de Platão, supostas garantidoras da possibilidade do discurso e da verdade, e às concepções sobre conhecimento que partem de modelos referencialistas da linguagem. Wittgenstein nos mostra que a linguagem não nos confronta com essas pressuposições e que não será sobre ela que se colocará o ônus de sustentar tais metafísicas ou epistemologias.

O núcleo da concepção de Wittgenstein sobre regras já aparece na breve exposição que encontramos entre os parágrafos 79 e 88. De um lado, a crítica à ideia de determinação do uso pela regra, de outro, a caracterização da ambiguidade que marca o uso: ele é ao mesmo tempo regrado e constituidor da regra. É, sem dúvida, esclarecedor que o debate sobre regras apareça pela primeira vez nas *Investigações* em meio a esse contexto.

O recurso ao conceito de regra, que desempenhou um papel central nos escritos de Wittgenstein do início dos anos 1930, revela-se, ele próprio, uma variação da busca de referência para os conceitos. Uma concepção rígida de regra ofereceria um critério para decidir se dado conceito se aplica ou não a cada caso com o qual é confrontado, restabelecendo a suposição de determinação completa e limites claros para os conceitos. Ainda que de maneira indireta e sublimada, a suposição de que uma regra *determina* o uso ou o significado de um termo (de que a linguagem é um "cálculo com regras fixas") restabeleceria a fixidez da referência. O debate sobre regras, amplamente elaborado em um momento posterior do livro, tem em seu horizonte a crítica da reificação embutida na ideia de que uma regra *determina* sua aplicação e a revisão do conceito de regra a partir da ideia de que também ela se constitui a partir do uso.

A recusa da suposição de que conceitos devem ter limites claros se desdobra na recusa equivalente de que se suponha que regras determinam o uso em todos os casos possíveis, de que "um jogo [...] está delimitado em toda parte por regras" (§84). A suposição de que a linguagem é um "cálculo com regras rígidas" e determinadas era central à concepção de "gramática" sustentada por Wittgenstein no início dos anos 1930. A elaboração do problema das regras marca uma ruptura importante com aqueles trabalhos do período intermediário e uma radicalização da concepção de jogos de linguagem. A própria ideia de que se poderia falar da "regra segundo a qual" alguém procede é esvaziada no §82.

No §83 Wittgenstein apresenta como exemplo pessoas que se divertem jogando bola em um campo, iniciando vários jogos, passando para outros sem finalizá-los, e entre uma coisa e outra apenas lançam a bola sem propósito, brincam. A suposição de que se segue uma regra em todo esse conjunto de ações aparece como fantasiosa, como uma imposição artificial imposta externamente a nossa experiência. Mas essa suposição não parece de todo distinta da afirmação de que sempre seguimos uma regra em nosso uso das palavras. No caso de "Moisés", comentado no §79, Wittgenstein mostra que nosso uso se sustenta ora sobre uma caracterização desse termo, ora sobre outra. Nossa descrição de Moisés está continuamente aberta a revisões e não parece nem pressupor nem facultar a afirmação de que envolve algo fixo e dado preliminarmente. A ideia de que regras são anteriores ao uso e que o regem e determinam (como se fossem ideias platônicas) não se ajusta a nossas práticas. O uso das palavras é *regrado*, mas tais regras se alteram quando aprendemos, por exemplo, que havíamos atribuído equivocadamente alguma característica a Moisés: dizíamos, a princípio, que Moisés era quem fez *a* e *b*, e passamos a dizer que ele era quem fez *b* e *c*, ou mesmo *c* e *d*, associando o uso dessa palavra a uma nova regra. Compreender o papel da regra no uso da linguagem envolve, assim, a crítica à sua reificação, mas, também, a compreensão de como o uso cotidiano das palavras é, ao mesmo tempo, regrado e constituidor das regras.

Nesse passo do texto, o objetivo de Wittgenstein é inicialmente negativo: mostrar os problemas envolvidos na exigência de uma plena determinação por regras. Seu argumento pode ser dividido em duas partes. Por um lado, ele mostra o regresso infinito a que somos levados pela exigência de plena determinação. Em paralelo a isso, argumenta que a plena determinação não é necessária e que não há lacunas ou falta de fundamentação em nosso uso efetivo de regras. O regresso infinito das regras é o que se convencionou chamar, por referência ao §198, de "paradoxo das regras". Como é sempre *possível* que se apresentem dúvidas sobre a aplicação de uma regra, e como a explicação da regra é uma regra sobre como seguir a regra, seríamos levados a uma regressão em qualquer regra, buscaríamos outra que determinasse sua aplicação e outra que determinasse a aplicação da regra que determinaria a primeira, e assim por diante. A suposição de que a regra é interpretada implica que nenhuma regra é a última. Caso se suponha que a compreensão de um conceito se sustenta sobre a plena determinação por regras, nunca poderíamos dizer que o compreendemos, "como se uma explicação, por assim dizer, estivesse suspensa no ar, caso outra não a apoiasse" (§87).\*

Uma maneira interessante de reconstruir esse argumento é insinuada por Wittgenstein: uma dúvida sobre a regra é sempre possível, e isso pareceria indicar que há um "buraco no fundamento", "de maneira que uma compreensão segura só é possível quando, antes de qualquer outra coisa, duvidamos de tudo aquilo de que se *pode* duvidar, e então sanamos todas essas dúvidas" (§87). O pano de fundo do argumento envolve, portanto, a estrutura lógica de um projeto fundacionalista e a dúvida hiperbólica cartesiana. Em oposição a essas exigências filosóficas, Wittgenstein distingue a *possibilidade* da dúvida de uma dúvida efetiva. Quando usamos uma regra, uma placa de trânsito, por exemplo, podem ocorrer dúvidas, e explicações serão apresentadas para eliminá-las:

> uma explicação pode se apoiar sobre outra explicação que alguém deu, mas nenhuma explicação carece de outra – a não ser que *nós* necessitemos dela para evitar um mal-entendido. Poderíamos dizer: Uma explicação serve para afastar ou para evitar um mal-entendido — um mal-entendido, vale dizer, que surgiria sem a explicação; mas não: qualquer mal-entendido que eu possa imaginar. (§87)

---

\* A mesma imagem reaparece no §198 das *Investigações*: "Cada interpretação está suspensa no ar, juntamente com o interpretado; ela não pode lhe servir de apoio".

O uso de uma regra não pressupõe a eliminação de qualquer dúvida possível, apenas das dúvidas que efetivamente se coloquem a quem vai usá-las, cujo esclarecimento não envolve regressão infinita. A exigência de fundamento último, plena determinação pela regra e eliminação de todas as dúvidas possíveis deriva de um *ideal* de precisão e exatidão que não encontra lugar no uso efetivo da linguagem, que nunca será satisfeito e que é completamente ocioso. Uma regra não precisa ser rígida e plenamente determinada, como o significado não precisa de limites claros e rígidos: "Está tudo em ordem [...] caso ela, em circunstâncias normais, cumpra seu propósito" (§87).

## SUBLIMAÇÃO DA LÓGICA E FILOSOFIA (§§89 A 142)

Wittgenstein retorna a Skjolden em 1937 para continuar a escrita de seu livro. O breve conjunto de parágrafos que se segue ao núcleo argumentativo inicial compõe uma espécie de reflexão sobre sua própria atividade filosófica e sobre a filosofia em geral. Em um primeiro momento, o texto, bastante arrojado em sua forma, faz, em primeira pessoa, o percurso da "sublimação da lógica", sobrepondo referências ao *Tractatus* e a outras concepções filosóficas (até mesmo às concepções de Wittgenstein em seu período intermediário). Trata-se de compreender em ato a sedução dos sucessivos passos que sustentam a ilusão de que haveria algo para além do ordinário na constituição da linguagem, revisando as escolhas e suposições que conduziriam à afirmação de que a linguagem guarda em si a estrutura essencial da realidade e de que o pensamento é um intermediário puro e necessário para a constituição do sentido. O que se delineia nesse momento do texto, que substitui o diálogo pela narrativa, é a anatomia da ilusão de que a linguagem envolve algo de sublime e oculto.

A sublimação da lógica é o percurso de distanciamento entre a descrição da linguagem e a vida humana.

O processo de formulação se apresenta, desde o início, no vocabulário por meio do qual se formula o que seria o problema da lógica (ou da filosofia): encontrar algo universal, profundo, um fundamento último, a essência da linguagem. Ele aparece também no recurso a conceitos modais. Trata-se de compreender a *possibilidade* do fenômeno, não qualquer fenômeno em particular, aquilo que *deve* se achar na realidade. Essa perspectiva nos leva à procura de uma exatidão perfeita, que estaria oculta por detrás do uso cotidiano da linguagem e que seria explicitada em uma linguagem "completamente decomposta" (§91). Central ao processo de sublimação é o papel que se supõe dever ser desempenhado pelo pensamento (um tema que será longamente debatido na segunda metade do livro): ele seria um intermediário "puro" entre o sinal proposicional e os fatos, o que torna possível que se diga o que não é o caso, o que é apenas possível. O pensamento apresentaria a "ordem a priori do mundo", a "ordem das *possibilidades* que mundo e pensamento precisam ter em comum" (§97).

Esse ideal de exatidão, em que nenhum conceito é vago, nenhuma proposição indeterminada, precisaria se fazer presente na realidade. No entanto, isso se coloca não como resultado de nossa investigação, mas como uma exigência que fazemos a qualquer descrição da realidade: "precisamos encontrar aquela ordem" (§105). Mas essa ordem não está em nossa experiência, de modo que a exigência de pureza, universalidade, exatidão, entra em conflito com "a linguagem como de fato ela é" (§107). A descrição de Wittgenstein se arma como uma tragédia: algo nos parece necessário, ainda que não o seja, e seguimos cada vez mais no sentido de supor que a linguagem é algo sublime, o que apenas aumenta o conflito com o que realmente encontramos. "O conflito se torna insuportável; a exigência [de pureza cristalina da lógica] ameaça, agora, tornar-se algo vazio" (§107). Essa exigência nos impede de ver que, ainda que importante, a linguagem não envolve nada de extraordinário, que o papel de puro intermediário atribuído ao pensamento é uma quimera, que não há nada de oculto que seja de nosso interesse na investigação da linguagem. É preciso virar as costas para essas exigências e retornar ao solo áspero no qual volta a ser possível caminhar. Na narrativa que expõe o processo de sublimação da investigação da linguagem, Wittgenstein se pergunta por aquilo que o levou (no *Tractatus* e mesmo depois) e a tantos outros a se deixarem iludir pela busca de um ideal que está em conflito com nossa experiência da linguagem.

A narrativa da sublimação da lógica, que pode ser lida como um pós-escrito aos 88 parágrafos iniciais do livro, é sucedida por três desdobramentos distintos. De imediato o texto se coloca como questão compreender os mecanismos e motivações do processo de sublimação. Wittgenstein se volta para a explicitação das ilusões produzidas por meio da linguagem. "Uma *imagem* nos mantinha cativos. E não conseguíamos escapar dela, pois ela residia em nossa linguagem, que parecia repeti-la inexoravelmente para nós" (§115). Depois disso, o texto ganha um tom mais amplo e positivo, descrevendo o papel e o método da filosofia que se pode depreender da contraposição à ilusão da sublimação. A filosofia aparece como a atividade que nos traz de volta do ar rarefeito para o solo firme constituído pelo uso efetivo da linguagem. Ela não elabora teorias, apenas nos lembra e nos confronta com aquilo que já sabemos, oferecendo uma visão panorâmica de nossas práticas. A ênfase dessa descrição está na contraposição às ilusões que nos assediam continuamente e que precisam ser contrapostas de maneira contínua e reiterada. "Os aspectos das coisas que nos parecem mais importantes estão ocultos por sua simplicidade e seu caráter cotidiano. (Não conseguimos notá-los, – porque estão sempre diante de nossos olhos.)" (§129).

Por fim, Wittgenstein parece se voltar ao *Tractatus* para comentar a suposição de que haveria uma "forma geral da proposição", compreendida agora como um caso exemplar de sublimação da lógica. Rapidamente, entretanto, esse comentário se associa a um vocabulário que vincula o conceito de "forma geral da proposição" ao debate sobre regras. Já no §143 o texto indica com clareza a direção em que seguirá, elaborando o problema de compreender em que consistiria seguir uma regra.

## CRITÉRIOS E REGRAS (§§143 A 184)

O §143 marca uma espécie de reinício do livro. Wittgenstein compreende que sua investigação deve seguir adiante por meio da retomada e da elaboração de um tema apenas brevemente tratado no final dos 88 parágrafos iniciais: o problema das regras. A enorme fecundidade desse tema dentro das *Investigações* e no contexto de sua recepção evidencia o acerto dessa escolha, ainda que a estrutura do livro e a sucessão de seus temas possa parecer, nesse passo, estranha para quem o lê de maneira atenta.

Os parágrafos 143 a 184 são em grande parte derivados do *Brown Book*, com seu estilo de comentário de exemplos e jogos de linguagem, arredios a balanços gerais e conclusões. Neles investiga-se a gramática de algumas palavras e expressões associadas à ideia de regra: "entender", "saber", "derivar", "aplicar", "ser capaz". De maneira derivada, investiga-se também o uso dos conceitos de "consciência", "disposição", "descrição", "mente", "causa", "influência", "ser guiado". Essa enumeração é suficiente para que se explicite a relação direta entre o debate sobre regras e a investigação de conceitos psicológicos, que estrutura todo o desdobramento do livro. Encontramos nesse momento do texto uma explicitação, talvez a mais clara, de como as diversas partes e os vários temas em que as *Investigações filosóficas* se dividem estão articulados em um único projeto e são partes distintas de um único problema cujo núcleo é a investigação lógica da linguagem. A compreensão da linguagem e do significado pressupõe a crítica de concepções sublimes de lógica e de regras, bem como a revisão do papel habitualmente atribuído por essas concepções ao pensamento e à subjetividade.

O debate sobre regras se inicia com um tom mais geral, problematizando o *critério* segundo o qual utilizaríamos um termo. Como saber se um aluno (ou mesmo nós) aprendeu a sequência dos números naturais e é capaz de continuá-la? Qual critério utilizamos para dizer que ele aprendeu uma sequência ou seguiu uma regra? Quando se pode dizer que "entendeu" ou "dominou" o sistema? Até que ponto ele deve continuar a sequência como nós faríamos para que possamos dizer que ele a dominou (§146)? Várias dificuldades se colocam no caminho da descrição de como compreendemos o aprendizado e o uso de uma regra. Como se deve relacionar a enunciação da sequência àquilo que chamaríamos nossa "compreensão" da sequência: até que ponto a sequência deve ser enunciada para que digamos que alguém a compreendeu? Em que consiste essa compreensão? Talvez se diga que quem compreende tem algo em sua mente. Mas qual o critério para afirmar que em dado momento o aluno tem em mente aquilo que procuramos? Sem falar que a identificação de um critério inicial nos conduz à procura por um novo critério que oriente a aplicação do critério inicial, apontando para uma regressão infinita. Não há, então, um critério claro para o uso de expressões como "ele entendeu o sistema"? Wittgenstein insiste que mesmo a compreensão de que se trata de uma sequência que tem recursividade e indicações sobre como continuá-la indefinidamente depende de uma certa *maneira de ver* o que se apresenta ao aluno. A sequência não se desdobra de maneira mecânica ou necessária daquilo que se mostra ao aluno (um exemplo, um enunciado), e não depende do professor que o aluno *veja* as coisas *de tal maneira* que continue a sequência como era esperado.

Essas dificuldades iniciais explicitam o papel de uma alternativa que se insinua insistentemente ao longo de todo o livro: supor que o "entendimento" seria a fonte do uso correto de um termo, atribuindo-se a ele e ao "pensamento" um papel determinante (em vez de procurar nos eventos descritos os critérios para a afirmação de que o aluno entendeu o sistema). O debate transita, então, para um domínio oculto que estaria na origem daquilo que é imediatamente observado, algo de natureza mental e privada, oculto e sublime. A enunciação da sequência pelo aluno seria apenas o efeito, o resultado da aplicação "do entendimento", da operação mental, que estaria *por detrás* de nossas ações. Mas, segundo Wittgenstein, não haveria nesse movimento senão uma resposta ilusória, ou uma ocultação do problema. O que se pretende que seja "entender" uma sequência? Caso se diga que isso consiste em ter uma fórmula, o problema do critério permanece: por um lado, como saber qual o critério para a aplicação da fórmula? Por outro lado, como saber se o aluno tem em sua mente a fórmula a partir da qual derivar a sequência? Caso o único critério para sabê-lo seja a aplicação da fórmula, a enunciação da sequência, essa enorme reformulação não nos tiraria do lugar. A dificuldade poderia parecer de natureza epistemológica (como saber o que se passa na cabeça de quem diz uma sequência numérica). O argumento é, entretanto, reelaborado por Wittgenstein em primeira pessoa: como saber se *eu* compreendi uma sequência? Nesse caso a dificuldade epistêmica não se coloca, mas as dificuldades permanecem, evidenciando o caráter lógico do questionamento (bem como a necessidade de uma crítica do recurso à "interioridade" na tentativa de resolução das dificuldades associadas aos conceitos de entendimento e saber).

A reformulação do argumento em primeira pessoa e a problematização do conceito de "interioridade" são explorados a partir de um novo problema: a descrição do uso do termo "ler" (§156), compreendido como a atividade de apresentar em voz alta aquilo que está escrito, ou outras atividades correlatas, sem qualquer referência ao entendimento do que se lê. Como saber se alguém está lendo ou apenas supõe ou finge ler? O argumento se constrói em torno da enorme dificuldade de descrever os jogos de linguagem com esse termo, apesar de seu uso ser bastante familiar no contexto de nossa vida ordinária. A "tentação" de buscar critérios mentais ou ocultos, para além daquilo que observamos, e de sublimar a descrição da leitura é confrontada com a descrição cuidadosa de nossos usos desse termo. Ainda que se formule o argumento em primeira pessoa, não é claro que haveria um determinado estado mental consciente que sustentaria a afirmação *sobre mim mesmo* de que eu leio.

> Em que consiste, portanto, o aspecto característico da experiência de ler? – Aqui eu gostaria de dizer: "As palavras que pronuncio me *vêm* de um modo especial". A saber, elas não me vêm como viriam, por exemplo, caso eu as inventasse. (§165)

Há uma derivação da leitura a partir do texto? Como caracterizá-la e identificá-la? A persistência dessas dificuldades mesmo quando se elabora o argumento em primeira pessoa mostra, mais uma vez, tratar-se de uma dificuldade lógica, associada ao tipo de critério que se procura. As sucessivas tentativas de explicar uma suposta *derivação* da leitura a partir do texto introduzem, a cada passo, mais opacidade em nossa compreensão daquilo que realmente ocorre. O percurso reencena no comentário desses conceitos o processo de sublimação da lógica que havia sido descrito em parágrafos anteriores: talvez se diga que "sinto certa *influência* das letras sobre mim", a qual se apresenta por meio de um mecanismo que me faz "ouvir internamente", de modo automático, o som correspondente à letra que vejo; essa influência seria apreendida como a sensação de "ser *guiado*" pelo texto. É evidente a sublimação da ideia de leitura que opera aqui. Sua crítica, retomando argumentos já apresentados, tem agora em seu horizonte evidenciar um vício, um equívoco reiterado que nos conduz sempre de volta à procura de algo que já não havíamos encontrado antes e nossa disposição de sublimar nossa investigação, de buscar por algo cada vez mais etéreo e distante de nossas ações e práticas. A repetição do erro e da sublimação se apresenta como sintoma a ser, ele próprio, descrito e compreendido. A frustração com qualquer tentativa de resposta se repete à exaustão. Mas, ainda assim, pareceria evidente que *deve haver* algo que seja a "experiência característica" de ser guiado, mesmo que nenhuma descrição se ajuste àquilo que se supõe que deve ser encontrado. Nenhuma tentativa aponta para mais do que características externas associadas a "ser guiado" ou a "ler". Mas essa ausência, esse não encontrar nada do que "deveria" estar ali, em vez de conduzir à conclusão de que há algum equívoco na suposição inicial, resulta em que se dobre a aposta: *deve haver* algo, é *necessário* que haja, ainda mais oculto e fugidio, ainda "mais íntimo e essencial", em um movimento que não advém daquilo que sabemos ou encontramos em nossas experiências, mas de nossa suposição de que é preciso que haja algo ali onde não encontramos nada.

O recurso à reformulação dos problemas em primeira pessoa é usado de maneira notável por Wittgenstein nesses parágrafos. Ela nos impõe desvincular o debate do terreno epistemológico em que ele habitualmente seria situado. A dificuldade de definir critérios para dizer que alguém lê, mesmo que esse alguém seja *eu*, coloca-nos frente a uma questão que precisa ser respondida antes que se coloque qualquer debate epistêmico: como usamos conceitos como esse e como eles se articulam a certas ideias sobre mente e pensamento, que parecem apenas ocultar o problema? A introspecção, a suposição de uma privacidade epistêmica, os conceitos de mente, vontade, consciência, intenção, desempenham papel central na procura por respostas às críticas de Wittgenstein e na defesa de concepções que, ainda que de modo não evidente, buscam determinar o significado dos termos em questão por meio da referência a objetos ou processos "mentais". O argumento implícito é que esses conceitos psicológicos e certo uso da assimetria entre a formulação dos problemas em primeira e em terceira pessoa são estruturados, em grande medida, como parte de tentativas de manter concepções referencialistas de significado e, de modo derivado, concepções tradicionais sobre o que é conhecimento, pensamento, linguagem. O que lentamente se revela é que ainda nos situamos no terreno apontado por Agostinho e pela suposição de que palavras significam objetos.

## O PARADOXO DAS REGRAS (§§185 A 242)

O §185 dá início ao núcleo do debate sobre regras. Não se trata mais de perguntar pelo critério para reconhecer que uma sequência está sendo seguida, mas de como *determinar* qual o próximo passo de uma sequência em uma parte não conhecida de sua extensão. Nessa formulação, parte da extensão é dada de início, e o problema é saber o que determina como ela continua. O problema é formulado nos seguintes termos: uma pessoa aprendeu a sequência 0, n, 2n, 3n etc. para "n = 2" (a sequência dos números pares) e a continua até 1000. A partir daí, ela prossegue da seguinte maneira: 1000, 1004, 1008, 1012. Frente a nosso protesto de que ela teria mudado a sequência, ela responde que a continuou exatamente da mesma maneira.

Como justificar que a sequência que se constrói a partir de nossas explicações e passos iniciais seja aquela em que depois de 1000 viria 1002, e não 1004? Não adianta repetir as explicações. Não se trata de identificar um erro, mas de compreender se as mesmas instruções poderiam ou não conduzir a outra sequência. De uma perspectiva mais geral, o problema é compreender como se relaciona uma regra (ou o enunciado da regra) a sua aplicação, como se define qual seria o passo correto a ser dado em cada momento. Seria necessária uma decisão ou intuição a cada passo? Nossa tendência talvez seja supor que os passos associados à regra estariam todos previamente determinados, de maneira que apenas "*significar* algo" poderia antecipar a realidade: o passo de 1000 para 1002 já teria sido dado quando se *significou* a regra. A regra anteciparia, assim, sua aplicação, ainda que esta seja infinita. Cada novo item da sequência estaria já de início dado, como uma ideia platônica, anterior e independente de nosso uso. Mas como se determina o que era significado inicialmente pela regra, pois quem a enunciou ou ensinou certamente não percorreu todos os passos seguintes?

O argumento principal do debate sobre regras está entre os parágrafos 198 e 205. A questão ganha ali uma forma distinta, resultado de um passo fundamental na história da elaboração das *Investigações filosóficas*. O material sobre regras apresentado a partir do §198 foi escrito em 1944, seis a sete anos após os parágrafos anteriores (e com uma guerra mundial entre eles), depois de Wittgenstein se dedicar longamente, primeiro, aos fundamentos da matemática (e sua relação com regras) e, depois (não necessariamente de modo excludente), ao debate sobre "linguagem privada" e conceitos psicológicos (tema da maior parte do material acrescentado ao livro em 1944, correspondente aos parágrafos 189 a 421). A exclusão do longo trabalho sobre a matemática e a nova identidade dada ao livro definem, em grande medida, a exposição que se inicia no §198. Ela sumariza, de maneira bastante rápida, os "resultados" da investigação das regras na matemática (desenvolvidas entre 1938 e 1943), de modo a sustentar os desdobramentos posteriores do livro. Parte relevante da argumentação sobre regras que constava da versão inicial do livro também não encontra lugar na versão final. Vale ter em mente, nesse sentido, que a radicalidade do debate sobre regras na matemática (que se desdobra em concepções bastante singulares sobre prova e necessidade, por exemplo) não aparece com clareza na exposição sintética que encontramos na versão final das *Investigações*.

A partir do §198, não se trata mais, portanto, nem de perguntar pelo critério de reconhecimento de que alguém segue uma regra (§143) nem de determinar o passo seguinte da sequência em uma parte não conhecida de sua extensão (§185). O problema ganha mais generalidade e radicalidade e passa a tratar da totalidade da relação de uma regra com sua aplicação.

"'Mas como é que uma regra pode me ensinar o que tenho de fazer *neste* lugar? Com efeito, o que quer que eu faça pode ser conciliado com a regra por meio de alguma interpretação.'
– Não, não se trata disso. Trata-se do seguinte: Cada interpretação está suspensa no ar, juntamente com o interpretado; ela

não pode lhe servir de apoio. As interpretações, sozinhas, não determinam o significado." (§198)

A afirmação de que qualquer coisa que eu faça pode ser colocada em acordo com a regra considera toda a extensão da regra e afirma que, independentemente de qual ela seja, pode ser compatibilizada com qualquer regra. A generalização do argumento usa o expediente de caracterizar esclarecimentos ou explicações da regra como uma interpretação e, assim, como uma nova formulação da regra, como uma regra sobre como seguir a regra inicial (argumento semelhante ao encontrado na primeira exposição do problema, entre os parágrafos 79 e 88). O regresso infinito se explicita de imediato: se a interpretação de uma regra é, ela própria, uma regra, então a suposição de que uma regra precisa ser interpretada nos conduz apenas a uma nova regra, que também precisará ser interpretada. Portanto, "as interpretações, sozinhas, não determinam o significado" (§198). Elas não afetariam em nada o problema inicial de responder como uma regra deve ser seguida.

O desdobramento desse argumento não é uma espécie de relativismo, como se poderia imaginar, mas a compreensão de que a relação entre a "expressão da regra" e nossas ações é de outra natureza que não a de uma interpretação. A conexão entre esses elementos é dada pelo adestramento, no contexto de nossas práticas, e não pelo reconhecimento ou pela interpretação daquilo que estaria implícito e determinado pela "expressão da regra". A "expressão da regra" (um sinal de trânsito ou o enunciado apresentado no §185, por exemplo) não *determina* nada. Reagimos a ela de certa maneira apenas se ela tem um lugar em nossas práticas. A substituição da referência a regras pelo termo "expressão da regra" explicita esse movimento, deixando claro que a "expressão" não significa nada, a não ser que haja um conjunto de ações para as quais fomos adestrados e que nos leva a reagir de determinada maneira frente a elas. Também o significado da expressão de uma regra é dado por seu uso.

O §198 utiliza a regressão infinita das interpretações para deixar de lado a formulação inicial do problema, a saber, a pergunta sobre como se passa da regra para sua aplicação, e elaborar uma nova descrição de nossas práticas: frente a algo que reconhecemos como a expressão de uma regra, seu uso, sua aplicação, o que chamamos de "seguir a regra", é estabelecido por nossas práticas, por um adestramento, que é, ele próprio, um costume. Não há, portanto, relação autônoma e interna entre a regra (expressão da regra) e sua aplicação. Nem há a possibilidade de desdobrar uma aplicação a partir de uma expressão, qualquer que ela seja, sem um contexto particular de usos. A regra não é uma máquina que produz sua aplicação, sem falhas, indefinidamente. Só se pode falar de regra em meio a costumes e práticas estabelecidas.

As maiores dificuldades no debate sobre regras talvez derivem do §201. O regresso infinito das interpretações, descrito anteriormente, é caracterizado agora como um paradoxo:

> Nosso paradoxo era o seguinte: uma regra não poderia determinar nenhum modo de agir, uma vez que todo modo de agir pode ser posto em concordância com a regra. A resposta era: Se tudo pode ser posto em concordância com a regra, então também pode ser posto em contradição com ela. Sendo assim, não haveria aqui nem concordância nem contradição. (§201)

A descrição do regresso infinito das interpretações ganha um tom dramático: qualquer ação poderia seguir-se de uma regra, colocada em acordo com ela, o que esvaziaria a regra de sentido. A "resposta" ao paradoxo é enunciada no passado: não caberia, então, falar de acordo ou conflito entre regra e ação. Mas onde havia sido dada essa resposta, para que seja apresentada com o verbo no passado ("a resposta era")? Não há nada no §198 que indique a suspensão da pergunta pelo acordo ou conflito entre regras. A razão do uso do verbo no passado é explicitada no passo seguinte do texto: há um mal-entendido na resposta que fora apresentada, bem como na afirmação do paradoxo. O paradoxo e sua resposta são parte do problema, e sua enunciação tem por finalidade esclarecer seu equívoco e recusar a ambos, o paradoxo e a resposta. A dificuldade na compreensão desse texto está justamente em identificar qual o mal-entendido que ele aponta: ele inclui, certamente, o regresso das interpretações. Mas no caso de se supor que o restante do parágrafo não faça parte do mal-entendido, uma leitura bastante frequente desse texto, então se concluirá que Wittgenstein *afirma* haver uma apreensão imediata da regra que resolveria o paradoxo e ajustaria a regra e sua aplicação. A suposição de que o regresso infinito da justificação seja interrompido por uma apreensão imediata do ser, do objeto, da ideia, é o núcleo, entretanto, de uma resposta platônica ao "paradoxo". A recusa do platonismo por Wittgenstein se apresenta, pelo contrário, como uma recusa do próprio dilema: o mal-entendido a que o texto se contrapõe consiste em supor que haja um paradoxo e em afirmar que a resposta a ele é uma apreensão imediata da regra. O desdobramento da suposição de uma apreensão imediata da regra é interno ao equívoco descrito no parágrafo, é parte dele. O argumento do §201, em sua totalidade, apresenta o erro de se deixar levar, por receio do paradoxo, à suposição de que o hiato entre a regra e sua aplicação só poderia ser superado por uma apreensão imediata da regra. Fosse essa a resposta de Wittgenstein, ela não guardaria qualquer relação com a descrição dos parágrafos 87 e 198, sobre como regras se estabelecem em meio a nossas práticas, ou, de maneira mais geral, com a concepção de Wittgenstein sobre o significado.

A conclusão do §201 mantém o tom de diagnóstico das tentações a serem evitadas: "Eis por que existe uma inclinação a dizer: toda ação segundo a regra é um interpretar. Porém, deveríamos chamar de "interpretar" apenas: substituir uma expressão da regra por outra". A resposta à pergunta sobre como seguimos regras não é, portanto, uma maneira alternativa de religar regra e sua aplicação. A própria suposição de que há tal hiato, de que há algo que é uma regra e que é anterior ou independente de sua aplicação, está na origem do problema. O texto insiste naquilo que é seu argumento desde o início do livro: a "expressão da regra" é vazia caso não esteja situada em meio a um uso estabelecido. Segundo essa maneira de descrever como "seguimos regras", não haveria paradoxo, pois não há duas coisas (a expressão da regra e sua aplicação) que precisariam ser conectadas. É em meio a nossas práticas de seguir regras que se constituem as regras e o próprio conceito de regularidade. Quando dizemos que seguimos regras, explicitamos que nossas ações são parte de instituições, de contextos mais amplos de práticas compartilhadas, de formas de vida.

O balanço do argumento por Wittgenstein nos é dado no §202. Ali, e não na ideia de apreensão imediata da regra, encontramos sua descrição de como seguimos regras: "Eis por que 'seguir a regra' é uma prática. E *acreditar* seguir a regra não é: seguir a regra. E eis por que não se pode seguir a regra 'privadamente', pois do contrário acreditar seguir a regra seria o mesmo que seguir a regra" (§202). O tom desse texto é de conclusão. Vale notar que a afirmação de que "*acreditar* seguir a regra não é: seguir a regra" não se segue, de maneira alguma, da suposição de uma apreensão imediata da regra. Pelo contrário, fosse a apreensão da regra imediata, seu critério seria, a princípio, privado. A impossibilidade de seguir regras privadamente é, por outro lado, um desdobramento claro da afirmação de que seguir regras é uma prática, não o resultado de uma inferência a partir do enunciado da regra, da apreensão imediata de seu sentido ou de uma necessidade que se impõe independentemente de quem a aplica. Caso digamos, então, que a regra *determina* ou estabelece *objetivamente* sua aplicação, essa objetividade diz respeito a nossas ações e práticas, não a um mecanismo oculto e independente que desdobra, como uma máquina, seus sucessivos movimentos.

Os parágrafos seguintes tratam, sob a forma de um debate, de temas relacionados ao argumento principal, muitos deles já abordados em outros momentos do texto. O comportamento humano compartilhado é descrito como um *sistema de referências* (§206). Uma dúvida será, então, possível em determinadas circunstâncias, mas isso não quer dizer que duvidemos ou que fôssemos capazes de duvidar (§213). De modo equivalente, a suposição de que a aplicação da regra envolve uma "interpretação" geraria dificuldades ainda que a série em questão nos parecesse evidente, como a série "2, 2, 2, 2...". A cadeia de justificações de regras tem de encontrar um fim, e ali não deparariamos senão com a constatação de que é simplesmente assim que agimos (§217). Ainda que de maneira ambígua e curiosa, os parágrafos 241 e 242 nos apontam em sentido contrário ao relativismo que supostamente se insinua como consequência dos argumentos de Wittgenstein sobre regras: haveria, sim, um acordo humano por detrás da determinação do que é verdadeiro ou falso, mas esse acordo não é de opiniões ou de definições, e sim de juízos: trata-se de um acordo em nossas ações e formas de vida.\*

---

\* Esse tema já havia aparecido entre os parágrafos 79 e 88 e ocupa posição bastante relevante nos manuscritos finais de Wittgenstein; cf., por exemplo, *Sobre a certeza*, 124, 150 e 156.

## O PENSAMENTO E OS CONCEITOS DA PSICOLOGIA (§§243 A 693)

O parágrafo 243 marca o início de um novo momento do livro, que se estende até seu final. Esse vasto material, que corresponde a quase dois terços das *Investigações*, tem como tema geral o "pensamento" e os conceitos a ele relacionados. Os parágrafos 243 a 421 compõem um primeiro conjunto, no qual se recusa, através de um procedimento terapêutico, a suposição de que o vocabulário das sensações e aquele sobre o pensamento se constituam como significativos por referência a processos ou objetos mentais, internos. Na parcela inicial dessa investigação se encontra o debate sobre linguagem privada. A partir do parágrafo 422, material agregado ao livro por Wittgenstein em 1945, o comentário sobre o vocabulário relacionado ao pensamento se faz de maneira mais sistemática, deixando à margem o tom terapêutico anterior. O objetivo passa a ser compreender em seu conjunto a articulação desse vocabulário a partir de elementos que lhe são centrais (intenção, justificativa, negação) e expor a complexidade dos jogos de linguagem com conceitos relacionados ao pensamento. A partir desses parágrafos, o livro ganha um projeto e um horizonte distintos, voltando-se para a descrição da gramática de uma área de nosso vocabulário.* Esse trabalho se estende para além desses textos de 1945, incluindo os volumes sobre "filosofia da psicologia" escritos até 1949 e mesmo os escritos finais, sobre cores e "certeza".

À luz desse desdobramento, os parágrafos iniciais do livro desempenham o papel de exposição do núcleo da concepção

---

* Um projeto semelhante pode ser encontrado nos escritos iniciais do "período intermediário" da obra de Wittgenstein. Cf., por exemplo, Ludwig Wittgenstein, *Observações filosóficas*, §§205-224.

de linguagem de Wittgenstein e de sua compreensão do erro e da ilusão contra o que sua filosofia se volta. Isso é bastante claro no núcleo inicial formado pelos parágrafos 1 a 88 e 89 a 142. O debate sobre critérios e regras que encontramos entre os parágrafos 143 e 242, por sua vez, ocupa uma posição ambígua. Ele pode ser compreendido como uma elaboração mais detalhada da exposição anterior, sobre a qual apresenta esclarecimentos centrais, ou como início do trabalho terapêutico que se torna mais claro a partir do §243. O que justifica a delimitação de um novo momento do texto a partir desse parágrafo é, além de seu caráter terapêutico e da evidente relação entre os conceitos tratados, a centralidade que ganha a investigação do pensamento, que, ainda que pontualmente presente nos parágrafos anteriores, não desempenhava um papel estruturante.

Wittgenstein não divide seu texto em conjuntos de parágrafos. Seu objetivo é o inverso: tornar a passagem de um tema a outro natural e fluida. As divisões aqui propostas se sustentam em escolhas e estratégias cuja única virtude é eventualmente esclarecer o percurso do texto e ajudar quem o lê a apreendê-lo com um olhar de conjunto.

## O PROBLEMA FILOSÓFICO DAS SENSAÇÕES E O DEBATE SOBRE LINGUAGEM PRIVADA (§§243 A 315)

A recepção inicial das *Investigações filosóficas* foi marcada por um artigo publicado por N. Malcom, em que ele identificava em alguns poucos parágrafos do livro o que chamou de "argumento da linguagem privada". A leitura de Malcom foi bastante criticada por apresentar a posição de Wittgenstein como se resultasse de uma exigência de verificação, aproximando-o do positivismo lógico, o que produziu muito ruído e dificultou a assimilação das *Investigações* para além de círculos filosóficos mais restritos. A leitura atual dos parágrafos 243 a 315, onde se situa o debate sobre linguagem privada, precisa ainda, em alguma medida, acertar contas com elementos dessa recepção inicial. Em primeiro lugar, esse momento das *Investigações* só se torna compreensível em meio ao contexto mais amplo de argumentos elaborados desde o início do livro. Para além disso, o problema desses parágrafos é o que Wittgenstein chama de "problema filosófico das sensações" (§314). A ideia de que uma definição ostensiva "interna" ao sujeito associa palavras como "dor" à sensação de dor que ela significaria restabelece, na compreensão do vocabulário sobre sensações e processos mentais, a suposição referencialista de que o significado de um termo é dado pela "conexão entre o nome e o nomeado". É em meio a esse debate mais amplo sobre o significado das expressões sobre sensações, como parte dele, que encontramos o questionamento da possibilidade de uma linguagem privada.

O problema é formulado por Wittgenstein nos parágrafos 243 e 244. Deve-se notar, entretanto, que os termos em que ele se coloca envolvem as concepções que serão problematizadas e recusadas no desdobramento do texto. No §243 se pergunta pela possibilidade de uma linguagem estritamente privada, na qual as palavras "devem se referir àquilo que apenas aquele que fala pode saber; às suas sensações imediatas, privadas. Outra pessoa não pode, portanto, compreender essa linguagem". Nesse uso dos conceitos de "referência", "privacidade" e "saber" (só quem fala "pode saber") está o núcleo de todo o debate posterior. O §244 explicita a questão que estaria por detrás da pergunta sobre a possibilidade de uma linguagem privada: "Como palavras se *referem* a sensações?", "como é que a conexão entre o nome e o nomeado é produzida?". A resposta a isso está dada desde o início do livro: o significado das palavras não é dado por uma relação de referencialidade, por uma conexão entre nome e nomeado. A questão só se coloca, portanto, a partir de uma imagem equivocada sobre como usamos a linguagem em geral e sobre o vocabulário das sensações em particular. O debate que se segue resulta, portanto, de falsos problemas e da pressuposição de um uso do vocabulário que será recusado por Wittgenstein. A possibilidade de uma linguagem privada é relevante justamente por pressupor que o significado de suas palavras se constitua através de uma definição ostensiva interna que conectaria nome e sensação. O adversário dos argumentos que se seguem é, assim, a reapresentação da compreensão da linguagem a partir de uma conexão entre nome e nomeado, a mesma que define a concepção de linguagem apreendida da citação de Agostinho no §1, reformulada agora para que se ajuste a um contexto mental, aplicada a um domínio de "interioridade". A recusa de que o significado de palavras como "dor" e "vermelho" se constitua através de uma relação entre esses termos e *algo* que sentimos e vemos coloca em questão o sentido em que se poderia dizer que nossas sensações são privadas.

Consideremos a afirmação de que "apenas eu posso saber se realmente estou sentindo dor" (§246). Caso utilizemos o termo *saber* em seu sentido habitual, não seria possível eu não saber que tenho dor. Qual é, então, o papel desempenhado pelo termo "saber" nessa expressão? Qual a diferença entre dizer "eu tenho dor" e "eu sei que tenho dor"? A expressão "eu sei" não tem, nesse caso, conteúdo cognitivo. A conclusão de Wittgenstein ganha a forma de uma provocação: a afirmação de que apenas eu posso saber se tenho dor é, por um lado, falsa, pois "as outras pessoas sabem, muito frequentemente, se estou sentindo dor"; por outro lado, ela é sem sentido, pois, de mim, "não se pode de modo algum dizer [...] que eu *sei* que estou sentindo dor".

O que isso significaria, a não ser "que *estou sentindo* dor"? Outras pessoas podem *saber* se sinto dor, eu apenas a *sinto*.

Dois esclarecimentos se fazem, de imediato, necessários, e Wittgenstein os esboça no texto. Não seria possível *mentir* sobre a dor? A mentira não explicita o caráter privado desse saber (pois apenas eu estaria em condição de saber se estou mentindo)? Esse argumento se sustenta sobre uma concepção idealizada de mentira, derivada das ideias de privacidade e interioridade. Mentir é, entretanto, "um jogo de linguagem que deve ser aprendido, como qualquer outro" (§249). Ele pode ser jogado com maior ou menor destreza, mas não supomos, por exemplo, que um bebê minta, ou que um cachorro seja capaz de fingir dor. A outra questão a ser esclarecida diz respeito à natureza da *impossibilidade* de que eu não saiba da minha dor. Wittgenstein nos aponta, aqui, para um tema que será elaborado ao longo desses parágrafos: a afirmação de que "não consigo imaginar" não saber da minha dor parece uma proposição empírica, mas diz respeito à gramática dessas palavras ("eu", "dor" etc.). Na medida em que eu não posso não saber que sinto, a afirmação de que sinto dor não é uma descrição verdadeira ou falsa. Dizemos, por exemplo que "toda barra tem um comprimento", mas é impossível imaginar uma barra sem comprimento. Essa impossibilidade indica que o uso que fazemos da expressão descreve nosso jogo de linguagem, descreve como usamos as palavras "dor" e "comprimento", e indica que nossos jogos de linguagem não têm um uso para expressões como "uma barra sem comprimento" ou "não sei se sinto dor".

Uma alternativa brevemente esboçada por Wittgenstein é a de que o termo "dor", não descrevendo uma experiência privada, seria a expressão de uma sensação, de maneira semelhante ao gemido de dor que se pode entender que ele substitui. Deve-se ter cuidado com a tentação de dar um passo adiante e supor que Wittgenstein afirme que conceitos como "dor" *expressam algo privado*.

A argumentação de Wittgenstein sobre linguagem privada se estrutura em torno da ideia de que a atribuição de um nome a uma sensação pressupõe um contexto de uso para o termo. É contra esse pano de fundo que se explicita a ausência de um critério de correção na atribuição de um nome em uma linguagem privada, passagem que Malcolm lia a partir de um horizonte veladamente positivista (§258). O que se faz ausente nesse caso, entretanto, é o contexto de práticas que possibilita a nomeação, como Wittgenstein já havia argumentado no debate sobre as limitações de uma definição ostensiva, na parte inicial do texto.

Os termos de uma linguagem estritamente privada não poderiam ser definidos no vocabulário de nossa linguagem ordinária, pois isso determinaria sua significação como algo que não é privado. Não poderíamos dizer de um "S" privado que se trata de uma sensação, na medida em que "sensação" é um termo de nossa linguagem ordinária cujo significado está associado a seu uso no contexto de certa comunidade de falantes (considere-se como aprendemos o significado desses termos). Não poderíamos sequer dizer dele que é "algo", pois também a expressão "algo" é parte da linguagem ordinária (§261). Esses argumentos evidenciam que a nomeação pressupõe um contexto em meio ao qual ela se estabelece e uma função para o nome que se introduz. Caso o uso de "S" não possa ser descrito, por ser privado, e não haja nenhum critério para corrigir minha afirmação de que é "S" que reaparece agora, essa expressão não desempenha qualquer papel e estará completamente desconectada de nossas práticas — como uma engrenagem que gira solta, desconectada do mecanismo. Uma definição ostensiva privada, na qual se aponta "com a atenção" (§275) para "S" e se diz seu nome, é como justificar o dimensionamento de uma ponte construída na imaginação por meio de um teste na imaginação da resistência dos materiais. A definição, a justificação etc. que se propõem nesses casos não são mais que aparência. Falta a todas elas estarem conectadas a nossas práticas. Quais as consequências de minha mão direita doar dinheiro para minha mão esquerda? Nenhuma, ainda que a primeira assine um documento de doação e a outra um recibo. A aparência de doação está presente, mas as "consequências práticas não seriam as de uma doação" (§268). A ideia de que a "sensação ela mesma" seria a referência de nossos termos ligados às sensações aparece nas *Investigações* como uma "ficção gramatical".

Mas não se deve distinguir, de um lado, "aquilo que é conhecido por todos" e que está associado à linguagem ordinária, e de outro, a "impressão visual" (do azul do céu) que só pertenceria a mim mesmo? A impressão visual, a sensação de dor, não são, afinal, apenas minhas, privadas? Certamente eu sinto a dor e vejo o azul, mas, segundo Wittgenstein, a sensação "privada" que tentamos relacionar às palavras não desempenha qualquer papel em nosso uso de termos psicológicos. Nossas tentativas de falar desse elemento privado se revelam vazias ou contraditórias (a estratégia de Wittgenstein consiste justamente em deixar seus interlocutores tentarem falar sobre tais elementos privados para, em seguida, explicitar que o que se produziu não foi mais do que uma engrenagem desconectada do mecanismo efetivo da linguagem). A suposição de que o significado de termos como "azul" e "dor" se estabelece por meio de uma referência privada só ocorre, ao final, em meio à artificialidade de uma argumentação filosófica. Em nosso cotidiano não nos ocorre que o azul do céu que admiramos pertença apenas a mim ou que se possa duvidar da dor de quem padece à nossa frente. Minha compaixão pela dor de outra pessoa evidencia minha convicção de que ela tem dor.

O uso da palavra "dor" e o vocabulário das sensações não se definem, então, por uma referência estabelecida em um domínio de interioridade. Compreendemos quando crianças atribuem sensações a bonecas, mas é difícil compreender sua atribuição a uma pedra (§283). Isso não se deve à apreensão de algo privado, mas à maior facilidade de aproximar uma boneca ou alguns animais de experiências humanas: o uso do vocabulário das sensações se aplica a pessoas e, de maneira derivada, àquilo que se assemelha a uma pessoa. Nosso uso cotidiano desses termos nos oferece elementos para compreender o que seria dizer que uma pessoa está hoje melancólica, ou que uma boneca está triste, mas é difícil imaginar a atribuição de tristeza a uma pedra.

O uso da palavra "dor" em primeira pessoa, por sua vez, se faz de maneira diversa. Não se tratará de procurar por critérios ou justificativas para a atribuição de dor ou para o reconhecimento do vermelho. Esse uso não é semelhante a uma descrição, como se nos voltássemos para uma "experiência interna" de dor e a descrevêssemos para quem não tem acesso a ela. Por não ser descrição, a afirmação da dor em primeira pessoa não é também algo que "sabemos". Sentimos dor e falamos de nossa dor (§302). Há uma assimetria entre o uso de "dor" em primeira e em terceira pessoa, mas ela não resulta de uma privacidade epistêmica no acesso à *nossa* sensação. A assimetria está na ausência de critérios e justificação para minha afirmação, que torna esse uso da palavra distinto de uma descrição, excluído do contexto em que se poderia falar de verdade ou falsidade, que é aquele em que se situam nossas afirmações sobre sensações de outras pessoas. A assimetria, que supostamente resultava da privacidade do acesso à experiência privada da dor, reconfigura-se como diferença nos jogos de linguagem com afirmações de dor em primeira e em terceira pessoa. Nós usamos essas expressões de maneira distinta, mas isso não nos conduz de volta à ideia de que palavras significam objetos ou à suposição de uma privacidade metafísica.

Em uma passagem já clássica, Wittgenstein imagina que todos tivessem uma caixa e que "lá dentro houvesse algo que chamamos de 'besouro'" (§293). Ninguém pode olhar a caixa de outro e cada um diz saber o que é "besouro" a partir do que vê em sua própria caixa. Poderia haver coisas diferentes dentro de cada uma delas, poderiam até estar vazias, mas se a palavra "besouro" tivesse um uso para essas pessoas, o que houvesse nas caixas seria irrelevante. O alvo de Wittgenstein com esse argumento é a suposição de que o significado seja dado pela referência a uma sensação privada: "Caso construamos a gramática das expressões de sensação segundo o modelo de 'objeto e designação', então o objeto desaparece, como irrelevante, de nossas considerações" (§293). O objeto não pertence ao jogo, nem no uso do vocabulário das sensações em primeira pessoa, nem no uso em terceira. Ainda que se suponha que esteja presente (não se trata de negar isso), ele desaparece na descrição do uso da linguagem (ele é cancelado, como "o 'fator comum' de uma fração").

O retorno reiterado à tentativa de identificar o "algo" para o qual o vocabulário sobre sensações aponta é, ele próprio, tematizado. Por que retornamos a essa questão e supomos que deve haver "um algo"? As *Investigações filosóficas* estão nos dizendo que não há *nada* que seja minha sensação de dor ou de vermelho? O que se recusa é que a linguagem sempre funcione "de *uma* maneira" (§304), veiculando pensamentos "sobre casas, dores, bem e mal". Recusa-se a suposição de que deva haver "um algo" que seja a sensação, mas isso não implica afirmar que a sensação seja "um nada". "Ela não é um algo, mas também não é um nada!" (§304). A referência a objetos não desempenha qualquer papel, nem sendo afirmada nem negada. O que nos dá o significado dos termos sobre sensações é o uso que deles se faz, sem que isso implique nem uma ontologia positiva (a suposição de que deve haver algo) nem uma negativa (a negação de que exista algo). Wittgenstein se contrapõe à suposição de que objetos ou processos "internos" resolvam o problema do significado dos termos sobre sensação. Falamos de tais processos, mas deixamos em aberto a clarificação do que seriam eles, de sua natureza. O que se nega nas *Investigações* é o recurso a um "processo que ainda não entendemos em um *medium* que ainda não exploramos" (§308), o que não *é mais do que a aparência* de uma resposta e uma ocultação do problema. Trata-se de nos ajudar a nos livrarmos das armadilhas que resultam dessa maneira de falar e, assim, "mostrar à mosca o caminho para fora da garrafa em que está presa" (§309).

Nesse conjunto de parágrafos das *Investigações*, Wittgenstein se mostra preocupado em explicitar como certa forma de falar dos estados e processos subjetivos parece apresentar-se como natural, quando seria obscura e insustentável. O foco do debate, para além de defender sua oposição à concepção do significado a partir do modelo da nomeação de objetos, é a explicitação da necessidade, e do enorme interesse, de se abandonarem velhos *vícios* inscritos na descrição de conceitos associados a processos mentais. Como desdobramento, as *Investigações* se propõem a revisar e criticar alguns desses conceitos e abrir espaço para uma concepção sobre pensamento alternativa à suposição da existência de objetos internos, de nossa apreensão direta destes e de sua precedência (em relação aos objetos "exteriores") na construção do significado. Em contrapartida, a linguagem, mesmo aquela que trata de estados e processos subjetivos, se revela parte de uma prática situada em um contexto determinado.

O tema geral em debate entre os parágrafos 243 e 315 é o uso do vocabulário sobre sensações. É apenas nesse contexto mais geral que se considera a possibilidade de uma linguagem privada. Ainda assim, pode-se recortar a argumentação e estruturar o debate sobre linguagem privada em dois passos. O texto retoma a argumentação precedente, que recusa o referencialismo e substitui a indicação do significado pela descrição dos usos, dos jogos de linguagem. A extensão da argumentação inicial do livro para o domínio dos *fenômenos mentais* resulta na explicitação de que esses conceitos não se constituem pela referência a dados, "objetos" ou processos. Assim, termos como vermelho e dor não *significam* entidades mentais que, por serem mentais, seriam também privadas do ponto de vista epistêmico. A base dessa argumentação não é diferente daquela apresentada na compreensão do "significado" de *Nothung, folha, Moisés* etc. O tratamento dos conceitos psicológicos desempenharia, antes de mais nada, o papel de reafirmação daquilo que já havia sido sustentado por Wittgenstein. Isso é feito agora em um domínio em que a manutenção daquela ideia inicial parece menos evidente e contraintuitiva. A problematização da ideia de uma linguagem privada não nos apresenta, então, mais do que a compreensão de que *se* o significado de um termo não é dado por uma relação de referencialidade com um objeto ou processo, *então* o significado dos termos que tratam de sensações, sentimentos e fenômenos mentais também não é dado pela referência a "algo mental". Na medida em que se suponha que uma linguagem é privada justamente por *se referir* a objetos ou fenômenos privados, não haverá, então, linguagem privada. A recusa dessa argumentação pressuporia a recusa da base do percurso das *Investigações*, exposta desde seu fragmento inicial.

 Há, entretanto, um segundo passo que vai muito além desse núcleo inicial de debate sobre a relação entre *significado* e referência de conceitos psicológicos: a investigação mais complexa exigida pela recusa da suposição de que o *significado* é dado por regras privadas (e não por uma referencialidade mais evidente ou direta) e sua contrapartida, a explicitação de como se podem compreender os conceitos psicológicos sem que se suponham referências mentais. No primeiro caso, o que Wittgenstein nos apresenta é uma retomada e uma elaboração do debate sobre regras. O equívoco da concepção sobre regras criticada no passo anterior do texto tem em seu núcleo a suposição de que a relação entre o uso de um termo e uma regra se estabeleça a partir da *determinação*, pela regra, de uma aplicação. Fosse isso, a regra se configuraria como uma apresentação abreviada de uma extensão predeterminada de sua aplicação e, com isso, não se diferenciaria do referencialismo à maneira de Frege, por exemplo, que associa o significado a uma extensão. Em uma compreensão alternativa a essa, que mantém a ideia de que os jogos de linguagem são "regrados" sem reificar uma extensão, a regra e sua aplicação não podem ser compreendidas como coisas distintas e relacionadas. A regularidade (e a própria regra) é constituída como uma prática. Restaria, entretanto, a possibilidade de que os jogos de linguagem assim compreendidos pudessem ser privados. Neste ponto, Wittgenstein será levado a elaborar o que estava apenas indicado nos parágrafos anteriores: sua compreensão de que não é possível seguir privadamente uma regra (ou, em outros termos, de que a suposição de que se pode fazê-lo nos levaria de volta à reificação da regra e ao referencialismo). Seu argumento parte da compreensão de que o uso (o *significado*) de um termo não pode ser dado pela referência a um objeto ou fenômeno mental. Sendo esse o caso, o uso também não poderá ser dado por uma regra seguida privadamente, pois *se* ela não é dada por sua extensão, *então* o reconhecimento da regularidade se configura em sua própria aplicação. No caso de um uso privado da regra (quando se supõe seguir uma regra privadamente) interpõe-se a impossibilidade (lógica) de diferenciar um movimento regrado de outro que não segue regras: não haveria nada além da afirmação do próprio sujeito que diz seguir regras. Não há *sentido* em falar de erro ou engano nesses casos, não há bipolaridade na afirmação de que se segue uma regra privadamente, não há *qualquer* critério de que a regra esteja sendo seguida, para além da simples afirmação do sujeito. E, então, não há *sentido* em falar de uma regra seguida privadamente. Quem diz isso, *nada* diz. A concepção de que não se pode falar do significado a partir da hipóstase da regra também não se sustenta no caso do tratamento de conceitos psicológicos.

Por fim, resta a delicada contrapartida desse percurso do texto. De que se trata, então? O uso de conceitos para sensações pressupõe uma *comunidade* de falantes? Ele é *público*, por oposição ao uso privado? Não se pode falar de *interioridade*, na medida em que nossos termos não significam por referência a objetos cujo conhecimento seja *privado*? O caráter "negativo" da argumentação de Wittgenstein, fundamentalmente voltada para a recusa das metamorfoses e reformulações do referencialismo, dá margem às mais variadas afirmações sobre os desdobramentos de sua argumentação sobre interioridade e "linguagem privada". É importante ressaltar, em primeiro lugar, que esse não é o vocabulário de Wittgenstein: nas *Investigações* nós não encontramos as oposições subjetivo-comunidade ou privado-público, ou mesmo a afirmação da *exterioridade* contra a *interioridade*. Sobretudo, não há no texto o uso *epistêmico* dado a esses termos por quem defende que eles podem ser usados na descrição da filosofia das *Investigações*. O que se estabelece de "positivo" em seu percurso (para usarmos momentaneamente essa estrutura dualista de descrição) é a indicação de que sentenças bipolares, que podem ser verdadeiras ou falsas, desempenham um papel distinto de sentenças em que a bipolaridade está ausente. Identificar essa diferença nos esclarece algo relevante sobre a linguagem. Sentenças bipolares são aquilo que se pode chamar, em sentido próprio, de descrição. Apenas nesses casos uma sentença "diz algo". Quanto às sentenças que não são bipolares, resta, em cada caso, que se caracterize o uso específico que elas podem ter (como parte da gramática, como expressão etc.). A conclusão do argumento não será, portanto, a afirmação de uma ontologia constituída de modo público, comunitário, por exemplo. Não se trata de *determinar* o uso de um termo, o significado de uma regra, através de um acordo da comunidade de falantes, em lugar da referência a objetos privados. Uma alternativa como essa estaria ainda sujeita às mesmas críticas.

O mesmo raciocínio se estende para o debate sobre existir ou não um *algo* que seja "minha percepção do vermelho". Não se trata de negar ou afirmar isso: as *Investigações* nos explicitam que este debate ontológico não desempenha qualquer papel em nossos jogos de linguagem. Não se afirma, portanto, uma "ontologia negativa" que recusa que existam dores ou percepções. Esse debate gira em falso, desconectado de nossos jogos de linguagem. E sobre eles, sobre os jogos de linguagem com termos psicológicos, mais especificamente, o que temos, o que nos resta e o que basta para que esses jogos sejam jogados como são, em nossas práticas diárias, são nossos usos desses termos. O que, por tudo o que foi dito até aqui, também não se sujeita a ser confundido com um *behaviorismo*.

## A CRÍTICA DA INTERIORIDADE: O CONCEITO DE "PENSAMENTO" (§§316 A 421)

Os parágrafos 316 a 421 são a continuação e o desdobramento imediato do debate sobre sensações e linguagem privada na versão intermediária das *Investigações*. Esse conjunto se divide em três momentos fortemente relacionados. O primeiro deles investiga o conceito de "pensamento", tema que permanece como pano de fundo do passo seguinte, dedicado ao conceito de "imaginação". Por fim, são feitas algumas observações sobre autorreferência, consciência e o uso da palavra "eu". O projeto geral desse material consiste em esclarecer a "gramática" desses conceitos, confrontando as ilusões associadas a certas imagens sobre o papel que eles desempenham e sobre como se constituem. Os argumentos mobilizados por Wittgenstein são, em sua maioria, reformulações daqueles elaborados no debate anterior, sobre o vocabulário das sensações. O texto retorna à forma de diálogo e o resultado é uma espécie de terapia, em meio à qual os argumentos são retomados e reiterados, explicitando os frequentes deslizes que nos levariam de volta a concepções sublimes sobre o pensamento. O embate com a tentação de ceder novamente a essas concepções é o que diferencia esses parágrafos do conjunto posterior, a partir do §422, no qual o esclarecimento desses mesmos conceitos não se faz mais por oposição às tentativas de retornar a uma compreensão referencialista dos conceitos psicológicos. Em seu conjunto, o intervalo entre o §243 e o final do livro pode ser descrito como um amplo e diversificado debate sobre o vocabulário associado à mente, ao pensamento e à subjetividade. Os temas principais em torno dos quais esse percurso se organiza e aos quais sempre retorna são o vocabulário sobre sensações, o pensamento e a significação ("querer dizer", *meinen*). Não se trata propriamente de uma "filosofia da psicologia", como se convencionou caracterizar esse material e a maior parte dos escritos posteriores de Wittgenstein, mas de uma confrontação do vocabulário sobre mente, pensamento e subjetividade diretamente relacionado à compreensão da linguagem e do "querer dizer".

A investigação da gramática do termo "pensar" se faz também em oposição à suposta necessidade de uma definição ostensiva "privada" dos conceitos psicológicos, à qual apenas "eu" teria acesso. A ideia de que o significado é definido através de uma relação referencial, já criticada anteriormente, ganha nova força na descrição de estados subjetivos e conceitos psicológicos. O pano de fundo é a suposição de que o termo "pensamento" nomeia "aquilo que observamos quando pensamos", como se pudéssemos conceber um domínio "interno", privado, que se poderia descrever como equivalente à experiência ordinária de ver e apontar para objetos, exceto por ser privada, restrita ao sujeito. O texto recusa, também nesse contexto, a suposta necessidade de haver "algo" nomeado por esses termos, talvez um processo que acompanha as palavras, incorpóreo, que lhes garante o significado, que poderíamos observar quando nós próprios pensamos e para o qual poderíamos apontar, definindo "pensamento" por meio de um gesto ostensivo. A insistência com que se retorna a variações da ideia de que "palavras significam objetos" é parte do processo terapêutico. Ela explicita como certas imagens nos mantêm presos e como é difícil nos livrarmos delas. O texto nos propõe simplesmente olhar o uso que fazemos desses termos, como os aprendemos, mas "afastar o preconceito que se opõe a esse aprendizado" (§340) se revela uma tarefa difícil.

Os argumentos de Wittgenstein tentam mostrar que a definição referencial nos conduz para um terreno obscuro, sem esclarecer em nada o problema que nos confronta. O recurso a uma referência que determine o significado não se mostra realizável, mas também não é necessário. Nosso uso do termo "pensar" é aprendido em meio a nossas práticas e seu significado é dado pelo uso que dele fazemos. Wittgenstein continua a tentar mostrar que não há um "algo" nomeado pelo termo "pensamento". Não se trata de perguntar pela presença ou ausência de uma referência, mas de reiterar que o significado dos termos que usamos na linguagem está relacionado ao uso que dele fazemos, não *àquilo para que apontam*. Esse debate inicial sobre a gramática do termo "pensamento" provoca algum desconforto em quem lê o texto. Sua proposta não é expor a gramática desse vocabulário, mas recusar as tentativas de defini-lo por meio de referências privadas. A exposição tem um tom "negativo", sem se propor a oferecer uma investigação exaustiva do uso ou da gramática de "pensamento". Não surpreende que Wittgenstein tenha depois considerado necessário ampliar sua investigação dos conceitos psicológicos e esboçar descrições mais amplas de seu uso.

Consideremos um breve exemplo do tipo de comentário encontrado no texto. Os parágrafos 358 a 360 são parte de um argumento mais longo sobre a suposta privacidade do pensamento. Neles se pergunta se uma máquina pode pensar ou sentir dor. O que se questiona nessa passagem parece ser se há na máquina, em seu interior, privado, algo equivalente ao pensamento, como supostamente haveria nos humanos e em alguns outros seres vivos. A resposta de Wittgenstein é direta, mas talvez frustrante para quem a lê, justamente por aquilo que tem de mais interessante:

> Mas uma máquina certamente não pode pensar! – Isso é uma proposição empírica? Não. Apenas a respeito de seres humanos, e do que lhes é semelhante, dizemos que pensa. Dizemos isso também a respeito de bonecas, e até mesmo a respeito de espíritos. Veja a palavra "pensamento" como um instrumento! (§360)

Não encontramos nesse texto a explicitação de uma diferença de natureza entre máquina e ser vivo ou uma descrição da distância que separa o animado do inanimado, mas a indicação de que a questão, como inicialmente formulada, não se situa em um terreno empírico, e sim gramatical. Essa resposta não advém de uma investigação empírica das máquinas, que assegure não haver nelas pensamento, mas da descrição do uso que fazemos do termo "pensamento", o que, aliás, dilui a fronteira entre seres vivos e inanimados, ao constatar que em alguns contextos atribuiríamos pensamento a bonecas.* O que pode parecer uma confusão, ou um equívoco quanto à natureza de seres vivos e de objetos, se compreende a partir da indicação de que a palavra "pensamento" é um instrumento de nossas práticas cotidianas, não uma maneira de apontar para algo oculto que ocorre no interior de alguns seres vivos.

Os comentários subsequentes, sobre "imaginação" (§§363 a 397) e sobre autorreferência, o uso de "eu" e "consciência", se iniciam em decorrência de novas tentativas de retornar à ideia de que há algo oculto, privado, que se apresenta como o significado desses termos. "Quando imagino algo, então é claro que algo *acontece*!" (§363), diz a voz com a qual o texto debate. Como contornar a ideia de que há um algo "na mente", um acontecimento, associado à imaginação e ao pensamento? A imagem de um domínio privado de coisas mentais é sedutora e voltamos a ela reiteradamente, como se afirmá-la fosse uma obviedade e estranho fosse dizer algo diferente. A "tentação" reaparece, a cada passo, das mais variadas maneiras: haveria algo na mente que *corresponde* ao cálculo no papel, ou uma "imagem mental" das cores. Mas as tentativas de descrição disso que se supõe determinar o significado das palavras relacionadas a sensações ou sentimentos se revelam todas frustradas. O que seria essa imagem mental,

---

* Um argumento equivalente já havia sido apresentado sobre o uso da palavra "dor" e sua atribuição a humanos vivos e àquilo que lhes é semelhante (cf. §§281 a 284).

que precisaria guardar uma "super-semelhança" com aquilo que ela representa? Como se aponta para tal imagem? Como supor que as pessoas que vejo na rua estão disfarçando uma dor terrível, *à qual apenas elas têm acesso*?

O texto de Wittgenstein não efetua, entretanto, um deslocamento da pergunta sobre o que é a imaginação para a pergunta pelo significado do termo "imaginação"? Ainda que se descreva o uso desse termo, não se poderia recolocar a pergunta sobre a própria imaginação, que não se restringe às palavras? Segundo Wittgenstein, essas duas questões perguntam pelo mesmo: pelo conceito de imaginação. Saber o que é imaginação e como se usa essa palavra não são perguntas distintas. "A *essência* é expressa na gramática" (§371). Mas o que pode significar isso? Não se reintroduz, pela porta dos fundos, a suposição de essências que *determinam* o uso de um conceito? Certamente não. O que se explicita no argumento é que aquilo que a pessoa que pergunta pelo conceito ou essência da imaginação procura, responde-se com a descrição da gramática de "imaginação", de como essa palavra é usada, dos jogos que jogamos com ela. Esse argumento é complementado por uma nota que dá margem a interpretações diversas: "É a gramática que diz que tipo de objeto algo é. (Teologia como gramática.)" (§373). A gramática de um termo descreve suas relações com outros termos e o contexto de seu uso, o que consiste em indicar com que "tipo de objeto" lidamos. A gramática de "vermelho", por exemplo, se situa em meio à gramática das cores e explicita os contextos bastante particulares em que esse termo pode ser situado, como ele pode ser relacionado a outros elementos. No lugar de uma tipologia de objetos, que se relacionaria com uma ontologia, o que encontramos é uma descrição de diferentes gramáticas, de conjuntos de termos que guardam proximidades em seu uso, como cores, conceitos psicológicos, números.

No centro da "imagem" que se debate nesses parágrafos, sobre haver algo na mente para o qual se poderia, em algum sentido, "apontar" (o "pensamento", por exemplo), está a ideia de que tudo aquilo que é "mental" (pensamento, imaginação, memória, sensação) está intrinsecamente associado a *mim*: "Sou só *eu* que tenho isso" (§398). O que talvez se queira afirmar com essa expressão é o caráter privado do pensamento e das sensações, mas tais palavras não parecem dizer nada. O que se supõe apontar com a ênfase na palavra "isso"? Qual o sentido de se falar da posse de algo que não se poderia atribuir a outra pessoa? Wittgenstein insiste que a imagem que vemos *não tem* e não pode ter um dono, que sua descrição não precisa, em qualquer circunstância, se referir a um possuidor. Ao se transportar o vocabulário da posse para o terreno dos conceitos psicológicos, eles deixam de ser usados em sentido ordinário. Não se trata mais do uso habitual e não está claro o que se pretenderia com ele. Compreendemos quando se diz "esse caderno era meu", mas essas expressões deixam de fazer sentido quando se fala de sensações, por exemplo.

O debate culmina em um tema que Wittgenstein descreverá, em seus últimos escritos sobre "filosofia da psicologia", como uma assimetria entre o uso de termos psicológicos em primeira e terceira pessoa. O "eu" aparece justamente como o suposto possuidor de um domínio privado, ao qual apenas ele teria acesso. Mas toda essa maneira de falar gira em falso. Wittgenstein aceita a provocação e propõe que imaginemos, então, que apenas "minha dor" seja chamada de dor. Esse novo modo de representação não nos afetaria em nada, desde que houvesse outra maneira de falar da "dor" de outras pessoas: "Os outros, mesmo nesse caso, são objeto de compadecimento, são tratados pelo médico etc." (§403). Toda a suposição de um domínio privado coordenado ao "eu" gira em falso, sem consequências práticas. Ele não desempenha qualquer papel em nosso uso das expressões relacionadas ao pensamento e às sensações.

Não temos, então, consciência de nossos pensamentos? Não percebemos nossa própria consciência? Mas em que consistiria isso, "perceber nossa consciência"? Como atentamos para ela? Que tipo de experiência se pretende descrever com essas expressões? Certamente usamos a palavra "consciência" em diversos contextos, e compreendemos quando alguém diz que fez algo de modo consciente, mas em que consistiria a "introspecção" de que se pretende falar quando discutimos filosofia? Observamos algo interno, apontamos para isso com nossa atenção e o descrevemos para as outras pessoas, que não podem percebê-lo? Um desdobramento da suposição de que a atribuição de consciência pressupõe um acesso privado que só pode ser afirmado em primeira pessoa (*eu* sei de *minha* consciência) é a possibilidade de que as pessoas ao redor sejam meros autômatos, afinal, não seria possível assegurar que têm interioridade e consciência. O equívoco dessa fantasia se desfaz de imediato quando a confrontamos com nossas vidas e com o contexto de uso da linguagem.

> Mas tente, então, aferrar-se a essa ideia nas relações usuais com outras pessoas, digamos, andando na rua! Diga a si mesmo, por exemplo: "Aquelas crianças são meros autômatos; toda a sua vivacidade é meramente automática". E essas palavras ou passarão a não dizer absolutamente nada para você; ou despertarão em você um tipo de sentimento perturbador, ou algo do gênero. (§420)

Que sentido se poderia atribuir à afirmação de que a atribuição de consciência pressupõe um acesso privado ao "eu" e só se pode fazer em primeira pessoa? Tais concepções filosóficas sobre a consciência e o pensamento não resistem a serem ditas no meio da rua.

## A GRAMÁTICA DOS CONCEITOS PSICOLÓGICOS
## (§§422 A 693)

Os parágrafos 422 a 693 constituem o último conjunto de textos acrescentado por Wittgenstein às *Investigações filosóficas*, entre 1944 e 1945. Seu tema geral ainda é o vocabulário associado ao conceito de "pensamento", mas de uma perspectiva distinta da precedente. Como as *Investigações* foram construídas paulatinamente, por meio de sucessivos acréscimos ou exclusões de grandes blocos de parágrafos, é esclarecedor perguntar pela finalidade de mais uma inclusão de textos. O que encontramos é um movimento que traz várias novidades, seja na forma de sua apresentação, seja no projeto filosófico que o sustenta.

Esses parágrafos podem ser divididos em dois grandes passos, precedidos por uma introdução ao problema (§§422 a 436), em que Wittgenstein se volta para o conceito de "alma", que traria consigo certa "imagem" do que somos que se revela difícil de ser abordada, mas que se coloca em nosso caminho a cada passo. Não se trata de discutir a correção dessa maneira de falar, mas de compreender a "imagem" que está por detrás do uso dessa expressão. Ela traz consigo uma perspectiva que pareceria feita para um deus ("que sabe o que não podemos saber"), mas que, para nós, gira em falso e se revela sem propósito. Em uma formulação alternativa e complementar, a dificuldade estaria na suposição de que o pensamento deve capturar a realidade e de que a ela se ajusta. Essa ideia estaria por detrás da concepção de *sentido* da proposição associada à suposição de que a negação da proposição implica a "possibilidade" daquilo que é negado: na medida em que se possa dizer que "N não é vermelho", deveria ser possível que N fosse vermelho. Pensar a proposição com sentido, que pode ser verdadeira ou falsa, envolveria a apreensão dos limites do possível. Na negação, que será discutida mais adiante no texto, a lógica se revelaria indissociável da apreensão da estrutura da realidade. O aparente abismo entre uma ordem e sua execução conduziriam, de maneira equivalente, à atribuição de um papel indispensável ao "entendimento". Na execução de uma ordem, como na negação, se faria necessária a mediação do "pensamento". O esclarecimento do que se entende por "pensamento", da negação e do papel do entendimento, é fundamental para que não sejamos levados para o "beco sem saída da filosofia" (§436), supondo a necessidade desse intermediário (o pensamento) oculto e difícil de captar, como se a linguagem não pudesse ser apreendida sem uma metafísica que a sustente.

Essas observações nos conduzem de volta à problematização do conjunto de conceitos associados ao "pensamento", mas com uma finalidade substancialmente distinta do procedimento "negativo" e "polêmico" dos parágrafos anteriores: não se trata mais de resistir à tentação de retornar a certa maneira de falar sobre o pensamento, contraposta em um diálogo terapêutico que tenta nos mostrar, a cada nova tentativa, a ilusão que a conforma. O problema agora se assemelha mais à narrativa da sublimação da lógica, dos parágrafos 89 a 107: trata-se de retornar aos conceitos de "pensamento", "linguagem", "significado", "querer dizer" (*meinen*), e de identificar o que nos mantém presos a certas formas desencaminhadoras de falar, que nos conduzem à busca de algo oculto, de natureza sublime, que seria pressuposto no uso da linguagem. Para além disso, se pretenderá descrever esses jogos de linguagem em sua complexidade e na vinculação que mantêm com contextos específicos.

A primeira parte dessa investigação, entre os parágrafos 437 e 570, busca esclarecer as imagens e suposições que nos dificultam ver como de fato usamos o conceito de "pensamento". Esse percurso, bastante ordenado e quase sistemático (ao contrário do que supõem muitos comentários das *Investigações*), nos conduz pela explicitação de como certas suposições sobre intencionalidade e expectativa, crença e justificação, linguagem e significado são uma névoa que nos impede a visão clara. A segunda parte da investigação, entre os parágrafos 571 e 693, traz a maior novidade desse conjunto final: pela primeira vez no livro, Wittgenstein se propõe a delinear a gramática do vocabulário sobre pensamento e linguagem, não se limitando a apontar os equívocos de seus interlocutores ou a origem de nossas ilusões. A descrição dos jogos de linguagem com esses termos explicita sua amplitude e complexidade de uma maneira que não havia sido senão vislumbrada até aqui. O abandono do procedimento "negativo" adotado desde o início do livro se desdobra em um exercício delicado e aberto de descrição dos usos da linguagem que constituirá o tom dos escritos posteriores de Wittgenstein (sobre "filosofia da psicologia"), após 1945. A complexidade desse projeto de descrever nossos jogos de linguagem com termos "psicológicos", de tatear as descrições que ocupariam o lugar daquilo que é recusado nas *Investigações*, é, talvez, um dos motivos para que o livro nunca tenha sido concluído. Nesses parágrafos finais encontramos uma exposição relevante de alguns conceitos (intenção, crença, expectativa, vontade, introspecção, querer dizer), mas Wittgenstein foi muito além disso em suas volumosas anotações posteriores (parte delas publicada em *Observações sobre filosofia da psicologia I* e *II* e *Últimos escritos sobre filosofia da psicologia I* e *II*), elaborando um material que claramente se situa ainda no contexto desses parágrafos finais das *Investigações filosóficas*.

Esses mais de duzentos parágrafos acrescentados ao livro em 1945 retornam a conceitos anteriormente tratados, ainda que tendo por projeto algo substancialmente novo. As descrições de jogos de linguagem que se delineiam nesses parágrafos nos propõem o que se pode descrever, seja da perspectiva interna à obra de Wittgenstein, seja para além dela, como um novo projeto filosófico e uma nova tarefa para a filosofia.

## DESEJO, EXPECTATIVA E CRENÇA (§§437 A 570)

O último conjunto de parágrafos acrescentados às *Investigações* pode parecer, à primeira vista, retomar e repetir parte daquilo que havia sido tratado antes. A investigação desses temas se coloca, entretanto, a partir de um horizonte bastante distinto e relevante. Não se trata mais de recusar pontualmente argumentos que tentam retornar a uma definição referencial de conceitos psicológicos, mas de buscar, de maneira sistemática, aquilo que estaria subjacente a essa postura. O texto terapêutico, guiado pelas objeções de seus interlocutores, cede lugar a um esclarecimento do uso de dois conjuntos de termos: "desejo", "expectativa" e "intenção", por um lado, e "crença", "justificação" (dar razões para uma expectativa) e "certeza", por outro. A relação entre esses conceitos se constitui da perspectiva da relação entre a expressão na linguagem que afirma o desejo ou a crença e os fatos que a realizam (no futuro) ou justificam (no passado). No caso da expectativa, é como se o fato esperado já se fizesse presente nela, como se o que é intencionado determinasse o sentido da intenção, de maneira semelhante à suposição anteriormente recusada de que uma regra determina todas as suas aplicações, correndo à nossa frente, antes que a aplicássemos, até o infinito. A "certeza" e a "justificação" envolveriam uma relação equivalente entre a afirmação da certeza ou da relação de justificação atual e fatos, que nesse caso se situariam no passado e determinariam o sentido presente dessas afirmações. Os vários conceitos comentados entre os parágrafos 437 e 570 se organizam em torno desses dois polos e configuram uma investigação sistemática da relação entre o uso atual de sentenças que parecem constituir seu sentido por meio de uma relação com fatos passados ou futuros. Fosse assim, o sentido dessas expressões (que enunciam intenções ou crenças) não seria dado por seu uso, mas pela relação referencial entre tais expressões e fatos passados ou futuros.

Wittgenstein retorna, nesse novo contexto, à investigação do conceito de negação para deixar claro o que se coloca em questão na compreensão da expectativa e da intenção. A possibilidade de negar uma proposição parece trazer consigo a *possibilidade* de sua verdade, "como se, para negar uma frase, a frase negativa primeiro precisasse, em certo sentido, torná-la verdadeira" (§447). A atribuição de sentido a uma proposição falsa conteria em si a possibilidade do fato que se diz falso. Esse argumento, claramente construído no *Tractatus*, deixa clara a extensão da sombra que se projeta sobre a linguagem: a delimitação das proposições (ou do pensamento) com sentido teria como contrapartida a delimitação dos fatos possíveis. Fosse assim, parece que a linguagem não se constituiria senão a partir de uma contrapartida metafísica, em que pensamento e mundo se delimitam simultaneamente. Trata-se, portanto, para Wittgenstein, de mostrar a possibilidade de que se compreenda como usamos nosso vocabulário associado à expectativa e à intenção sem que isso nos imponha supor uma relação entre o sentido atual dessas afirmações e fatos futuros. Aquilo que se espera não é definido por um fato futuro que realiza a expectativa, para o qual ela aponta como se fosse seu sentido (afinal, podemos esperar por aquilo que é impossível, como podemos procurar por uma maneira de trisseccionar um ângulo). Nos termos de uma descrição sumária, que podemos tomar como mote do argumento elaborado nessas passagens, "é na linguagem que expectativa e realização se tocam" (§445).

De maneira similar, o objetivo do passo seguinte do texto é explicitar que "crença" e "justificação" se tocam na linguagem, e não por uma relação direta de *determinação* entre fatos passados e afirmações presentes. Consideremos o caso paradigmático da crença de que se colocarmos nossa mão no fogo, ela será queimada. "Que tipo de razão tenho" (§478) para acreditar que o fogo queimará minha mão? A resposta parece ser uma descrição de fatos passados e uma espécie de raciocínio indutivo. Esse é, para Wittgenstein, um exemplo paradigmático de crença e do jogo de "dar razões". O problema, entretanto, está em supor que a relação entre eventos passados e crença se estabelece através de uma inferência lógica, ou que impressões justificam uma proposição. Eventos passados parecem "determinar" nossa crença e "justificar" nossa expectativa. Wittgenstein não pretende tratar, por certo, nem da psicologia das expectativas nem do problema epistêmico da justificação, mas de esclarecer como expressões que enunciam crenças e respostas à pergunta pelas razões de uma expectativa não se constituem como significativas a partir de uma relação entre fatos ou impressões passadas e as palavras que dizemos agora. Por que citar uma queimadura anterior é uma "boa resposta" para a pergunta pelas razões de acharmos que o fogo nos queimaria agora?

> Se alguém dissesse que não está convencido, por meio de informações sobre o passado, de que algo irá acontecer no futuro, – eu não o entenderia. Poderíamos lhe perguntar: O que então você quer ouvir? Que tipo de informações você chama de razões para acreditar nisso? O que então você chama de "convencer"? Que tipo de convencimento você está esperando? – Se *isso* não são razões, o que então são razões? – Se você diz que isso não são razões, então você precisa poder indicar qual precisaria ser o caso para que pudéssemos dizer, justificadamente, que há razões disponíveis para nossa suposição. (§481)

"Dar razões" para nossas crenças é um jogo de linguagem que se joga assim, elencando informações sobre o passado. Uma "boa razão" não é aquela que se constrói por meio de uma determinação estrita da crença por fatos, mas aquela que "corresponde a determinado padrão de medida" (§482), o qual não é, ele próprio, justificado. "O que é que *chamamos* aqui de uma justificação? – Como é usada a palavra 'justificação'? Descreva jogos de linguagem! É a partir deles que se poderá derivar também a importância do estar justificado" (§486). Ainda que se possa desdobrar uma reflexão epistemológica a partir dessas afirmações, é importante lembrar que o que Wittgenstein nos mostra é que também no caso desses termos (a afirmação de uma *crença* ou a resposta a um pedido de *justificação*), seu sentido se constitui por meio dos jogos de linguagem que jogamos com eles. A insistência com que reaparece a suposição de que o sentido se constituiria pela referência a fatos, eventos ou objetos explicita a dificuldade de nos livrarmos da ideia de que "a utilização da frase consiste em que, a cada palavra, imaginamos alguma coisa" (§449), apontada desde o primeiro parágrafo do livro. Essa ideia ainda se coloca em nosso caminho e nos impede de compreender que o uso que fazemos de palavras e expressões não tem por detrás de si uma realidade que determina sua gramática (§562).

O núcleo da dificuldade em compreender como usamos a linguagem estaria naquilo que equivocadamente associamos à ideia de sentido, de *meinen* [querer dizer] alguma coisa. Parece que deve haver tal *algo* "engatado" à palavra (§507). A caracterização daquilo que constitui o sentido de uma proposição como um "possível estado de coisas" (remetendo ao *Tractatus*) traz consigo a associação entre sentido, realidade e necessidade. Mas nem a "negação" tem um significado dado, para além de sua aplicação em cada contexto distinto, nem aquilo que é "possível" depende da gramática. Contra a suposição de uma vocação metafísica da linguagem e de sua descrição, Wittgenstein se propõe a descrever nosso uso desse termo ("linguagem") em seu contexto cotidiano.

O *Tractatus*, um interlocutor direto desses parágrafos, se propunha a estabelecer os limites da linguagem. Aparentemente, ao reconhecermos que certas expressões são carentes de sentido, delimitamos as expressões com sentido e, com isso, o pensamento e a linguagem. A ausência de sentido explicitaria justamente a desconexão entre certas expressões e aquilo que constituiria seu sentido. O domínio do sentido corresponderia, então, ao domínio do possível (nos termos do *Tractatus*, o que pode ser pensado é também possível). Mais uma vez encontramos a afirmação de uma metafísica ou ontologia como sombra da linguagem, a partir da qual se delinearia o limite da linguagem, do pensamento e da realidade. Reconhecer uma expressão como sem sentido não seria, entretanto, mais do que simplesmente retirá-la do jogo. A suposição de que "aquilo que é" depende da gramática dá um passo que não encontra suporte em nosso uso cotidiano da linguagem. Considere-se o caso da "negação": não há, segundo Wittgenstein, uma natureza da negação a ser descoberta. Seu uso é constituído por regras e sequer há sentido em se perguntar se essas regras são corretas, pois a negação é por elas constituída. Não há "um algo" a que a negação se ajusta. O "significado" não consiste, portanto, para além desse exemplo particular, em compreender *algo* ou interpretar *algo*; ele não está *em algo* a ser apreendido. O que se pode chamar de significado de uma expressão reside "na técnica de sua aplicação". Devemos procurá-lo na explicação do significado: "o significado de uma peça é seu papel no jogo" (§563). O equívoco está em supor que "há uma realidade por detrás da notação, pela qual sua gramática se orienta" (§562). Linguagem e conceitos são instrumentos, expressão de nossos interesses, ao mesmo tempo que dirigem esses interesses em determinada direção, razão pela qual não somos indiferentes a utilizar um ou outro instrumento, um ou outro conceito.

## INTENÇÃO, VONTADE, QUERER DIZER (§§571 A 693)

A investigação sistemática dos equívocos que nos dificultam ver com clareza como usamos a linguagem e, de modo mais particular, os conceitos relacionados ao "pensamento" se desdobra, no último passo do livro (§§571 a 660), em uma investigação detalhada da gramática desses conceitos. Os jogos de linguagem comentados são aqueles associados à "expectativa", à "intenção" ("desejo") e à "vontade", conceitos fortemente relacionados, cujo uso compõe um único grande quadro que atravessa diferentes contextos. Tem início aqui o passo mais investigativo e propositivo desse conjunto final de parágrafos. Os comentários caminham no sentido de introduzir complexidade e diversidade às descrições, em oposição à ideia de delimitação de um significado. Como resultado, aponta-se o caminho para um novo tipo de investigação, que tenta esclarecer um conjunto de conceitos em sua complexidade e fluidez por meio da descrição de seu uso em contextos e situações as mais diversas. Esse trabalho é o que predomina nos escritos de Wittgenstein posteriores às *Investigações*, nos quais o formato é amadurecido e explorado. Em seus últimos parágrafos (§§661 a 693), o livro se volta para um conceito que, apesar de situado na mesma órbita que os anteriores, destaca-se dos demais por sua relevância e por apontar para o núcleo do problema da linguagem, qualificando-se como um fechamento para o longo percurso iniciado com a citação das *Confissões* de Agostinho: o conceito de "querer dizer" ou "querer se referir" (*meinen*).

A apresentação por Wittgenstein dos conceitos de intenção e expectativa insiste na explicitação da diversidade de jogos que jogamos com essas palavras, em contraposição àquela que seria a "doença da filosofia": recorrer a exemplos de um único tipo. A diversidade a ser reencontrada está também no contexto de uso das expressões, sem os quais qualquer compreensão dos jogos de linguagem se torna inviável. Nenhuma expressão ou gesto tem um significado dado por si. Em quais circunstâncias e contextos dizemos que esperamos algo? A expectativa está "imersa na situação" a partir da qual nasce (§581) e não pode ser confundida com um sentimento que reapareceria em diferentes momentos. As palavras relacionadas à expectativa se esvaziam fora de seu contexto, como os gestos de uma coroação não seriam o que são caso isolados de todo o resto, caso o ouro não fosse um metal nobre etc., como o dinheiro, que se esvaziaria de valor sem as instituições que o instituem e sustentam.

A descrição de nosso uso da linguagem, do que realmente acontece quando falamos de intenções ou vontade, revela-se desafiadora. O que ocorre no pensamento quando temos uma expectativa? Talvez não pensemos nada, talvez tenhamos pensamentos desconexos (§576). Não haveria, então, algo de mental que acompanha a intenção, talvez um sentimento? Mas quais os critérios para identificarmos tal sentimento e reconhecermos uma expectativa? A suposição de que reconhecermos uma pessoa ou um objeto ao compará-los a uma imagem mental ou algo equivalente, como se tal entidade mental devesse ocupar a posição de intermediário, é enganosa. É assim que realmente ocorre? Olhamos para uma pessoa que vemos todos os dias e comparamos o que vemos com uma memória antes de concluirmos quem ela é? Esse tipo de suposição nos impede de ver o que realmente ocorre em tais situações. Em um exemplo semelhante, a intenção aparece como causa das ações, como se um processo mental tivesse que se colocar antes de cada gesto ou movimento, como se desejar mover o braço devesse preceder o movimento do braço (§616). Mas isso não é o que encontramos quando descrevemos nossas práticas e o uso da linguagem. A suposição de que "querer" consiste em determinado sentimento, determinada "experiência interna", não tem origem em nossa descrição do que se passa quando usamos a expressão. Pelo contrário, quando fazemos tal descrição sem recorrer a nossas pressuposições, o que encontramos são elementos variados e indistintos de diversas outras experiências (pensamentos, sentimentos, movimentos), além de um contexto específico em que tais experiências se associam ao querer.

> "Por um momento eu quis..." Ou seja, tive determinado sentimento, determinada experiência interna; e me lembro disso. — E agora lembre-se *com absoluta precisão*! Então a 'experiência interna' do querer parece outra vez desaparecer. Em vez disso, lembramo-nos de pensamentos, sentimentos, movimentos, e também de conexões com situações anteriores. (§645)

Mas o que é, então, o "querer"? A pergunta explicita, mais uma vez, o que Wittgenstein considera ser nosso erro: "procurar por uma explicação ali onde deveríamos ver os fatos como 'fenômenos originários'" (§654). O que o texto nos responde reiteradamente é que é assim que usamos essas palavras, esses são os jogos que jogamos com elas. Quando explicamos a alguém o que é "querer algo", é assim que fazemos, e o que a outra pessoa aprende é a usar a palavra dessa maneira. Os jogos de linguagem, as expressões e palavras que usamos, não são estabelecidos como um decalque de uma realidade à qual se ajustam, da qual tiram seu sentido, sobre a qual dizem algo verdadeiro ou falso. "Olhe para o jogo de linguagem como aquilo que é *primário*!" (§656)

Querer dizer algo por meio da linguagem não nos conduz, portanto, à busca do "algo" de que se fala ou do "querer" por meio do qual esse "algo" seria visado. Quando ensinamos a alguém a série dos números pares, por exemplo, queremos dizer que a pessoa deve dizer 1002 depois de dizer 1000, mas o fazemos sem pensar em nada, sem pensar em cada passo da série. É assim que usamos essas expressões (§693). O que nos levaria a supor que tal "querer dizer" seria uma atividade mental? São essas as suposições que nos mantêm presos, que criam confusão e nos impedem de ver o que de fato fazemos. Apenas o percurso pelo detalhe, a descrição cuidadosa do uso da linguagem, pode nos ajudar a ver de maneira mais ampla que nada estava oculto. Isso parecerá pouco para quem espera da filosofia o desvelamento das engrenagens do mundo e da alma. Talvez esse tipo de descrição lhe pareça incompleto, fragmentário, uma apresentação pouco sistemática e inconclusiva de usos particulares de certas expressões, que nunca nos responde *o que é* o pensamento ou a linguagem. Mas é isso mesmo o que Wittgenstein pretende nos dizer nas *Investigações filosóficas*. Nosso desconforto explicita "a dificuldade" que advém de sua renúncia a qualquer teoria: "deve-se considerar o que parece tão obviamente incompleto como algo completo".* A linguagem não apresenta a unidade, a determinação e a fixidez que a filosofia supõe que deveriam existir, mas ela está em ordem, nada falta.

## AS *INVESTIGAÇÕES FILOSÓFICAS* E DEPOIS

Retrospectivamente, podemos identificar dois temas tratados de maneira sucessiva nas *Investigações*: um debate geral sobre a

---

* L. Wittgenstein, *Observações sobre a filosofia da psicologia I*, §723.

linguagem (§§1-242), que se articula em torno da recusa de que palavras signifiquem objetos (ideia que se apresenta das mais diversas perspectivas); e a investigação do "pensamento", ou de conceitos da psicologia (§§243-693), cujo problema central é a compreensão do significado do vocabulário associado ao conceito de pensamento. Os movimentos do texto podem, por certo, ser descritos de diversas maneiras. O debate sobre regras e, de modo mais geral, a investigação de conceitos da psicologia, por exemplo, avançam para o comentário do significado de sentenças, o que não ocorre senão de maneira marginal nos 88 parágrafos iniciais, nos quais o problema se articula como uma investigação do significado das palavras. Essa constatação deixa claro que as divisões que fazemos no texto, ainda que úteis à sua leitura, podem ocultar elementos relevantes à sua compreensão.

A investigação do conceito de "pensamento" não é, por certo, uma aplicação das concepções iniciais sobre a linguagem a um tema particular. Ela se volta para um aspecto central do problema, que fica mais evidente quando nos lembramos do papel atribuído ao pensamento no *Tractatus*: "o pensamento é a proposição com sentido",* "o pensamento contém a possibilidade da situação que ele pensa. O que é pensável é também possível".** É no debate sobre esse conceito que a relação entre as *Investigações* e o *Tractatus* se organiza de maneira mais direta. Em sua filosofia madura, Wittgenstein se contrapõe à atribuição de um papel sublime ao pensamento, como se ele fosse um mediador puro que dá alma à linguagem. Não se trata, portanto, de propor uma filosofia da psicologia, mas da revisão do vocabulário associado ao pensamento e do papel a ele atri-

---

* Id., *Tractatus*, 4.
** Id. Ibid., 3.02.

buído na compreensão de linguagem pelo *Tractatus* e pela vasta tradição em que ele se situa, que remonta a Platão e Aristóteles.

O livro pode ser descrito também da perspectiva de seu projeto, em que ao percurso inicial, polêmico e terapêutico (§§1- -411), sobrevém uma investigação "sistemática" do pensamento, que não se articula pela polêmica com concepções alternativas (§§412-693). Há, ainda, uma enorme variedade de estilos de escrita e de debate filosófico que se alternam ao longo do livro e que estão diretamente relacionados à finalidade de cada um de seus passos: diálogo argumentativo, narrativa, aforismos, descrição de jogos de linguagem, diálogo terapêutico, exposição articulada de conceitos.

Aquilo com o que o leitor e a leitora deparam, ao final, é um texto vigoroso, que se renova a cada passo, no qual se recusa o núcleo da articulação clássica entre linguagem e metafísica e que delineia uma compreensão da linguagem a partir do contexto cotidiano de seu uso. Trata-se de um dos textos filosóficos mais antimetafísicos que se poderá encontrar, que coloca no centro de seu percurso nossas ações e nossa prática, por meio das quais nós, em nosso cotidiano, em meio a nossas vidas, constituímos a linguagem como um conjunto diverso e aberto de instrumentos que só têm sentido e relevância no contexto particular de seu uso. A linguagem cuja descrição aflora desse trabalho não se articula à estrutura do ser, à qual se ajustaria ou que determinaria, mas às vidas das pessoas que a falam e transformam.

A dificuldade posta pela leitura das *Investigações* é evidenciada pela intrincada história de sua recepção. Mas os grandes equívocos que encontramos na origem dessa dificuldade são, talvez, a suposição de que o livro não nos propõe um percurso ordenado e cuidadosamente pensado por seu autor e, como consequência disso, a ideia de que se poderia construir uma interpretação desse texto a partir de fragmentos ou recortes, muitos deles retirados do contexto que os define. Poucas afirmações sobre o livro que temos em nossas mãos poderiam ser mais equivocadas e dificultadoras de sua leitura.

Os escritos de Wittgenstein posteriores às últimas alterações no texto das *Investigações* ainda se situam em meio ao projeto geral desse livro e, em particular, de seus parágrafos finais: a investigação da gramática de conceitos da psicologia, a necessidade lógica, a natureza do trabalho filosófico. Isso vale inclusive para os escritos finais sobre cores e para *Sobre a certeza*. Nesse contexto se situa, também, *Filosofia da psicologia: um fragmento*, texto organizado e datilografado em 1949, inicialmente publicado como "Parte II" das *Investigações*.

Wittgenstein morreu em 1951. As *Investigações* foram editadas pelos herdeiros de seu espólio e publicadas postumamente em 1953.

MARCELO CARVALHO
*É professor do departamento de Filosofia da Unifesp nas áreas de filosofia contemporânea e de filosofia da linguagem. Também é docente na pós-graduação em filosofia da UFABC. É autor de diversos artigos sobre Ludwig Wittgenstein e autor e organizador de vários livros sobre filosofia, publicados no Brasil e em outros países. Foi presidente da Associação Nacional de Pós--Graduação em Filosofia e pesquisador do CNPq e da Fapesp.*

# Vocabulário crítico

Neste vocabulário crítico o leitor encontrará, além de uma lista com as traduções utilizadas para diversos termos alemães, um comentário mais detalhado a respeito de alguns desses termos, com breves discussões acerca das dificuldades encontradas, das soluções adotadas e da relevância filosófica dessas escolhas.

As entradas estão organizadas em ordem alfabética. Termos derivados morfologicamente uns dos outros estão agrupados em uma mesma entrada. Conjuntos semanticamente afins também foram agrupados, permitindo ao leitor uma visão sinóptica de seu uso. Com esse mesmo objetivo, acrescentamos também várias remissões cruzadas. Acreditamos que, combinado com o índice remissivo de conceitos, este vocabulário possa estimular e facilitar o estudo da obra.

É importante observar, porém, que nem todos os termos de interesse filosófico foram incluídos. Não se trata, nesse sentido, de oferecer ao leitor um dicionário de conceitos wittgensteinianos. O que nos orientou na seleção das entradas foram os seguintes três critérios: termos para os quais utilizamos diferentes soluções em português; termos que apresentaram especial dificuldade de tradução; e, por fim, conjuntos de termos para os quais a introdução de remissões cruzadas pudesse facilitar o trabalho do leitor.

***abbilden*** (*Abbildung*)
  **representar**: 291, 292
  **projeção** (para *das Abbilden*): 386
  **método de projeção** (para *Methode der Abbildung*): 366;
  *ver também **Bild**, **darstellen** e **Projektionsmethode***

***Aberglaube***
  **superstição**: 35, 49, 110;
  *ver também **Glaube***

***ableiten***
  **derivar**: 162, 163, 164, 193
  **concluir**: 479
  **derivação** (para *das Ableiten*): 146, 163, 164;
  *ver também **schließen***

***Abmachung***
  **combinação**: 41;
  *ver também **Übereinkunft**, **übereinstimmen** e **vereinbaren***

***Abrichtung*** (*abrichten*)
  Esse termo tem sido frequentemente traduzido, no contexto da obra wittgensteiniana, por "treino" ou "treinamento". Não foi a solução que adotamos (com uma única exceção). Em nossa tradução, preferimos "adestramento". Com efeito, o uso da palavra *Abrichtung*, em alemão, quase sempre remete ao contexto animal (diretamente ou por analogia). Mais que isso, nas ocasiões em que usa essa expressão, Wittgenstein está chamando atenção justamente para o aspecto de nosso aprendizado linguístico que não admite fundamentação ulterior, que está subtraído ao campo das razões e que deve ser visto, nesse sentido, como algo muito próximo ao adestramento animal. Parece-nos que a eventual estranheza que a tradução possa causar no leitor era parte da intenção do autor. É interessante observar, nesse sentido, que a citação de Agostinho que abre as *Investigações*, e que desempenha um papel tão importante em sua estrutura, utiliza o verbo *edomare* (domar ou amansar) para descrever o modo como a boca passa a usar as palavras.
  **adestramento** (também para *das Abrichten*): 5, 6, 86, 158, 189, 206, 441
  **treinamento**: 630
  **adestrar** (para *abrichten*): 27, 157, 189, 198, 206, 223

***Absicht / Intention*** (*absichtlich, beabsichtigen*)
  **intenção** (para *Absicht*): 172, 174, 197, 247, 275, 337, 588, 591, 592, 635, 638, 641, 644, 646, 647, 648, 653, 656, 658, 660
  **intenção** (para *Intention*): 197, 205, 659
  **intencional** (para *absichtlich*): 139, 170
  **ter a intenção de** (para *beabsichtigen*): 197, 205, 210, 337
  **alcançar algo com a intenção** (para *beabsichtigen*): 337;
  *ver também **erwarten** e **lehren***

***andeuten***
  *ver **zeigen auf***

***Anknüpfung***
  *ver **Zusammenhang***

***Angabe***
  **informação**: 480, 481, 607
  **apresentar algo** (para *die Angabe von*): 136

**indicação de temperatura** (para *Temperaturangabe*): 508
**informar as horas** (para *Zeitangabe*): 607;
ver também ***Mitteilung***

***Annahme***
suposição: 22, 22 (boxe), 151, 249, 270, 272, 294, 299, 349, 350, 475, 479, 480, 481;
ver também ***Vermutung*** e ***Voraussetzung***

***Anschauung***
representação: 53
concepção: 403
visão de mundo (para *Weltanschauung*): 122
modo de ver (para *Anschauungsweise*): 144;
ver também ***Bild*** e ***darstellen***

***Anschein***
ver ***Täuschung***

***Anweisung***
documento: 449
sinalização: 232
instrução: 383, 393

*anwenden*
ver ***gebrauchen***

***Anzahl***
ver ***Zahl***

***Anzeichen***
indício: 271, 321
sinal: 653;
ver também ***Signal*** e ***Zeichen***

***Apparat***
aparelho: 149, 270, 317
aparato: 494
aparelho anímico (para *Seelenapparat*): 149
**aparelho pensante** (para *Denkapparat*): 317;
ver também ***Vorrichtung***

***Auffassung*** (*auffassen*)
concepção: 4, 20, 38, 109, 401
modo de conceber: 201
compreensão: 557
compreender (para *auffassen*): 28, 29, 58, 363, 557
conceber (para *auffassen*): 2, 4, 20, 48, 520, 539, 549
apreender (para *auffassen*): 363, 398;
ver também ***aufnehmen***, ***Begriff*** e ***verstehen***

***auflösen*** (*Auflösung*)
dissolver: 182
solução (para *Auflösung*): 168;
ver também ***lösen***

***aufnehmen***
apreender: 363;
ver também ***Auffassung*** e ***verstehen***

***Aufschluß***
esclarecimento: 573;
ver também ***erklären***

*aufzählen*
ver *zählen*

***ausdrücken / aussagen / äußern / aussprechen / behaupten / mitteilen / rufen***
Vale a pena comparar as traduções adotadas para os diversos verbos que indicam alguma forma de expressão. Na medida do possível, buscamos manter coerência e fixar para eles as soluções indicadas a seguir.

**ausdrücken**
  expressar: *passim*
**aussagen**
  **dizer**: 304
  **enunciar**: 50
  **falar**: 283
**äußern**
  **manifestar**: 302, 579
  **expressar**: 201, 257
**aussprechen**
  **pronunciar**: *passim*
  **exprimir**: 59, 243, 427
  **formular**: 75, 120, 258, 334
  **enunciar**: 242
**behaupten**
  **afirmar**: 22, 402, 665
**mitteilen**
  **comunicar**: 22, 54, 193, 208, 280, 348, 363, 571, 636, 659
  **informar**: 296
**rufen** (ausrufen)
  **gritar**: 7, 19, 151
  **chamar**: 493, 691
  **gritar** (para *ausrufen*): 2;
  *ver também* **Ausruf, Aussage, Äußerung, Behauptung** e **Mitteilung**

**(sich) auskennen**
  **saber se orientar**: 123, 203
  **orientar-se**: 664

**(sich) ausmalen**
  **imaginar**: 385
  **imaginar em detalhes**: 636
  **representar**: 648

**Ausruf** (ausrufen)
  **exclamação**: 244, 275, 295, 323
  **grito**: 27, 296, 586
  **gritar** (para *ausrufen*): 2;
  *ver também* **ausdrücken**

**Aussage** (aussagen)
  **enunciado**: 35 (boxe), 50, 58, 60, 79, 90, 134, 179, 189, 303, 352, 366, 511, 589
  **afirmação**: 184
  **enunciado de cor** (para *Farbaussage*): 50
  **dizer** (para *aussagen*): 304
  **enunciar** (para *aussagen*): 50
  **falar** (para *aussagen*): 283;
  *ver também* **ausdrücken** e **Satz**

**Äußerung** (äußern)
  **manifestação**: 149, 152, 208, 231, 245, 310, 440, 441, 571, 582, 585, 596, 631, 632, 656, 657
  **expressões naturais para sensações** (para *natürliche Empfindungsäußerungen*): 256
  **manifestação de dor** (para *Schmerzäußerung*): 245, 310
  **manifestação de desejo** (para *Wunschäußerung*): 441
  **manifestação de vontade** (para *Willensäußerung*): 632
  **manifestação linguística** (para *sprachliche Äußerung*): 656
  **manifestar** (para *äußern*): 302, 579
  **expressar** (para *äußern*): 201, 257;
  *ver também* **ausdrücken** e **Satz**

**aussprechen**
  *ver* **ausdrücken**

**Bau** (bauen)
  **estrutura**: 23, 92, 102, 134, 136, 421, 664
  **construção**: 2
  **canteiro de obras** (para *Bauplatz*): 8
  **construção** (para *das Bauen*): 15
  **construir** (para *bauen, das Bauen*): 29, 267, 364, 466, 491, 495, 496
  **edifício** (para *Bauwerk*): 118
  **estrutura lógica da proposição** (para *logischer Satzbau*): 102
  **estrutura proposicional** (para *Satzbau*): 136, 664

**formato dos materiais de construção** (para *Bausteinform*): 86
**matéria-prima** (para *Baustoff*): 401
**material, material de construção** (para *Baustein, Bausteinform*): 2, 8, 10, 20, 21;
ver também **Zusammenhang**

*beabsichtigen*
ver **Absicht**

*Bedeutung / Sinn* (*bedeuten, Bedeutsamkeit, sinnlos, sinnvoll, Unsinn, unsinnig*)
Embora próximos, esses dois termos têm usos razoavelmente distintos, muito bem capturados em português pelo par "significado" e "sentido", que são sua tradução amplamente consagrada. As poucas exceções exigidas pelo contexto — e indicadas a seguir — não são filosoficamente relevantes.
*Bedeutung*
  **significado**: passim
  **significado** (para *das Bedeuten*): 138 (boxe)
  **sentido**: 534
  **importância**: 93
  **significação**: 122
  **significar** (para *bedeuten*): 19, 33, 47, 79, 88, 139, 208, 239, 244, 251, 271, 288, 293, 316, 321, 351, 352, 382, 411, 413, 441, 474, 479, 497, 516, 526, 540, 557, 658
  **indicar** (para *bedeuten*): 284
  **ter o mesmo significado** (para *dasselbe bedeuten*): 555
  **significatividade** (para *Bedeutsamkeit*): 24
*Sinn*
  **sentido**: passim
  **absurdo** (para *Unsinn* e *unsinnig*): 40, 134
  **com sentido** (para *sinnvoll*): 408, 511

  **contrassenso** (para *Unsinn*): 119, 464, 524
  **faz sentido dizer** (para *sinnvoll sagen*): 612
  **"Isso não faz sentido!"** (para *"Unsinn!"*): 252
  **não tem sentido** (para *sinnlos sein*): 157
  **não faz sentido** (para *sinnlos sein*): 247
  **não faz sentido** (para *Unsinn sein*): 197
  **o que falo não tem sentido** (para *ich rede Unsinn*): 79
  **sem sentido** (para *Unsinn*): 39, 282, 540
  **sem sentido** (para *sinnlos*): 71, 358, 361, 500, 554
  **sem sentido** (para *unsinnig*): 246, 448, 512
  **significativo** (para *sinnvoll*): 31, 594;
  ver também **heißen** e **meinen**

*begreifen*
ver **verstehen**

*begrenzt*
ver **Grenze**

*Begriff*
  **conceito**: 2, 5, 48, 67, 68, 69, 70, 71, 73, 75, 76, 77, 81, 96, 97, 122, 125, 134, 135, 136, 142 (boxe), 157, 171, 177, 208, 282, 308, 316, 334, 345, 383, 384, 385, 480, 513, 532, 544, 569, 570, 574, 577;
  ver também **Auffassung** e **verstehen**

*begründen* (*Begründung*);
ver **Grund**

*Behauptung* (*behaupten*)
  **afirmação**: 21, 22, 23, 131, 402, 444, 486
  **asserção**: 447

**afirmar** (para *behaupten*): 22, 402, 665
**frase afirmativa** (para *Behauptungssatz*): 24
**sinal de afirmação** (para *Behauptungszeichen*): 22;
ver também **ausdrücken** e **Satz**

**beibringen**
ver **lehren**

**bekannt / vertraut** (*Bekanntheit, Vertrautheit, wohlbekannt, Wohlbekanntheit, wohlvertraut, Wohlvertrautheit*)
  **bekannt**
    **conhecido**: 10, 156, 273, 277
    **familiar**: 109
    **bem conhecido** (para *wohlbekannt*): 525, 534, 540, 542
    **desconhecido** (para *unbekannt*): 190, 206
    **desconhecer** (para *sich unbekannt sein*): 282
    **familiaridade** (para *Bekanntheit*): 596
    **não-familiar** (para *unbekannt*): 596
    **não-familiaridade** (para *Unbekanntheit*): 596
    **saber** (para *sich bekannt sein*): 385
  **vertraut**
    **familiar**: 166, 167
    **bem conhecido** (para *wohlvertraut*): 167
    **completa familiaridade** (para *Wohlvertrautheit*): 596
    **familiaridade** (para *Vertrautheit*): 596

**beliebig / willkürlich**
  **beliebig**
    **arbitrário**: 167, 168, 169, 170, 175
    **qualquer**: 167, 530
  **willkürlich**
    **arbitrário**: 372, 497, 508, 520
    **voluntário**: 613, 614, 616, 627, 628, 629
  **involuntário** (para *unwillkürlich*): 168

**bemerken**
ver **merken**

**Benehmen** ((*sich*) *benehmen*)
  **comportamento**: 54, 244, 246, 250, 269, 281, 288, 300, 302, 304, 307, 357, 393, 486, 571, 579, 591
  **comportamento de dor** (para *Schmerzbenehmen*): 244, 281, 302, 304, 393
  **comportar-se** (para *sich benehmen*): 357;
  ver também **Schmerzen (haben)**

**Benennung** (*benennen*)
ver **Name**

**berechnen** (*Berechnung*)
ver **rechnen**

**berechtigen** (*Berechtigung*)
ver **rechtfertigen**

**Bereich / Bezirk / Gebiet / Umgebung**
  Quatro termos próximos, para os quais adotamos o seguinte conjunto de soluções:
  **Bereich**
    **domínio**: 499, 517
    **âmbito**: 358
  **Bezirk**
    **região**: 71, 88
  **Gebiet**
    **área**: 352
    **âmbito**: 499
    **região**: 90
    **domínio**: 3, 612
  **Umgebung**
    **contexto**: 250, 412, 539, 583, 584

**entorno**: 216, 540
**ambiente**: 603
**ao nosso redor** (para *unserer Umgebung*): 312;
*ver também* **einschränken** e **Grenze**

**beschreiben** (*Beschreibung*)
**descrever**: 1, 3, 10, 23, 32, 48, 49, 51, 53, 55, 60, 69, 75, 82, 106, 108 (boxe), 124, 139 (boxe), 152, 155, 171, 197, 216, 242, 244, 256, 261, 290, 294, 335, 367, 368, 378, 383, 386, 402, 436, 439, 486, 487, 490, 496, 582, 610, 617, 626, 638, 653, 662, 684
**dar uma descrição**: 402
**descrição** (para *Beschreibung*): 2, 4, 10, 23, 24, 47, 49, 51, 53, 55, 69, 70, 79, 109, 154, 171, 175, 179, 180, 219, 221, 240, 250, 285, 291, 322, 335, 368, 370, 374, 383, 398, 402, 509, 577, 585, 588, 609, 610, 627, 665
**descrever** (para *das Beschreiben*): 49
**descrever** (para *Beschreibung*): 444
**indescritível** (para *Unbeschreibbar*): 175
**indescritível** (para *unbeschreiblich*): 609

**Bestandteil**
**parte constituinte**: 47, 59, 136;
*ver também* **zerlegt** e **Zusammenhang**

**bestimmen** (*bestimmt, Bestimmung*)
O verbo *bestimmen* foi traduzido como "determinar", com apenas duas exceções. Igualmente pouco problemático é o substantivo correspondente, *Bestimmung*, o qual foi traduzido, com uma única exceção, como "determinação". Já o adjetivo *bestimmt*, derivado do verbo, apresenta dificuldades específicas.

*Bestimmt* guarda uma ambiguidade perfeitamente captada pela dupla função de "determinado" em português. Anteposto ao substantivo que qualifica, o termo é um pronome indefinido, que indica *in*determinação (nessa acepção, por exemplo, "determinado sentido" equivale a "certo sentido" ou "um sentido qualquer"); posposto, tem função adjetiva e indica determinação (assim, um "sentido determinado" é próximo a, por exemplo, um "sentido bem-estabelecido"). A gramática alemã, contudo, não admite a posposição de adjetivos, nem dispõe de qualquer recurso para distinguir entre os dois sentidos possíveis de *bestimmt*. Assim, é necessário interpretar seu uso de acordo com o contexto. No texto em português, essa tarefa cabe inevitavelmente ao tradutor. Os exemplos que acabamos de apresentar dão uma amostra de quão sensível é a questão, já que a "determinação do sentido" é dos temas mais importantes do início das *Investigações*. Além disso, a ideia de que regras poderiam determinar completamente um curso de ação, um uso, uma interpretação, está no coração das discussões sobre o que é "seguir uma regra". Assim, distinguir os momentos em que Wittgenstein faz uso pronominal ou adjetivo de *bestimmt* é uma decisão carregada de consequências. Para orientar o leitor, indicamos a seguir os casos em que optamos pelo uso posposto (ou seja, adjetivo) do termo, já que o uso anteposto é mais frequente e tem implicações menos relevantes.

Note-se, finalmente, que há um parentesco semântico entre uma "propriedade *determinada*" e uma "propriedade *específica*" (etimologicamente, a propriedade que determina um indivíduo como o membro de uma *espécie*). Também esse sentido está presente em *bestimmt*, o que nos levou muitas vezes a adotar "específico" como sua tradução. Ocorre que "específico" é também a tradução frequente de outros termos alemães, incluídos em entrada separada (*ver besonder*). A entrada independente se deve ao fato de que, ali, o sentido de "especificidade" tende menos à "determinação" e mais a "peculiaridade".

**determinar**: 82, 88, 136, 137, 139, 142, 189, 190, 195, 198, 201, 237, 242, 266, 352, 426, 461, 465, 469, 567, 620
**escolher**: 31
**levar a**: 404
**algo completamente determinado** (para *etwas ganz Bestimmtes*): 276
**bastante específico** (para *ganz bestimmt*): 542, 606
**bem determinado** (para *ganz bestimmt*): 536
**completamente determinado** (para *ganz bestimmt*): 59, 193, 276
**de certa maneira específica** (para *in bestimmter Weise*): 617
**determinação** (para *Bestimmung*): 46, 88, 139, 361
**determinação** (para *das Bestimmen*): 437
**determinação** (para *Bestimmtheit*): 193
**determinado (anteposto)** (para *bestimmt*): passim
**determinado (posposto)** (para *bestimmt*): 59, 60, 79, 81, 83, 99, 193, 276, 412, 536, 559
**especificação** (para *Bestimmung*): 31
**específico** (para *bestimmt*): 35, 47, 73, 74, 165, 165 (boxe), 166, 167, 173, 174, 184, 417, 542, 606, 617
**indeterminado** (para *unbestimmt*): 99, 465
**predeterminado** (para *vorausbestimmt*): 188, 193;
*ver também* **festsetzen**;
*ver também* **besonder**

*besonder / bestimmt / eigen / eigentümlich / einzigartig / peculiar* [em inglês] */ speziell / spezifisch*
Nesta entrada, agrupamos termos usados por Wittgenstein para indicar a ideia de especificidade, bem como as ideias correlatas de peculiaridade e singularidade. Note-se que, na entrada anterior (*ver bestimmen*), já havíamos incluído os muitos casos em que o adjetivo *bestimmt* é traduzido por "específico". Tais ocorrências voltam a aparecer aqui.

*besonder*
**específico**: 47, 48, 69, 96, 97, 117, 155, 291, 292, 353, 369, 423, 539, 545, 573, 608, 624
**peculiar**: 64
**o que há de específico** (para *das Besondere*): 97
*bestimmt*
**específico**: 35, 47, 73, 74, 165, 165 (boxe), 166, 167, 173, 174, 184, 417, 542, 606, 617
**determinado (anteposto)** (para *bestimmt*): passim
**determinado (posposto)** (para *bestimmt*): 59, 60, 79, 81, 83, 99, 193, 276, 412, 536, 559
*eigen*
**um jogo de linguagem específico** (para *ein eigenes Sprachspiel*): 27
*eigentümlich*
**peculiar**: 165, 540

**peculiaridade** (para
*Eigentümlichkeit*): 336
***einzigartig***
**singular:** 93, 95, 96, 110, 188, 194
**peculiar** [em inglês]
**peculiar:** 413
***speziell***
**específico:** 164, 609
***spezifisch***
**específico:** 89, 322;
*ver também* ***bestimmen*** e
***merkwürdig***

***Betrachtung*** (*betrachten*,
*Betrachtungsweise*)
**consideração:** 65, 66, 109, 156, 293
**observação:** 51
**perspectiva:** 89, 90, 108, 118
**reflexão:** 412
**considerar** (para *betrachten*): 5, 31,
48, 50, 66, 74, 79, 134, 143, 144, 149,
182, 334, 495, 513, 627, 630
**examinar** (para *betrachten*): 314
**modo de ver** (para
*Betrachtungsweise*): 47, 308, 656
**observar** (para *betrachten*): 51, 107,
108, 114, 325, 495

***bewähren***
**dar bons resultados:** 467, 469, 470

***bezeichnen*** (*Bezeichnung*)
**designar:** 10, 13, 15, 34, 39, 40, 46,
51, 55, 56, 59, 64, 122, 256, 264, 273,
274, 398
**indicar:** 617
**designação** (para *Bezeichnung*): 4, 8,
28, 41, 178, 239, 270, 293
**para designar** (para *zur
Bezeichnung*): 9, 21, 68, 273;
*ver também* ***Name***

***Bezirk***
*ver* ***Bereich***

***Bezugssystem***
**sistema de referência:** 206

***Bild / Vorstellung*** (*Vorstellungsbild*,
*Vorstellungskraft*)
Em nossa tradução, tanto *Bild*
como *Vorstellung* estão associados
ao campo semântico da palavra
"imagem". É necessário advertir,
no entanto, para diferenças
importantes.
O substantivo *Bild*, bastante flexível
na língua alemã (pode ser traduzido
como imagem, quadro, desenho,
fotografia, pintura, figura etc.),
aparece constantemente na filosofia
wittgensteiniana e assume aí um uso
bastante peculiar. Nossa opção foi
fixar sua tradução como "imagem",
com apenas uma exceção. Com
efeito, embora diferentes contextos
autorizassem a adoção de termos
mais específicos, acreditamos que
há grande vantagem em manter
estável sua tradução, procedimento
que permite ao leitor encontrar
as ressonâncias relevantes. Mais
importante, a tradução por
"imagem" mostrou-se sempre
confortável, prestando-se muito
bem aos frequentes usos analógicos
propostos por Wittgenstein.
O substantivo *Vorstellung*, por
outro lado, ofereceu dificuldades
muito maiores. A palavra tem usos
bastante corriqueiros, associados
ao ato ou à capacidade de imaginar
coisas e situações (de fato, o verbo
*(sich) vorstellen* pode ser traduzido
quase sempre por "imaginar"). Ao
mesmo tempo, *Vorstellung* é um
termo técnico bastante consagrado
na filosofia alemã, principalmente a
partir de Kant, e que costuma ser
traduzido como "representação".

Essa utilização certamente não é indiferente — e nem poderia ser, tal a força da tradição kantiana nos círculos de língua alemã — ao texto wittgensteiniano. Como, então, proceder na tradução? Para enfrentar esse problema, deve-se manter em vista aquele que é um dos objetos centrais de toda a crítica wittgensteiniana: nossa tendência bastante generalizada a pensar na *Vorstellung* — em linguagem corrente, a capacidade de "imaginar" ou o produto dessa capacidade — como uma espécie de "atividade mental" íntima e inviolável, capaz de produzir "imagens mentais" íntimas e invioláveis, as quais por sua vez seriam fundamentais para explicar nosso modo de agir no mundo, bem como nosso uso da linguagem. Essa mesma tendência geral pode ser reencontrada no contexto mais específico da filosofia kantiana: a saber, quando se interpreta a atividade do entendimento como "atividade mental", e as representações (*Vorstellungen*) como "imagens mentais".

Está dada, assim, a chave para lidar com as dificuldades apontadas. Nossa opção foi fazer as traduções do termo *Vorstellung* — apesar das muitas soluções diferentes exigidas em cada contexto — gravitarem em torno das duas ideias de "imagem" e de "mente", frequentemente combinadas, como se vê na lista a seguir. A tradução por "representação" ficou restrita, assim, a um número relativamente pequeno de casos. (A respeito da crítica wittgensteiniana à ideia de que "conteúdos mentais" estariam por trás, quase como condição de possibilidade, do uso da linguagem, *ver também* o verbete **meinen** deste vocabulário.)

***Bild***
   **imagem:** *passim*
   **ideia:** 282
   **retrato** (para *Bildnis*): 389
***Vorstellung***
   **imaginação:** 216, 265, 266, 267, 300, 301, 302, 344, 364, 367, 370, 386, 512
   **imagem mental:** 366, 376, 377, 378, 382, 386, 388, 389, 402, 587
   **representação:** 2, 6, 59, 105, 251, 338, 449, 611
   **representação mental:** 141
   **mente:** 168, 280
   **bagunça de imaginações** (para *Vorstellerei*): 390
   **capacidade de imaginar** (para *Vorstellungskraft*): 251
   **imagem mental** (para *Vorstellungsbild*): 166, 251, 265, 367
   **mundo das imagens mentais** (para *Vorstellungswelt*): 402;
   *ver também* **abbilden**, **Anschauung**, **darstellen**, **einbilden**, **(sich) denken** e ***Projektionsmethode***

***darstellen*** (*Darstellung*, *Darstellbarkeit*)

Ainda que o verbo *darstellen* tenha um escopo semântico mais amplo que o substantivo correspondente, *Darstellung*, foi possível fixar sua tradução (com uma única exceção) por "representar"; já o substantivo exigiu a constante variação entre "apresentação" e "representação", além de duas ocorrências de "concepção".

Na imensa maioria dos casos de sua aplicação, *darstellen* tem a mesma variedade de acepções do nosso verbo "representar":

retratar em uma imagem; atuar em uma peça ou filme; descrever por meio de um relato. Vale notar que nas três acepções mencionadas há sobreposição semântica com o verbo *vorstellen*; o uso pronominal de *vorstellen*, no entanto — *sich vorstellen* —, tem o sentido específico de "imaginar", acepção completamente ausente do verbo *darstellen*. É precisamente essa acepção o que determina uma diferença significativa entre os substantivos *Darstellung* e *Vorstellung*. Com efeito, este último significa, na maioria dos casos de sua aplicação nas *Investigações*, "imaginação" (ver *Bild*). Já *Darstellung* nunca é uma "imagem mental", "representação mental" ou "imaginação", mas alguma forma de exibição material daquilo que está sendo "apresentado" ou "representado" — por meio de gestos, objetos ou palavras. Surge aqui a variação mencionada. Talvez ela se torne mais clara se lembrarmos que o ator é o *Darsteller* e que a apresentação teatral é a *Darstellung*, algo que em português chamamos, a depender do contexto e da ênfase desejada, de "apresentação" teatral ou "representação" teatral. Trata-se de uma variação semântica sutil, que não se restringe ao âmbito teatral. E embora o termo *Darstellung* remeta sempre a essa acepção mais concreta, demandou a cada passo uma escolha entre as duas opções indicadas.

**representar:** 22 (boxe), 48, 104, 139 (boxe), 366, 389, 397, 435, 518, 539, 548, 604, 635

**apresentar:** 23

**apresentação** (para *Darstellung*): 3, 50, 122, 158

**apresentação panorâmica** (para *übersichtliche Darstellung*): 122

**concepção** (para *Darstellung*): 48, 94

**forma de apresentação** (para *Darstellungsform*): 122, 158

**meio de apresentação** (para *Mittel der Darstellung*): 50

**modo de apresentação** (para *Darstellungsweise*): 50

**modo como algo é representado** (para *Darstellungsweise*): 104

**possibilidade de representar** (para *Darstellbarkeit*): 397

**representação** (para *Darstellung*): 280, 295, 397, 403, 522, 649; ver também **abbilden**, **Anschauung**, **Bild**, **(sich) denken** e **übersehen**

**definieren** (*Definition, undefinierbar*)
**definir:** 28, 29, 79, 205, 253
**definição** (para *Definition*): 6, 28, 29, 30, 33, 38, 69, 70, 75, 77, 79, 239, 242, 258, 354, 665
**definição ostensiva** (para *hinweisende Definition*): 28, 29, 30, 258
**indefinível** (para *undefinierbar*): 182, 322;
ver também **deuten**, **erklären** e **hinweisend**

**(sich) denken**
Notar a diferença entre o verbo *denken* em seu uso não pronominal e em seu uso pronominal. No primeiro caso, ele é quase invariavelmente traduzido por "pensar"; no segundo, como "imaginar", em estreita analogia com o uso pronominal do verbo *(sich) vorstellen* (ver **Bild** e **darstellen**).
**imaginar:** *passim*

(eventualmente) **pensar**;
*ver também* **Bild**, **darstellen** *e* **(sich) einbilden**

*denkend*
**acompanhado de pensamento**: 318, 330;
*ver também* **gedankenlos**

*deuten* (*Deutung, hineindeuten, mißdeuten, Umdeutung*)
**interpretar**: 28, 34, 160, 170, 194, 196, 201, 206, 209, 213, 383, 401, 539, 591, 609, 653
**interpretar mal** (para *mißdeuten*): 194
**atribuir (uma propriedade) por meio de interpretação** (para *hineindeuten*): 537
**interpretação** (para *Deutung*): 32, 34, 85, 160, 170, 194, 198, 201, 210, 213, 215, 506, 537, 539, 634, 652, 656
**interpretação** (para *das Deuten*): 638
**interpretação equivocada** (para *das Mißdeuten*): 111
**reinterpretação** (para *Umdeutung*): 536;
*ver também* **definieren** *e* **erklären**

*deuten auf*
*ver* **zeigen auf**

*deutsch*
O adjetivo *deutsch* não apresentaria, em princípio, nenhuma dificuldade de tradução: deveria ser vertido sempre como "alemão".
Acontece que Wittgenstein está discutindo, em boa parte das *Investigações*, o uso da linguagem. Para fazer isso, ele frequentemente menciona palavras e frases da língua alemã, as quais, porém, aparecem aqui traduzidas para o português.
Cria-se uma dificuldade: deve-se manter a referência à língua alemã (a original da obra) ou transpor essa referência para a língua portuguesa (a língua do texto que se está lendo)? Nossa solução foi mista. Em geral, traduzimos *deutsch* por "alemão", para manter o texto mais próximo ao ambiente cultural em que foi produzido. Esse procedimento não gera qualquer dificuldade quando a discussão transcorre em um plano mais amplo. Nos casos, porém, em que Wittgenstein está mencionando ou comentando uma palavra ou frase específica, aí fazemos a transposição necessária, optando pela referência à língua portuguesa. Evita-se assim, por exemplo, a estranheza que causaria uma frase como "ele não sabe o que a palavra 'dor' significa em alemão" (parágrafo 288). Acreditamos que, nesses casos, a pequena violência de traduzir *deutsch* por "português" está mais do que justificada.
**alemão**: 136, 156, 165, 168, 335, 336, 337, 495, 538, 597
**português**: 28 (boxe), 134, 288, 348, 381, 516, 541;
*ver também* **Sprache**

*Eigenschaft*
**propriedade**: 1, 50, 108 (boxe), 312

*eigen*
*ver* **besonder**

*eigentümlich*
*ver* **besonder**

*(sich) einbilden*
**imaginar**: 38, 138 (boxe), 170, 411
**estar convencido**: 430
**supor**: 522;
*ver também* **Bild** *e* **(sich) denken**

*einschränken*
**limitar:** 3;
*ver também* **Bereich** *e* **Grenze**

*Einsicht*
**percepção:** 109
**estalo:** 186

*Einstellung*
**disposição:** 284, 310, 575, 672, 673
**ajuste:** 645, 646

*einüben*
*ver* **üben**

*einzigartig*
*ver* **besonder**

*Empfindung / Gefühl / Erlebnis / Erfahrung*

Conjunto de termos que indicam a maneira como entramos em contato com nossas experiências, tenham elas caráter mais subjetivo ou mais objetivo.

Quase sempre, *Empfindung* é traduzido por "sensação". As únicas duas exceções ocorrem no contexto específico em que esse termo vem associado às noções de "amor" e de "esperança" — casos que, em nossa língua, reservamos para a palavra "sentimento".

O inverso acontece com *Gefühl*. Em geral, o termo é traduzido por "sentimento", por remeter a experiências mais próximas da esfera afetiva. No entanto, em mais de um contexto de uso, a solução mais natural em português era "sensação", e não hesitamos em adotá-la.

O termo *Erlebnis*, por sua vez, é um pouco menos específico. Frequentemente usado no plural, ele tende a indicar certo conjunto de "experiências", tais como percebidas pelo sujeito que as viveu. Não há, em nossa tradução, nenhuma exceção a essa solução (a alternativa "vivência", que teria a vantagem de reproduzir a raiz do termo — "viver", *leben* —, soaria artificial em grande parte das ocorrências).

Finalmente, também *Erfahrung* foi traduzido, na maioria dos casos, por "experiência". Embora o termo alemão tenha um acento menos psicológico e mais objetivo do que *Erlebnis*, essa distinção, que é sutil, em geral pode ser bem captada pela flexibilidade da palavra "experiência" em português (por um lado, as "experiências" subjetivas que um indivíduo pode ter ao ver o mar e, por outro, a "experiência" objetiva de mergulhar no mar).

Vale notar, porém, que em alguns contextos o conceito mais "objetivo" de "experiência" prevalece com clareza, apontando para um campo semântico bastante específico. Isso acontece principalmente quando a discussão envereda por questões mais técnicas, com referência a debates tradicionais no campo da lógica e da epistemologia. Nesses casos, tivemos de recorrer a outras soluções, que evitassem qualquer ambiguidade. É o caso, por exemplo, das *Erfahrungssätze*, ou seja, das proposições "empíricas" (aquelas estabelecidas por meio de uma experiência sensorial objetiva); ou quando algo é tratado *erfahrungsgemäß*, ou seja, "como uma questão de fato" (a ser decidida de acordo com a experiência objetiva).

*Empfindung*
**sensação:** 24, 151, 154, 159, 160, 173,

178, 243, 244, 246, 248, 256, 257, 258, 260, 261, 268, 270, 272, 273, 274, 275, 281, 284, 288, 290, 293, 298, 304, 312, 314, 323, 348, 352, 400, 411, 607, 621, 624, 625, 626, 646, 647, 669, 672
**sentimento**: 582, 583
**sentir** (para *empfinden*): 111, 167, 169, 177, 251, 253, 302, 411, 472, 535, 536, 583
**ter a sensação** (para *empfinden*): 139 (boxe), 159, 688
**insensível** (para *empfindungslos*): 348

*Gefühl*
**sentimento**: 142, 151, 157, 167, 170, 176, 184, 209, 243, 263, 275, 283, 412, 420, 439, 440, 444, 460, 542, 544, 545, 578, 579, 587, 588, 595, 596, 598, 607, 640, 642, 645, 651, 656
**sensação**: 179, 234, 351, 354, 448, 617, 624
**sentimos como se** (para *das Gefühl ist, als*): 447
**determinar a olho** (para *nach dem Gefühl bestimmen*): 469

*Erlebnis*
**experiência**: 34, 35, 155, 157, 165, 167, 170, 171, 172, 173, 174, 176, 177, 179, 243, 256, 272, 274, 277, 322, 325, 350, 509, 591, 592, 645, 649, 655

*Erfahrung*
**experiência**: 59, 92, 97, 109, 144, 147, 160, 194, 197, 232, 249, 270, 315, 325, 354, 417, 436, 478, 480, 485, 495, 611, 617, 620
**empírico** (para *empirisch*): 109
**proposição empírica** (para *Erfahrungssatz*): 85, 251, 295, 360
**como uma questão de fato** (para *erfahrungsgemäß*): 74
**empírico / empiricamente** (para *erfahrungsmäßig*): 97, 179, 193, 194, 195, 484
**de acordo com a experiência** (para *erfahrungsmäßig*): 79

**o que é empírico** (para *das Erfahrungsmäßigen*): 89
**fato empírico** (para *Erfahrungstatsache*): 194, 418, 466; *ver também* **Pathos** e **wahrnehmen**

*Ereignis*
**acontecimento**: 90, 441, 442, 465, 475, 482, 484, 548, 586
**evento astronômico** (para *astronomisches Ereignis*): 327

*Erfahrung*
*ver* **Empfindung**

*erfassen*
*ver* **verstehen**

*erinnern / (sich) besinnen*
(*Erinnerung*)
Traduzimos o verbo *erinnern*, bastante frequente nas *Investigações* devido a sua importância para as discussões wittgensteinianas a respeito da relação entre estados mentais e uso da linguagem, indiferentemente por "lembrar" e "recordar". O mesmo vale para o substantivo correspondente, *Erinnerung*, que traduzimos ora por "lembrança", ora por "recordação". As escolhas foram feitas, a cada caso, apenas com base na fluência do texto em português. O leitor fica advertido, então, de que não há qualquer intenção de distinguir entre esses termos, e de que eles correspondem quase sempre a uma mesma palavra alemã. As poucas exceções ficam por conta do verbo *(sich) besinnen*, que também traduzimos por "lembrar" e "recordar", além de "rememorar" e "atinar".

**erinnern**
   **lembrar**: 33, 35, 57, 127, 140, 165, 166, 175, 177, 184, 217, 265, 288, 379, 544, 591, 601, 636, 637, 645, 646, 648, 649, 651, 653, 660, 661, 691
   **recordar**: 56, 253, 258, 269, 305, 306, 634, 635
   **imagem em nossa lembrança** (*Erinnerungsbild*): 56
   **lembrança** (para *Erinnerung*): 56, 127, 265, 637, 648, 649, 651, 660, 691
   **memória** (para *Erinnerung*): 147
   **reação à recordação** (*Erinnerungsreaktion*): 434
   **recordação** (para *Erinnerung*): 306, 342, 343, 587, 607
**(sich) besinnen**
   **rememorar**: 89, 90
   **lembrar**: 335
   **recordar**: 475
   **atinar**: 514

**erklären** (*Erklärung*)
Em nossa tradução, adotamos consistentemente as soluções "explicar" e "explicação" (as poucas exceções estão anotadas a seguir). A alternativa, em muitos contextos, seria o par "esclarecer" e "esclarecimento"; em contextos mais específicos, "definir" e "definição". Discutimos brevemente essas duas possibilidades, indicando as razões por que foram preteridas.
A raiz de *erklären* é o adjetivo *klar* (claro), o que parece apontar na direção de "esclarecer". Preferimos fixar nossa tradução como "explicar" por um conjunto de razões. Em primeiro lugar, essa é a única solução que pode ser consistentemente mantida: embora o termo "esclarecer" pudesse ser usado em alguns contextos, há vários outros em que ele absolutamente não funciona. Entre oscilar na tradução e adotar uma solução mais estável, optamos pela segunda opção, na expectativa de que esse procedimento possa ajudar o leitor a fazer conexões relevantes.
Mais importante que isso, porém, é o pano de fundo filosófico contra o qual essa escolha deve ser avaliada. Muitos autores da tradição lógica do início do século 20 (entre os quais o próprio Wittgenstein, por algum tempo) consideravam que a palavra, para deixar de ser um sinal sem vida e ganhar significado, necessitava receber algum tipo de "fundamentação". Para isso, ela deveria ser integrada a alguma espécie de cálculo, ou ao menos a uma rede de significados que pudessem ser mapeados segundo padrões elevados de rigor formal, preferivelmente com a formulação explícita de regras. Esse processo deveria ser bem mais que um simples esclarecimento informal das palavras. Os termos "explicar" e "explicação", nesse sentido, dão uma ideia muito melhor do tipo de projeto que Wittgenstein passa a rejeitar nas *Investigações*. (A ideia de que "saber o significado" equivaleria a "ser capaz de dar uma explicação" conduz, segundo a nova perspectiva aberta, a todo tipo de equívoco filosófico.)
Dado esse quadro conceitual, pode-se ver como o verbo "definir" — que sugere ainda mais fortemente as ideias de rigor e rigidez no tratamento da estrutura significativa das palavras — poderia ser usado, também ele, como tradução para o verbo *erklären*. Em algumas passagens, principalmente

nos contextos em que discute as "definições ostensivas", Wittgenstein parece até mesmo sugerir uma sinonímia entre *Erklärung* e *Definition*, oscilando entre o termo germânico e o termo de origem latina. Não seria inadequado, assim, traduzir ambos por "definição", padronizando o texto e evitando a expressão "explicação ostensiva", pouco usual. Pareceu-nos mais adequado, porém, oferecer ao leitor brasileiro a possibilidade de fazer, ele próprio, a aproximação dos dois termos, mantendo na superfície da tradução as variações do texto original.
(Nota: o verbo *klären* aparece uma única vez nas *Investigações* e foi traduzido, aí sim, por "esclarecer".)
**explicar**: 3, 13, 28, 29, 30, 31, 34, 38, 43, 45, 49, 65, 68, 69, 71, 73, 89, 126, 134, 139 (boxe), 149, 198, 208, 210, 247, 257, 288, 339, 361, 364, 369, 410, 425, 429, 444, 496, 533, 538, 540, 557, 560, 598, 631, 653, 680
**explicar** (para *Erklärung*): 28, 86, 142 (boxe), 156
**dar a explicação**: 38, 87
**dar uma explicação ostensiva** (para *hinweisend eklären*): 28
**definir**: 50, 157
**declarar**: 79, 351
**resolver**: 370
**esclarecer** (para *klären*): 91
**explicação** (para *Erklärung*): 1, 3, 6, 20, 27, 28, 28 (boxe), 29, 30, 31, 32, 33, 34, 35 (boxe), 38, 47, 51, 70, 71, 72, 73, 75, 79, 82, 87, 88, 109, 136, 145, 162, 179, 184, 185, 209, 210, 217, 239, 262, 268, 288, 303, 350, 362, 370, 380, 444, 516, 527, 549, 556, 560, 598, 654, 655
**explicação** (para *das Erklären*): 5
**explicação das (para as) palavras** (para *Worterklärung* e *Erklärung*

*der Wörter*): 31, 35 (boxe), 184, 262, 268, 288, 370, 556
**explicação ostensiva** (para *hinweisende Erklärung*): 6, 27, 28 (boxe), 30, 32, 34, 38, 362, 380, 444
**explicativamente** (para *erklärungsweise*): 46
**explicativo** (para *erklärend*): 46
**maneira de explicar** (para *Erklärungsweise*): 28
**meio de explicação** (para *Mittel der Erklärung*): 71
**pode ser explicado** (para *erklärbar*): 364
**que explica (algo)** (para *erklärend*): 610
**aquele que dá a explicação** (para *der Erklärende*): 33, 34;
ver também **Aufschluß, definieren, deuten, hinweisend** e **rechtfertigen**

*Erlebnis*
ver **Empfindung**

*erraten*
ver **raten**

*Erscheinung / Phänomen*
Esses dois termos — um de origem germânica, outro de origem grega — são usados por Wittgenstein de maneira bastante intercambiável, como indica a alternância dos dois em parágrafos muito próximos ou até mesmo dentro de um mesmo parágrafo (*ver* parágrafos 176 e 436), sempre como equivalentes, ou seja, sem qualquer pretensão de traçar distinções. A tradução para o português é "fenômeno", que tem em nossa língua a mesma gama semântica encontrada em outros idiomas influenciados pela tradição filosófica grega: aquilo que

aparece; aquilo que se mostra aos sentidos; aquilo que se passa em determinado âmbito ou domínio (fenômeno anímico, fenômeno mental, fenômeno físico).

Vale a pena ainda notar que, apesar de sua equivalência, Wittgenstein usa o termo alemão *Erscheinung* de maneira mais flexível, em um maior número de expressões e combinações, como mostra a lista a seguir.

**Erscheinung**
  **fenômeno**: 5, 65, 79, 81, 90, 142, 153, 171, 176, 200, 321, 385, 401, 436, 571, 653, 654
  **aparência**: 11
  **algo concomitante ao fenômeno A** (para *Begleiterscheinung des Phänomens A*): 79
  **fenômeno concomitante** (para *Begleiterscheinung*): 153
  **fenômeno natural** (para *Naturerscheinung*): 81
  **fenômenos que acompanham algo** (para *Begleiterscheinungen*): 200, 321
  **forma fenomênica** (para *Erscheinungsform*): 178
  **o modo como se manifesta...** (para *Erscheinungen der...*): 193
  **o que acontece no campo fenomênico** (para *das Geschehen in der Erscheinung*): 620
  **surgir** (para *in die Erscheinung treten*): 684

**Phänomen**
  **fenômeno**: 79, 108 (boxe), 176, 325, 342, 363, 383, 436, 583, 654
  **fenômeno da memória** (para *Gedächtnisphänomen*): 342
  **fenômeno originário** (para *Urphänomen*): 654;
  ver também **Täuschung**

**erwarten / hoffen** (*abwarten, Erwartung, Hoffnung, warten*)

A exploração filosófico-gramatical da "expectativa" é um dos temas centrais de Wittgenstein desde o início dos anos 1930, e ocupa posição de destaque nas páginas finais das *Investigações*. Em particular, a ideia de que "É na linguagem que expectativa e realização se tocam" (§445) exemplifica bem a aplicação do método gramatical a problemas da filosofia da psicologia. Tal aplicação, por sua vez, lança luz sobre problemas muito mais gerais da filosofia da linguagem e da mente, de modo que é fácil traçar analogias entre o tratamento dado a esse tema e a outros importantes temas da obra, como: a "intenção" e sua satisfação; o "querer dizer"; a relação entre a esperança e aquilo de que se tem esperança.

Em alemão, há uma diferença semântica razoável entre o verbo *hoffen* (parente do inglês *to hope*, com o significado de "ter esperança", "desejar algo") e os verbos *erwarten*, *warten* (parentes do inglês *to wait*, em geral com o significado mais prosaico de "aguardar"). Já o verbo português "esperar" transita com grande facilidade entre esses dois registros. Por exemplo: "eu espero que não haja guerra", mas também "eu espero a sua chegada". Por esse motivo, nos casos em que era necessário marcar essa distinção e evitar ambiguidades, optamos pela locução "ter esperança" como tradução para *hoffen*. A escolha dos correspondentes substantivos, por outro lado, era bastante natural: "esperança" e "expectativa".

**erwarten**
  esperar: 141, 326, 394, 442, 444, 452, 453, 481, 503, 573, 577, 581, 582, 583
  esperar (para *warten*): 232, 327
  esperar (para *abwarten*): 612
  expectativa (para *Erwartung*): 208, 370, 438, 439, 442, 444, 445, 452, 453, 465, 572, 581
  expectativa (para *das Erwarten*): 453, 574, 576
  espera (para *Erwartung* e *das Erwarten*): 586
  alguém que está esperando (para *der Erwartende*): 453
  aquilo que estamos esperando (para *das Erwartete*): 472
  inesperado (para *unerwartet*): 172
*hoffen*
  esperar: 545, 616
  ter esperança: 572, 577, 583, 584, 585
  esperança (para *Hoffnung*): 545, 583, 585
  esperança (para *das Hoffen*): 574, 584
  vão (para *hoffnungslos*): 77;
  ver também **Absicht**

*erziehen* (*Erziehung*)
  ver **lehren**

*exakt* (*Exaktheit*)
  ver **genau**

*Fähigkeit* (*fähig*)
  capacidade: 25, 143, 144, 151, 636
  capacidade de aprendizagem (para *Lernfähigkeit*): 143, 144
  capaz (para *fähig*): 133, 526;
  ver também **können**

*falsch* (*fälschlich*)
  errado: 20, 32, 195, 241, 345, 370, 461, 515
  erroneamente: 143
  falso: 79, 112, 136, 137, 246, 402, 448, 454, 604
  incorreto: 288, 613, 646
  equivocado (para *fälschlich*): 51
  falsamente (para *fälschlich*): 429
  *outros termos*
  girar em falso (para *leerläufen*): 132, 507
  incorreto (para *unrichtig*): 143, 345;
  ver também **richtig**

*fest* (*Festigkeit*)
  rígido: 68, 79, 81
  estabilidade (para *Festigkeit*): 421
  firmeza (para *Festigkeit*): 14
  não ser nada de fixo (para *nichts Festes sein*): 23

*festlegen*
  estabelecer: 47, 125, 258, 322
  comprometer-se com... (para *sich auf... festlegen*): 308;
  ver também **feststellen**

*feststellen*
  constatar: 40, 50, 495, 599
  verificar: 88, 168, 169, 411
  afirmar que (para *Feststellung*): 182
  constatação (para *Feststellung*): 24, 50, 228, 415, 655;
  ver também **festlegen** e **prüfen**

*festsetzen*
  determinar: 88
  decidir: 439
  determinação (para *Festsetzung*): 88;
  ver também **bestimmen**

*Form / Gestalt*
  Os termos *Form* e *Gestalt* compõem um mesmo conjunto semântico, podendo ser usados em muitos contextos semelhantes. Além disso, a variação na utilização

de ambos é bastante sutil, e não pode ser automaticamente traduzida.

Também o português dispõe de duas palavras para cobrir esse campo semântico: "forma" e "formato". Assim como ocorre em alemão, porém, a distinção entre ambas não pode ser aplicada automaticamente; além disso, não corresponde às mesmas nuances de utilização verificadas entre os termos alemães. A decisão entre as duas traduções, assim, precisou ser tomada caso a caso, de acordo com o contexto e buscando a maior fluência e naturalidade em português, mas sem a pretensão de traçar distinções conceituais relevantes, que não estão presentes no original. Feitas essas ressalvas, é possível indicar certa ideia geral que orientou nossas escolhas. O termo "formato" recebeu preferência quando se tratava de indicar contornos físicos, apreensíveis pelos sentidos. Trata-se de uma utilização que nos parece mais de acordo com o português corrente e que, em alguns casos, parecia ajudar no entendimento do texto wittgensteiniano. O termo "forma", por sua vez, foi reservado para indicar configurações e usos mais abstratos.

Note-se ainda que o termo *Form* é muito mais frequente que *Gestalt*, além de ser usado em combinações muito mais variadas, como mostra a lista a seguir.

***Form***
    **forma:** 5, 6, 10, 19, 21, 22, 23, 24, 25, 26, 48, 53, 60, 61, 63, 65, 72, 73, 74, 86, 90, 91, 92, 93, 94, 95, 111, 112, 114, 122, 123, 132, 134, 136, 156, 158, 162, 166, 167, 168, 178, 185, 189, 200, 216, 217, 241, 251, 287, 334, 337, 353, 356, 398, 402, 426, 513, 523, 657
    **formato:** 14, 31, 33, 34, 35, 36
    **com a forma de um tabuleiro de xadrez** (para *schachbrettförmig*): 48
    **com forma semelhante** (para *ähnlichgeformt*): 76
    **forma da frase** (para *Satzform*): 21, 337
    **forma de apresentação** (para *Darstellungsform*): 122, 158
    **forma de expressão** (para *Ausdrucksform*): 90, 91, 94, 334, 398, 402, 426, 513
    **forma de folha** (para *Blattform*): 73, 74
    **forma de linguagem** (para *Sprachform*): 25, 91
    **forma de vida** (para *Lebensform*): 19, 23, 241
    **forma fenomênica** (para *Erscheinungsform*): 178
    **forma impressa** (para *Druckform*): 156
    **forma total da frase** (para *Gesamtform des Satzes*): 337
    **formas linguísticas** (para *Sprachformen*): 111, 132
    **formato de sinal** (para *Zeichenform*): 167
    **formatos de escrita** (para *Schriftformen*): 168
    **formatos dos materiais de construção** (para *Bausteinformen*): 86
    **ter forma irregular** (para *unregelmäßig geformt sein*): 73

***Gestalt***
    **forma:** 31, 430
    **formato:** 73, 167, 312

***fortrechnen***
    ver **rechnen**

***fortsetzen***
  **continuar**: 145, 146, 151, 154, 179, 181, 183, 185, 208, 211, 212, 305, 324, 325, 634, 660
  **continuação** (para *Fortsetzung*): 634

***Frage***
  Esse termo foi traduzido, em geral, como "pergunta". A depender do contexto, também como "questão" ou "interrogação". Vale a pena mencionar alguns casos específicos:
  **pergunta filosófica** (para *philosophische Frage*): 47
  **pergunta gramatical** (para *grammatische Frage*): 47
  **questão psicológica** (para *psychologische Frage*): 377

***Gebiet***
  ver ***Bereich***

***Gebilde***
  ver ***Zusammenhang***

***gebrauchen / anwenden / verwenden*** (*Gebrauch, Anwendung, Verwendung*)
  Os três termos são empregados por Wittgenstein em contextos semelhantes, para indicar o uso efetivo da linguagem, por oposição às considerações abstratas que costumam ser feitas relativamente à sua "essência" ou relativamente aos mecanismos mais ou menos misteriosos que estariam por trás dessa essência (mecanismos que, somente eles, poderiam garantir a possibilidade de usar a linguagem). Todos eles já têm soluções consagradas em português, que consideramos plenamente adequadas e que foi possível seguir sem qualquer exceção.

***gebrauchen***
  **usar**: *passim*
  **uso** (para *Gebrauch*): 7, 9, 10, 26, 27, 29, 30, 31, 34, 35, 38, 43, 47, 49, 51, 53, 58, 79, 81, 82, 90, 121, 122, 124, 132, 136, 138, 142, 149, 156, 198, 208, 221, 224, 257, 261, 283, 288, 293, 337, 345, 427, 432, 491, 496, 556, 560, 561, 565, 566, 664, 665

***anwenden***
  **aplicar**: 15, 23, 48, 68, 73, 120, 134, 136, 140, 146, 156, 164, 179, 215, 280, 292, 351, 352, 380, 385, 398, 411, 448, 532
  **aplicação** (para *Anwendung*): 54, 68, 73, 80, 84, 100, 140, 141, 146, 147, 148, 201, 218, 262, 264, 340, 349, 351, 374, 380, 383, 411, 422, 423, 424, 425, 454, 520, 557, 609

***verwenden***
  **empregar**: 5, 25, 27, 50, 59, 65, 68, 71, 73, 74, 117, 134, 139, 154, 156, 157, 164, 182, 189, 193, 195, 256, 270, 271, 289, 364, 393, 410, 411, 514, 548, 550, 556, 563, 569, 658, 664, 676
  **emprego** (para *Verwendung*): 1, 5, 6, 11, 20, 21, 23, 41, 47, 54, 61, 97, 116, 117, 133, 134, 139, 140, 141, 146, 151, 182, 189, 191, 195, 196, 197, 225, 270, 278, 282, 291, 305, 376, 383, 397, 421, 426, 520, 530, 558

***Gedankengang***
  **linha de raciocínio**: 40, 634
  **linha de pensamento**: 201, 328, 490

***gedankenlos***
  **desacompanhado de pensamento**: 330, 341
  **sem pensamento**: 330
  **acompanhado de pensamento** (para *nicht gedankenlos*): 318, 341; ver também ***denkend***

*Gefühl*
ver *Empfindung*

**Gegenwart** (*gegenwärtig, vergegenwärtigen*)
**presente**: 90
**atual** (para *gegenwärtig*): 314, 448
**presente (adjetivo)** (para *gegenwärtig*): 105, 139, 193, 195, 197, 205, 436, 591
**visualizar com clareza** (para *vergegenwärtigen*): 173

*Geist / Seele*
É costume traduzir o par de termos *Geist* e *Seele*, respectivamente, por "espírito" e "alma", sobretudo em virtude do contexto religioso de que derivam (ambos são usados na Bíblia de Lutero). Em nossa tradução, *Seele* é invariavelmente traduzido por alma, e o adjetivo correspondente (*seelisch*), por "anímico". No entanto, o termo *Geist* é traduzido — salvo as duas exceções indicadas a seguir — por "mente", e o adjetivo *geistig* por "mental". Trata-se de uso igualmente corrente na língua alemã. Note-se, nesse sentido, que a área conhecida como "filosofia da mente" é tratada, em alemão, como *Philosophie des Geistes*. Além disso, nas abundantes ocasiões em que Wittgenstein utiliza esse termo, a discussão gira em torno da relação entre processos mentais (e não processos espirituais) e o uso da linguagem.

Vale a pena observar ainda que, no parágrafo 36, Wittgenstein faz um jogo de palavras em que *Geist* assume duplo sentido. O contexto é a discussão do pensamento, de maneira que *Geist* fica bem traduzido, em um primeiro nível de significado, como "algo mental". Acontece que *Geist* pode ser também um "fantasma", uma "assombração". A brincadeira wittgensteiniana é clara: os objetos mentais postulados (mas nunca exibidos) nas explicações filosóficas da linguagem desempenham o papel de fantasmas, crendices que apenas nos atrapalham e nos mantêm perplexos. Na tradução, era impossível reproduzir a elegância do jogo de palavras. Mas optamos por manter o duplo sentido, por meio de uma dupla tradução (ver a seguir).

*Geist*
**mente**: 51, 73, 76, 156, 179, 184, 205, 333, 334, 337, 338, 363, 366, 524, 573
**algo mental, ou seja, um fantasma**: 36
**espírito**: 360, 648
**mental** (para *geistig*): 25, 36, 56, 57, 156, 306, 308, 363, 366, 452, 547, 592, 608, 665, 673, 689, 693

*Seele*
**alma**: 1, 6, 37, 149, 188, 196, 283, 295, 357, 391, 422, 424, 454, 530, 573, 589, 648, 651, 652, 662, 676
**anímico** (para *seelisch*): 24, 38, 149, 149 (boxe), 154, 157, 167, 180, 200, 205, 303, 308, 332, 358, 363, 391, 609, 652
**estado anímico** (para *Seelenzustand*): 290, 585, 652, 653
**estado da alma** (para *Zustand der Seele*): 149, 589
**aparelho anímico** (para *Seelenapparat*): 149, 153;
ver também *Gemütszustand*, *Meinung*, *Stimmung* e *vorschweben*

*gelten lassen*
**aceitar**: 160, 182, 325
**aceitar como válido**: 143

**Gemütsbewegung**
 emoção: 321

**Gemütszustand**
 estado de humor: 588;
 ver também **Geist** e **Stimmung**

**genau / exakt / outros termos**
(*Genauigkeit, exaktheit*)
Wittgenstein retorna mais de uma vez, nas *Investigações*, ao tema da "exatidão", da "precisão". Trata-se de uma das ramificações de sua constante discussão acerca dos pressupostos equivocados que tão frequentemente orientaram os estudos de lógica. Em especial, trata-se de desfazer certa concepção mitológica acerca da idealidade das estruturas lógicas, segundo a qual a linguagem só poderia operar se estivesse apoiada em esquemas semânticos plenamente determinados. Nessa concepção, uma regra só poderia ser regra caso fosse "exata" em suas prescrições (em algum sentido quase mágico desse termo); uma palavra só poderia ter significado caso esse significado estivesse perfeitamente determinado, ou seja, caso contemplasse um horizonte "exato" de aplicação; e assim por diante. (Esse postulado da plena determinação do significado, aliás, é um dos elementos que Wittgenstein mais flagrantemente rejeita ao reavaliar a filosofia do *Tractatus*; a elaboração de um dos conceitos mais célebres de sua filosofia madura, o de "semelhanças de família", não deixa de ser uma resposta, radicalmente inovadora e prenhe de consequências, àquela posição inicial.)

Na discussão desses temas, que tem seu ponto alto no parágrafo 88, são usados essencialmente dois termos: *genau* (*Genauigkeit*) e *exakt* (*Exaktheit*). Não há distinção filosófica relevante entre o uso dos dois. Por afinidade etimológica, traduzimos *exakt* sempre por "exato", sem que tenha surgido qualquer dificuldade. Já o termo *genau*, muito mais flexível em alemão (usado mais como advérbio que como adjetivo), demandou um tratamento mais variado. Optamos preferencialmente por "preciso" e "precisamente", para reproduzir a duplicidade de termos do original; mas sempre que a fluência do texto em português demandou, recorremos a outras soluções, incluindo "exato" e "exatamente". Acrescentamos ainda, na parte final deste verbete, todos os termos — muitos deles simples partículas — traduzidos por "exatamente".

***genau***
 **precisamente**: 13, 52, 69, 88, 107, 158, 173, 216, 357, 648
 **exatamente**: 70, 81, 253, 403, 637, 685
 **preciso**: 139 (boxe), 171, 254
 **exato**: 70
 **minucioso**: 316
 **com absoluta precisão** (para *recht genau*): 645
 **com maior precisão** (para *genauer*): 648
 **impreciso** (para *ungenau*): 38
 **olhar mais de perto** (para *genaueres Hinsehen*): 159
 **precisão** (para *Genauigkeit*): 88, 237

***exakt***
 **exato**: 28, 58, 69, 88, 91
 **exatidão** (para *Exaktheit*): 69, 88, 91
 **inexato** (para *unexakt*): 69, 88

### outros termos
**exatamente**: 2 (*zwar*), 50 (*eben*), 111 (*ja*), 146 (*eigentlich*), 159 (*eben*), 223 (*wohl*), 403 (*ganz*), 498 (*gerade*), 542 (*eben*)

### Gepflogenheit
**costume**: 198, 199, 205, 337

### Gerüst
ver **Zusammenhang**

### Gesicht
O sentido mais frequente de *Gesicht* é o de "rosto" (usado também para se referir a animais). O termo deriva do verbo *sehen* ("ver"), e Wolfgang Pfeifer conta, em seu *Dicionário etimológico*, que *Gesicht* assumiu a acepção de "rosto" a partir da referência à "parte da cabeça provida com o sentido da visão [*Gesichtssinn*], a face". Essa acepção primitiva — "sentido da visão" e outras variações apontando para o verbo "ver" — se mantém na língua alemã. Embora restrita a usos mais elevados, ela é empregada por Wittgenstein algumas vezes, como se pode perceber a seguir.
**cara**: 228
**rosto**: 165 (boxe), 167, 171, 257, 285, 311, 321, 330, 409, 476, 536, 537, 583, 606, 635, 691
**expressão**: 285
**expressão facial**: 173, 175, 642
**expressão facial** (para *Gesichtsausdruck*): 24, 173, 285, 311, 665
**traços faciais** (para *Gesichtszüge*): 67
**imagem visual** (para *Gesichtsbild*): 47
**impressão visual** (para *Gesichtseindruck*): 354
**ponto de vista** (para *Gesichtspunkt*): 17
**sensação visual** (para *Gesichtsempfindung*): 312

### geschehen (*Geschehnis*)
**acontecer**: 6, 9, 20, 33, 35, 35 (boxe), 91, 144, 151, 153, 157, 175, 182, 197, 258, 283, 288, 318, 321, 325, 335, 345, 352, 363, 365, 370, 423, 446, 475, 480, 481, 520, 535, 548, 583, 584, 591, 642, 659
**ocorrer**: 53, 138 (boxe), 170, 378, 612, 681, 685
**acontecimento** (para *das Geschehen*): 472
**acontecimento** (para *Geschehnis*): 642
**fatos que se produzem na natureza** (para *Tatsachen des Naturgeschehens*): 89
**haver prejuízo** (para *Unrecht geschehen*): 403
**o que acontece** (para *das Geschehen*): 89, 620
**ocorrência** (para *Geschehnis*): 322

### Gestalt
ver **Form**

### Gewißheit / Sicherheit / gewiß / sicher (sein)
*Gewißheit* e *Sicherheit* são termos em grande medida sinônimos em alemão, e são traduzidos na maior parte dos contextos por "certeza". Trata-se de termos de imensa relevância filosófica, o que é atestado pelos escritos finais de Wittgenstein, parte substancial dos quais foi agrupada por seus executores literários sob o título de *Über Gewißheit* (*Sobre a certeza*). Já se disse que, em vez de *Über Gewißheit*, um título mais adequado seria *Über Sicherheit*, já que

o último termo é muito mais frequente na prosa wittgensteiniana — tanto naqueles últimos escritos, em que *Sicherheit* tem o dobro das ocorrências de *Gewißheit*, quanto nas *Investigações*, em que *Gewißheit* aparece em um único parágrafo, enquanto abundam os usos de *Sicherheit*. (Essa variação, vale insistir, em nada afeta a escolha do tradutor para o português, que manterá em ambos os casos o termo "certeza".) A favor dos editores, cabe notar que *Sicherheit* tem uma amplitude semântica maior, semelhante à do português "segurança", o que poderia gerar alguma equivocidade para o leitor alemão (da mesma maneira que o leitor brasileiro seria levado a equívocos se o livro de Wittgenstein se chamasse *Sobre a segurança*). Por essa mesma razão, procuramos manter o campo semântico da certeza na tradução da locução *sicher sein*, a qual é preferencialmente vertida por "ter certeza", e apenas subsidiariamente por "estar seguro".

Finalmente, se o substantivo *Gewißheit* aparece em um único parágrafo das *Investigações*, o adjetivo *gewiß* é bastante frequente. Trata-se de termo coloquial, com uso semelhante ao "é claro" do português. A depender do contexto (ou mesmo da ênfase com que se pronuncie a expressão), ganharão maior ou menor peso as ideias de evidência, obviedade ou certeza. Isso se manifesta na variedade de soluções adotadas, como se pode ver a seguir.

***Gewißheit***
   **certeza**: 325
   **incerteza** (para *Ungewißheit*): 24, 247
   **certificar-se** (para *sich vergewissern*): 84, 265

***Sicherheit***
   **certeza**: 246, 320, 324, 474, 578, 607, 633, 640
   **com total segurança** (para *mit völliger Sicherheit*): 189, 212
   **garantir** (para *sicherstellen*): 395
   **incerteza** (para *Unsicherheit*): 97
   **pouco seguro** (para *unsicher*): 433
   **seguro** (para *sicher*): 87, 339, 397, 679, 681
   **tons de voz que expressam maior ou menor certeza** (para *mehr oder weniger sicherer Tonfall*): 607

***gewiß***
   **é isso**: 175
   **(é) claro**: 187, 278, 282, 602, 689
   **certamente**: 19, 44, 56, 57, 73, 78, 159, 423, 443, 456, 505, 634
   **com certeza**: 576
   **ter certeza**: 263, 641
   **com toda certeza** (para *doch gewiß*): 349
   **com grande certeza** (para *doch ganz gewiß*): 635

***sicher sein***
   **ter certeza**: 158, 320, 324, 342, 607, 625, 638, 679, 681
   **estar seguro**: 184, 197, 263;
*ver também* **Zuversicht**

**gewöhnlich** (*abgewöhnen, gewöhnen, ungewohnt*)
   **usual**: 19, 20, 24, 39, 53, 60, 94, 98, 132, 168, 185, 207, 243, 258, 271, 344, 349, 402, 418, 420, 421, 436, 494, 536, 615, 692
   **usualmente**: 182, 197, 256, 417
   **costumeiramente**: 171, 527
   **cotidiano** (na expressão "vida cotidiana" para *gewöhnliches Leben*): 105, 108 (boxe), 156, 412

**normal** (na expressão "pessoa normal" para *gewöhnlicher Mensch*): 173, 495
**normalmente**: 318
**acostumar** (para *gewöhnen*): 166, 200, 363, 508
**com o qual estou acostumado há muito tempo** (para *altgewohnt*): 603
**desabituar** (para *abgewöhnen*): 143
**habitualidade** (para *Gewöhnlichkeit*): 600
**maneira usual** (para *gewohnte Weise*): 351
**não familiar** (para *ungewohnt*): 31
**o que nos é habitual** (para *das Gewöhnliche*): 600
*outros termos*
**cotidiano** (para *Alltag, alltäglich*): 81, 93, 105, 106, 108 (boxe), 116, 120, 129, 134, 156, 197 (*täglich*), 235, 412, 436
**usual**: 91 (*gebräuchlich*), 156 (*üblich*)

## Glaube (glauben)

O verbo *glauben* é traduzido aqui indistintamente por "crer" e "acreditar", sendo tão usual na língua alemã quanto seus correlatos na língua portuguesa. Na maioria das vezes, ocorre em locuções prosaicas, ou seja, sem relevância propriamente filosófica.
Há importantes contextos, porém, em que Wittgenstein se dedica a discutir essas noções. A ocorrência do substantivo *Glaube* num determinado ponto da obra é, então, um bom indício de que o "crer" e a "crença" tornaram-se propriamente um tema, para além daquelas ocorrências prosaicas. (A crença é examinada como exemplo de um suposto "estado anímico", e por isso merece a atenção de Wittgenstein.)

Indicamos aqui todas as ocorrências do substantivo. Para as do verbo, apenas aquelas de interesse filosófico.
Cabe notar ainda que a língua alemã não dispõe de palavras diferentes para aquilo que em português chamamos de "crença" e de "fé", expressando esses dois conceitos pelo termo *Glaube*. Em um único caso, assinalado a seguir, *Glaube* é usado nas *Investigações* em contexto inequivocamente religioso, o que nos levou a optar pela tradução "fé".
**crença**: 140, 310, 438, 439, 472, 473, 477, 481, 574, 575, 578
**fé**: 589
**crer** (para *glauben*): 24, 392, 440, 478
**acreditar** (para *glauben*): 202, 260, 303, 366, 422, 481, 522, 577, 578
**descrença** (para *Unglauben*): 310; *ver também* **Aberglaube**

## gleich / Gleichheit / Identität

A fluência, a clareza e a precisão do texto em português exigiram duas soluções gerais para a tradução do adjetivo *gleich*: "mesmo" e "igual". Uma vez que tal escolha pode ofuscar a unidade do tratamento dado por Wittgenstein a um dos problemas fundamentais da lógica — o princípio de identidade e os temas que gravitam em torno dele —, parecem-nos necessários alguns esclarecimentos acerca desses problemas e de nossa tradução.
Há aqui duas dificuldades linguísticas envolvidas. Primeira: na língua portuguesa, em grande parte dos contextos em que o adjetivo "igual" é usado, é necessária a oposição entre dois elementos de comparação; isso não ocorre com o

adjetivo "mesmo". Comparemos, por exemplo, as seguintes expressões: "trata-se de cores iguais" e "trata-se da mesma cor". No primeiro caso, a ênfase recai sobre os dois elementos sendo igualados (daí o plural); no segundo, sobre sua unidade (daí o singular). De fato, seria estranho dizer "trata-se de cor igual" (igual a quê?), ou "trata-se das mesmas cores" (em relação a quais outras?). Essa distinção, porém, não está facilmente disponível em alemão, que tende a usar o termo *gleich* para as duas situações. Segunda dificuldade: o substantivo abstrato correspondente a "igual", "igualdade", é perfeitamente usual e flui bem no texto em português, ao passo que "mesmidade", além de pouco frequente, tem significados diferentes do desejado. Wittgenstein, como seria de se esperar, engaja-se em uma discussão justamente a respeito da pluralidade de usos do termo *gleich* (e das confusões lógicas e metafísicas a que somos induzidos por uma consideração desatenta desses usos). Somente isso já bastaria para recomendar a variedade disponível dos termos em português. A tentativa de forçar o uso de um só termo agiria na direção oposta à desejada. Além disso, caso buscássemos uma padronização, a única escolha possível seria dada pelo termo "mesmo", o qual talvez se prestasse a esse papel, ainda que às custas de alguma contorção. Contudo, nas ocasiões em que Wittgenstein passa do adjetivo para o substantivo, o conceito discutido é certamente bem traduzido por "igualdade" (e não por "mesmidade").

Vale ainda indicar o estreito parentesco semântico que existe, tanto em alemão como em português, entre os conceitos de identidade e igualdade (*Identität* e *Gleichheit*). Nesse sentido, surgem também alguns contextos em que *gleich* e *Gleichheit* têm de ser traduzidos por "idêntico" e "identidade", uma exigência motivada pelo caráter mais técnico da discussão (por exemplo, "princípio de identidade" e "critério de identidade").

***gleich***
  **mesmo**: 20, 21, 33, 38, 56, 61, 62, 65, 72, 76, 86, 140, 142, 160, 167, 185, 189, 207, 251, 253, 265, 270, 277, 282, 290, 304, 350, 351, 382, 398, 412, 444, 551, 556, 571, 592, 594, 685
  **igual**: 12, 208, 215, 225, 253, 254, 330, 377, 378, 556, 561, 565, 566, 606
  **idêntico**: 139 (boxe)
  **a mesma coisa** (para *das Gleiche*): 19, 20, 33, 140, 268, 531, 685
  **algo igual** (para *das Gleiche*): 226, 376
  **assemelhar-se** (para *gleichen*): 4
  **assimilar** (para *angleichen*): 607
  **dar no mesmo** (para *aufs gleich hinauskommen*): 594
  **de mesmo som** (para *gleichlautende*): 19
  **diferente** (para *ungleichartig*): 10
  **equação** (para *Gleichung*): 513
  **equiparar** (para *gleichen*): 361
  **igual** (para *das Gleiche*): 223, 232
  **igualdade de horas** (para *Gleichzeitigkeit*): 350
  **mesma natureza** (para *wesensgleich*): 399
  **o mesmo** (para *das Gleiche*): 34, 61, 154, 156, 183, 318, 350
  **o mesmo que** (para *das gleiche, wie*): 33, 136, 318, 411, 420

**permanecer o mesmo** (para *gleichbleiben*): 59
**ser indiferente a alguém** (para *einem gleich sein*): 495
**simultaneidade** (para *Gleichzeitigkeit*): 176
**ter o mesmo sentido** (para *gleichsinnig sein* e *den gleichen Sinn haben*): 61
**uniforme** (para *gleichförmig* e *gleichmäßig*): 167, 208
**uniformidade** (para *Gleichförmigkeit*): 11, 167, 472
*Gleichheit*
**igualdade**: 350, 377, 565, 566
**identidade**: 215
**sinal de igualdade** (para *Gleichheitszeichen*): 558, 561
*Identität*
**identidade**: 253
**idêntico** (para *identisch*): 254

*Grenze* (*abgrenzen, begrenzt, Begrenzung, umgrenzen, unbegrenzt*)
**limite**: 68, 69, 71, 76, 77, 79, 88, 119, 143, 163, 499
**caso-limite** (para *Grenzfall*): 49, 385, 420
**com limites nítidos** (para *scharf begrenzt*): 76
**com limites pouco nítidos** (para *unscharf begrenzt*): 76
**delimitação** (para *das Abgrenzen*): 88
**delimitação** (para *Begrenzung*): 99, 145
**delimitado** (para *begrenzt*): 68, 71, 84
**delimitar** (para *umgrenzen*): 499
**desprovido de limite** (para *unbegrenzt*): 70
**não limitado** (para *nicht begrenzt*): 218
**o não limitado** (para *das nicht Begrenzte*): 209;

*ver também Bereich e einschränken*

*Größe*
**tamanho**: 167
**grandeza**: 330;
*ver também Länge, Maß e Maßstab*

*Grund / Grundlage / Fundament / begründen*
Neste verbete, discutimos as diferenças entre a tradução do termo *Grund* (quase sempre "razão") e de seu derivado *begründen* (quase sempre "fundamentar"). Trata-se de um conjunto de ideias importantes para as *Investigações*.
A palavra *Grund*, que está na origem de todo esse campo semântico, é bastante polissêmica. No nível mais concreto, indica simplesmente "chão" ou "solo". Em nível um pouco mais abstrato, é também "base" ou "fundamento", como aquilo que está por baixo de algo e o sustenta. Finalmente, progredindo-se no grau de abstração, *Grund* designa o "motivo" ou a "razão" para algo — para uma afirmação, para uma ação etc. Esse último uso, o mais coloquial deles (afinal, o jogo de dar e receber razões é quase uma constante em contextos discursivos), é aquele que prevalece nas *Investigações*. Assim, foi possível fixar, com poucas exceções, a tradução de *Grund* por "razão".
Poderia então parecer vantajoso traduzir o verbo *begründen*, diretamente derivado de *Grund*, por locuções como "servir de razão", "fornecer razões" e outras do gênero. Esse, porém, não é o caso. Tais locuções, além de frequentemente causarem

estranheza em português, tenderiam a falsear, ainda que sutilmente, o sentido do verbo, no qual estão bastante presentes aquelas acepções mais concretas do substantivo *Grund* (como "base" ou "fundamento").

É importante observar, a esse respeito, que a ideia de buscar "fundamentos" estava bastante presente na tradição lógica, matemática e científica com a qual Wittgenstein dialoga aqui. No final do século 19 e no início do século 20, diversas obras de grande relevância receberam títulos como *Grundlagen der Arithmetik* (*Os fundamentos da aritmética*), de G. Frege; ou *Grundlagen der Geometrie*, *Die Grundlagen der Physik* e *Die Grundlagen der Mathematik* (*Os fundamentos da geometria / da física / da matemática*), de D. Hilbert. Nesse contexto intelectual, muitas das críticas de Wittgenstein dirigem-se, justamente, às ilusões associadas à ideia de que seria possível encontrar uma fundamentação última para a matemática, para a lógica e para a linguagem.

Em vista dessa discussão, quase sempre adotamos "fundamentar" como tradução para *begründen*; "fundamentos" para *Grundlage*; e expressões nesse mesmo campo semântico para suas variantes. (Em um único parágrafo *begründen* é usado não com sentido fundacionista, mas com sentido de "oferecer razões/justificativas". Para melhor apreciação desse caso, ver o verbete **rechtfertigen**, em que a ideia de "justificação" é discutida mais detalhadamente.)

O termo *Fundament*, igualmente traduzido por "fundamento", aparece simplesmente como variante de origem latina para esse mesmo conjunto de ideias.

*Grund*
  **razão**: 169, 261, 270, 361, 478, 480, 482, 483, 484, 591, 607
  **fundamento**: 89, 324, 325
  **fundamentação**: 326
  **motivo**: 41
  **chão**: 118
  **fundamentar** (para *gründen*): 325
  **com base** (para *auf Grund*): 147, 492, 631, 638, 659, 677
  **diferença fundamental** (para *Grundverschiedenheit*): 630

*Grundlage*
  **fundamento**: 129
  **fundamental** (para *grundlegend*): 122

*Fundament*
  **fundamento**: 87, 89
  **fundamental** (para *fundamental*): 63, 125, 314

*begründen*
  **fundamentar**: 39, 124, 320, 482, 527
  **apresentar como justificativa**: 169
  **bem fundamentado** (para *wohlbegründet*): 320
  **fundamentação** (para *Begründung*): 217, 527
  **justificativa** (para *Begründung*): 169;
  *ver também* **rechtfertigen**

*Grundzahlen*
*ver* **Zahl**

*Handlung* (*handeln*)
  **ação**: 36, 54, 198, 200, 207, 243, 330, 460, 486, 487, 490, 519, 534, 556, 613, 616, 627, 631, 632, 638, 642
  **ação** (para *das Handeln*): 201
  **ações do jogo** (para *Spielhandlungen*): 54

**agir** (para *handeln*): 1, 6, 7, 23, 201, 211, 212, 217, 232, 330, 505, 615, 653
**modo de agir** (para *Handlungsweise*): 201, 206, 420, 489; ver também **Tätigkeit**

**hängen** (na expressão *in den Luft hängen*)
**estar suspenso no ar**: 87, 198

**Heimat**
**lugar de origem**: 116
**nativo** (para *der Einheimische*): 32

**heißen**
As frequentes e prosaicas aparições do verbo *heißen*, em especial na locução *das heißt*, são traduzidas por uma variedade de expressões igualmente prosaicas em português, como "ou seja" e "isto é". A depender do contexto, porém, também foi necessário utilizar "quer dizer" e "isso significa", expressões que pertencem a campos semânticos dos mais importantes para a filosofia em geral, e para a filosofia de Wittgenstein em particular (a esse respeito, consultar o verbete **meinen**).
O leitor deve estar atento, então, para não confundir as aparições filosoficamente relevantes de "querer dizer" (*meinen*), quando a locução é explicitamente tematizada e se torna o centro de discussões filosóficas, com as ocorrências mais prosaicas e retóricas dessa mesma expressão. O mesmo vale para o verbo "significar", que pode ser tanto a tradução, sem grandes consequências, de *heißen* (por exemplo: "O que isso significa?" para "*Was heißt das?*") como a tradução do verbo *bedeuten*, com suas diversas implicações filosóficas; ver também **Bedeutung** e **meinen**

**herausrechnen**
ver **rechnen**

**Hintergrund**
**pano de fundo**: 102
**segundo plano**: 422

**hinweisend** (*hinweisen, weisen*)
Os verbos *weisen* e *hinweisen* foram traduzidos consistentemente por "apontar", não demandando qualquer variação. Contudo, a tradução do correspondente adjetivo *hinweisend* (que é um particípio presente do alemão) demanda algum esclarecimento. Isso porque o particípio presente do verbo "apontar" (que deveria ser "apontante") não sobreviveu no português, nem mesmo como forma fossilizada. Uma solução possível seria transformá-lo em locução: "que aponta", ou "que está apontando". O termo, porém, foi amplamente utilizado por uma tradição filosófica específica, bastante próxima a Wittgenstein: aquela dos filósofos de viés empirista para os quais o ato de apontar para algo "imediatamente dado", ou para algo dado na "experiência imediata", seria um momento fundamental na articulação dos significados linguísticos, fornecendo um ponto de apoio seguro ou fundamento último para o processo de análise. (Essa noção aparece de maneira importante, por exemplo, na obra de B. Russell.) No contexto dessa tradição filosófica, o adjetivo *hinweisend* possui uma tradução consagrada em português por

meio do adjetivo "ostensivo" (do verbo latino *ostendere*: "apontar", "indicar", "mostrar"). Foi essa a tradução que adotamos.
**ostensivo**: 6, 9, 27, 28, 28 (boxe), 29, 30, 32, 33, 34, 38, 44, 45, 49, 258, 362, 380, 444
**apontar** (para *weisen*): 6, 9, 28 (boxe), 185, 404, 411, 540
**apontar** (para *hinweisen*): 376
**apontar** (para *das Hinweisen*) 51, 321, 672
**apontar para além** (para *hinausweisen*): 208
**pronome demonstrativo** (para *hinweisendes Fürwort*): 44, 411;
ver também **definieren, erklären, Wegweiser** e **zeigen auf**

*hoffen* (*Hoffnung*)
    ver **erwarten**

*Illusion*
    ver **Täuschung**

*imstande sein / in den Stand gesetzt sein*
    ver **können**

*irreführen*
    ver *(sich) irren*

*irregehen*
    ver *(sich) irren*

*irreleiten*
    ver *(sich) irren*

*(sich) irren / irreführen / irregehen / irreleiten* (*irreführend, irreleitend*)
    Agrupamos aqui alguns dos termos usados por Wittgenstein para indicar não apenas a ideia de erro, engano e equívoco, mas também os específicos descaminhos a que somos levados por um uso pouco cuidadoso da linguagem, ou pela tendência a dar explicações mistificadoras a respeito do funcionamento da linguagem. Comparando esta entrada às de **Mißverständnis** e **verführen**, o leitor terá um panorama abrangente acerca da problemática associada a esse grupo de termos.
*(sich) irren*
    **estar enganado, enganar-se**: 56, 288, 328, 517
    **errar**: 270
*irreführen*
    **conduzir a erro/equívoco**: 73, 631
    **desencaminhar**: 482
    **enganar**: 187
    **desencaminhador** (para *irreführend*): 356
    **enganoso** (para *irreführend*): 81, 291, 317, 337, 571, 602, 613, 617
*irregehen*
    **perder-se**: 366
*irreleiten*
    **levar para o caminho errado**: 213, 356
    **enganoso** (para *irreleitend*): 180
    **desencaminhador** (para *irreleitend*): 640;
ver também **Mißverständnis** e **verführen**

*Kalkül*
    ver **rechnen**

*Kennzeichen*
    **traço característico**: 545, 578;
ver também **Merkmal, Zeichen** e **Zug**

*können / müssen / sollen / imstande sein / in den Stand gesetzt sein*
    Como não poderia deixar de ser, os verbos modais *können*, *müssen*

e *sollen* são de uso absolutamente constante em todo o texto. Sua tradução, porém, impõe alguns desafios, devido à variação que admitem em relação ao uso de verbos correlatos em português. Mais importante, essa diferença frequentemente se mostra relevante para os contextos filosóficos explicitamente tematizados por Wittgenstein. Vale a pena chamar a atenção, assim, para alguns aspectos do modo como tratamos esses verbos.

O verbo *können*, embora seja usualmente traduzido como "poder" (e possa quase sempre ser assim traduzido), foi frequentemente traduzido por nós como "conseguir" ou "ser capaz de". Isso evita a confusão com a noção de permissão, muito marcada no uso de "poder" em português. Com efeito, o que Wittgenstein tem em vista, quase sempre, é uma capacidade, uma habilidade, e não uma permissão. Assim, por exemplo, lemos logo no parágrafo 6: "[...] a criança ainda não **consegue** *perguntar* pelo nome das coisas", tradução certamente mais adequada que "[...] a criança ainda não **pode** *perguntar* pelo nome das coisas". O mesmo vale para as locuções verbais *imstande sein* e *in den Stand gesetzt sein*, nas quais se acentua ainda mais claramente a opção por uma capacidade ou condição favorável e que foram traduzidas, respectivamente, por "ser capaz de" e "estar em condições de", "achar-se em condições de". Outra confusão poderia surgir na utilização dos verbos *müssen* e *sollen*. Ambos costumam ser traduzidos por "dever". Contudo, o verbo *sollen* diz respeito quase sempre a um dever de tipo ético, ao passo que *müssen* em geral indica uma necessidade (lógica ou natural). Para deixar clara essa distinção, importante em muitos contextos, reservamos para *sollen*, quase sempre, o verbo português "dever". Já para o verbo *müssen* preferimos soluções como "precisar" e "ser necessário" (as duas principais adotadas), além de outras do mesmo gênero.

**können**
    conseguir: *passim*
    ser capaz de: *passim*
***imstande sein***
    ser capaz de: 144, 150, 156
***in den Stand gesetzt sein***
    estar em condições de: 248
    achar-se em condições de: 270
***müssen***
    precisar: *passim*
    ser necessário: *passim*
***sollen***
    dever: *passim*;
*ver também* **Fähigkeit**

**Länge**
**comprimento**: 14, 29, 47, 208, 209, 251
**extensão**: 67;
*ver também* **Größe**, **Maß** e **Maßstab**

**lehren / erziehen / unterrichten / beibringen** (*das Lehren, Erziehung, Unterricht*)

Wittgenstein emprega uma variação significativa de palavras para designar contextos de ensino nas *Investigações filosóficas*. Nesses casos, o verbo mais usado é *lehren*, quase sempre apresentado em português como "ensinar". Essa é também a tradução para outros verbos de uso menos frequente:

*unterrichten, beibringen* e a locução *in etwas führen*. (Entre os casos em que *lehren* não é traduzido por "ensinar", vale a pena mencionar o da expressão "a experiência mostra que", solução que nós preferimos, com uma única exceção, ao mais literal "a experiência ensina que".) No que se refere aos substantivos, adotamos os termos "ensino" como o correlato mais comum de *das Lehren*; "ensinamento" para *Unterricht*; e "educação" para *Erziehung*. Somente no caso de *Unterricht* houve alguma flutuação, exigida pelo contexto.

*lehren*
**ensinar**: 6, 9, 31, 49, 51, 70 (boxe), 137, 162, 185, 190, 197, 198, 208, 224, 232, 244, 250, 361, 375, 378, 464, 556, 693
**mostrar**: 194, 315, 354
**dar a conhecer**: 657
**ensino** (para *das Lehren*): 5, 6, 9, 49, 53
**aquele que ensina** (para *der Lehrende*): 6
**professor** (para *Lehrer*): 7, 145, 156, 157, 362, 630
**ortografia** (para *Rechtschreibelehre*): 121
**teoria dos conjuntos** (para *Mengenlehre*): 412, 426

*unterrichten*
**ensinar**: 211
**ensinar** (para *Unterricht geben*): 692
**ensinamento** (para *Unterricht*): 6, 7, 156, 208, 233
**ensino** (para *Unterricht*): 54, 197
**processo de aprendizagem** (para *Unterricht*): 9

*erziehen*
**educar**: 6, 27, 467
**educação** (para *Erziehung*): 189, 283, 441

*outros termos*
**ensinar** (para *beibringen*): 53, 143, 244, 250, 257, 351, 362
**ensinar** (para *in etwas führen*): 145;
ver também **Abrichtung**

*leisten*
**realizar**: 60, 61, 93, 183, 430
**renunciar** (para *Verzicht leisten*): 546

*lösen*
**resolver**: 23, 33, 91, 109, 125, 133, 351;
ver também **auflösen**

*Maß (Meß-)*
**medida**: 285, 291, 625
**medida** (para *Längenmaß*): 69
**medida** (para *Maßzahl*): 553
**método de medida** (para *Meßmethode*): 242
**metro** (para *Metermaß*): 50
**sistema de medida** (para *Maßsystem*): 569;
ver também **Größe**, **Länge** e **Maßstab**

*Maßstab*
**padrão de medida**: 131, 482
**trena**: 11, 14
**régua**: 430
**em escala reduzida** (para *in verkleinertem Maßstab*): 425;
ver também **Größe**, **Länge** e **Maß**

*meinen*
Um dos conceitos centrais das *Investigações*, e dos mais difíceis de traduzir, quer pela ausência de equivalentes precisos na língua portuguesa, quer pela imensa variedade de usos a que se presta. Além disso, o exame dos usos de *meinen* em contextos filosoficamente relevantes, bem

como a discussão da variedade desses usos, é um dos temas recorrentes da obra.

Em nossa tradução, partimos do seguinte princípio: não adotar ou criar um "termo filosófico" específico que pudesse servir de tradução para todas as ocorrências dessa palavra, mas que violasse os contextos de uso do português. Tal procedimento, com efeito, estaria em completo desacordo com a proposta de Wittgenstein nas *Investigações*, obra que busca trazer a linguagem de volta para seu "solo áspero", ou seja, para seus efetivos contextos de uso.

Seguindo esse princípio, mas buscando equilibrá-lo com as exigências de unidade e coerência na tradução, adotamos para o verbo *meinen* essencialmente três soluções, a depender do contexto: "querer dizer", "querer se referir" e "ter em mente" (algumas poucas exceções ocorrem em contextos não técnicos, todas indicadas a seguir). De maneira geral, as duas primeiras soluções — estreitamente relacionadas — são adotadas nos casos em que Wittgenstein discute diferentes aspectos da "intencionalidade" no uso da linguagem. Já a terceira solução aparece nos casos em que Wittgenstein discute os "conteúdos mentais" supostamente associados ao uso da linguagem.

Entre as três, a solução mais frequente é "querer dizer". É interessante notar então que as duas soluções alternativas aparecem, em geral, em blocos temáticos razoavelmente bem delimitados. Isso mostra que tais soluções conseguem captar com alguma fidelidade as variações temáticas desenvolvidas por Wittgenstein na língua alemã. É como se o tema geral "querer dizer" recebesse variações particulares em trechos específicos da obra (ver, por exemplo, a sequência 186-190 e 455-457 de "ter em mente"; ou a de 661-691 de "querer se referir").

É importante notar ainda que também o alemão dispõe da locução verbal *sagen wollen*, literalmente "querer dizer". Raramente, porém, é necessário marcar a distinção entre os usos de *meinen* e de *sagen wollen*. Nos poucos casos em que isso ocorre, recorremos a "pretender dizer" para *sagen wollen*. Aliás, vale a pena observar que a possível confusão, ou sobreposição, entre os usos de *sagen wollen* e *meinen* é tematizada por Wittgenstein (quando ele compara, em 657, o alemão *meinen* ao francês *vouloir dire*, "querer dizer").

**querer dizer**: 19, 20, 22, 33, 34, 35, 35 (boxe), 47, 49, 60, 63, 70, 70 (boxe), 71, 79, 81, 87, 95, 102, 125, 138 (boxe), 142, 144, 147, 154, 156, 179, 183, 187, 195, 210, 243, 268, 274, 275, 318, 334, 351, 353, 357, 358, 402, 427, 438, 504, 507, 508, 509, 510, 511, 513, 514, 527, 536, 538, 540, 548, 552, 590, 592, 596, 607, 641, 677, 691, 692, 693

**querer se referir**: 35, 96, 141, 276, 277, 661, 663, 664, 665, 666, 667, 668, 670, 674, 675, 676, 678, 679, 680, 686, 687, 689, 691

**ter em mente**: 186, 187, 188, 190, 305, 308, 455, 456, 457

*meinen* **(em alemão)**: 657

Excepcionalmente:

**querer designar** (para *bezeichnen meinen*): 398

**querer expressar**: 557

**opinião** (para *das Meinen*): 438
Em contextos não técnicos:
**pensar**: 26, 121
**pretender**: 22
**referir-se**: 66, 631
**supor**: 63, 93;
ver também **Bedeutung**, **Meinung** e
**vorschweben**;
ver também **heißen** e **zeigen auf**

*Meinung*
Morfologicamente, trata-se do substantivo correspondente ao verbo *meinen*, discutido na entrada anterior. Contudo, apesar dessa relação bastante direta, o termo é usado de maneira razoavelmente distinta e autônoma, e demanda uma tradução diferente, que pode ser fixada em "opinião". Alguns poucos contextos demandaram solução diferente, mais diretamente associada ao uso do verbo *meinen*, por meio da locução "o que se tem em mente" (associada à tradução "ter em mente" para *meinen*); e "o ato de querer se referir" (associada à tradução "querer se referir" para *meinen*).
**opinião**: 20, 241, 438, 480, 572, 573
**o que se tem em mente**: 186, 639
**o ato de querer se referir**: 666;
ver também **Geist**, **meinen** e
**vorschweben**

*merken* (*bemerken*)
**notar**: 143, 170, 175, 348
**ver**: 265
**reter na memória**: 56
**notar** (para *bemerken*): 129, 171
**observar** (para *bemerken*): 156, 258
**veja bem** (para *wohlgemerkt*): 481

*Mensch / Mann / man* (*menschlich*)
O substantivo *Mann* significa "homem", nas duas acepções que o vocábulo pode assumir, tanto em alemão como em português: como ser humano do gênero masculino ou como ser humano qualquer. (Ambas as utilizações ocorrem nas *Investigações*. A referência ao gênero masculino é inequívoca nos parágrafos 79 e 87, que tratam da figura bíblica de Moisés; mas é claramente irrelevante, por exemplo, no parágrafo 99.)
O pronome indefinido *man* desempenha função semelhante ao "*on*" do francês ou ao "*one*" do inglês. O português não dispõe de uma palavra com a mesma flexibilidade. Por isso, o tradutor tem de recorrer a dois tipos de solução: ao pronome reflexivo "se", quando esse é o caso; e em todas as outras ocasiões, a algum substantivo capaz de designar um sujeito humano genérico. Em nossa tradução, a opção foi quase sempre por "pessoa" ou "alguém". Finalmente, o substantivo *Mensch* apresenta um caso intermediário. Ele enfatiza o pertencimento ao gênero humano, mas a tradução por "ser humano", adotada por nós algumas vezes, soaria artificial na grande maioria dos casos. As opções mais fluentes são "homem" e "pessoa". A escolha aconteceu caso a caso, com atenção ao contexto: em geral, "homem" para formulações mais gnômicas (relativamente frequentes no texto wittgensteiniano), ou quando a noção geral de humanidade está presente; "pessoa" para usos mais coloquiais e particulares. (Note-se, nesse sentido, que o adjetivo *menschlich* foi quase sempre traduzido por "humano", com uma

única exceção; e o substantivo
*Menschheit*, sempre
por "humanidade".)
**Mensch**
  **pessoa**: 26, 28 (boxe), 29, 51, 53, 64,
  79, 81, 83, 129, 141, 156, 159, 160, 165,
  173, 185, 189, 199, 243, 244, 253, 257,
  271, 285, 287, 295, 321, 325, 331, 344,
  351, 377, 386, 402, 412, 416, 418, 420,
  495, 499, 522, 528, 632, 658, 680
  **homem**: 6, 55, 71, 194, 241, 281, 283,
  345, 361, 393, 402, 404, 415, 418,
  420, 422, 426, 466, 467, 491, 495,
  496, 536, 538, 554, 555, 596, 656
  **ser humano**: 157, 360, 413, 430, 518
  **dos homens** (para *menschlich*): 206
  **humanidade** (*Menschheit*): 204,
  272
  **humano** (para *menschlich*): 1, 32,
  207, 208, 288, 307, 337, 359, 364, 583
**Mann**
  **homem**: 22 (boxe), 79, 87, 99, 139
  (boxe), 171
**man**
  **alguém**: *passim*
  **pessoa**: *passim*
  **outros termos**
  **pessoa** (*das Einer*): 691
  **pessoa** (*der / das Andre*): 495, 691

**Merkmal**
  **traço distintivo**: 54, 134
  **traço característico**: 160, 166;
  ver também **Kennzeichen**, **Zeichen**
  e **Zug**

**merkwürdig**
  **estranho**: 38, 120, 205, 209, 336, 363,
  412, 416, 561
  **estranho** (para
  *merkwürdigerweise*): 38
  **notável**: 50, 93, 94, 524;
  ver também **besonder**

**Mißverständnis** (*falsch verstehen*,
*mißverstehen*, *unmißverständlich*,
*unverstanden*, *Unverständnis*)

Substantivo amplamente usado
por Wittgenstein para indicar as
confusões que costumam surgir a
partir de um uso pouco cuidadoso
da linguagem.
Comparando esta entrada às de
**(sich) irren** e **verführen**, o leitor
terá um panorama abrangente
acerca da problemática associada a
esse grupo de termos.
  **mal-entendido**: 10, 29, 48, 81, 87, 90,
  91, 93, 120, 132, 201, 300, 314
  **entender erroneamente** (para
  *mißverstehen*): 28
  **entender erroneamente** (para
  *falsch verstehen*): 143
  **entender mal** (para *mißverstehen*):
  100
  **falta de compreensão** (para
  *Unverständnis*): 122
  **inequivocamente** (para
  *unmißverständlich*): 352
  **má compreensão** (para
  *Mißverstehen*): 93
  **mal compreendido** (para
  *mißverstanden*): 28 (boxe), 71
  **não entendido, não compreendido**
  (para *unverstanden*): 196, 308;
  ver também **(sich) irren**, **verführen**,
  **Verständnis** e **verstehen**

**Mitteilung** (*mitteilen*)
  **comunicação**: 280, 363, 676
  **informação**: 35, 199, 207, 295, 298,
  348, 416
  **narração**: 525
  **comunicar** (para *mitteilen*): 22, 54,
  193, 208, 280, 348, 363, 571, 636, 659
  **comunicar** (para *Mitteilung*): 657
  **informar** (para *mitteilen*): 296
  **o que eu comuniquei** (para *meine
  Mitteilung*): 636;
  ver também **ausdrücken**, **Angabe** e
  **verständigen**

*Mittel*
  meio: 22, 50, 71, 106, 109, 339, 397, 433, 554, 614
  recurso: 57

*müssen*
  ver *können*

*Muster*
  amostra: 1, 8, 16, 50, 53, 56, 72, 73, 74
  amostra de cor (para *Farbmuster, Farb des Musters* e *Muster von Farben*): 1, 8, 16, 50, 73
  modelo: 293;
  ver também **Vorbild**

*nachdenken*
  refletir: 159, 177, 275, 338, 475, 571
  quando reflito a respeito (para *beim Nachdenken darüber*): 177

**Name** (*benennen, Benennung*)
  nome: 1, 15, 26, 27, 28, 37, 38, 39, 40, 41, 42, 43, 44, 45, 46, 48, 49, 50, 51, 55, 57, 58, 59, 60, 62, 64, 73, 79, 87, 116, 171, 244, 256, 257, 383, 410, 613, 680, 689, 690
  nome (para *Benennung*): 27, 30, 31
  nome de uma pessoa (para *Personenname*): 27, 28
  nomeação (para *Benennung*): 1, 7, 38, 46, 49
  nome das coisas (para *Benennung*): 6, 27
  nomear (para *benennen* e *das Benennen*): 1, 7, 15, 26, 27, 28, 38, 39, 46, 49, 50, 53, 244, 257, 275, 276, 410;
  ver também **bezeichnen**

*Natur*
  natureza: 58, 114, 183, 185, 308, 441, 472, 138 (boxe)
  ciência natural (para *Naturwissenschaft*): 81, 89
  fato natural (para *Naturtatsache*): 142
  fatos que se produzem na natureza (para *Tatsachen des Naturgeschehens*): 89
  fenômeno natural (para *Naturerscheinung*): 81
  história natural (para *Naturgeschichte*): 25, 415
  lei natural (para *Naturgesetz*): 54, 325, 492
  necessidade natural (para *Naturnotwendigkeit*): 372
  som instintivo (para *Naturlaut*): 323
  som natural (para *Naturlaut*): 310

*Notation / Schreibweise*
  notação (para *Notation*): 403, 562
  notação (para *Schreibweise*): 208
  notação infinitesimal (para *Infinitesimalnotation*): 18

*Note* (na expressão *nach Noten spielen*)
  tocar de acordo com as notas da partitura: 156

*passen*
  adequar-se: 136, 137, 138, 139, 182, 216, 537
  adequação (para *das Passen*): 138, 572
  inadequado (para *unpassend*): 339, 409;
  ver também **treffend**

*Pathos*
  sentimento: 110;
  ver também **Empfindung**

*Phänomen*
  ver **Erscheinung**

*Projektionsmethode*
  método de projeção: 139, 141;
  ver também **abbilden** e **Bild**

***prüfen***
   **testar**: 23, 189, 330
   **checar**: 265
   **inquisidor** (para *prüfend*): 596;
   ver também **feststellen**

***raten*** (*erraten*)
   **adivinhar**: 23, 32, 266
   **adivinhar** (para *erraten*): 33, 156, 172, 210, 340, 636, 652
   **adivinhação** (para *das Erraten*): 161

***rechnen / berechnen / Kalkül***
(*Berechnung, fortrechnen, herausrechnen, Rechnung*)
   Wittgenstein alterna entre os verbos *rechnen* e *berechnen*, sem traçar com isso qualquer distinção relevante. Ambos podem ser traduzidos, em português, tanto por "fazer contas" como por "calcular", também sem qualquer implicação específica. A escolha entre as duas traduções, assim, foi feita de acordo com a fluência e a naturalidade do texto em português, segundo o contexto. Em geral, contextos mais informais e cotidianos pedem a solução "fazer contas", ao passo que contextos mais técnicos ou elevados pedem "calcular".
Com relação aos correspondentes substantivos, a alternância obedeceu ao mesmo critério de naturalidade e fluência. Apenas o termo "*Kalkül*" foi sempre traduzido como "cálculo".
   ***rechnen***
      **fazer contas**: 233, 234, 236, 364, 366, 369, 385, 386
      **calcular**: 364, 449
      **calculadores prodígio** (para *Kunstrechner*): 236
      **calcular os próximos elementos da sequência** (para *fortrechnen*): 179
      **cálculo** (para *Rechnung*): 480, 490, 569
      **conta** (para *Rechnung*): 364
      **exercício de cálculo aplicado** (para *angewandtes Rechenexempel*): 23
      **fazer contas de cabeça** (para *Kopfrechnen*): 364, 385
      **fazer contas sobre o papel** (para *das Rechnen auf dem Papier*): 364, 366
      **maneira de calcular** (para *Rechnungsart*): 138 (boxe)
      **obter (um número)** (para *herausrechnen*): 189
   ***berechnen***
      **calcular**: 320, 466, 469
      **conta** (para *Berechnung*): 364
      **cálculo** (para *Berechnung*): 469
   ***Kalkül***
      **cálculo**: 28 (boxe), 81, 136, 559, 565;
   ver também **Zahl** e **zählen**

***Recht***
   ver ***rechtfertigen***

***rechtfertigen / Recht / berechtigen***
(*Berechtigung, Rechtfertigung, Unrecht*)
   O verbo *rechtfertigen*, derivado do substantivo *Recht* ("direito", entre outros), foi traduzido invariavelmente por "justificar", com as seguintes acepções: "demonstrar que (algo) está certo ou que (alguém) está com a razão [...]; legitimar" e "dar fundamento a; explicar" (Houaiss). As expressões *(ein) Recht haben* e *recht haben* podem significar "ter o direito", "estar certo", ou ainda "ter razão" e "estar justificado". Em nossa tradução, demos preferência às duas últimas possibilidades, mais próximas de *rechtfertigen*. Algo semelhante se passa com a

expressão *mit Recht*, traduzida por nós como "com razão" ou "justificadamente". Finalmente, também os termos *berechtigen* e *Berechtigung*, com apenas duas exceções, foram trazidos para esse mesmo campo semântico. Vale a pena esclarecer o que está em jogo. Em quase todos os casos em que essas expressões são usadas, trata-se não apenas de estar certo, mas de algo mais forte: ter uma "justificativa" que possa amparar logicamente uma ação ou posição. Acontece que tais justificativas podem estar explicitamente presentes ou não. Do ponto de vista filosófico, é precisamente aí que as coisas se complicam, pois Wittgenstein não deixará de questionar em que consiste aquele sentido vago de "ter uma justificativa", nos frequentes casos em que ela não foi apresentada. O erro que Wittgenstein pretende afastar é a frequente suposição de que o ato de justificar consistiria em trazer à tona uma explicação que, de alguma maneira misteriosa, antes mesmo de ser dada já se encontrava sob a ação. Como se a função de justificações e justificativas (*Rechtfertigungen*, *Berechtigungen*) fosse explicitar os fundamentos lógicos de uma ação, ou seja, aquilo que lhe conferiria legitimidade, razão e correção (*Recht*).
Note-se ainda que a oscilação entre "justificativa" e "justificação", em nossa tradução, deve-se ao fato de que a língua alemã não marca a distinção, comum em português, entre o ato de justificar (a justificação) e aquilo que se apresenta como o resultado desse ato (a justificativa).

**rechtfertigen**
   **justificar**: 265, 267, 289, 320, 323, 325, 382, 404, 482, 644
   **dar justificação**: 324
   **justificação** (para *Rechtfertigung*): 217, 261, 265, 267, 460, 485
   **justificativa** (para *Rechtfertigung*): 182, 289, 325
**Recht**
   **direito**: 200, 280
   **com razão** (para *mit Recht*): 47
   **estar certo** (para *Recht haben*): 206
   **estar correto** (para *recht haben*): 84
   **estar justificado** (para *ein Recht haben*): 179
   **haver prejuízo** (para *Unrecht geschehen*): 403
   **injustificadamente** (para *mit Unrecht* e *zu Unrecht*): 181, 289
   **justificadamente** (para *mit Recht*): 145, 379, 481
   **ter o direito** (para *Recht haben*): 22
   **ter razão** (para *recht haben*): 328
**berechtigen**
   **autorizar**: 154, 155
   **estar justificado** (para *berechtigt sein* e *Berechtigtsein*): 486
   **justificar**: 557
   **justificação** (para *Berechtigung*): 378, 486;
*ver também* **erklären** e **Grund**

***Regel*** (*regelmäßig*, *Regelmäßigkeit*)
   **regra**: 3, 31, 53-54, 68, 73, 74, 80, 81, 82, 83, 84, 85, 86, 100, 102, 108, 125, 133, 136, 138 (boxe), 142, 162, 163, 165, 197, 198, 199, 200, 201, 202, 205, 206, 207, 208, 217, 218, 219, 221, 222, 223, 224, 225, 227, 228, 231, 232, 234, 235, 237, 238, 240, 259, 292, 372, 380, 497, 558, 564, 567, 653, 692

**de acordo com a regra** (para *der Regeln gemäß*): 3, 74, 240
**segundo a regra** (para *nach der Regel*): 54, 81, 82, 83, 200, 201, 232, 235, 237, 292, 567
**regularidade** (para *Regelmäßigkeit*): 163, 207, 208, 237
**regular** [adjetivo] (para *regelmäßig*): 18, 166, 169, 207, 208, 630
**irregular** (para *unregelmäßig*): 73
**desregrado** (para *regelos*): 143, 163
**regular** [verbo] (para *regulieren*): 12
**lista de regras** (para *Regelverzeichnis*): 54, 197

*Reihe* (*Reihenfolge*)
**sequência**: 1, 6, 8, 9, 20, 48, 66, 96, 133, 135, 137, 143, 144, 145, 146, 147, 148, 151, 157, 157, 158, 160, 161, 168, 169, 170, 180, 193, 200, 208, 211, 212, 213, 214, 218, 226, 228, 229, 324, 344, 352, 358, 426, 502, 540, 541, 555, 692, 693
**série**: 79, 86, 159
**começo da sequência** (para *Reihenanfang, angefangene Reihe*): 213, 218
**na ordem** (para *nach der Reihe*): 2
**ordem** (para *Reihenfolge*): 10, 48, 160
**ordem da sequência** (para *Reihenfolge*): 143
**segmento de sequência** (para *Reihenstück*): 147
**sequência de árvores** (para *Baumreihe*): 344
**sequência de letras** (para *Reihe der Buchstaben, Buchstabenreihe*): 8, 137
**sequência de imagens** (para *Bilderreihe, Reihe von Bildern*): 144, 193
**sequência de números, sequência numérica** (para *Zahlenreihe, Reihe von Zahlen, Zahlenfolge*): 143, 151, 161, 320, 555
**sequência de ornamentos** (*Reihenornamente*): 208, 211

**sequência de palavras** (*Wörterreihe, Wortfolge, Reihe Wörter*): 8, 159, 358, 502, 540
**sequência de sons** (*Lautreihe*): 6, 20, 541
**sequência dos números naturais** (*Grundzahlenreihe*): 185
**trecho da sequência** (*Reihenstück*): 228, 229

*richtig* (*Richtigkeit*)
**correto**: 47, 54, 56, 58, 60, 81, 82, 93, 109, 138 (boxe), 139 (boxe), 145, 146, 153, 156, 157, 171, 177, 179, 180, 185, 186, 195, 236, 243, 250, 254, 265, 266, 269, 270, 280, 288, 289, 305, 324, 335, 342, 351, 362, 364, 378, 386, 402, 515, 521, 568, 573, 625, 627, 646, 692
**certo**: 243, 244, 246, 464, 607
**absolutamente certo** (para *ganz richtig*): 693
**acertar** (para *richtig machen*): 145
**correção** (para *Richtigkeit*): 258, 260, 424
**incorreto** (para *unrichtig*): 143, 345
**muito bem** (para *ganz richtig*): 368
*outros termos*
**correto** (para *recht*): 81, 84
**estar correto** (para *stimmen*): 2, 157
**incorreto** (para *falsch*): 288, 613, 646;
*ver também* **falsch**

*Richtung*
**direção**: 85, 185, 476, 525, 534
**direcionamento**: 666
**ponto cardeal** (para *Himmelsrichtung*): 28

*rufen*
*ver* **ausdrücken**

*Sachverhalt / Sachlage*
Na linguagem técnica do *Tractatus Logico-Philosophicus*, é fundamental

distinguir claramente esses dois conceitos. Em suas traduções, tanto José Arthur Giannotti (1968) quanto Luiz Henrique Lopes dos Santos (1993) fixaram "estado de coisas" para *Sachverhalt* e "situação" para *Sachlage*. Distinguir esses termos sinônimos no alemão corrente não nos pareceu necessário no caso das *Investigações*. Assim, atribuímos a ambos a mesma tradução, "estado de coisas", que tem a vantagem de remeter a um dos termos que lhe servem de raiz: *Sache* ("coisa").
**estado de coisas**: 299, 520
**estado de coisas** (para *Sachlage*): 104;
ver também **(sich) verhalten**

### Satz

O termo *Satz* é de utilização muito mais ampla no alemão do que qualquer termo disponível em português. Em especial, ele cobre desde contextos bastante informais até contextos marcadamente técnicos, particularmente em lógica. Para manter a fluidez de seus usos informais, mas também garantir inteligibilidade dos usos mais técnicos, adotamos duas soluções: respectivamente "frase" e "proposição". Embora alguns casos abrissem margem a dúvida, quase sempre os momentos em que o contexto técnico se impunha eram suficientemente claros.
Vale observar que "sentença" poderia ser usado como tradução única para o termo, já que supostamente flutuaria entre os usos informal e formal. Contudo, apesar de sua crescente popularização na língua portuguesa, "sentença" não tem esse significado aceito pelos dicionários (que registram apenas os sentidos de "provérbio, máxima" ou "decisão judicial").
**frase**: *passim*
**proposição**: 65, 85, 92, 93, 94, 96, 97, 99, 102, 105, 108, 114, 116, 120, 134, 135, 136, 137, 138, 186, 225, 248, 251, 252, 295, 317, 372, 458, 481, 520, 522, 544, 599
**ordem**: 186
**conjectura de Goldbach** (para *Goldbach'scher Satz*): 578
**esquema proposicional** (para *Satzschema*): 134
**estrutura proposicional** (para *Satzbau*): 136
**proposição empírica** (para *Erfahrungssatz*): 85, 251, 295, 360
**variável proposicional** (*Satzvariable*): 134;
ver também **Aussage, Äußerung** e **Behauptung**

### Schein
ver **Täuschung**

### schließen (Schluss)
**concluir**: 325, 486
**inferir**: 453
**concluir** (para *erschließen*): 663
**conclusão** (para *Schluss*): 194, 312, 342, 486, 535, 586, 599, 651, 680
**conclusão** (para *Schlußfolgerung*): 527
**conectar-se** (para *sich schließen*): 96
**inferência** (para *das Schließen*): 97;
ver também **ableiten**

### Schmerzen haben (fühlen, empfinden)

Wittgenstein usa a expressão *Schmerzen haben* com alguma frequência. Embora fosse mais natural, em português, traduzi-la por "sentir dores", preferimos manter a tradução mais literal "ter dores". Isso porque a expressão ocorre quase sempre em contextos nos quais Wittgenstein está discutindo a relação entre certas sensações (e outros supostos "processos mentais"), o sujeito ao qual se quer atribuir tais sensações e a maneira como essa conexão pode ser estabelecida. Nesses contextos, o uso do verbo de posse mostra-se frequentemente relevante.

Além disso, Wittgenstein usa dois outros verbos — *fühlen* e *empfinden* — em conexão com a dor. Aí, sim, a tradução inequívoca é "sentir dores".

**ter dores**: 282, 283, 286, 287, 288, 289, 300, 303, 310, 350, 351, 361, 363, 391, 392, 393, 402, 404, 405, 407, 408, 448, 626, 667

**comportamento de dor** (para *Schmerzbenehmen*): 244, 281, 302, 304, 393

**sentir dores** (para *Schmerzen fühlen*): 286, 302, 315

**sentir dores** (para *Schmerzen empfinden*): 302, 411;
ver também **Benehmen**

*Schreibweise*
ver **Notation**

*Seele*
ver **Geist**

*selbständig*
**por conta própria**: 143, 145, 211, 330

*sicher (sein)*
ver **Gewissheit**

*Sicherheit*
ver **Gewissheit**

*Signal*
**sinalização**: 190
**sinal de luz** (*Lichtsignal*): 33;
ver também **Anzeichen**, **Symbol** e **Zeichen**

*sollen*
ver **können**

*speziell*
ver **besonder**

*spezifisch*
ver **besonder**

*Sprache*
Conceito com mais ocorrências nas *Investigações filosóficas*, pode-se dizer que a linguagem é o tema da obra. No que diz respeito à tradução, apenas uma dificuldade precisa ser indicada: o alemão não faz distinção entre os termos portugueses "língua" e "linguagem". Quase sempre, a melhor tradução é "linguagem". Contudo, se quiséssemos padronizar a tradução, teríamos de recorrer a expressões como "a linguagem alemã", "a linguagem francesa" etc., dificilmente aceitáveis em nossa língua. A solução foi alternar entre os dois termos de que dispomos, segundo a conveniência. Esse procedimento, é claro, exige alguma interpretação, mas ela não se mostrou problemática. Vale a pena advertir, porém, para o fato de que podem aparecer, em uma mesma discussão, e às vezes até mesmo em um mesmo parágrafo, duas traduções diferentes para a palavra *Sprache*.

**linguagem**: 1-10, 13, 16-30, 32-33, 35 (boxe), 36-39, 40-44, 48- 51, 53-56, 60, 64-65, 71, 77, 81, 83, 86, 90-92, 96-98, 105, 107, 108-112, 115-116, 118-120, 124, 130, 132, 134, 136, 138 (boxe), 142-143, 146, 179, 182, 194-195, 199, 203, 206, 207, 240-243, 245, 249, 256, 257, 261, 269-270, 275, 288, 290, 293, 300,

304, 329, 338, 344, 348, 355, 358, 361, 363, 372, 384, 402, 436, 445-446, 486, 491-497, 499-501, 508, 512, 528-530, 540, 542, 548, 556, 569, 577, 584, 609, 630, 632, 649, 654-656, 669
**língua:** 7, 28, 136, 156, 168, 336, 496
**em desacordo com a linguagem** (para *sprachwidrig*): 40
**formas de linguagem** (para *Sprachformen*): 25, 91
**formas linguísticas** (para *Sprachformen*): 111, 132
**jogo de linguagem** (para *Sprachspiel*): 7, 16, 21, 22, 23, 24, 27, 33, 37, 38, 41, 42, 44, 48, 49, 50, 51, 53, 55, 57, 60, 64, 65, 71, 77, 86, 96, 130, 136, 142, 143, 146, 156, 179, 195, 249, 261, 270, 288, 290, 293, 300, 363, 486, 556, 630, 632, 654, 655, 656, 669
**língua materna** (para *Muttersprache*): 7, 156
**linguagem cotidiana** (para *Umgangssprache*): 81
**linguagem verbal** (para *Wortsprache*): 16, 494, 512, 548
**linguístico** (para *sprachlich*): 182, 329, 527, 649, 656
**lógica da linguagem** (para *Sprachlogik*): 93
**o modo como nos expressamos na linguagem** (para *unser sprachlicher Ausdruck*): 81
**o que é linguístico** (para *das Sprachliche*): 649
**semelhante à linguagem** (para *sprachähnliche*): 7
**uso linguístico** (para *Sprachgebrauch*): 58;
*ver também* **deutsch**;

**Stand** (na expressão *in den Stand gesetzt sein*)
*ver* **können**

**teckenbleiben / stocken**
**empacar** (para *steckenbleiben*): 184, 323, 324, 339
**empacar** (para *stocken*): 159, 181

*Stimmung*
**estado de humor:** 24
**estado de espírito:** 335
**humores** (para *Stimmungen*): 26, 243;
*ver também* **Geist** e **Gemütszustand**

*Struktur*
*ver* **Zusammenhang**

*Symbol* (*symbolisch, Symbolismus*)
**símbolo:** 193
**máquina-símbolo** (para *Maschinensymbol*): 193
**metafórico** (para *symbolisch*): 219, 220, 221
**simbólico** (para *symbolisch*): 134
**símbolos químicos** (para *chemischer Symbolismus*): 18;
*ver também* **Signal** e **Zeichen**

*Tätigkeit*
**atividade:** 1, 6, 7, 23, 36, 156, 207, 243, 547, 665, 671, 693;
*ver também* **Handlung** e **Vorgang**

*Tatsache* (*tatsächlich*)
Invariavelmente, quando o texto alemão de Wittgenstein apresenta *Tatsache*, nossa tradução é "fato"; o mesmo não vale, porém, na direção inversa. Há dezenas de ocorrências de "fato", em português, que não correspondem a um conceito substantivo no alemão. Com efeito, há uma série de verbos que, em alemão, aceitam facilmente orações subordinadas como complemento, sem que o mesmo aconteça em

português. Nesses casos, uma das soluções disponíveis — frequentemente adotada em nossa tradução — é utilizar a expressão "o fato de que". O exemplo mais claro dessa situação talvez seja dado pelas muitas ocorrências do verbo "consistir". Por exemplo, no parágrafo 37, preferimos a tradução "[...] a relação também pode consistir **no fato de que** a audição do nome nos traz à alma a imagem do nomeado" a esta outra tradução, que seria mais próxima da sintaxe alemã: "[...] a relação também pode consistir **nisto, que** a audição do nome nos traz à alma a imagem do nomeado", ou ainda "[...] a relação também pode consistir **em que** a audição do nome nos traz à alma a imagem do nomeado".

Outra razão para o maior número de ocorrências, em português, da palavra "fato", quando comparada ao alemão *Tatsache*, é a tradução frequente do advérbio *tatsächlich* como "de fato". Por outro lado, o uso desse mesmo termo como adjetivo ganhou soluções variadas, todas listadas a seguir.

**fato:** 89, 94, 95, 125, 142, 192, 194, 254, 291, 292, 354, 402, 418, 461, 465, 466, 471, 497, 524, 621, 629, 654
**fato natural** (para *Naturtatsache*): 142
**fato empírico** (para *Erfahrungstatsache*): 194, 418, 466
**a linguagem como de fato ela é** (para *die tatsächliche Sprache*): 107
**efetivo** (para *tatsächlich*): 124, 147, 179
**fático** (para *tatsächlich*): 448
**o que efetivamente acontece** (para *das tatsächliche Geschehen*): 89
**o que realmente ocorre** (para *der tatsächliche [Fall]*): 495

**täuschen**
ver **verführen**

### Täuschung / Illusion / Schein / Anschein

*Illusion*, como o português "ilusão", designa, em sentido estrito, falsa percepção da realidade, e é usado assim nas *Investigações filosóficas*. Já *Täuschung* tem sentido um pouco mais amplo. Por um lado, assim como *Illusion*, refere-se ao equívoco do sujeito na percepção da realidade (por exemplo, uma *optische Täuschung* é uma "ilusão de ótica"). Por outro lado, refere-se à ação de alguém em promover esse equívoco (estritamente associado, nessa acepção, ao verbo *täuschen*; ver o verbete **verführen**). No uso filosófico, costuma prevalecer a primeira acepção; e, especificamente nas *Investigações*, ela sempre prevalece. Daí nossa opção por traduzir também esse termo por "ilusão".

Já o termo *Schein* apresenta alguma dificuldade, também por seus usos filosóficos. Seu sentido inicial é o de "brilho" (*scheinen* é "brilhar"). Desde o alto-alemão antigo, contudo, adquire o sentido paralelo de "parecer" — metaforicamente: cintilar como se fosse, mas sem o ser. É de *Schein*, também, que deriva **Erscheinung** (ver verbete acima), ou seja, o "fenômeno", aquilo que aparece. Daí termos traduzido o termo por "aparência" em duas de suas quatro ocorrências. Nos outros dois contextos em que *Schein* ocorre nas *Investigações*,

porém, é menos importante indicar a falsa aparência ou "impressão" equivocada associada aos erros filosóficos abordados do que o caráter ilusório que nossas formas de expressão exercem sobre quem filosofa. Ademais, a crítica à tendência da razão humana a recair em ilusões é abordada por Kant sob o mesmo conceito, *Schein*, costumeiramente traduzido por "ilusão" nesses contextos. Por exemplo, a expressão *transzendentale Schein* é sempre traduzida por "ilusão transcendental" (*ver também* a entrada *Illusion [Schein]* do *Kant Dictionary* [Wiley-Blackwell, 1995]). Por fim, as poucas ocorrências de *Anschein* não apresentam problemas de tradução: ainda que evidentemente associados a *Schein*, seus usos se mostram menos ambíguos, e o termo é invariavelmente traduzido por "impressão" (em locuções como "ter a impressão" ou "ficar com a impressão").
**ilusão** (para *Täuschung*): 80, 96, 97, 110
**ilusão** (para *Illusion*): 311, 362
**ilusão** (para *Schein*): 270, 354
**aparência** (para *Schein*): 99, 112
**impressão** (para *Anschein*): 91, 132, 138 (boxe);
*ver também* **Erscheinung** e **verführen**

*treffend*
  **adequado**: 19, 171, 274, 303
  **apropriado**: 139 (boxe);
  *ver também* **passen**

*Übereinkunft*
  **convenção**: 355;
  *ver também* **Abmachung** e **übereinstimmen**

*übereinstimmen* (*Übereinstimmung*)
  **concordar**: 234, 241, 442, 538, 594, 607
  **estar de acordo**: 134, 139, 186, 352, 416, 465
  **acordo** (para *Übereinstimmung*): 234
  **concordância** (para *Übereinstimmung*): 201, 224, 241, 242, 271, 386, 429, 492
  **estar de acordo** (para *Übereinstimmung*): 186;
  *ver também* **Abmachung**, **Übereinkunft** e **vereinbaren**

*Übergang*
  **passagem**: 157, 162, 187, 188, 189, 190, 219, 284, 344, 486, 524
  **transição**: 161, 380, 524
  **transposição**: 302

*übersehen* (*übersichtlich*, *übersehbar*, *Übersicht*, *Übersichtlichkeit*)
  Conceito central para as considerações metodológicas da filosofia madura de Wittgenstein, tem como radical o verbo *sehen* ("ver") prefixado por *über* (que, como preposição, significa "sobre"). Trata-se da ideia de "ver a partir de cima" e, consequentemente, de apreender com a visão uma porção relativamente extensa de uma paisagem, por exemplo. Com uma única exceção, optamos por manter aparente, na superfície do texto, a unidade desse conceito em todas as suas variações morfológicas (como verbo, adjetivo e substantivo). Isso foi feito por meio de variações em torno da palavra "panorama", termo tardio das línguas românicas, mas

derivado do grego παν (todo) e ὁράω (ver). Cabe notar, ainda, que o verbo *übersehen* também pode assumir um sentido praticamente oposto, o de "deixar de ver", "passar por cima com o olhar sem prestar atenção", semelhante ao que ocorre na língua inglesa com *oversee*. Tal ocorrência também é indicada a seguir.
    **ver panoramicamente:** 122, 125
    **obter (ou ter) uma visão panorâmica:** 5, 422
    **dar visibilidade panorâmica** (para *übersehbar machen*): 125
    **panorâmico** (para *übersichtlich*): 122
    **passar despercebido** (para *übersehen lassen*): 432
    **poder ser visto panoramicamente** (para *übersichtlich werden*): 92
    **ver em (sua) totalidade** (para *übersehen*): 352
    **visão panorâmica** (para *Übersicht* e *Übersichtlichkeit*): 122;
    *ver também* **darstellen**

*übertragen*
    **converter:** 162
    **transpor:** 283
    **veicular:** 304
    **traduzir:** 459

*Übung* (*üben, geübt, einüben*)
    **exercício:** 7, 185, 208, 607
    **exercício de fala** (para *Sprechübung*): 607
    **exercitar** (para *üben*): 607
    **exercitar** (para *einüben*): 54
    **treinado** (para *geübt*): 156

*umgeben*
    **cercado:** 18
    **envolto:** 97
    **rodeado:** 515

*Umgebung*
    *ver* **Bereich**

*Unding*
    **disparate:** 108

*Unsinn*
    *ver* **Bedeutung**

**unterrichten** (*Unterricht*);
    *ver* **lehren**

*Verbindung* (*verbinden*);
    *ver* **Zusammenhang**

*vereinbaren*
    **combinar:** 41
    **ser conciliado:** 198;
    *ver também* **Abmachung** e **übereinstimmen**

*verführen / vorspiegeln / vortäuschen / täuschen*
    Agrupamos aqui alguns dos verbos que Wittgenstein utiliza para transmitir a ideia de que algo é enganoso, de que algo conduz a equívocos (aqueles típicos equívocos que ele deseja desfazer). Em nossa tradução, pareceu-nos mais importante captar as nuances de contexto e conseguir um texto fluente em português do que buscar fixar as traduções. Daí a variedade de soluções adotadas. Comparando-se esta entrada às de *(sich) irren* e *Mißverständnis*, o leitor terá um panorama abrangente acerca da problemática associada a esse grupo de termos.
    *verführen*
        **induzir ao equívoco de:** 63
        **levar:** 294
        **levar erroneamente:** 93
        **seduzir:** 192

***vorspiegeln***
  **dar uma impressão enganosa:** 253
***vortäuschen***
  **aparecer enganosamente:** 251
  **dar a ilusão:** 354
***täuschen***
  **enganar:** 342, 354
  **enganar-se** (para *sich täuschen*): 46;
  ver também **(sich) irren, Mißverständnis** e ***Täuschung***

**(sich) verhalten** (*Verhalten*)
A tradução desse verbo impõe uma dificuldade bastante específica, derivada de sua aparição no *Tractatus Logico-Philosophicus* para indicar o que Wittgenstein considerava ser a "forma geral da proposição" (TLP, 4.5).
A depender do contexto, o verbo *(sich) verhalten* pode assumir o sentido de "comportar-se" (de que deriva o substantivo *Verhalten*, com sentido unívoco de "comportamento") ou, com menor frequência, o de "relacionar-se" (de que deriva *Verhältnis*, para o qual adotamos as soluções indicadas em entrada específica). Na maior parte das vezes, contudo, tem o sentido mais vago de "passar-se" ou "acontecer", podendo até mesmo ser traduzido, em alguns casos, pelos verbos "ser" e "estar". Dada essa amplitude e generalidade, não é à toa que Wittgenstein, no *Tractatus*, o tenha empregado para expressar, em linguagem natural (por oposição à linguagem formal daquela obra), a "forma geral da proposição": *es verhält sich so und so*, traduzida por nós como "as coisas se passam de tal e tal modo".
Wittgenstein acreditava, como afirma no prefácio das *Investigações*, que suas novas ideias só poderiam ser compreendidas contra o pano de fundo de seu "antigo modo de pensar". Era inevitável, portanto, que acabasse abordando alguns de seus antigos problemas, em particular o problema da "forma geral da proposição". Parte da estratégia agora empregada por ele pode ser descrita assim: ainda que essa "forma geral" revelasse ter alguma importância, isso seria dependente dos contextos prosaicos e específicos em que ela é usada na linguagem cotidiana. Com isso as coisas se invertem: não é a lógica que fundamenta a linguagem cotidiana; é a linguagem cotidiana que permite a constituição de um jogo de linguagem específico, a lógica.
Dada essa estratégia, porém, um desafio se impõe: a maneira como a "forma geral da proposição" é traduzida para o português precisa poder transitar fluentemente do contexto técnico do *Tractatus* aos contextos prosaicos em que o autor das *Investigações* a reinsere (aliás, quase em tom de paródia). Uma solução seria usar as versões clássicas do *Tractatus* para o português brasileiro, a de José Arthur Giannotti ("Isto *está* do seguinte modo") ou de Luiz Henrique Lopes dos Santos ("As coisas estão assim"). Pareceu-nos, contudo, que tais soluções não se prestavam tão bem à descontextualização e à recontextualização a que Wittgenstein submeteu sua própria formulação. O uso do verbo "passar-se", em vez de "estar", parece-nos cumprir melhor esse papel.
**passar-se:** 79,* 95, 114, 134, 136, 137, 142,* 168,* 169,* 443,* 599

**as coisas se passam de tal e tal modo** (para *Es verhält sich so und so*): 95, 114, 134, 136
**as coisas se passam assim** (para *Es verhält sich so*): 137, 168*, 169*, 599
**relacionar-se**: 320*
**comportamento** (para *Verhalten*): 157, 193, 344, 631;
(*) *Para contextos não técnicos (não tractarianos) do uso do verbo;*
*ver também* **Sachverhalt** *e* **Zusammenhang**

*Verhältnis*
   *ver* **Zusammenhang**

*verknüpfen*
   *ver* **Zusammenhang**

*Vermutung* (*vermuten*)
   **conjectura**: 567
   **suposição**: 23, 438
   **supor** (para *vermuten*): 36, 246, 664;
   *ver também* **Annahme** *e* **Voraussetzung**

*(sich) verständigen* (*Verständigung*)
   **comunicar-se**: 491
   **estar de acordo**: 61
   **entendimento** (para *Verständigung*): 143
   **entendimento mútuo** (para *Verständigung*): 2, 3, 242
   **meio para que se comunique algo** (para *Mittel der Verständigung*): 22;
   *ver também* **Mitteilung**

*Verständnis / Verstehen*
*Verständnis*
   **compreensão**: 6, 87, 122, 185, 209, 396, 533, 577
   **entendimento**: 146, 433
   **compreender** (para *zum Verständnis*): 30
   **compreender** (para *mit Verständnis*): 31
   **entendendo** (para *mit Verständnis*): 332
*Verstehen*
   **entendimento**: 102, 146, 149 (boxe), 151, 152, 153, 154, 156, 269, 321, 322, 431
   **compreensão**: 6, 348, 527, 531, 532, 541, 609, 636, 660;
   *ver também* **Mißverständnis** *e* **verstehen**

*verstehen / auffassen / begreifen / erfassen*
   Em nossa tradução, não fizemos qualquer distinção entre os verbos portugueses "compreender" e "entender". Variamos livremente entre eles, até mesmo dentro de um mesmo parágrafo, de acordo com a fluência da frase.
   Esse procedimento reflete a liberdade com que o próprio Wittgenstein usa os verbos disponíveis na língua alemã, sem buscar traçar nenhuma distinção sistemática entre eles. De fato, ele transita com grande desembaraço — muitas vezes dentro de um mesmo parágrafo — entre o verbo *verstehen*, o mais usado deles, e outras possibilidades que aparecem como seus equivalentes: *auffassen*, *begreifen* e *erfassen* (os quais, porém, admitem também outras traduções, a depender do contexto).
*verstehen*
   **compreender**: 4, 6, 20, 29, 30 (para *zum Verständnis*), 31 (para *mit Verständnis*), 32, 33, 52, 54, 58, 60, 71, 73, 81, 88, 125, 153, 196, 219, 243, 261, 315, 345, 348, 355, 532, 653
   **entender**: 28, 47, 71, 72, 79, 82, 87, 89, 92, 100, 101, 102, 109, 117, 135,

138, 139, 143, 146, 147, 149, 150, 151, 152, 153, 154, 155, 181, 182, 185, 189, 194, 197, 199, 206, 210, 251, 256, 257, 264, 269, 288, 319, 321, 334, 368, 398, 416, 423, 433, 451, 481, 505, 513, 514, 516, 525, 526, 537, 540, 560, 568, 572, 652

**auffassen**
compreender: 28, 29, 58, 363, 557
conceber: 2, 4, 20, 48, 520, 539, 549
apreender: 363, 398

**begreifen**
compreender: 97, 155, 274

**erfassen**
compreender: 89, 138, 139, 153
captar: 113, 116, 664
apreender: 191, 197
apanhar: 156
ato de apreensão (para das Erfassen e Akt des Erfassens): 195, 197
que pode ser apreendido (para erfaßbar): 9;
ver também **Auffassung**, **aufnehmen** e **Begriff**;
ver também **Mißverständnis** e **Verständnis**

**verwenden**
ver *gebrauchen*

**vollkommen**
Chamamos a atenção do leitor para a ambiguidade do termo *vollkommen*, que pode significar tanto aquilo que está totalmente concluído, a que não falta nenhuma parte (ou seja, "completo"), quanto aquilo que não apresenta falhas ou defeitos (ou seja, "perfeito"). Poder-se-ia argumentar que, assim como seu correlato latino (*perfectus*: inteiramente feito), o termo "perfeito" comporta a mesma ambiguidade. Os contextos em que *vollkommen* aparece nas *Investigações*, contudo, exigiram quase inequivocamente a distinção aqui apresentada.
**completo**: 91, 100, 133
**perfeito**: 28, 81, 88, 98

**Voraussetzung** (*voraussetzen*)
**pressuposto**: 271, 631
**pressupor** (para *voraussetzen*): 51, 193;
ver também **Annahme** e **Vermutung**

**Vorbild**
**modelo**: 20, 131, 191, 192, 302, 385
**fornecer um modelo** (para *vorbilden*): 434;
ver também **Muster**

**Vorgang** (*Vorgehen*)
Na grande maioria dos casos, como pode ser visto a seguir, a tradução mais adequada é "processo". Em alguns casos, porém, diferentes ênfases contextuais recomendam soluções diferentes, sob pena de tornar pouco natural o português ou mesmo falsear as ideias do texto. Assim, temos "evento" quando aquilo que se passa é pontual; "atividade" quando aquilo que se passa é realizado por seres humanos; e "procedimento" quando o que interessa é o modo como as coisas se passam ou como algo é realizado.
**processo**: 7, 34, 35, 38, 140, 148, 152, 153, 154, 158, 165, 167, 168, 169, 173, 196, 200, 205, 213, 232, 239, 258, 265, 303, 305, 306, 308, 321, 330, 332, 335, 339, 363, 366, 370, 376, 438, 444, 452, 453, 547, 548, 571, 580, 587, 591, 604, 630, 637, 638, 661, 691
**atividade**: 65, 66
**evento**: 446, 584
**o que está acontecendo**: 51

**o que se passou**: 636
**procedimento**: 88, 90
**modo de proceder** (para *Vorgehen*): 163
**processo cerebral, processo no cérebro** (para *Gehirnvorgang*): 412, 427
**processo no pensamento** (para *Denkvorgang*): 427
**processo concomitante** (para *Begleitvorgang*): 152;
ver também **Tätigkeit**

*Vorrichtung*
**dispositivo**: 492;
ver também **Apparat**

*vorschweben*
**vir à mente**: 20, 51, 70 (boxe), 139, 139 (boxe), 140, 141, 179, 210, 323, 329, 335, 352, 663
**ter em mente**: 59, 81;
ver também **Geist**, **meinen** e **Meinung**

*vorspiegeln*
ver **verführen**

*vortäuschen*
ver **verführen**

*Vorstellung*
ver **Bild**

*Vorurteil*
**ideia preconcebida**: 108, 109, 131
**preconceito**: 340

*Wahrheit* (*Unwahrheit*)
**verdade**: 97, 136, 265, 303, 544
**função de verdade** (para *Wahrheitsfunktion*): 136
**inverdade** (para *Unwahrheit*): 282

*wahrnehmen* (*Wahrnehmung*)
**perceber**: 156, 170, 229, 417, 453
**percepção** (para *Wahrnehmung*): 104, 312;
ver também **Empfindung**

*Wegweiser*
**placa indicando o caminho**: 85, 87, 198;
ver também **hinweisend** e **zeigen auf**

*weisen*
ver **zeigen auf**

*willkürlich*
ver **beliebig**

*Witz*
Termo polissêmico, de difícil tradução, que apesar das poucas ocorrências cumpre papel importante na caracterização wittgensteiniana do que é "seguir uma regra". Na maioria dos casos em que aparece nas *Investigações* (exceção feita àqueles em que o sentido é inequivocamente o de "piada"), o termo está relacionado a diferentes práticas humanas (jogar, dar ordens, comunicar-se, seguir regras, fazer prescrições) e serve para indicar algum aspecto fundamental dessas práticas que, por motivos diversos, é difícil de caracterizar linguisticamente. O autor busca cercar esse aspecto recorrendo a um halo semântico que circunda *Witz*: aquilo que é essencial a alguma coisa, aquilo que lhe confere o aspecto de normalidade ou de obviedade, aquilo que parece definir a maneira como ela efetivamente entra em nossa vida. Esse algo, no entanto, permanece um elemento evanescente que, embora compreendido, não encontra

expressão definitiva. Na tradução, recorremos aos dois termos que, em português, parecem ter valor semelhante: "ponto" (como em "Chegue logo ao ponto!") e "espírito" (como em "Esse é o espírito da coisa!"). Em algumas ocasiões, julgamos necessário deixar a ideia ainda mais clara, acrescentando um adjetivo: "espírito característico"; ou a oração adjetiva correspondente: "espírito que caracteriza [algo]".
**espírito característico / que caracteriza algo:** 142, 564
**o espírito de uma ordem:** 62
**o espírito que caracteriza nossos jogos de linguagem:** 142
**o espírito característico do procedimento de pesagem:** 142
**o ponto de uma regra:** 567
**o ponto de uma prescrição:** 567
**o ponto da comunicação:** 363
**piada:** 23, 111

## *Wort*

Está entre os termos mais recorrentes das *Investigações*. É traduzido quase sempre por "palavra" quando usado como substantivo (em alguns poucos casos, porém, preferimos "expressão", quando a palavra alemã mencionada precisou ser traduzida por uma locução do português). Quando *Wort* assume função adjetiva, demos preferência ao adjetivo "verbal".
**palavra:** *passim*
**expressão:** nos casos em que a palavra alemã em questão é traduzida por uma locução do português
**explicação da palavra** (para *Worterklärung*): 370
**expressão verbal** (para *Wortausdruck*): 20, 244
**imagem verbal** (para *Wortbild*): 291, 494, 512, 548
**linguagem verbal** (para *Wortsprache*): 16, 494, 512, 548

## *Würfel (würfeln)*

**bloco:** 2, 8, 9, 10, 17, 21
**cubo:** 74, 139, 140, 141
**jogar dados a dinheiro** (para *um Geld würfeln*): 70 (boxe)
**jogo de dados** (para *Würfelspiel*): 70 (boxe)

## *Zahl / Anzahl*

O termo *Zahl* é sempre traduzido como "número" e tem exatamente o mesmo espectro semântico de seu correspondente em português. Desse modo, todas as múltiplas combinações e expressões em que aparece puderam ser traduzidas por combinações e expressões do português usando a palavra "número" (ou "numérico"), como se vê na lista a seguir.
Caso mais complicado é o do termo *Anzahl*. A palavra alemã tem dois usos principais, ambos correntes. Pode ser usada como sinônimo de *Zahl*, e frequentemente o é; mas pode ser usada também para designar certa pluralidade de objetos, antes ou independentemente de que se atribua a essa pluralidade um número propriamente dito (antes que ela seja contada). Nesse segundo caso, a tradução mais recomendada é "quantidade". A decisão entre as duas possibilidades só pode ser tomada de acordo com o contexto, sendo às vezes muito claramente determinada, outras vezes nem tanto (os casos mais

difíceis aparecem nos parágrafos 8, 33 e 35).

Vale observar ainda que tanto os termos *Grundzahl* e *Kardinalzahl* são sinônimos da expressão *natürliche Zahl*, ou seja, referem-se àquilo que em português chamamos quase exclusivamente de "números naturais": aquela sequência mais básica de números, aprendida por todos desde a infância, que usamos para contar. A maioria dos tradutores opta por traduzir *Kardinalzahl* literalmente por "número cardinal". Trata-se de um termo técnico que se tornou corrente entre matemáticos e lógicos a partir da segunda metade do século 19 e que indica certo modo específico de conceber os números naturais (aliás, muito próxima da maneira como os gregos compreendiam a noção de ἀριθμός): como determinação da quantidade de elementos de um conjunto. Na matemática moderna, essa noção de "número cardinal" passou a receber um tratamento técnico bastante específico — e razoavelmente complexo. Contudo, nos dois contextos em que aparece nas *Investigações*, o termo não remete a qualquer noção técnica. Ao contrário, é importante que seu uso se mantenha no nível da manipulação mais básica e prosaica dos números naturais. Por essa razão, e levando-se em conta que o uso do termo na língua alemã mantém proximidade muito maior com contextos não técnicos do que seu correlato em português, acreditamos que a melhor tradução seja mesmo "número natural".

***Zahl***
    **número**: 10, 26, 28, 29, 67, 68, 135, 143, 146, 147, 151, 186, 187, 189, 193, 284, 339, 364, 513, 607
    **medida** (para *Maßzahl*): 553
    **no domínio dos números** (para *im Zahlenraum*): 185
    **nome de um número** (para *Zahlnamen*): 28
    **número natural** (para *Kardinalzahl*): 68, 185
    **número natural** (para *natürliche Zahl*): 143
    **número racional** (para *Rationalzahl*): 68
    **número real** (para *reelle Zahl*): 68
    **palavra numérica** (para *Zahlwort*): 1, 8, 9, 28
    **palavras para os números naturais** (para *Grundzahlwörter*): 1, 9
    **sequência de números** ou **numérica** (para *Zahlenreihe*): 143, 161, 555
    **sequência numérica** (para *Zahlenfolge*): 151, 320
    **sequência dos números naturais** (para *Grundzahlenreihe*): 185
    **sinais numéricos** (para *Zahlzeichen*): 339
    **tipos de número** (para *Zahlenarten*): 67

***Anzahl***
    **número**: 21, 160
    **quantidade**: 8, 33, 35, 186, 553;
*ver também* **rechnen** e **zählen**

***zählen*** (*aufzählen*)
    **contar**: 9
    **enumerar** (para *aufzählen*): 79;
*ver também* **rechnen** e **Zahl**

***Zeichen***
    **sinal**: 1, 10, 15, 22, 23, 41, 42, 44, 49, 51, 53, 64, 82, 86, 102, 105, 136, 143, 145, 157, 160, 166, 167, 169, 173, 198, 258, 260, 261, 270, 279, 366, 368, 402,

432, 433, 495, 496, 503, 504, 508, 509, 548, 549
**símbolo**: 190
**código Morse** (para *Morsezeichen*): 167
**formato de sinal** (para *Zeichenform*): 167
**seguir-o-sinal** (para *Dem-Zeichen-Folgen*): 198
**sinal de afirmação** (para *Behauptungszeichen*): 22
**sinal de igualdade** (para *Gleichheitszeichen*): 558, 561
**sinal de interrogação** (para *Fragezeichen*): 22
**sinal de negação** (para *Verneinungszeichen*): 547
**sinal de pontuação** (para *Interpunktionszeichen*): 4
**sinal escrito, sinal de escrita** (para *Schriftzeichen*): 86, 108, 157, 160, 364
**sinal proposicional** (para *Satzzeichen*): 94
**sinais numéricos** (para *Zahlzeichen*): 339;
*ver também* **Anzeichen, Signal** e **Symbol**;
*ver também* **Merkmal** e **Kennzeichen**

## zeigen auf / andeuten / deuten auf / hinweisen / weisen

A noção de "apontar" para algo tem presença marcante nas *Investigações*.

Por um lado, ela aparece como gesto físico: apontar com a mão, com o dedo. Trata-se de um gesto, portanto, que pode ser empiricamente constatado. O contexto filosófico mais imediato é bastante claro. Ele pode ser buscado nas muitas discussões, entre filósofos de viés empirista do final do século 19 e começo do século 20, a respeito da definição ostensiva (aquela definição que faz recurso ao gesto físico de apontar) como ação fundante do significado linguístico (*ver* **hinweisend**). Trata-se de ideia que Wittgenstein submeterá a fortes críticas.

Por outro lado, essa mesma noção aparece como "gesto anímico", ou seja, como certa capacidade que os humanos teriam de apontar "internamente" para as coisas: por meio da atenção, da imaginação, do espírito etc. Tal capacidade, também ela, é frequentemente vista como desempenhando um papel fundamental — mas nunca claramente explicado — na constituição do significado linguístico (a esse respeito, *ver também* o verbete **meinen**). Novamente, trata-se de ideia contra a qual Wittgenstein dirige fortes críticas.

Finalmente, a noção de "apontar" é ainda tema de uma terceira crítica na filosofia de Wittgenstein. Tal crítica, talvez a mais abrangente de todas, é de certo modo a contraparte das anteriores. Ela se dirige à ideia de que o mecanismo de funcionamento das palavras, e da linguagem em geral, reside em apontar para algo, ou seja, *referir-se* a algo. Nem nosso gesto de apontar, físico ou anímico, constitui a base a partir da qual as palavras ganham significado (o gesto que dá vida às palavras...), nem as palavras, para ter significado, precisam apontar para algo.

Dada a centralidade dessa noção, e dado o pressuposto wittgensteiniano de não construir artificialmente conceitos filosóficos, não espanta a variedade de formas linguísticas sob as quais ela aparece nas *Investigações*. O leitor encontrará a seguir uma lista completa, incluindo algumas ocorrências do verbo "indicar", quando ele se mostra semanticamente próximo de "apontar".

**zeigen auf**
   **apontar**: 7, 9, 28, 28 (boxe), 31, 33, 34, 35, 35 (boxe), 36, 37, 38, 43, 72, 73, 117, 139, 208, 258, 275, 382, 398, 411, 429, 541, 589, 617, 665, 669, 670, 671
   **apontar** (para *zeigen*): 374, 454
   **apontar** (para *das Zeigen*): 370

**andeuten**
   **indicar**: 33, 488

**deuten auf**
   **apontar**: 298, 433, 686
   **indicar**: 302

**hinweisen**
   **apontar**: 376
   **apontar** (para *das Hinweisen*) 51, 321, 672

**weisen**
   **apontar**: 6, 9, 28 (boxe), 185, 404, 411, 540;
   *ver também* **hinweisend, meinen** e **Wegweiser**

**zerlegt** (*Zerlegen*)
   **decomposto**: 60, 91
   **decomposição** (para *Zerlegen*): 90;
   *ver também* **Bestandteil** e **Zusammenhang**

***Ziel***
   **objetivo**: 88, 91, 309;
   *ver também* **Zweck**

***Zug***
   **traço**: 66, 156, 168, 229, 537, 556, 562
   **lance**: 22, 33, 49, 149 (boxe), 200, 316, 345
   **puxão**: 172
   **trem**: 265
   **lance de xadrez** (para *Schachzug*): 33
   **traços característicos** (para *Charakterzüge*): 66
   **traços faciais** (para *Gesichtszüge*): 67, 537;
   *ver também* **Kennzeichen** e **Merkmal**

**zusammenfassen**
   **reunir**: 17
   **para resumir** (para *zur Zusammenfassung*): 156
   **resumo** (para *Zusammenfassung*): 319

***Zusammenhang / Verbindung / [illegible] / Struktur / Anknüpfung / verknüpfen***
Agrupamos nesta entrada os principais termos utilizados por Wittgenstein para indicar a existência ou o estabelecimento de algum tipo de vínculo ou conexão entre elementos.

***Zusammenhang***
   **conexão**: 51, 62, 122, 174, 179, 198, 207, 487, 640, 645, 683, 684
   **contexto**: 156, 161, 525, 558, 584, 595, 652, 665, 686
   **nexo**: 89, 631
   **conectar-se** (para *zusammenhängen*): 640
   **depender** (para *zusammenhängen*): 282
   **estar associado** (para *zusammenhängen*): 138 (boxe)
   **estar relacionado** (para *zusammenhängen*): 38
   **contexto da frase** (para *Satzzusammenhang*): 49
   **encontrar-se em relação com** (para *im Zusammenhang stehen*): 348
   **estar relacionado** (para *im*

Zusammenhang stehen): 213, 410
**estrutura da frase** (para
Satzzusammenhang): 38
*Verbindung*
  **conexão**: 1, 6, 8, 38, 50, 55, 158, 169,
176, 177, 197, 198, 244, 251, 258, 541,
613, 647, 681, 682, 689
  **combinação**: 20, 58
  **contexto**: 40
  **composto (químico)**: 521
  **associar** (para *verbinden*): 80, 216,
508, 556
  **conectar** (para *verbinden*): 6, 141,
157, 169, 170, 244, 269, 270, 409,
537, 613
  **conectar** (para *in Verbindung bringen*): 492
  **ligar** (para *verbinden*): 412
  **combinação de palavras** (para
Wortverbindung): 498, 499, 500
  **conexão relativa à leitura** (para
Leseverbindung): 158
*Verhältnis*
  **relação**: 142, 334
  **conexão**: 130
  **circunstâncias** (para
Verhältnisse): 87
*Bau*
  **estrutura**: 23, 92, 102, 134, 136,
421, 664
  **construção**: 2
  **estrutura lógica da proposição**
(para *logischer Satzbau*): 102
  **estrutura proposicional** (para
Satzbau): 136, 664
*Gebilde*
  **estrutura**: 46, 67, 108
*Gerüst*
  **estrutura**: 240
*Struktur*
  **estrutura**: 523
*Anknüpfung*
  **concatenação**: 640
  **concatenar** (para *anknüpfen*): 640
  **estar associado** (para *anknüpfen*): 30

*verknüpfen*
  **concatenar**: 640
  **conectar**: 256;
  *ver também* **Bau, Bestandteil** e
***zerlegt***;
  *ver também* ***zusammensetzen*** e
***zusammenstellung***

*zusammensetzen*
(*zusammengesetzt,
Zusammensetzung*)
  **compor**: 46, 47
  **composição** (para
Zusammensetzung): 39, 48
  **composição** (para
Zusammengesetztseins): 47
  **composicionalidade** (para
Zusammengesetztheit): 47
  **composto** (para *zusammengesetzt*):
39, 45, 46, 47, 48, 59, 60;
  *ver também* **Zusammenhang** e
***zusammenstellung***

*Zusammenstellung*
  **composição**: 48, 512
  **organização**: 109
  **combinação de cores** (para
Farbenzusammenstellung): 64, 277
  **composições de palavras** (para
Wortzusammenstellungen): 512;
  *ver também* **Zusammenhang** e
***zusammensetzen***

*Zuversicht*
  **confiança**: 325, 579;
  *ver também* **Gewißheit**

*Zweck*
  **propósito**: 5, 6, 8, 17, 62, 69, 87, 109,
127, 132, 157, 220, 257, 266, 304, 345,
385, 426, 489, 492, 496, 497, 499, 501,
565, 566, 567, 607, 609, 657
  **fim**: 2
  **objetivo**: 317, 363, 412, 416;
  *ver também* **Ziel**

# Índice remissivo

**abajur** (*Lampe*): 62, 97
**acertar** (*richtig machen*): 145
   **a.** (*stellen*) **as horas do relógio**: 88
**acontecimento** (*Ereignis*): 90, 372, 441, 442, 465, 475, 482, 484, 548, 586, 642 (*Geschehnis*)
   **uniformidade dos a.**: 372
**acordo** (*Übereinstimmung, übereinstimmen*): 61, 134, 139, 186, 234, 352, 402, 416, 465
   **estar de a.** (*übereinstimmen*): 61 (*verständigt*), 134, 139, 186, 352, 402 (*einverstanden sein*), 416, 465
**acostumar-se, acostumado** (*gewöhnen, gewöhnt*): 166, 200, 363, 508, 603 (*altgewohnt*)
**Adelaide** (*Adelheid*): 365
**adequar-se, adequação** (*passen, das Passen*): 136, 137, 138, 139, 182, 216, 537, 572
**adestrar, adestramento** (*abrichten, Abrichtung*): 1 (latim: *edomare*), 5, 6, 27, 86, 157, 158, 189, 198, 206, 223, 441
**adivinhar, adivinhação** (*erraten, das Erraten*): 23, 32 (*raten*), 33, 156, 161, 172, 210, 266 (*raten*), 340, 636, 652
**afirmação** (*Behauptung*): 21, 22, 23, 131, 167 (*Satz*), 184 (*Aussage*), 402, 444, 482 (*Satz*), 486, 556 (*Bejahung*)

**afirmar** (*behaupten, bezeugen*): 22, 402, 416, 665
**agir, ação** (*handeln, Handlung*): 1, 6, 7, 23, 36, 54, 198, 200, 201, 206, 207, 211, 212, 217, 228 (*tun*), 232, 243, 330, 391 (*tun*), 420, 460, 486, 487, 489, 490, 493 (*einwirken*), 496 (*wirken*), 505, 519, 534, 556, 613, 615, 616, 620 (*tun*), 627, 631, 632, 638, 642, 653
   **a. corporal**: 36
   **a. e concordância com regras**: 198, 200, 201, 217, 228, 232
   **a. e concordância com ordens**: 23, 460, 487, 505, 519
   **a. e fundamento da ação**: 211, 212, 217
   **a. e vontade, a. e intenção**: 613, 615, 616, 627, 632, 653
   **a. do jogo** (*Spielhandlungen*): 54
   **modo de a.** (*Handlungsweise*): 201, 206, 420, 489
**Agostinho de Hipona**: 1, 2, 3, 4, 32, 89, 90, 436, 618
**alavanca** (*Handgriff, Hebel*): 6, 12, 170
**alemão** (*deutsch*): 136, 156, 165, 168, 335, 336, 337, 495, 538, 597
**álgebra, algébrico** (*Algebra, algebraisch*): 146, 147, 151, 167, 179, 189, 213, 228, 320, 692
**alma** (*Seele*): 1 (latim: *animus*), 1, 6, 37, 149, 188, 196, 283, 295, 357, 391, 422,

424, 454, 530, 573, 589, 648, 651, 652, 662, 676
**afecção da a.**: 1 (latim: *affectio animi*), 676
**a. como um ente estranho**: 196
**a. da criança**: 6
**a. da pedra**: 283
**a. das palavras**: 530
**a. do cachorro**: 357
**a. do homem**: 422
**a. do ser vivo**: 357
**cegueira como escuridão na a.**: 424
**estado de a.**: 149, 573, 589, 662
**relação entre a. e corpo**: 283, 391
**aluno** (*Schüler*): 7, 86, 143, 144, 145, 156, 157, 162, 185, 189, 362, 630
**amostra** (*Muster*): 1, 8, 16, 50, 53, 56, 72, 73, 74
**a. de cor**: 1, 8, 16, 50, 73
**analisar, análise, analisado** (*analysieren, Analyse, analysiert*): 39, 60, 61, 63, 64, 90, 91, 92, 383, 392, 393, 413
**analogia, análogo** (*Analogie, analog*): 50, 75, 83, 90, 108 (boxe), 112 (*Gleichnis*), 140, 146, 206, 308 e 400 (*Vergleich*), 420, 443, 492, 494, 555, 613, 669
**animal** (*Tier*): 25, 495, 647
**anímico** (*seelisch*): 24, 38, 149, 149 (boxe), 153, 154, 157, 167, 180, 200, 205, 290, 303, 308, 332, 358, 363, 577, 585, 609, 652, 653
**âmbito a.**: 358
**aparelho a.**: 149
**ato a.**: 38, 609
**estado a.**: 24, 149 (boxe), 180, 290 (*Seelenzustand*), 308, 577 e 585 (*Seelenzustand*), 652, 653
**fenômeno a.**: 200
**mecanismo a.**: 157
**processo a.**: 153, 154, 167, 205, 303, 332, 363
**significado a.**: 652
**aparato** (*Apparat*): 494
**aparelho** (*Apparat*): 149, 270, 317
**aplicação** (*Anwendung*): 54, 68, 73, 80, 84, 96, 100, 140, 141, 146, 147, 148, 201, 218, 262, 264, 340, 349, 351, 374, 380, 383, 411, 422, 423, 424, 425, 454, 520, 557, 609
**a. da lei da sequência/de uma expressão algébrica**: 146, 147, 148
**a. de imagens/esquemas**: 140, 141, 374, 422, 423, 424, 425
**a. de palavras/expressões**: 68, 80, 84, 96, 100, 262, 264, 340, 349, 351, 383
**a. de parênteses**: 557
**a. de proposições/perguntas**: 411, 520
**a. de regras**: 54, 84, 201, 218, 380
**a. de uma amostra**: 73
**a. do entendimento**: 146
**aplicar** (*anwenden*): 15, 23, 48, 68, 73, 120, 134, 136, 140, 146, 156, 164, 179, 215, 280, 292, 351, 352, 380, 385, 398, 411, 448, 532
**apontar** (*deuten auf, hinausweisen, hinweisen, weisen, zeigen, zeigen auf*): 6, 7, 9, 28, 28 (boxe), 31, 33, 34, 35, 35 (boxe), 36, 37, 38, 43, 51, 72, 73, 85, 117, 139, 185, 208, 258, 275, 298, 321, 370, 374, 376, 382, 398, 404, 411, 429, 433, 454, 540, 541, 589, 617, 665, 669, 670, 671, 672, 686
**apreender, apreensão** (*auffassen, erfassen, das Erfassen*): 9, 191, 195, 197, 363, 398
**apresentar, apresentação** (*darstellen, Darstellung*): 3, 23, 36 (*angeben*), 50, 65 (*angeben*), 97, 108 (boxe) (*angeben*), 122, 128 (*aufstellen*), 136 (*Angabe*), 145 (*angeben*), 156, 158, 254, 345, 374, 402, 520 (*hinstellen*)
**a. panorâmica** (*übersichtliche Darstellung*): 122
**forma de a.** (*Darstellungsform*): 122, 158
**meio de a.** (*Mittel der Darstellung*): 50
**modo de a.** (*Darstellungsweise*): 50
**arabesco** (*Schnörkel*): 168, 169
**aroma** (*Aroma*): 610
**árvore** (*Baum*): 47, 313, 344, 418
**aspecto** (*Aspekt*): 63, 73 (*Hinsicht*), 129, 164, 165, 387, 442 (*Hinsicht*), 493, 536

**a. exterior** (*das Äußere*): 164
**a. característico** (*das Charakteristische*): 165
**a. profundo**: 387
**a. do rosto**: 536
**áspero** (*rauh*): 107, 626
   **solo á.** (*rauher Boden*): 107
**associar, associação, associativo** (*assoziieren, Assoziation, assoziativ*): 6, 30 (*anknüpfen*), 53, 80 (*verbinden*), 93 (*zukommen*), 138 (boxe) (*zusammenhängen*), 200, 216 (*verbinden*), 251 (*zu*), 256, 258, 508, 508 (*verbinden*), 537, 556 (*verbinden*), 591
**atenção, atento** (*Aufmerksamkeit, aufmerksam*): 6, 33, 34, 129, 140, 144, 145, 156, 173, 194, 232, 258, 263, 268, 275, 277, 283, 321, 402 (*Achtung*), 405, 411, 412, 413, 417, 444, 665, 667, 668, 671
   **chamar a a.** (*auffallen, aufmerksam machen*): 129, 140, 144
   **prestar a.** (*achten, Acht geben*): 156, 166, 172, 194, 449 (*bedenken*), 674
   **falta de a.** (*Unachtsamkeit*): 173
   **escuta atenta** (*Hinhorchen*): 232
**atividade** (*Tätigkeit*): 1, 6, 7, 23, 36, 65 e 66 (*Vorgang*), 156, 207, 243, 547, 665, 671, 693
   **a. interna** (*innere Tätigkeit*): 671
   **a. mental** (*geistige Tätigkeit*): 36, 156, 547, 665, 693
**atmosfera** (*Atmosphäre*): 117 (*Dunstkreis*), 165, 173, 213, 594, 596, 607, 609
**atrito** (*Reibung*): 107, 130
**autômato, automático** (*Automat, automatisch*): 166, 169, 420

**balança** (*Waage*): 142, 182, 259
**Ballard, sr.**: 342
**barômetro** (*Barometer*): 354
**barulho** (*Lärm*): 442, 668, 674, 682
**batismo** (*Taufe*): 38
**behaviorismo, behaviorista** (*Behaviourism, Behaviourist*): 307, 308
**besouro** (*Käfer*): 293

**bloco** (*Würfel*): 2, 8, 9, 10, 17, 430 (*Block*)
**boneca** (*Puppe*): 27, 282, 360
**boxeador** (*Boxer*): 22 (boxe)

**cachorro** (*Hund*): 250, 357, 650
**cadáver** (*Leichnam*): 284
**caixa** (*Kasten, Kiste, Schachtel*): 11, 14, 293
**calculador prodígio** (*Kunstrechner*): 236
**calcular** (*rechnen, berechnen*): 138 (boxe), 179, 320, 364, 449, 466, 469
   **c. os próximos elementos da sequência** (*fortrechnen*): 179
   **maneira de c.** (*Rechnungsart*): 138 (boxe)
**cálculo** (*Kalkül, Rechnung*): 23, 28 (boxe), 81, 136, 469 (*Berechnung*), 480, 490, 559, 565, 569
   **exercício de cálculo aplicado** (*angewandtes Rechenexempel*): 23
**caldeira** (*Kessel*): 466, 469
**capacidade** (*Fähigkeit*): 25, 143, 144, 151, 636
   **c. de aprendizagem** (*Lernfähigkeit*): 143, 144
   **c. de imaginar** (*Vorstellungskraft*): 251
   **c. mental** (*geistige Fähigkeit*): 25
**caracterizar, característico** (*charakterisieren, charakteristisch*): 35, 38, 54, 66 (*Charakter-*), 67, 142 (*Witz*), 152, 154, 159, 160 (*Merkmal*), 165, 165 (boxe), 167, 175, 229, 231, 321, 356 (*kennzeichnen*), 410, 545 (*Kennzeichen*), 562 (*kennzeichnen*), 564 (*Witz*), 578 (*Kennzeichen*), 588, 591, 607, 628, 653
**caráter** (*Charakter*): 64, 111, 493, 568, 609
**Carroll, Lewis**: 13
**castelos de carta** (*Luftgebäude*): 118
**causar, causa, causal** (*verursachen, Ursache, kausal*): 89, 142, 177, 195, 198, 217, 220, 312, 324, 325, 466, 475, 476, 593, 613, 631, 632
   **nexo c.** (*kausaler Zusammenhang, kausaler Nexus*): 89, 613, 631

**conexão c.** (*kausaler Zusammenhang*): 198
**causação** (*Verursachung*): 169, 170, 493 (*Einwirkung*)
**condicionante c.** (*kausaler Bedingtheit*): 220
**cegueira, cego** (*Blindheit, blind*): 219, 281, 416, 424
**certeza** (*Gewißheit, Sicherheit*): 84 (*vergewissern*), 158, 246, 263, 265 (*vergewissern*), 320, 324, 325, 342, 349, 474, 576, 578, 607, 625, 633, 635, 638, 640, 641
  **incerteza** (*Ungewißheit*): 24, 97 (*Unsicherheit*), 247
  **ter c.** (*sicher sein*): 158, 263 (*gewiß*), 320, 324, 342, 607, 625, 638, 641 (*gewiß*)
  **tons que expressam c.** (*sicherer Tonfall*): 607
  **certamente**: 19, 44, 56, 57, 73, 78, 159, 423, 443, 456, 505, 634
  **certo** (*richtig*): 213, 241, 246, 461, 607
**charada** (*Rätsel*): 23
**ciência** (*Wissenschaft*): 81, 89
  **c. natural**: 81, 89
  **c. normativa**: 81
  **lógica como fundamento das c.**: 89
**científico** (*wissenschaftlich*): 79, 109, 392
  **c. vs. gramatical**: 392
  **considerações c.**: 109
  **definições c.**: 79
**cirílico** (*cyrillisch*): 159, 162
**clareza, claro** (*Klarheit, klar*): 81, 100 (*deutlich*), 133, 173, 314, 316, 395
  **visualizar com c.** (*vergegenwärtig*): 173
  **pouca c.** (*Unklarheit*): 395
**clarinete** (*Klarinette*): 78
**classe** (*Klasse*): 43, 66
**coluna** (*Säule*): 2, 8, 9, 10
**coluna** (*Spalte*): 86, 162
**combinação** (*Verbindung*): 20, 48 (*Kombination*), 58, 64 (*Zusammenstellung*), 277 (*Zusammenstellung*), 498, 499, 500
**combinar, combinação** (*vereinbaren, Abmachung*): 41

**compaixão** (*Mitleid*): 287
**complexo** (*Komplex*): 48, 49, 51, 53
**complexo** (*kompliziert*): 31
**comportamento** (*Verhalten, Benehmen*): 54, 157, 193, 244, 246, 250, 269, 281, 288, 300, 302, 304, 307, 344, 357, 393, 486, 571, 579, 591, 631
  **c. de dor** (*Schmerzbenehmen*): 244, 281, 300, 302, 304, 393
**composição, composto** (*Zusammensetzung, zusammengesezt*): 39, 45, 46, 47, 48, 48 (*Zusammenstellung*), 59, 60, 312 (*Beschaffenheit*), 512 (*Zusammenstellung*)
  **c. química** (*chemische Beschaffenheit*): 312
**compreender/entender** (*verstehen*): 1 (latim: *tenere*), 1 (latim: *colligere*), 4, 6, 20, 28, 28 (*auffassen*), 29, 29 (*auffassen*), 30 (*zum Verständnis*), 31 (*mit Verständnis*), 32, 33, 47, 52, 54, 58, 58 (*auffassen*), 60, 71, 72, 73, 79, 81, 82, 87, 88, 89, 89 (*erfassen*), 92, 97 (*begreifen*), 100, 101, 102, 109, 117, 125, 135, 138, 138 (*erfassen*), 139, 139 (*erfassen*), 143, 146, 147, 149, 150, 151, 152, 153, 153 (*erfassen*), 154, 155, 155 (*begreifen*), 181, 182, 185, 189, 194, 196, 197, 199, 206, 210, 219, 243, 251, 256, 257, 261, 264, 269, 274 (*begreifen*), 288, 315, 319, 321, 345, 348, 355, 363 (*auffassen*), 368, 416, 423, 433, 451, 505, 513, 514, 516, 525, 526, 532, 537, 540, 557 (*auffassen*), 560, 568, 572, 652, 653
  **a gramática de "e."**: 150, 151, 182
  **c./e. a essência (o fundamento) de tudo o que é empírico**: 89
  **c./e. estados e processos anímicos (sua gramática)**: 153, 572, 652
  **c./e. exemplos**: 71
  **c./e. nexos causais**: 89
  **c./e. o conceito de jogo**: 135
  **c./e. o conceito de proposição**: 135
  **c./e. o ideal da lógica**: 100, 101, 102
  **c./e. repentinamente**: 321

c./e. um sinal: 102, 433
c./e. um esquema: 73
c./e. um jogo: 31, 568
c./e. um pensamento: 319
c./e. um sentido/significado: 138, 139, 363
c./e. uma definição ostensiva: 28, 29, 32, 33
c./e. uma descrição: 219, 368
c./e. uma escrita: 4
c./e. uma explicação: 28 (boxe), 29, 71, 72, 73, 288
c./e. uma frase/pergunta/proposição: 58, 60, 81, 138, 199, 513, 514, 516, 525, 540, 652
c./e. uma imagem: 423, 526
c./e. uma justificação: 261
c./e. uma linguagem: 20, 32, 54, 199, 243, 256, 355
   a essência da linguagem: 92, 97
   a lógica da linguagem: 016
   o funcionamento da linguagem: 109
   uma linguagem privada: 256
c./e. uma ordem: 185, 199, 206, 451, 505
c./e. uma palavra/nome/expressão: 6, 28, 29, 30, 79, 82, 87, 117, 138, 139, 149, 189, 196, 197, 257, 264, 269, 274, 288, 315, 363, 423, 560
c./e. uma regra: 125
   a regra/lei de uma sequência: 143, 146, 147, 152, 153, 154, 155, 185
   o conceito de "e.": 513
   o significado de "c.": 532
**compreensível** (*verständlich*): 12 (*begreiflich*), 167, 207, 261, 308 (*begreiflich*)
**incompreensível** (*unverständlich*): 364, 540
**compreensão** (*Verständnis/Verstehen*): 6, 87, 93, 122, 185, 209, 348, 396, 527, 531, 532, 533, 541, 557 (*Auffassung*), 577, 609, 636, 660
c. da psicologia: 577
c. de um poema: 531, 533
c. de um tema musical: 527, 533
c. de uma palavra: 6
c. de uma explicação: 209
c. de uma frase: 396, 527, 531
c. de uma sequência: 185
c. por meio da linguagem, por meio de palavras: 242, 557
c. segura: 87
conceito de "c.": 532
falta de c.: 122
má c.: 93
**comprimento** (*Länge, lang sein*): 14, 29, 47, 50, 208, 209, 251, 430, 552
**comum** (*gemeinsam*): 65, 66, 67, 71, 72, 73, 97, 172, 206, 261 (*allgemein*), 273, 293; *ver também* **fator c.**, 531
   propriedades c. (*Gemeinsamkeit*): 67
   linguagem c. (*allgemeine Sprache*): 261
   fator c. (*etwas, das "gekürzt werden" kann*): 293
**comunicar** (*mitteilen*): 22, 54, 193, 208, 280, 348, 363, 491 (*sich mitteilen/geben*), 600 (*unvermitteln*), 571, 636, 657, 659
**conceber** (*auffassen*): 2, 4, 20, 48, 201, 520, 539, 549
**concebível** (*denkbar*): 152, 200, 205, 243, 253, 323, 344, 385
   modo de c. (*Auffassung*): 201
**conceito** (*Begriff*): 2, 5, 48, 67, 68, 69, 70, 71, 73, 75, 76, 77, 81, 96, 97, 122, 125, 134, 135, 136, 142 (boxe), 157, 171, 177, 208, 282, 308, 316, 334, 345, 383, 384, 385, 480, 513, 532, 544, 569, 570, 574, 577
c. (em matemática): 334, 385
c. com bordas borradas: 71
c. como instrumentos: 569
c. de apresentação panorâmica: 122
c. de composição: 48
c. de compreender/entender: 81, 513, 532
c. de crença: 574, 577
c. de dor: 282, 384
c. de esperança: 574, 577
c. de expectativa: 574
c. de "fazer contas de cabeça": 385
c. de jogo: 68, 69, 70, 71, 75, 135
c. de leitura: 171
c. de linguagem: 96

c. de mecanismo (anímico): 157
c. de mundo: 96
c. de número: 67, 68, 135
c. de ordem: 208, 345
c. de peças (de um jogo): 136
c. de pensar/pensamento: 81, 96, 316, 383, 574
c. de proposição: 96, 97, 135
c. de querer dizer: 81, 125, 513
c. de regra: 208
c. (geral) de significado: 2, 5
c. de verdadeiro e falso: 136
c. estético e conceito ético: 77
c. impossível (em matemática): 334
"c. nos conduzem a investigações": 570
c. "porque": 177
c. rigidamente delimitado: 68
c. "trissecção do ângulo com régua e compasso": 334
significado de um c.: 142 (boxe)
super-c.: 97
**concepção** (*Anschauung, Auffassung, Darstellung*): 4, 20, 22 (*Ansicht*), 38, 48, 94, 109, 401, 403
**concluir** (*schließen*): 1 (citação), 126 (*folgern*), 325, 479 (*ableiten*), 486, 663 (*erschließen*)
**conclusão** (*Schluss*): 194, 312, 322 (*Folgerung*), 342, 486, 527 (*Schlußfolgerung*), 535, 586, 586 (*Ergebnis*), 599, 651, 680
**concordância** (*Übereinstimmung*): 201, 224, 241, 242, 271, 386, 429, 492
   a palavra "c.": 224
   c. com leis naturais: 492
   c. entre os homens: 241
   c. entre pensamento e realidade: 429
   c. das opiniões *vs.* da forma de vida: 241
   c. nas definições *vs.* nos juízos: 242
**concreto** (*konkret*): 97
**condição, condicionante** (*Bedingung, Bedingtheit*): 107, 183, 194, 220, 493
**conexão** (*Verbindung, Zusammenhang*): 1, 6, 8, 38, 50, 51, 55, 122, 130 (*Verhältnis*), 158, 169, 174, 176, 177, 179, 197, 198, 207, 244, 251, 258, 487, 541, 613, 640, 645, 647, 681, 682, 683, 684, 689
   c. causal: 198 (*kausaler Zusammenhang*), 613
   c. de nomes: 1
   c. imagem-proposição: 251
   c. intenção-intencionado: 197, 681, 682, 683, 684
   c. nome-nomeado: 6, 38, 244, 258, 681, 682, 683, 684, 689
   c. regra-interpretação-ação: 169, 176, 179, 198, 207, 487
   c. da linguagem: 130
   ver c.: 122
**conjectura de Goldbach** (*Goldbach'scher Satz*): 578
**consciência, (in)consciente** (*Bewußtsein, (un)bewußt*): 20, 148, 149, 156, 159, 171, 281, 349, 358, 390, 412, 416, 417, 418, 419, 420, 421, 426, 448, 597
   **estado de c.** (*Bewußtheitszustand*): 148, 149, 156, 159, 171, 421
**consciencioso** (*gewissenhaft*): 173
**consequência** (*Folge*): 28 (boxe), 35 (boxe), 207, 238, 268, 486 e 578 (*Konsequenz*), 620, 626 (*Konsequenz*)
   **extrair as c. (em palavras e ações)**: 486
   **impressão de que a regra produz antecipadamente todas as suas c.**: 238
**constatar** (*feststellen*): 40, 50, 402 (*konstatieren*), 495, 599, 682 (*konstatieren*)
**constatação** (*Feststellung*): 24, 50, 228, 415, 655
**conter, conteúdo** (*beinhalten, Inhalt*): 152, 217
**contexto** (*Umgebung, Zusammenhang*): 49, 156, 161, 250, 403 (*Verbindung*), 412, 525, 539, 558, 583, 584, 595, 652, 665, 686
   **c. da frase** (*Satzzusammenhang*): 49
**conta** (*Berechnung, Rechnung*): 233, 234, 236, 364, 366, 369, 385, 386
   **fazer c.s** (*rechnen*): 233, 234, 236, 364, 366, 369, 385, 386

**fazer c.s de cabeça** (*Kopfrechnen*): 364, 385
**fazer c.s sobre o papel** (*das Rechnen auf dem Papier*): 364, 366
**contos de fadas** (*Märchen*): 292
**contradizer, contradição** (*widersprechen, Widerspruch*): 58, 61, 125, 139, 201, 283, 427
**convenção** (*Übereinkunft*): 355
**convicção** (*Überzeugung*): 184, 287, 333, 598, 607
**copiar** (*kopieren*): 143
**cor** (*Farbe*): 1, 8, 16, 21, 26, 28, 29, 30, 33, 35, 36, 47, 48, 49, 50, 51, 53, 56, 57, 58, 64, 67, 72, 73, 76, 77, 88, 208, 216, 238, 239, 275, 276, 277, 278, 381, 382, 386, 388, 523, 526, 578
   **amostra de c.**: 1, 8, 16, 50, 73
   **colorido** (*Farb-, farbig*): 48, 49, 51, 53, 72 (*bunt*), 76
   **ter muitas c.s** (*Mehrfarbigkeit*): 47
**correção** (*Richtigkeit*): 258, 260, 424
**corpo, incorporar, corporal, (in)corpóreo** (*Körper, einverleibt, (un)körperlich*): 1 (latim: *corpus*), 18, 24, 36, 182, 188, 252, 283, 286, 302, 332, 339, 359, 361, 364, 391 (*Leib*), 411, 421, 430, 512, 526, 559, 571, 618, 630
   **c.s de significado** (*Bedeutungskörper*): 559
**correlato** (*Korrelat*): 27, 96, 372
**correto** (*richtig*): 2 (*stimmen*), 47, 54, 56, 58, 60, 81, 81 (*recht*), 82, 84 (*recht*), 93, 109, 138 (boxe), 139 (boxe), 145, 146, 153, 156, 157, 157 (*stimmen*), 171, 177, 179, 180, 185, 186, 195, 236, 243, 250, 254, 265, 266, 269, 270, 280, 288, 289, 305, 324, 335, 342, 351, 362, 364, 378, 386, 402, 515, 521, 568, 573, 625, 627, 646, 692
   **incorreto** (*falsch*): 288, 613, 646
   **incorreto** (*unrichtig*): 143, 345
   **estar c.** (*stimmen*): 2, 157
**costume** (*Gepflogenheit*): 198, 199, 205, 337
**costumeiro** (*gewöhnlich*): 171, 527
**cotidiano** (*Alltag, alltäglich*): 81, 93, 105, 106, 108 (boxe), 116, 120, 129, 134, 156, 197 (*täglich*), 235, 412, 436
   **linguagem c.** (*Umgangssprache*): 81
   **vida c.** (*gewöhnliches Leben*): 105, 108 (boxe), 156, 235 (*alltägliches Leben*), 412
**crença** (*Glaube*): 140, 310, 438, 439, 472, 473, 477, 574, 575, 578
   **descrença** (*Unglaube*): 310
**criança** (*Kind*): 5, 6, 7, 9, 27, 32, 66, 70 (boxe), 79, 137, 195, 233, 244, 257, 282, 361, 420, 467, 480, 539
**critério** (*Kriterium*): 51, 56, 141, 146, 149, 159, 160, 164, 182, 185, 190, 238, 239, 253, 258, 269, 288, 290, 322, 344, 354, 376, 377, 385, 404, 509, 542, 572, 573, 580, 625, 633, 692
**cubo** (*Würfel*): 74, 139, 140, 141
**curva, curvo** (*Kurve, Krumm*): 47, 313

**dados** (*Würfeln*): 70 (boxe), 70 (boxe) (*würfeln*)
   **jogar d. a dinheiro** (*um Geld würfeln*): 70 (boxe)
**decidir, decisão, decisivo** (*entscheiden, Entscheidung, entscheidend*): 53, 79, 186, 241, 243, 286, 303, 308, 315, 363, 411, 439 (*festsetzen*), 551, 562, 563, 588, 589, 591, 607, 627 e 631 (*Entschluß*), 632, 632 (*Entschluß*)
**decomposição, decomposto** (*das Zerlegen, zerlegt*): 60, 90, 91
**definição** (*Definition*): 6, 28, 29, 30, 33, 38, 69, 70, 75, 77, 79, 239, 242, 258, 354, 665
**definir** (*definieren*): 28, 29, 50 (*erklären*), 79, 157 (*erklären*), 205, 253
**demonstração** (*Demonstration*): 459
**derivação** (*das Ableiten*): 146, 163, 164
**derivar** (*ableiten*): 38 (*herrühren*), 162, 163, 164, 193, 305 (*herrühren*), 486 (*entnehmen lassen*)
**descobrir, descoberta** (*entdecken, Entdeckung*): 6 (*finden*), 119, 124, 125, 126, 133, 207 (*finden*), 316 (*herausbringen*), 376 (*finden*), 400, 436 (latim: *inventio*), 468 (*herausbringen*), 511
**descrever** (*beschreiben*): 1, 3, 10, 23, 32, 48, 49, 51, 53, 55, 60, 69, 75, 82, 106,

108 (boxe), 124, 139 (boxe), 152, 155, 171, 197, 216, 242, 244, 256, 261, 290, 294, 335, 367, 368, 378, 383, 386, 402, 436, 439, 486, 487, 490, 496, 582, 610, 617, 626, 638, 653, 662, 684

**descrição** (*Beschreibung*): 2, 4, 10, 23, 24, 47, 49, 51, 53, 55, 69, 70, 79, 109, 154, 171, 175, 179, 180, 219, 221, 240, 256, 285, 291, 322, 335, 368, 370, 374, 383, 398, 402, 509, 577, 585, 588, 609, 610, 627, 665

**definição de um nome por meio de d.:** 79

**d. como imagem verbal dos fatos:** 291

**d. da posição de um corpo por meio de coordenadas:** 24

**d. de expressões faciais:** 24, 285

**d. de imagens sonoras:** 4

**d. de jogos:** 69, 70, 75

**d. de um aroma:** 610

**d. de um chão coberto de folhas:** 70

**d. de um estado anímico, de um estado de humor, da vida interior:** 24, 154, 180, 577, 585, 665

**d. de um objeto distante:** 171

**d. de um objeto para o qual não se consegue apontar:** 374

**d. de um processo:** 370

**d. de um quarto:** 368, 398

**d. de uma ação voluntária:** 627

**d. de uma atmosfera:** 609

**d. de uma imagem mental:** 402

**d. de uma linguagem:** 2

**d. de uma sensação tátil:** 24

**d. do aprendizado de uma linguagem:** 1, 32

**d. do que se vê:** 509

**d. do simples e do complexo:** 47, 49, 51, 53, 55

**d. do uso/emprego das palavras:** 10, 383

**d. (mitológica) do uso de uma regra:** 221

**d. como instrumentos:** 291

**d. como substitutos de explicações:** 109

**indescritível:** 175 (*unbeschreibbar*), 609 (*unbeschreiblich*)

**teoria das d.s definidas de Russell:** 79

**desejar, desejo** (*Wunsch, wünschen*): 1 (latim: *petere*), 1 (latim: *voluntas*), 13, 24, 29, 35, 38 e 133 (*wollen*), 376, 433, 437, 438, 439, 440, 441, 461, 498 (*wollen*), 546, 548, 598 (*möchten*), 614, 615, 616, 649, 656

**designação** (*Bezeichnung*): 4, 8, 28, 41, 178, 239, 270, 293

**designar** (*bezeichnen, zur Bezeichnung*): 1 (latim: *signum esse*), 9, 10, 13, 15, 21, 34, 39, 40, 46, 51, 55, 56, 59, 64, 68, 122, 256, 264, 273, 274, 398

**determinação** (*Bestimmung*): 46, 88, 88 (*Festsetzung*), 139, 193 (*Bestimmtheit*), 361, 437 (*das Bestimmen*)

**d. de lugar** (*Ortsbestimmung*): 361

**d. de tempo** (*Zeitbestimmung*): 88

**determinar** (*bestimmen*): 82, 88, 136, 137, 139, 142, 189, 190, 195, 198, 201, 237, 242, 266, 352, 426, 461, 465, 469, 567, 620

**determinado (posposto ao substantivo)** (*bestimmt*): 59, 60, 79, 81, 83, 99, 188, 193, 276, 412, 465, 536, 559

**indeterminado** (*unbestimmt*): 99, 465

**pred.** (*vorausbestimmt*): 188, 193

**Deus** (*Gott*): 234, 342, 346, 426

**devaneio** (*Träumerei*): 364

**diário** (*Tagebuch*): 258, 270

**dieta** (*Diät*): 593

**dimensionamento** (*Dimensionierung*): 267

**dinheiro** (*Geld*): 70 (boxe), 120, 268, 294, 584

**disposição** (*Einstellung*): 149 (*Disposition*), 284, 310, 575, 672, 673

**doença** (*Krankheit*): 255, 593

**dogmatismo** (*Dogmatismus*): 131

**dúvida** (*Zweifel*): 24, 84, 85, 87, 142, 157, 197, 213, 246, 288, 408 (*zweifeln*), 578, 607, 652, 679 (*zweifeln*)

**educar, educação** (*erziehen, Erziehung*): 6, 27, 189, 283, 441, 467

**elemento** (*Element*): 46, 48, 49, 50, 51, 53, 59, 66
**elos intermediários** (*Zwischengliedern*): 122
**empírico** (*Erfahrungs-, erfahrungsmäßig*): 85, 89, 97, 109 (*empirisch*), 179, 193, 194, 195, 251, 295, 360, 418, 466, 484
  **fato e.** (*Erfahrungstatsache*): 194, 418, 466
  **o que é e.** (*das Erfahrungsmäßigen*): 89
  **proposição e.** (*Erfahrungssatz*): 85, 251, 295, 360
**empregar** (*verwenden*): 5, 25, 27, 50, 59, 65, 68, 71, 73, 74, 117, 134, 139, 154, 156, 157, 164, 182, 189, 193, 195, 256, 270, 271, 289, 364, 393, 410, 411, 514, 548, 550, 556, 563, 569, 658, 664, 676
**emprego** (*Venwendung*): 1, 5, 6, 11, 20, 21, 23, 41, 47, 54, 61, 97, 116, 117, 133, 134, 139, 140, 141, 146, 151, 182, 189, 191, 195, 196, 197, 225, 270, 278, 282, 291, 305, 376, 383, 397, 421, 426, 520, 530, 558
  **e. da linguagem:** 1, 5, 530
  **e. da palavra "é":** 558
  **e. da palavra "igual":** 225
  **e. da palavra "proposição":** 225
  **e. da palavra "recordar":** 305
  **e. da palavra "regra":** 225
  **e. da palavra "saber":** 151
  **e. da palavra "verdadeiro":** 225
  **e. de ferramentas da linguagem:** 23
  **e. de fórmulas matemáticas:** 189
  **e. de frases/proposições/ordens/perguntas:** 20, 21, 23, 47, 134, 278, 421, 520
  **e. de imagens:** 140, 141
  **e. de palavras/nomes/expressões/conceitos:** 6, 11, 41, 61, 97, 116, 117, 133, 139, 151, 182, 191, 195, 196, 197, 225, 282, 305, 376, 383, 426, 558
  **e. de regras:** 54
  **e. de sinais:** 41, 270
  **e. de uma técnica:** 520
  **e. do conceito de dor:** 282

**ensinar** (*lehren*): 6, 9, 31, 49, 51, 53 (*beibringen*), 70 (boxe), 137, 143 (*beibringen*), 145 (*in etwas führen*), 162, 185, 190, 198, 208, 211 (*unterrichten*), 224, 232, 244, 244 (*beibringen*), 250, 250 (*beibringen*), 257 (*beibringen*), 351 (*beibringen*), 361, 362 (*beibringen*), 375, 378, 464, 556, 692 (*Unterricht geben*), 693
  **e. a ler silenciosamente:** 375
  **e. (um novo) comportamento de dor:** 244, 250
  **e. exclamações, expressões de dor:** 244, 257
  **e. o alfabeto:** 162
  **e. o significado da expressão "falar consigo mesmo":** 361, 362
  **e. o uso da palavra "igual":** 378
  **e. o uso das palavras:** 9, 49, 224, 378, 556
  **e. o uso das palavras "regra" e "concordância":** 224
  **e. o uso de sinais:** 51, 53
  **e. ostensivamente uma palavra:** 9
  **e. por meio de exemplos e exercícios:** 208
  **e. (a usar) uma fórmula:** 190
  **e. (a continuar/desenvolver/construir) uma sequência:** 145, 185, 211, 692, 693
  **ser ensinado por meio de uma regra:** 198
**ensino, ensinamento** (*Lehren, Unterricht*): 5, 6, 7, 9, 49, 53, 54, 156, 197, 208, 233
  **e. da leitura:** 156
  **e. da linguagem:** 5, 7, 53
  **e. de um jogo (xadrez):** 54, 197
  **e. ostensivo (das palavras)** (*hinweisendes Lehren*): 6, 9, 49
  **e. por meio de exemplos:** 208
**entender:** *ver* **compreender**
**entendimento** (*Verstehen*): 2 e 3 (*Verständigung*), 102, 109, 119, 143 (*Verständigung*), 146, 146 (*Verständnis*), 149 (boxe), 151, 152, 153, 154, 156, 242 (*Verständigung*), 269, 321, 322, 346 (*Verstand*), 431, 433 (*Verständnis*)
  **aplicação do e.:** 146

critério para o e.: 146
e. como capacidade/faculdade de entender: 119, 346
e. como estado/processo (interno, anímico, mental): 146, 153, 154, 433
e. como experiência específica, indefinível: 322
e. como intermediário entre a ordem e sua execução: 431
e. de uma sequência numérica: 143, 151
e. instantâneo/repentino: 151, 321
e. mútuo: 2, 3, 242
e. por meio da linguagem: 109
e. subjetivo: 269
interrupção vs. continuidade do e.: 149 (boxe)
manifestações do e.: 152
enunciado (Aussage): 35 (boxe), 50, 58, 60, 79, 90, 134, 179, 189, 303, 352, 366, 511, 589
enunciar (aussagen, aussprechen): 50, 242
equivocar-se, equívoco, equivocado: conduzir a e.s (irreführen): 632
equivocado: 22 (irrig), 51 (falsch)
e.-se na leitura (verlesen): 150
induzir ao e. (verführen): 63
inequívoco (unmißverständlich): 352
inequívoco (unzweideutig): 433
interpretação e. (das Mißdeuten): 111
poder ser compreendido de modo e. (leicht mißzuverstehen sein): 653
errado (falsch): 20, 32, 195, 241, 345, 370, 461, 515
erro (Fehler, Irrtum): 51, 54, 110, 140, 143, 187 (das Irrige), 189, 270, 288, 328, 383, 616 (fehlerlos), 639, 654
critério para um e.: 51
e. de fala: 54
e. do nominalista: 383
e. desregrado: 143
e. sistemático: 143
possibilidade do e.: 288
errôneo (falsch): 142
esclarecer (klären): 91
esclarecimento (Aufschluß): 573

esquisito (seltsam): 336
espaço, espacial (Raum, räumlich): 62, 108 (boxe), 216, 219, 439, 539, 673
espelho (Spiegel): 285, 411
espírito (Geist): 62 (Witz), 142 (Witz), 335 (Stimmung), 360, 564, 564 (Witz), 648
e. característico (Witz): 142, 564
estado de e.: 335
estética (Ästhetik): 77
estrangeiro (Fremder, fremd): 20, 20 (Ausländer), 32
terra e.: 32
estranheza (Fremdheit): 596
estranho: 20, 33, 38, 49, 60, 93, 120, 149 (boxe), 194, 195, 196, 197, 205, 206, 209, 242, 263, 288, 336, 342, 352, 363, 409, 412, 416, 428, 534, 540, 561, 596, 602, 624
e. (fremd): 206, 596, 602
e. (merkwürdig): 38, 120, 205, 209, 336, 363, 412, 416, 561
e. (merkwürdigerweise): 38
e. (seltsam): 33, 38, 49, 93, 149 (boxe), 194, 195, 196, 197, 242, 263, 288, 342, 352, 409, 428, 534, 540, 624
e. (sonderbar): 20, 60
estrutura (Bau, Gebilde): 23, 38 (Zusammenhang), 46, 67, 92, 102, 108, 134, 136, 240 (Gerüst), 421, 523 (Struktur), 664
e. da frase/proposição: 38, 102, 134, 136, 664
e. da imagem: 523
e. da linguagem: 23, 92, 108, 240
e. (entrelaçada) do discurso: 46
ética (Ethik): 77
etiqueta (Täfelchen): 15, 26, 73
e. com o nome de uma coisa (Namentäfelchen): 15, 26
e. como amostra do verde puro: 73
evidência (Evidenz): 638, 641
exatidão (Exaktheit): 69, 88, 91
definição de e.: 69
e. na delimitação de uma região: 88
perfeita e. das expressões: 91
(in)exato ((un)exakt): 28, 58, 69, 70 (genau), 88, 91

**definição e.:** 28
**"e." como elogio, "inexato" como censura:** 88
**explicação e. vs explicação inexata:** 88
**expressões mais ou menos e.s:** 58, 91
**inexato:** 69, 88
**medida e. vs medida inexata:** 69
**exatamente** (*genau*): 2 (*zwar*), 50 (*eben*), 111 (*ja*), 70, 81, 146 (*eigentlich*), 159 (*eben*), 223 (*wohl*), 253, 403, 403 (*ganz*), 498 (*gerade*), 542 (*eben*), 637, 685
**exceção** (*Ausnahme*): 142
**exemplo** (*Beispiel*): 23, 47, 71, 75, 77, 79, 133, 135, 139, 151, 162, 173, 185, 208, 209, 210, 216, 251, 351, 412, 490, 513, 593
**exercício** (*Übung*): 7, 23 (*Rechenexempel*) 185, 208, 607
e. de cálculo aplicado: 23
e. de fala: 607
**exercitar** (*üben, einüben*): 54, 607
**experimentação** (*Versuche*): 169
**experimento, experimental** (*Experiment, experimentell*): 23, 169, 265, 412, 490
**explicação** (*Erklärung*): 1, 3, 6, 20, 27, 28, 28 (boxe), 29, 30, 31, 32, 33, 34, 35 (boxe), 38, 47, 51, 70, 71, 72, 73, 75, 79, 82, 87, 88, 109, 136, 145, 162, 179, 184, 185, 209, 210, 217, 239, 262, 268, 288, 303, 350, 362, 370, 380, 444, 516, 527, 549, 556, 560, 598, 654, 655
equívoco de procurar uma e.: 109, 654, 655
e. da leitura: 162
e. da palavra "não": 549, 556
e. de processos anímicos: 303
e. de um jogo de linguagem: 655
e. de um tema musical: 527
e. de uma cor: 51, 72
e. de uma descrição: 70
e. de uma palavra, de um nome, da essência da designação: 35 (boxe), 79, 82, 87, 239, 262, 268, 288, 370, 444, 549, 556, 560
e. de uma regra (da regra de uma sequência): 185
e. do pensamento: 598
e. do que é um jogo (dos elementos ou regras de um jogo): 2, 31, 75
e. do que é uma proposição: 136
e. do simples e do complexo: 46
e. e exemplificação: 28 (boxe), 71, 185, 209
e. exata e inexata: 88
e. geral: 71
e. ostensiva: 6, 27, 28, 28 (boxe), 30, 32, 33, 34, 38, 362, 380, 444
e. ostensiva interna: 380
e. privada: 262, 268
e. última: 29
e.s concernentes à linguagem: 120
e.s têm um fim: 1
**interpretação da e.:** 28 (boxe), 32, 34, 87, 210
**substituição de e.s por definições:** 109
**"toda e. pode ser mal compreendida":** 28 (boxe)
**explicar** (*erklären*): 3, 13, 28, 29, 30, 31, 34, 38, 43, 45, 49, 65, 68, 69, 71, 73, 86, 89, 126, 134, 139 (boxe), 142 (boxe), 149, 156, 198, 208, 210, 247, 257, 288, 339, 361, 364, 369, 410, 425, 429, 444, 496, 533, 538, 540, 557, 560, 598, 631, 653, 680
**expressão** (*Ausdrück*): passim
**expressão facial:** ver **facial (expressão)**
**expressar** (*ausdrücken*, excepcionalmente *äußern*): passim
**exprimir** (*aussprechen*): 59, 243, 427
**extraordinário** (*außerordentlich*): 93, 142 (boxe), 638

**facial (expressão):** 1, 21, 24, 173, 174, 175, 285, 311, 536, 642, 665
**expressão f.** (*Gesicht*): 173, 175, 642
**expressão f.** (*Gesichtsausdruck*): 24, 173, 285, 311, 536, 665
**expressão f.** (*Miene*): 21, 174
**expressão f.** (latim: *vultus*): 1
**falso** (*falsch*): 79, 112, 132 (*leerläufen*), 136, 137, 246, 402, 429 (*fälschlich*), 448, 454, 507 (*leerläufen*), 604
**girar em f.** (*leerläufen*): 132, 507

**família** (*Familie*): 67, 77, 108, 164, 179, 236
  **f. de casos**: 164, 236
  **f. de estruturas mais ou menos aparentadas**: 109
  **f. de jogos de linguagem**: 179
  **f. de significados**: 77
  **semelhanças de f.** (*Familienähnlichkeiten*): 67
**familiar, familiaridade** (*vertraut, Vertrautheit*): 109 (*bekannt*), 166, 167, 596
  **não-f.** (*unbekannt, Unbekanntheit*): 596
**Faraday, Michael**: 104
**fato** (*Tatsache*): 89, 94, 95, 125, 142, 192, 194, 254, 291, 292, 354, 402, 418, 461, 465, 466, 471, 497, 524, 621, 629, 654
  **descrição como uma imagem verbal dos f.s**: 291
  **f.s como "fenômenos originários"**: 654
  **f. é determinado pela expectativa**: 465
  **f. empírico** (*Erfahrunstatsache*): 194, 418, 466
  **f. fundamental**: 125
  **f. matemático**: 254
  **f. natural**: 142
  **f. superlativo**: 192
  **f.s que se produzem na natureza** (*Tatsachen des Naturgeschehens*): 89
  **tema de um f.**: 461
  **"Se a nossa linguagem não tivesse essa gramática, então não poderia expressar esses f.s"**: 497
**fé** (*Glaube*): 589
**fenômeno** (*Erscheinung, Phänomen*): 5, 65, 79, 81, 90, 108 (boxe), 142, 153, 171, 176, 178, 200, 321, 325, 342, 363, 383, 385, 401, 436, 571, 583, 620, 653, 654
  **f. anímico...** (*seelische Begleiterscheinung*): 200
  **f. da memória** (*Gedächtnisphänomen*): 342
  **f. do saber**: 363
  **f. elétrico**: 571
  **f. físico**: 401
  **f. mental**: 363
  **f. natural** (*Naturerscheinung*): 81
  **f. originário** (*Urphänomen*): 654
  **f. psíquico...** (*psychische Begleiterscheinung*): 321
  **forma fenomênica** (*Erscheinungsform*): 178
  **o que acontece no campo fenomênico** (*das Geschehen in der Erscheinung*): 620
**ferramenta** (*Werkzeug*): 11, 14, 15, 16, 17, 23, 41, 42, 53, 54
  **f.s da linguagem**: 16, 23, 53
**ficção** (*Fiktion*): 23, 166, 307
  **ficção gramatical**: 307
**figura** (*Figur*): 48, 72, 74, 208, 420
**filosofar** (*philosophieren*): 11, 15, 38, 131, 133, 194, 254, 261, 274, 295, 303, 348, 436, 592, 598
**filosofia** (*Philosophie*): 52, 81, 108 (boxe), 109, 119, 121, 124, 125, 126, 128, 133, 133 (boxe), 254, 309, 348, 352, 393, 436, 520, 599
  **f. da lógica**: 108 (boxe)
  **f. da matemática**: 254
  **método da f.**: 133 (boxe)
  **(a) palavra "f."**: 121, 126
  **teses em f.**: 128
**filosófico** (*philosophisch*): 2, 38, 47, 49, 85, 90, 109, 111, 123, 125, 133, 182, 192, 275, 299, 308, 314, 411, 593
  **conceito f.**: 2
  **doença f.**: 593
  **enunciado f.**: 90
  **intenção f.**: 275
  **paradoxo f.**: 182
  **pensamento f.**: 299
  **pergunta f.**: 47
  **problema f.**: 38, 109, 123, 125, 133, 308, 314
  **profundidade f.**: 111
  **proposição f.**: 85
  **superstição f.**: 49
  **superlativo f.**: 192
**filósofo** (*Philosoph*): 38, 116, 127, 255, 413, 514
**fim** (*Ende*): 1, 83, 87, 184, 326, 344, 485
**física** (*Physik*): 410, 569, 571
**físico [adj.]** (*physikalisch*): 31 (*wirklich*), 58, 108 (boxe), 194, 253, 401, 571

**causação f.**: 493
**condições f.s**: 194
**objeto f.**: 253
**peça f. [de xadrez]** (*wirkliche Spielfigur*): 31
**possibilidade f.**: 566
**fisiologia, fisiológico** (*Physiologie, physiologisch*) 376, 632
**fisionomia** (*Physiognomie*): 235, 568
**flor** (*Blume*): 53
**folha** (*Blatt*): 70, 73, 74, 164, 265 (*Seite*), 312, 653 (*Papier*)
   **f.s de alcachofra**: 164
   **f. com mancha de dor**: 312
   **f. de papel**: 653
**forma** (*Form*): 5, 6, 10, 19, 21, 22, 23, 24, 25, 26, 31 (*Gestalt*), 48, 53, 60, 61, 63, 65, 72, 73, 74, 76, 90, 91, 92, 93, 94, 95, 111, 112, 114, 122, 123, 132, 134, 136, 156, 158, 162, 166, 178, 185, 189, 200, 210, 217, 241, 251, 267, 334, 337, 353, 356, 398, 402, 426, 430 (*Gestalt*), 513, 523, 657
   **f. analisada da frase/ordem**: 60, 61, 63
   **f. da pergunta**: 21, 24, 353
   **f. decomposta da expressão**: 91
   **f. (total) da frase** (*Satzform*): 21, 337
   **f. de apresentação** (*Darstellungsform*): 122, 158
   **f. de explicação**: 217
   **f. de expressão** (*Ausdrucksform, Form des Ausdrucks*): 90, 91, 94, 334, 356, 398, 402, 426, 513
   **f. de linguagem** (*Sprachform, Form der Sprache*): 5, 25, 91, 112
   **f. de uma tabela**: 53, 162
   **f. de vida** (*Lebensform*): 19, 23, 241
   **f. fenomênica** (*Erscheinungsform*): 178
   **f. geral da proposição**: 65, 114, 134, 136
   **f. gramatical das frases** (*grammatische Satzform*): 21
   **f. primitiva de linguagem**: 5, 25
   **f.s linguísticas** (*Sprachformen*): 111, 132
**formato** (*Form*): 14, 31, 33, 34, 35, 36, 73 (*Gestalt*), 86, 167 (*Gestalt*), 168, 312 (*Gestalt*)

**apontar para o f.** (*auf die Form zeigen*): 33, 35, 36
**querer se referir ao f.** (*die Form meinen*): 35
**fórmula** (*Formel*): 151, 152, 154, 179, 183, 189, 190, 320, 325, 521
   **f. algébrica**: 151, 189, 320
   **f. (química)**: 521
**formular** (*aussprechen*): 23 (*aufstellen*), 31 (*formulieren*), 75, 120, 146 (*niederlegen*), 258, 321 (*stellen*), 334
**fotografia** (*Photographie*): 71, 486
**frase** (*Satz*): passim
**Frege, Gottlob/fregeano**: 22, 22 (boxe), 49, 71
**freio** (*Bremse*): 6, 12
**frequência** (*Häufigkeit*): 142, 143, 539,
**função** (*Funktion*): 4, 11, 17, 21, 22, 27, 88, 92, 208, 280, 260, 274, 320, 556, 559
   **f. algébrica**: 320
   **f. da imagem**: 280
   **f. da palavra**: 11, 17, 274, 559
   **f. da linguagem**: 92
   **f. de uma ordem**: 21
   **f. de verdade**: 139
   **f. no jogo de linguagem**: 556
**funcionamento** (*das Funktionieren*): 5, 109 (*Arbeit*)
**funcionar** (*funktionieren*): 2, 12 (*wirken*), 48 (*gelten*), 88, 88 (*gehen*), 93, 153 (*gelingen*), 156, 304, 330 (*gehen*), 340, 350, 680 (*wirksam sein*)
**fundamentação, fundamento**: 87, 89, 129, 217, 324, 325, 326, 527
**fundamentação** (*Begründung*): 217, 527
**fundamentação** (*Grund*): 326
**fundamento** (*Fundament*): 87, 89
**fundamento** (*Grund*): 89, 324, 325
**fundamento** (*Grundlage*): 129
**fundamentar** (*begründen*): 39, 124, 320, 325 (*gründen*), 482, 527
   **bem fundamentado** (*wohlbegründet*): 320
**fundamental** (*fundamental*): 63, 122 (*grundlegend*), 125, 314, 630 (*Grund-*)

**diferença f.**
(*Grundverschiedenheit*): 630

**gêmeos siameses** (*siamesische Zwillingen*): 253
**generalidade** (*Allgemeinheit*): 142 (boxe)
**generalizar** (*verallgemeinern*): 293
**gerador eletrostático** (*Elektrisiermaschine*): 409
**geral** (*allgemein*): 5, 61, 65, 71, 73, 74, 104, 114, 134, 136, 141, 142 (boxe), 165, 177, 183, 193, 318, 337, 363, 480, 652
   **em g.** ((*im*) *allgemeinen*): 61, 74, 141, 177, 183, 193, 318, 337, 363 (*überhaupt*)
   **forma g. da proposição:** 65, 114, 134, 136
   **geralmente:** 165
**germanismos** (*Germanismen*): 597
**gesto** (*Gebärde, Geste*): 44, 45, 174, 185, 208, 288, 310, 330, 335, 398, 433, 434, 528, 529, 550, 556, 590 (*Zeigen*), 610, 662 (*mit dem Finger zu winken*), 666, 673
**girar em falso** (*leerläufen*): 132, 507
**Goldbach (conjectura de)** (*Goldbach'scher Satz*): 578
**gramática** (*Grammatik*): 20, 29, 35 (boxe), 122, 150, 165 (boxe), 182, 187, 199, 257, 293, 295, 304, 339, 350, 353, 354, 371, 373, 492, 496, 497, 520, 528, 562, 572, 660, 664, 693
   **g. da expressão "seguir a regra":** 199
   **g. da expressão "ser capaz de":** 150
   **g. da expressão "uma (atmosfera) bastante específica":** 165 (boxe)
   **g. da frase:** 353
   **g. da notação:** 562
   **g. da palavra "comer":** 339
   **g. da palavra "conseguir":** 150, 182
   **g. da palavra "dor":** 257, 350
   **g. da palavra "entender":** 150, 182
   **g. da palavra "inventar":** 492
   **g. da palavra "linguagem":** 492
   **g. da palavra (do verbo) "pensar":** 339, 693

   **g. da palavra "saber":** 150, 187
   **g. das expressões de sensação segundo o modelo de "objeto e designação":** 293
   **g. de "adequar-se":** 182
   **g. dos estados de "expectativa", "ter uma opinião", "ter uma esperança", "saber algo", "ser capaz de algo":** 572
   **g. de *meinen*:** 657
   **g. de "querer dizer" (*meinen*):** 35 (boxe), 693
   **g. de "querer se referir" (*meinen*):** 664
   **g. de "ter em mente" (*meinen*):** 187
   **g. e possibilidade:** 520
   **g. superficial vs. g. profunda:** 664
   **modelo da nossa g.:** 20
   **oscilação na g. entre critérios e sintomas:** 354
   **propósito da g.:** 497
   **regras da g.:** 497
   **rejeição da g. que quer se impor a nós:** 304
   **representação imagética da nossa g.:** 295
   **teologia como g.:** 373
   **"a essência é expressa na g.":** 371, 373
   **"(a g.) apenas descreve o uso dos sinais":** 496
**gramatical** (*grammatisch*): 21, 47, 90, 110, 111, 149, 149 (boxe), 232, 251, 295, 307, 392, 401, 458, 558, 572, 573, 574
   **análise g.:** 392
   **apontamentos g.s:** 232
   **consideração g.:** 149 (boxe)
   **distinção g.:** 149
   **ficção g.:** 307
   **forma g. das frases:** 21
   **ilusões g.s:** 110
   **movimento g.:** 401
   **observação g.:** 574
   **pergunta g.:** 47
   **perspectiva g.:** 90
   **piada g.:** 111
   **proposição g.:** 251, 295, 458
   **regras g.s:** 558

**tratar algo gramaticalmente como um estado:** 572, 573

**habitual, habitualidade** (*gewöhnlich, Gewöhnlichkeit*): 427 (sonst), 600
**harmonia** (*Harmonie*): 429
**hipostasiar** (*hypostasieren*): 598
**hipótese, hipotético** (*Hypothese, hypothetisch*): 23, 82, 109, 156, 325
**história, histórico** (*Geschichte, historisch*): 23, 25, 415, 522, 607 (*Erzählung*), 637, 638, 644, 652 (*Erzählung*), 663
   **contar h.s:** 25
   **h. natural** (*Naturgeschichte*): 25, 415
   **h. pregressa** (*Vorgeschichte*): 637, 638
   **inventar h.s:** 23
   **representação h.:** 522
**homem** (*Mensch*): 6, 55, 71, 194, 206, 241, 281, 283, 345, 361, 393, 402, 404, 415, 418, 420, 422, 426, 466, 467, 491, 495, 496, 536, 538, 554, 555, 596, 656
**homem** (*Mann*): 22 (boxe), 79, 87, 99, 139 (boxe), 171
**humanidade** (*Menschheit*): 204, 272
**humano** (*menschlich*): 1, 32, 207, 208, 288, 307, 337, 359, 364, 583
   **atividades h.s usuais:** 207
   **comportamento h.:** 288, 307
   **corpo h.:** 359, 364
   **costumes e instituições h.s:** 337
   **limitação h.:** 208
   **linguagem h.:** 1, 32
   **rosto h.:** 583
   **vida h.:** 583

**ideal** (*Ideal, ideal*): 81, 88, 98, 100, 101, 103, 105, 107, 194
   **condições i.s:** 107
   **i. (substantivo):** 98, 100, 101, 103, 105
   **linguagem i.:** 81
   **máquina i.mente rígida:** 194
   **precisão i.:** 88
**idealistas** (*Idealisten*): 402
**ideia** (*Idee*): 1, 39, 58, 74 (*Gedanke*), 81, 101, 103, 108-9 e 131 (*Vorurteil*), 166, 170 (*Gedanke*), 175, 176, 187, 188, 194, 218, 275 (*Sinn*), 282 (*Bild*), 283, 283 (*Gedanke*), 284, 304, 305, 348, 412, 420, 556, 578, 608, 613
   **i. clara** (*klares Bild*): 282
   **i. preconcebida** (*Vorurteil*): 108, 109, 131
**ilusão** (*Täuschung*): 80, 96, 97, 110, 270 (*Schein*), 311 (*Illusion*), 354 (*Schein*), 362 (*Illusion*)
**imagem** (*Bild, Vorstellung*): passim
   **i. mental** (*Vorstellung* ou *Vorstellungsbild*): 166, 251, 265, 366, 367, 376, 377, 378, 382, 386, 388, 389, 402, 587
   **mundo das i.s mentais** (*Vorstellungswelt*): 402
**imaginação** (*Vorstellung*): 141 (*Phantasie*), 216, 265, 266, 267, 300, 301, 302, 344, 364, 367, 370, 386, 390, 512
**impressionista** (*impressionistisch*): 368
**incorreto** (*falsch, unrichtig*): ver **correto**
**indicar:** 1 (latim: *ostendere*), 33 (*andeuten*), 68 (*angeben*), 74 (*besagen*), 284 (*bedeuten*), 302 (*deuten*), 386 (*zeigen*), 404 (*hinauswollen*), 443 (*anzeigen*), 481 (*angeben*), 499 (*andeuten*), 653 (*sagen*)
**indício** (*Anzeichen*): 271, 321, 448 (*Andeutung*), 488 (*Indiz*)
**"*individuals*" de Russell:** 46
**indução, indutivo** (*Induktion, induktiv*): 135, 324, 325
**inferência** (*Schließen, Folgen*): 97, 481
   **conceito de i.:** 97
   **i. lógica:** 481
**inferir** (*schließen*): 453
**informação** (*Mitteilung*): 35 (boxe), 199, 207, 295, 298, 348, 416, 480 (*Angabe*), 481 (*Angabe*), 607 (*Angabe*)
**informar** (*angeben*): 21 (*melden*), 60, 88, 296 (*mitteilen*), 607
**informe** (*Meldung*): 19, 21
**infinito** (*unendlich*): 18 (*Infinitesimal-*), 147, 167, 186, 208 (*ad infinitum*), 218, 229, 344, 352, 426
   ***ad infinitum*:** 208

**desenvolvimento i. de π:** 352
**i. (substantivo)** (*das Unendliche, Unendlichkeit*): 218, 229
**notação infinitesimal** (*Infinitesimalnotation*): 18
**quantidade i.:** 186
**sequência i.:** 147, 426
**sequência de árvores i.mente longa:** 344
**trilhos i.mente longos:** 218
**instituição** (*Institution*): 199, 337, 380, 540, 584
    **costumes, usos e i.s (humanos):** 199, 337
    **dinheiro como i.:** 584
    **i. da linguagem:** 540
**instrução** (*Anleitung, Anweisung*): 228, 383, 393
**instrumento** (*Instrument*): 50, 88, 291, 360, 421, 569
    **a frase como i.:** 421
    **a linguagem como i.:** 569
    **a palavra "pensamento" como i.:** 360
    **conceitos (da linguagem) como i.:** 569
    **descrições como i.s:** 291
    **uma amostra (de cor) como i. da linguagem:** 50
**intenção, intencional, ter a intenção** (*Absicht, Intention, absichtlich, beabsichtigen*): 139, 170, 172, 174, 197, 205, 210, 247, 275, 337, 588, 591, 592, 635, 638, 641, 644, 646, 647, 648, 653, 656, 658, 659, 660
**interesse** (*Interesse*): 89, 166, 390, 412, 547, 570
**interno** (*inner*): 19 (*inwendig*), 165, 169, 174, 184, 305, 380, 580, 583 (*innig*), 607, 645, 671
    **atividade i. do escutar:** 671
    **falar i.mente** (*inwendig sprechen*): 19
    **experiência i.:** 174, 645
    **explicação ostensiva i.:** 380
    **ouvir/escutar i.mente:** 165, 169, 184, 671
    **processo i.:** 305, 580
    **relógio i.:** 607
    **sentir i.mente amor ou esperança:** 583

**interpretação** (*Deutung*): 32, 34, 85, 111 (*Mißdeuten*), 160, 170, 194, 198, 201, 210, 213, 215, 506, 536 (*Umdeutung*), 537, 539, 634, 638 (*Deuten*), 652, 656
    **as i.s sozinhas não determinam o significado:** 198
    **i. da igualdade de uma coisa consigo mesma:** 215
    **i. das nossas formas linguísticas:** 111
    **i. de um sinal:** 160
    **i. de uma anotação:** 634
    **i. de uma definição/explicação ostensiva:** 32, 34
    **i. de uma explicação:** 210
    **i. de uma placa:** 85
    **i. de uma regra:** 201
    **i. de uma sequência:** 213
    **i. de uma situação:** 539, 638, 652
    **i. dos jogos de linguagem:** 656
    **i. dos modos de expressão:** 194
    **i. equivocada** (*Mißdeuten*): 11
    **reinterpretação de uma expressão facial, de um acorde musical** (*Umdeutung*): 536
    **sucessão de i.s:** 201
**interpretar** (*deuten*): 28, 34, 160, 170, 194 (*mißdeuten*), 196, 201, 206, 209, 213, 383, 401, 539, 591, 609, 634, 637, 653
    **i. anotações:** 634
    **i. as palavras:** 383
    **i. mal** (*mißdeuten*): 194
    **i. nossos modos de expressão:** 194
    **i. o emprego de uma palavra:** 196
    **i. um comportamento:** 591
    **i. um mapa:** 653
    **i. um movimento gramatical como um fenômeno físico:** 401
    **i. uma definição/explicação ostensiva:** 28, 34
    **i. uma linguagem:** 206
    **i. uma regra:** 201
    **i. uma sequência:** 213
    **i. uma situação:** 637
**introspecção** (*Introspektion*): 413, 551, 587, 677
    **decidir por meio de i.:** 551
    **processo de i.:** 587
    **reconhecer por meio de i.:** 587

**inventar, invenção** (*erfinden, Erfindung*): 23, 27, 122, 126, 138 (boxe), 165 (*ersinnen*), 204, 257, 262, 282 (*erdichten*), 401, 492, 495 (*erdichten*), 525, 530
   **i. elos intermediários**: 122
   **i. um contexto para uma frase**: 525
   **i. um jogo**: 204, 492
   **i. um mito do significado**: 138 (boxe)
   **i. um nome/uma palavra**: 27, 257, 530
   **i. um novo estilo de pintura**: 401
   **i. uma história**: 23
   **i. uma linguagem**: 492
   **i. a técnica de aplicação de uma palavra**: 262
**irrelevante** (*irrelevant*): 141 (*unwesentlich*), 293, 636

**jogo** (*Spiel*): 3, 7, 16, 21, 22, 23, 24, 27, 31, 33, 35, 37, 38, 41, 42, 44, 48, 49, 50, 51, 53, 54, 55, 57, 60, 61, 64, 65, 66, 67, 68, 69, 70, 70 (boxe), 71, 75, 77, 78, 81, 83, 84, 86, 96, 100, 125, 130, 135, 136, 142, 143, 146, 149 (boxe), 156, 179, 182, 195, 197, 200, 204, 205, 216, 248, 249, 261, 270, 288, 290, 293, 300, 316, 337, 345, 363, 409, 441, 480, 486, 492, 499, 556, 562, 563, 564, 566, 567, 568, 630, 632, 654, 655, 656, 669
   **j. com as palavras "adequar-se", "conseguir" e "entender"**: 182
   **j. completo**: 100
   **j. da imaginação**: 216
   **j. das medições**: 51
   **j. de bola**: 66, 83
   **j. de carta**: 66
   **j. de dados**: 70 (boxe)
   **j. de damas**: 562
   **j. de linguagem** (*Sprachspiel*): 7, 16, 21, 22, 23, 24, 27, 33, 37, 38, 41, 42, 44, 48, 49, 50, 51, 53, 55, 57, 60, 64, 65, 71, 77, 86, 96, 130, 136, 142, 143, 146, 156, 179, 195, 249, 261, 270, 288, 290, 293, 300, 363, 486, 556, 630, 632, 654, 655, 656, 669
   **j. de paciência**: 66, 248
   **j. de roda**: 66
   **j. de tabuleiro**: 3, 31, 66, 567
   **j. de trilha**: 66
   **j. de xadrez**: 31, 136, 197, 205, 316, 337
   **j. que nunca foi jogado por ninguém**: 204
   **inventar um j.**: 204, 492
   **peça do j.**: 35
**jornal** (*Zeitung*): 156, 265
**justificar** (*rechtfertigen*): 145, 179, 181, 265, 267, 289, 320, 323, 325, 379, 382, 404, 481, 482, 557 (*berechtigen*), 644
   **confiança justificada**: 325
   **estar justificado** (*ein Recht haben*): 179
   **estar justificado** (*berechtigt sein* e *Berechtigtsein*): 486
   **estar justificado por seu sucesso**: 320
   **j. a tradução**: 265
   **j. a vergonha**: 644
   **j. o dimensionamento de uma ponte**: 267
   **j. uma razão**: 482
**justificadamente** (*mit Recht*): 145, 379, 481
**injustificadamente** (*mit Unrecht* e *zu Unrecht*): 181, 289
**justificação** (*Rechtfertigung*): 217, 261, 265, 267, 324, 378 (*Berechtigung*), 460, 485, 486 (*Berechtigung*)
   **j. para o dimensionamento de uma ponte**: 267
   **j. para seguir uma regra *dessa maneira***: 217
   **j. para usar uma palavra**: 378
   **j. subjetiva**: 265
   **j. tem um fim**: 485
   **palavra "j."**: 485
**justificativa** (*Rechtfertigung*): 169 (*Begründung*), 182, 289, 325
   **"O que as pessoas aceitam como j., – isso mostra como elas pensam e vivem"**: 325

**labirinto** (*Labyrinth*): 203
**laringe** (*Kehlkopf*): 376
**lei** (*Gesetz*): 54, 143, 147, 148, 151, 325, 352, 492

l. natural (*Naturgesetz*): 54, 325, 492
l. de construção (*Bildungsgesetz*): 143
l. de uma sequência (*Gesetz einer Reihe*): 147, 148, 151
l. do terceiro excluído (*Gesetz vom ausgeschlossenen Dritten*): 352
leite (*Milch*): 498
leitura (*das Lesen*): 22, 156, 158, 159, 160, 161, 162, 167, 168, 171
conexão relativa à leitura (*Leseverbindung*): 158
lembrar/recordar, lembrança/recordação (*erinnern, Erinnerung*): 33, 35, 56, 57, 127, 140, 165, 166, 175, 177, 184, 217, 253, 258, 265, 269, 288, 305, 306, 335 (*besinnen*), 342, 343, 379, 475 (*besinnen*), 544, 587, 591, 601, 607, 634, 635, 636, 637, 645, 646, 648, 649, 651, 653, 660, 661, 691
ato de l./r.: 306
emprego da palavra "r.": 305
evocação de l./r.s: 587
imagem em nossa l. (*Erinnerungsbild*): 56
lembrança: 56, 127, 265, 637, 648, 649, 651, 660, 691
l./r. de detalhes: 635
l./r. de movimentos: 645
l./r. de palavras, nomes, expressões, sons: 165, 166, 335, 379, 601, 648
l./r. de um estado (anímico): 653, 661
l./r. de um pensamento: 645
l./r. de um processo: 661
l./r. de um rosto: 691
l./r. de um sentimento/sensação: 645, 646
l./r. de uma compreensão: 660
l./r. de uma conexão: 258
l./r. de uma cor: 33, 56, 57
l./r. de uma experiência: 177, 645
l./r. de uma intenção: 648, 660
l./r. de uma melodia: 184
l./r. linguística: 649
processo mental da l./r.: 306
reação à l./r. (*Erinnerungsreaktion*): 434
recordação: 306, 342, 343, 587, 607

língua (*Sprache*): 7, 28 (boxe), 136, 156, 168, 336, 495, 528
falar em l.s: 528
l. alemã/l. portuguesa: 28 (boxe), 136, 168, 495
l. francesa: 336
l. materna (*Muttersprache*): 7, 156
linguagem (*Sprache*): 1 (latim: *verba*), 1-10, 13, 16-30, 32, 33, 35 (boxe), 36-39, 40-44, 48-51, 53-56, 60, 64, 65, 71, 77, 81, 83, 86, 90-92, 96-98, 105, 107, 108-112, 115, 116, 118-120, 124, 130, 132, 134, 136, 138, 142, 143, 146, 156, 179, 182, 194, 195, 199, 203, 206, 207, 240-243, 245, 249, 256, 257, 261, 269, 270, 275, 288, 290, 293, 300, 304, 329, 338, 342 (*language*), 344, 348, 355, 358, 361, 363, 372, 384, 402, 436, 445, 446, 486, 491-497, 499-501, 508, 512, 528-530, 540, 542, 548, 556, 569, 577, 584, 609, 630, 632, 649, 654-656, 669
analogia entre l. e jogo: 83
aprendizagem/ensino da l.: 1, 2, 26, 32, 53, 207, 495
chão da l.: 118
compreensão da/de uma l.: 32, 54, 242, 243, 355, 528, 656
dominar uma l.: 20, 338, 508
emprego/uso da l.: 1, 7, 42, 53, 124, 132
essência da l. (humana): 1, 92, 97
estrutura (*Bau*) da l.: 23
fenômeno espacial e temporal da l.: 108 (boxe)
ferramentas/instrumento da l.: 16, 23, 50
formas de l. (*Sprachformen*): 25, 91
formas primitivas da l.: 5, 25
funcionamento da l.: 2, 5, 109
imagem da l.: 1
jogo de l. (*Sprachspiel*): 7, 16, 21, 22, 23, 24, 27, 33, 37, 38, 41, 42, 44, 48, 49, 50, 51, 53, 55, 57, 60, 64, 65, 71, 77, 86, 96, 130, 136, 142, 143, 146, 156, 179, 195, 249, 261, 270, 288, 290, 293, 300, 363, 486, 556, 630, 632, 654, 655, 656, 669
jogo de l. da comunicação (*Sprachspiel des Mitteilens*): 363

jogo de l. normal: 288
jogo de l. primitivo: 146
limites da l.: 119
l. como de fato ela é (*tatsächliche Sprache*): 107
l. como descrição de imagens sonoras: 4
l. como sistema de entendimento mútuo: 3
l. completa: 18
l. comum (*allgemeine Sprache*): 261
l. corrente (*geläufige Sprache*): 540, 542
l. cotidiana: 81 (*Umgangssprache*), 120 (*Sprache des Alltags*), 134 (*alltägliche Sprache*)
l. da imaginação: 512
l. de sinais (vs. linguagens de sons): 348
l. de uma tribo: 6
l. efetivamente usada (*wirkliche Sprache*): 105
l. estranha: 206
l. ideal: 81
l. interior: 344, 361
l. natural (latim: *verba naturalia*): 1
l. perfeita: 98
l. primitiva: 2, 7
l. privada: 256, 259, 269, 275
l. usual (*gewöhnliche Sprache*): 19, 243, 402, 436, 494
l. verbal (*Wortsprache*): 16, 494, 512, 548
lógica da l.: 93
mentir é um jogo de l.: 249
nossa l.: 18, 19, 20, 22, 36, 38, 50, 51, 57, 90, 98, 109, 111, 112, 115, 130, 136, 182, 240, 358, 577
nossas formas de l.: 91
o essencial do jogo de l.: 65
o que há de mais importante no uso da l.: 665
prática da l.: 21, 51
reformar a l.: 132
"A l. é um instrumento": 569
"A l. é um labirinto de caminhos": 203
"Apenas em uma l. posso querer dizer algo com algo": 35 (boxe)
"As confusões de que nos ocupamos surgem, por assim dizer, quando a l. gira em falso, não quando ela trabalha": 132
"É na l. que expectativa e realização se tocam": 445
"Entender uma frase significa entender uma l.": 199
"Entender uma l. significa dominar uma técnica": 199
linguístico (*sprachlich*): 25, 58, 91, 111, 132, 182, 329, 527, 649, 656
uso l. (*Sprachgebrauch*): 58
formas l.s (*Sprachformen*): 111, 132
o que é l. (*das Sprachliche*): 649
lógica (*Logik*): 23, 38, 81, 89, 93, 97, 101, 105, 107, 108, 108 (boxe), 124, 134, 152 (*System*), 154 (*System*), 155 (*System*), 167, 242, 345, 377, 486, 554
abolição da l.: 242
conclusão da l.: 408
filosofia da l.: 108 (boxe)
l. algébrica: 167
l. como essência do pensamento: 97
l. da (nossa) linguagem: 38, 93
l. da sequência (*System der Reihe*): 152, 154, 155
l. das (nossas) expressões: 345
l. "mais primitiva": 554
l. matemática: 124
l. simbólica: 134
pureza cristalina da l.: 107
rigor da l.: 108
vagueza na l.: 101
*o lógico = estudioso da l. (*Logiker*): 23, 81, 377
lógico (*logisch*): 68, 89, 102, 125, 140, 207, 208, 220, 366, 408, 412, 437, 481, 520, 521, 566
circularidade l.: 208
compulsão l.: 140
condicionante l.: 220
construções l.s: 366
descoberta l.-matemática: 125
estrutura l. da proposição: 102
exclusão l.: 398
inferência l.: 481
necessidade l.: 437
possibilidade l.: 520, 521, 566

perspectiva l.: 89
produto l.: 408
soma l. de conceitos: 68
truques de l. (*logische Kunststücke*): 412
**Lutero, Martinho**: 589

**madeira** (*Holz*): 35, 47, 59, 430
**mal-entendido** (*Mißverständnis*): 10, 29, 48, 81, 87, 90, 91, 93, 120, 132, 201, 300, 314
**mal compreendido** (*mißverstanden*): 28 (boxe), 71
**mancha** (*Fleck*): 76, 216, 312, 443, 446, 526
   m. colorida, m. de cor (*Farbfleck*): 76, 216, 526
   m. de dor (*Schmerzfleck*): 312
   m. vermelha: 312, 443, 446
**manifestação** (*Äußerung*): 149, 152, 208, 231, 245, 310, 440, 441, 571, 582, 585, 596, 631, 632, 656, 657
**manifestar** (*äußern*): 193, 302, 579
**manômetro** (*Manometer*): 270
**mapa** (*Plan*): 653
**máquina** (*Maschine*): 156, 157, 193, 194, 270, 271, 291, 359, 360, 364, 491, 613
   a m. como símbolo de seu modo de operar: 193
   a m. como símbolo de um modo de se mover: 193
   desenho de uma m. (*Maschinenzeichnung*): 291
   construir uma m.: 364, 491
   imagem de uma m.: 193
   m. de ler (*Lesemaschine*): 156, 157
   m. idealmente rígida: 194
   m. real: 193
   m.-símbolo: 193
   "A m. parece já conter em si seu modo de operar": 193
   "Uma m. poderia pensar?": 359, 360
**matemática, matemático** [adj.], **matemático** [subst.] (*Mathematik, mathematisch, Mathematiker*): 23, 124, 125, 144, 189, 208, 240, 254, 334, 463, 517, 544
   descoberta m. ou lógico-m.: 124, 125
   fatos m.s: 254
   filosofia da m.: 254
   lógica m.: 124
   matemático [subst.]: 144, 208, 240, 254
   matemáticos indianos: 144
   mudanças na m.: 23
   problemas da lógica m.: 124
   problemas m.s: 334
   procura m. (*das Suchen in der Mathematik*): 463
   proposição m.: 544
   prova m.: 517
   tarefa m.: 189
   "[A filosofia] deixa [...] a m. como está": 124
   "Não surgem disputas (entre m.s)": 240
**matéria-prima**: 254 (*Rohmaterial*), 401 (*Baustoff*)
**mecanismo** (*Mechanismus*): 6, 156, 157, 170, 270, 318 (*Uhrwerk*), 425, 495, 559, 613, 689
   a frase como m.: 559
   m. anímico: 157
   m. do relógio (*Uhrwerk*): 318
   m. mental: 689
**medida** (*Maß*): 69, 131, 242 (*Meßmethode*), 285, 291, 482, 553, 625
   esquema com m.s: 291
   m. (de comprimento) (*Längenmaß*): 69
   m. do reconhecimento: 625
   m.s do rosto: 285
   método de m. (*Meßmethode*): 242
   números como m. (*Maßzahl*): 553
   padrão de m. (*Maßstab*): 131, 482
**medição** (*Messung*): 23, 50 (*das Messen*), 88, 242, 328, 330
   descrever um objeto por meio de m.s: 23
   m. com o metro: 50
   m. de tempo (*Zeitmessung*): 88
   resultado da m. (*Messungsergebnis*): 242
*medium* (*Medium*): 102, 177, 196, 308
   *m*. do conceito: 177
   *m*. do entendimento: 102
   o tempo como *m*.: 196

**medo** (*Furcht*): 142, 303 (*Angst*), 472, 473, 476, 537
   **causa do m. vs objeto do m.**: 476
   **crença vs m.**: 473
   **duvidar do m.**: 303
   **expressão característica de m.**: 142
   **expressão facial de m.**: 537
**melodia** (*Melodie*): 154, 184, 333
**memória** (*Gedächtnis*): 53, 56, 147 (*Erinnerung*), 159, 166, 265, 271, 290, 333, 342, 604, 691
   **fenômeno da m.** (*Gedächtnisphänomen*): 342
   **imagem da m.** (*Gedächtnisbild*): 166
**mental** (*geistig*): 25, 36, 56, 57, 105 (*Vorstellung*), 141 (*Vorstellung*), 156, 251 (*Vorstellung*), 306, 308, 363, 366, 452, 547, 592, 608, 652, 665, 673, 689, 693
   **atividade m.**: 36, 156, 547, 665, 693
   **capacidades m.s**: 25
   **disposição m.**: 673
   **estado m.**: 608
   **fenômeno m.**: 363
   **imagem m.** (*Vorstellung* e *Vorstellungsbild*): *ver* **imagem**
   **mecanismo m.**: 689
   **mentalmente**: 652
   **olho m.**: 56, 57
   **processo m.**: 306, 308, 366, 452
   **querer dizer m.**: 592
   **representação m.** (*Vorstellung*): 105, 141, 251
   **subtom m.**: 592
**mente** (*Geist*): 51, 73, 76, 156, 179, 184, 205, 333, 334, 337, 338, 363, 366, 524, 573
   **(ter em) mente** (*meinen*): 59 e 81 (*vorschweben*), 186, 187, 188, 190, 305, 308, 455, 456, 457
   **(vir à) mente** (*vorschweben*): 20, 51, 70 (boxe), 139, 139 (boxe), 140, 141, 179, 210, 323, 329, 335, 352, 663
**mentir** (*lügen*): 249, 668
   "M. é um jogo de linguagem que deve ser aprendido, como qualquer outro": 249
**metafísico** (*metaphysisch*): 58, 116

**emprego m. das palavras**: 116
**enunciado m.**: 58
**método** (*Methode*): 48, 133, 139, 141, 242, 366, 548
   **m. de medida** (*Meßmethode*): 242
   **m. de projeção** (*Methode der Abbildung, Projektionsmethode*): 139, 141, 366
   **m.s da filosofia**: 133
**metro** (*Meter*): 50, 78, 401 (*Metrum*)
   **jogo de medições com o m.** (*Spiel des Messens mit dem Metermaß*): 50
   **m. padrão (em Paris)** (*Urmeter*): 50
**minucioso** (*genau*): 316
**mito, mitológico** (*Mythos, mythologisch*): 138 (boxe), 221
   **descrição m. do uso de uma regra**: 221
   **m. do significado**: 138 (boxe)
**modelo** (*Vorbild*): 20, 131, 141 e 156 (*Modell*), 162 e 177 (*Vorlage*), 191, 192, 293 (*Muster*), 302, 385, 434
   **m. como objeto de comparação**: 131
   **m. da nossa gramática**: 20
**Moisés**: 79, 87
**multiplicidade** (*Mannigfaltigkeit*): 23, 24
   **m. das ferramentas da linguagem**: 23
   **m. de tipos de palavras e de frases**: 23
   **m. dos jogos de linguagem**: 23, 24
**música, musical** (*Musik, musikalisch*): 233, 341, 523, 527, 529, 531, 535, 536

**natural** (*natürlich, Natur-*): 1, 1 (latim: *naturalis*), 9, 25, 68, 81, 89, 142 (boxe), 143, 185, 209, 244, 256, 310, 372, 415, 492, 647
   **ciência n.** (*Naturwissenschaft*): 81, 89
   **fatos n.s** (*Naturtatsachen*): 142 (boxe)
   **fenômeno n.** (*Naturerscheinung*): 81
   **história n.** (*Naturgeschichte*): 25, 415

**lei n.** (*Naturgesetz*): 54, 325, 492
**linguagem n.** (latim: *verba naturalia*): 1
**modo n. de falar, de expressar algo:** 209, 244, 256, 647
**necessidade n.** (*Naturnotwendigkeit*): 372
**números n.s** (*Grundzahlen, Kardinalzahlen, natürliche Zahlen*): 1, 9, 68, 143, 185
**sons n.s** (*Naturlaute*): 310
**natureza** (*Natur*): 58, 89, 114, 138 (boxe), 183, 185, 308, 325, 441, 472
   **n. da negação:** 138 (boxe)
   **n. de processos e estados anímicos:** 308
   **n. do vermelho:** 58
**natureza-morta** (*Stilleben*): 526
**necessidade** (*Bedürfnis, Notwendigkeit*): 89, 108, 372, 437 (*das Muß*)
   **n. lógica** (*das logische Muß*): 437
   **n. natural** (*Naturnotwendigkeit*): 372
**nome** (*Name*): 1, 6 (*Benennung*), 15, 26, 27, 28, 30 e 31 (*Benennung*), 37, 38, 39, 40, 41, 42, 43, 44, 45, 46, 48, 49, 50, 51, 55, 57, 58, 59, 60, 62, 64, 73, 79, 87, 116, 171, 244, 256, 257, 383, 410, 613, 680, 689, 690
**nomeação** (*Benennung*): 1, 7, 38, 46, 49
**nomear** (*benennen*): 1 (latim: *appellare*), 1, 7, 15, 26, 27, 28, 38, 39, 46, 49, 50, 53, 244, 257, 275, 276, 410
**nominalismo** (*Nominalismus*): 383
**normal** (*normal*): 88, 141, 142, 143, 173 (*gewöhnlich*), 246, 288, 318 (*gewöhnlich*), 402, 495 (*gewöhnlich*), 509, 613, 622 (*meistens*)
   **anormal** (*abnormal*): 142, 143
   **jogo de linguagem n.:** 288
   **normalmente** (*normalerweise*): 246, 509, 613
   **pessoa n.** (*gewöhnlicher Mensch*): 173, 495
**notável** (*merkwürdig*): 50, 93, 94, 524
**Nothung:** 39, 44
**número** (*Zahl, Anzahl*): 10, 21, 26, 28, 29, 67, 68, 135, 143, 146, 147, 151, 160, 186, 187, 189, 193, 284, 339, 364, 513, 607
   **no domínio dos n.s** (*im Zahlenraum*): 185
   **nome de um n.** (*Zahlnamen*): 28
   **n. natural** (*Grundzahl, Kardinalzahl, natürliche Zahl*): 1, 9, 68, 143, 185
   **n. racional** (*Rationalzahl*): 68
   **n. real** (*reelle Zahl*): 68
   **palavras para os n.s naturais** (*Grundzahlwörter*): 1, 9
   **sequência de n.s** (*Zahlenreihe*): 143, 161
   **sequência dos n.s naturais** (*Grundzahlenreihe*): 185
   **tipos de n.s** (*Zahlenarten*): 67
**numérico** (*Zahl-*): 1, 8, 9, 28, 151, 320, 339, 555
   **palavra n.** (*Zahlwort*): 1, 8, 9, 28
   **sequência n.** (*Zahlenreihe, Zahlenfolge*): 151, 320, 555
   **sinais n.s** (*Zahlzeichen*): 339

**objetividade** (*Objektivität*): 254
**objetivo** (*Ziel, Zweck*): 88, 91, 309, 317, 363, 412, 416
**objeto** (*Gegenstand*): 1, 6, 7, 10, 11, 15, 23, 26, 27, 33, 34, 35 (boxe), 38, 39, 46, 47, 58, 116, 117, 130 e 131 (*Objekt*), 171, 193, 194, 208, 253, 276, 283 (*Objekt*), 287 (*Objekt*), 293, 339, 373, 374, 389, 398, 401, 403, 412 (*Objekt*), 428, 439, 476, 518 (*Objekt*), 526, 571, 596, 601, 602, 604, 605, 626, 669
   **apontar para um o.:** 6, 34, 35 (boxe), 117, 208, 374, 669
   **descrever um o.:** 23, 171, 374, 439
   **formato do o.:** 33
   **gramática e o.:** 373
   **identidade de o.s:** 253
   **nomear/designar um o.:** 1, 7, 10, 15, 26, 27, 38, 39, 293, 601
   **números como o.:** 339
   **o. composto vs. o. simples:** 47
   **o. de comparação** (*Vergleichsobjekt*): 130, 131
   **o. físico:** 58
   **o.s da física:** 571

o.s da psicologia: 571
olhar (fixamente) para um o., *ver*
um o.: 33, 38, 398, 401, 412, 596
palavra "o.": 116
produzir um o.: 23
relação da imagem (mental) com um o.: 194, 389, 604, 605
relação do pensamento com um o.: 428
tocar um o.: 626
óculos (*Brille*): 103
ordem (*Ordnung*): 87, 97, 98, 105, 106, 121, 132, 336, 348
ordem (*Reihe, Reihenfolge*): 2, 10, 48, 143, 160
ordem (*Befehl*): 8, 18, 19, 20, 21, 23, 25, 34, 41, 53, 60, 61, 62, 70, 74, 86, 143, 185, 186, 186 (*Satz*) 187, 188, 189, 199, 206, 207, 208, 212, 345, 431, 433, 451, 458, 459, 460, 461, 487, 498, 503, 508, 508, 519, 630, 685
ordenar (*befehlen*): 23, 243, 458, 459, 461, 487
ortografia (*Rechtschreibelehre, Rechtschreibung*): 121, 167
ostensivo (*hinweisend*): 6, 9, 27, 28, 28 (boxe), 29, 30, 32, 33, 34, 38, 44, 45, 49, 258, 362, 380, 444
definição o.: 28, 29, 30, 33, 38, 258
ensino o.: 6, 9, 49
explicação o.: 6, 27, 28, 28 (boxe), 30, 32, 34, 38, 362, 380, 444
gesto o.: 44, 45

paisagem (*Landschaft*): 398, 509
palavras cruzadas (*Rätsel*): 168
panela (*Topf*): 11, 14, 282, 297
papagaio (*Papagei*): 344, 346
papel (*Papier*): 1, 33, 175, 184, 364, 366, 653
fazer contas sobre o p.: 364, 366
papel (desempenhar um) (*Rolle*): 10, 16, 21, 28 (boxe), 30, 50, 53, 66, 100, 156, 165, 182, 251, 392, 393, 395, 412, 530, 563, 670
paradigma (*Paradigma*): 50, 51, 55, 57, 215, 300
paradoxo, paradoxal (*Paradox*): 95, 182, 201, 304, 412, 421
peça (de jogo) (*Figur, Spielstein, Stein*): 17, 31, 33, 35, 49, 108 (boxe), 136, 562, 563, 565, 566, 567
p. de xadrez (*Schachfigur*): 17, 31, 49, 108 (boxe)
p. do jogo (*Spielfigur*): 31, 35
peça de teatro (*Theaterstück*): 365
peça musical (*Musikstück*): 341
peculiaridade, peculiar (*Eigentümlichkeit, eigentümlich*): 64 (*besonder*), 165, 336, 540, 413 (inglês: *peculiar*)
percepção (*Wahrnehmung*): 104, 109 (*Einsicht*), 312
pessoa (*Mensch*): 26, 28 (boxe), 29, 51, 53, 64, 79, 81, 83, 129, 141, 156, 159, 160, 165, 173, 185, 189, 199, 243, 244, 253, 257, 271, 285, 287, 295, 321, 325, 331, 344, 351, 377, 386, 402, 412, 416, 418, 420, 495, 499, 522, 528, 632, 658, 680, 691 (*das Einer*)
pessoa (*man*): *passim*
π: 208, 352, 516
desenvolvimento infinito de π: 352, 516
"O fato de que não podemos escrever todas as casas decimais do π não é uma limitação humana": 208
piada (*Witz*): 23, 111
piano (*Klavier*): 6, 666, 678, 682
pianola (*Pianola*): 157
planta (*Pflanze*): 70, 283, 312
pneumático (*pneumatisch*): 109
poema (*Gedicht*): 13, 182, 282, 531, 533
político francês (*französischer Politiker*): 336
portador (*Träger*): 40, 41, 43, 44, 45, 55, 283
p. de um nome: 40, 41, 43, 44, 55
p. de uma dor: 283
p. do demonstrativo "este": 45
português (*deutsch*): 28 (boxe), 134, 288, 348, 381, 516, 541
possibilidade (*Möglichkeit*): 20, 22, 24, 53, 56, 80, 90, 97, 104, 143, 193, 194, 244, 288, 352 (*ein Drittes*), 353, 395 e 397 (*Vorstellbarkeit*), 397 (*Darstellbarkeit*), 448, 465, 494 (*Vergleichbarkeit*), 520, 566, 607
p. da dor: 448

p. de entendimento: 143
p. de erro no critério de identidade para sensações: 288
p. de fazer comparações: 104, 494 (*Vergleichbarkeit*)
p. de (tipos de) frases na linguagem e suas relações: 20, 22, 24
p. de imaginar (*Vorstellbarkeit*): 395, 397
p. de que componentes de uma máquina quebrem: 193
p. de representar (*Darstellbarkeit*): 397
p. de reter uma amostra de cor na memória: 56
p. de um conhecimento antecipado do futuro: 629
p. de verificação de uma frase: 353
p. do estado de coisas: 520
p. dos fenômenos: 90
p. física *vs.* p. lógica: 566
p.s de aplicação de uma palavra: 80
p.s de movimento de uma máquina: 194
p.s que mundo e pensamento precisam ter em comum: 97
uma terceira p. (princípio do terceiro excluído) (*ein Drittes*): 352
**prática** [subst.] (*Praxis*): 7, 21, 51, 54, 197, 202, 323 (*Tat*)
p. (do uso) da linguagem: 7, 21, 51
p. do jogo/de jogar: 54, 197
"Eis por que 'seguir a regra' é uma p.": 202
**prático** [adj.] (*praktisch*): 28 (boxe), 132, 268, 403, 411, 556
aplicações p.s de uma pergunta: 411
consequências p.s: 28 (boxe), 268
propósitos p.s: 132
uso p. da linguagem: 132
vantagem p.: 403
**precisão** (*Genauigkeit*): 88, 237, 645 (*recht genau*), 648 (*genauer*)
lembrar-se com p. de um sentimento, de uma experiência interna: 645

p. ideal/ideal de p.: 88
(im)preciso ((*un*)*genau*): 38, 139 (boxe), 171, 254
descrição p.: 171
imagem p.: 139 (boxe)
impreciso: 38
psicologicamente p.: 254
precisamente (*genau*): 13, 52, 69, 88, 107, 158, 173, 216, 357, 648
**predicado** (*Prädikat*): 134
**pressão** (*Druck*): 172, 270, 626
p. sanguínea (*Blutdruck*): 270
**primário (aquilo que é)** (*das Primäre*): 656
**primitivo** (*primitiv*): 2, 5, 7, 25, 46 e 48 (*Ur-*), 146, 194, 339, 554, 597
elemento p. (*Urelement*): 46, 48
explicar de modo p. o significado da palavra "pensar": 339
homens p.s: 194
jogo de linguagem p.: 146
linguagem p., formas p.s de linguagem: 2, 5, 7, 25
lógica mais p.: 554
modo de pensar mais p.: 597
modos p.s de emprego da linguagem: 5
representação p. da linguagem: 2
**princípio do terceiro excluído** (*Satz vom ausgeschlossenen Dritten*): 352
**privado** (*privat*): 202 (*privatim*), 243, 246, 248, 251, 256, 259, 262, 268, 269, 272, 274, 275, 280, 294, 311, 358, 380, 653
exibição p.: 311
experiência p.: 272
explicação p.: 262, 268
imagem p.: 294
impressão p.: 280
linguagem p.: 256, 259, 269, 275
"querer dizer" como algo p.: 358
referir-se ao p., designar o p.: 274
representações mentais p.s: 251
seguir uma regra p.mente: 202
seguir um mapa p.: 653
sensações p.s: 243, 246, 248
"transição *p.* do que é visto para a palavra": 380
**procedimento** (*Vorgang*): 88, 90, 142 (*Prozedur*)

**processo** (*Vorgang*): 7, 34, 35, 38, 140, 148, 152, 153, 154, 158, 165, 167, 168, 169, 173, 196, 200, 205, 213, 232, 239, 258, 265, 303, 305, 306, 308, 308 (*Prozeß*), 321, 330, 332, 335, 339, 363, 366, 370, 376, 412, 427, 438, 444, 452, 453, 547, 548, 571, 580, 587, 591, 604, 630, 637, 638, 661, 691
   **p. anímico** (*seelischer Vorgang*): 153, 154, 167, 205, 303, 308, 332, 363
   **p. cerebral, p. no cérebro** (*Gehirnvorgang, Vorgang im Gehirn*): 158, 376, 412, 427
   **p. de entendimento**: 153
   **p. de introspecção**: 587
   **p. de seguir uma regra**: 232
   **p. fisiológico**: 376
   **p. incorpóreo**: 339
   **p. interno**: 305, 580
   **p. mental**: 306, 308, 366, 452
   p. na esfera física: 571
   **p. na esfera psíquica**: 571
   **p. no pensamento** (*Denkvorgang*): 427
**professor** (*Lehrer*): 7, 145, 156, 157, 362, 630
**profundidade** (*Tiefe*): 89, 111, 594
   **p. especial da lógica**: 89
   **p. filosófica**: 111
**projeção** (*Projektion*): 139, 141, 366 (*Abbildung*), 386 (*das Abbilden*)
   **linhas de p.** (*Projektionsstrahlen*): 141
   **método de p.** (*Projektionsmethode*): 139, 141, 366 (*Methode der Abbildung*)
   **p. de uma imagem mental sobre a realidade**: 386
**proposição** (*Satz*): 65, 85, 92, 93, 94, 96, 97, 99, 102, 105, 108, 114, 116, 120, 134, 135, 136, 137, 138, 186, 225, 248, 251, 252, 295, 317, 360, 372, 458, 481, 520, 522, 544, 599
   **conceito de p.**: 97, 134, 135
   **esquema proposicional** (*Satzschema*): 134
   **estrutura lógica da p.** (*logischer Satzbau*): 102
   **estrutura proposicional** (*Satzbau*): 136

   **forma geral da p.** (*allgemeine Form des Satzes*): 65, 114, 134, 136
   **p. *a priori***: 251
   **p. empírica** (*Erfahrungssatz*): 85, 251, 295, 360
   **p. filosófica, p. da filosofia**: 85, 599
   **p. gramatical**: 251, 458
   **p. matemática**: 544
   **p. [em contexto matemático]**: 186
   **variável proposicional** (*Satzvariable*): 134
**propósito** (*Zweck*): 5, 6, 8, 17, 62, 69, 87, 109, 127, 132, 157, 220, 257, 266, 304, 345, 385, 426, 489, 492, 496, 497, 499, 501, 565, 566, 567, 607, 609, 657
**propriedade** (*Eigenschaft*): 1, 50, 108 (boxe), 312
   **p.s comuns** (*Gemeinsamkeiten*): 67
**provar, prova** (*beweisen, Beweis*): 79 (*erweisen*), 189, 310, 334, 390, 517, 578
   **p. matemática**: 189, 334, 517, 578
**psicologia, psicológico** (*Psychologie, psychologisch*): 140, 213, 254, 274, 377, 571, 577, 589
**psicólogo** (*Psychologe*): 571
**psíquico** (*psychisch*): 321, 427, 454, 571
**pusilanimidade** (*Furchtsamkeit*): 536, 537

**quadrado** (*Quadrat*): 47, 48, 49, 51, 53, 64, 73 (*Viereck*), 74, 189
   **q. (operação matemática)**: 189
   **q.s coloridos** (*Farbquadrate, farbige Quadrate*): 48, 49, 51, 53
   **q.s em um tabuleiro de xadrez**: 47
   **q.s monocromáticos**: 48, 64
**qualidade** (*Qualität*): 284
**quantidade** (*Anzahl*): 8, 33, 35, 160, 186, 284 (*Quantität*), 553
   **apontar para a q.**: 33, 35
**quarto** (*Zimmer*): 62, 99, 290, 368, 398, 399, 400, 404, 420, 444, 487, 584, 596, 602, 603, 607, 668
   **descrever um q.**: 290
   **q. material**: 398
   **q. visual**: 398, 399, 400
   **"tranquei o homem dentro do q. – apenas *uma* porta ficou aberta"**: 99

**queijo** (*Käse*): 142
**querer dizer** (*meinen*): 19, 20, 22, 33, 34, 35, 35 (boxe), 47, 49, 60, 63, 70, 70 (boxe), 71, 79, 81, 87, 95, 102, 125, 138 (boxe), 142, 144, 147, 154, 156, 179, 183, 187, 195, 210, 243, 268, 274, 275, 318, 334, 351, 353, 357, 358, 402, 427, 438, 504, 507, 508, 509, 510, 511, 513, 514, 527, 536, 538, 540, 548, 552, 590, 592, 596, 607, 641, 677, 691, 692, 693
   **conceito de q.**: 81, 125, 513
   **gramática de "q."**: 35, 693
   **o que você quer dizer com isso?** (*wie meinst du das?*): 353
   **q.** (*das Meinen*): 22, 358, 592, 693
   **q. a sério/seriamente** (*im Ernste meinen, ernst meinen*): 641, 677
   **q. algo com algo**: 34, 102, 507
   **q. ao apontar**: 33
   **q. de algum modo especial** (*irgendwie besonders meinen*): 607
   **q. de brincadeira** (*im Scherz meinen*): 677
   **q. mental** (*das geistige Meinen*): 592
**quimera** (*Chimäre*): 94
**químico** (*chemisch*): 18, 22 (boxe), 56, 57, 104 (inglês: *chemical*), 312, 521

**Ramsey, Frank Plumpton**: 81
**rato** (*Maus*): 52
**reação** (*Reaktion*): 56, 57, 143, 145, 198 (*das Reagieren*), 284, 288, 343, 630, 657, 659
   **r. a um ensinamento**: 143
   **r. a um sinal**: 198
   **r. a uma recordação** (*Erinnerungsreaktion*): 343
   **r. ao que está vivo vs r. ao que está morto**: 284
   **r. normal vs r. anormal**: 143
   **r. química**: 56, 57, 630
**reagir** (*reagieren*): 6, 157, 185, 189, 198, 206, 495, 539
   **r. a frases de uma língua**: 495
   **r. a gestos**: 185
   **r. a ordens**: 189, 206
   **r. a palavras**: 6, 157
   **r. a sinais**: 157, 198, 495
   **r. a um sorriso**: 539

**realista** (*Realist*): 402
**recordar**: *ver* **lembrar**
**regra** (*Regel*): 3, 31, 53, 54, 68, 74, 80, 81, 82, 83, 84, 85, 86, 100, 102, 108 (boxe), 125, 133, 136, 138 (boxe), 142, 143 (*regellos*), 162, 163, 163 (*regellos*), 165, 197, 198, 199, 200, 201, 202, 205, 206, 208, 217, 218, 219, 221, 222, 223, 224, 225, 227, 228, 231, 232, 234, 235, 237, 238, 240, 259, 292, 372, 380, 497, 558, 564, 567, 653, 692
   **a palavra "r."/o emprego da palavra "r."**: 224, 225
   **agir de acordo com uma r.**: 228, 232, 240
   **aplicação da r.**: 219, 292, 380
   **aplicação não limitada da r.**: 218, 219
   **conjunto completo de r.s, que "não permitem que nenhuma dúvida se infiltre"**: 84
   **de acordo com a r.** (*der Regeln gemäß*): 3, 74, 240
   **descrição mitológica do uso de uma r.**: 221
   **desregrado** (*regellos*): 143, 163
   **erro desregrado vs. erro sistemático**: 143
   **expressão da r.**: 198, 201
   **interpretação da r./concordância com a r.**: 198, 201, 224
   **r. arbitrária** (*willkürliche Regel*): 372, 497
   **r. com uma placa que indica o caminho**: 85
   **r. determinada**: 81, 83
   **r. do alfabeto**: 162, 165
   **r. e exceção**: 142
   **r. e regularidade**: 208
   **r. na forma de tabela**: 162
   **r. para a aplicação de outra regra**: 84, 86
   **r. segundo a qual alguém procede**: 82
   **r.s da estrutura proposicional (da estrutura lógica da proposição)**: 102, 136
   **r.s da linguagem (privada)**: 108 (boxe), 259
   **r.s de um jogo**: 3, 31, 54, 68, 83, 84,

100, 108 (boxe), 125, 197, 200, 205, 564, 567
r.s de um jogo de linguagem: 53
r.s essenciais *vs.* regras inessenciais: 564
r.s gramaticais: 497, 558
r.s na mente: 205
r.s para a palavra "é": 558
r.s para a palavra "não": 138 (boxe)
r.s para o uso/aplicação/emprego de uma palavra: 74, 80, 84, 133, 138 (boxe), 558
r.s rígidas (de um cálculo): 81
segundo a r. (*nach der Regel*): 54, 81, 82, 83, 200, 201, 232, 235, 237, 292, 567
seguir uma r.: 125, 199, 201, 202, 206, 217, 219, 222, 227, 232, 235, 237
vagueza nas r.s: 100
regular (*regelmäßig*): 18, 166, 169, 207, 208, 630
irregular (*unregelmäßig*): 73
regularidade (*Regelmäßigkeit*): 163, 207, 208, 237
rei (*König*): 31, 35, 136, 563, 567, 584
coroação de um r.: 584
r. (peça de xadrez): 31, 35, 136, 563, 567
representação (*Darstellung, Vorstellung*): 2, 6, 53 (*Anschauung*), 59, 105, 141, 251, 280, 295, 338, 397, 403, 449, 522, 611, 649
r. como imaginação: 397
r. completamente determinada: 59
r. da dança: 338
r. da fala: 338
r. de uma linguagem primitiva: 2
r. histórica: 522
r. imagética da nossa gramática: 295
r. mental: 105, 141, 251
r. mental do sinal: 105
r. primitiva da linguagem: 2
r.s desbotadas das verdadeiras experiências: 649
vontade como r.: 611
representar (*darstellen*): 22 (boxe), 48, 104, 139 (boxe), 291 e 292 (*abbilden*), 366, 389, 397, 435, 518, 539, 548, 604, 635, 648 (*ausmalen*)

resolver (*lösen*): 23, 33, 91, 109, 125, 133, 351, 370 (*zu erklären ist*)
r. charadas: 23
r. contradições por meio de uma descoberta matemática: 125
r. problemas: 109, 133, 351
r. um problema de xadrez: 33
r. uma pergunta: 370;
ver também **solução**
resultado (*Ergebnis, Resultat*): 23, 48, 66, 107 (*sich ergeben*), 119, 191, 236, 242, 265, 270, 304, 364, 364, 467 e 469-470 (*sich bewähren*), 586
dar bons r.s (*sich bewähren*): 467, 469, 470
r. da medição (*Messungsergebnis*): 242
r. de contas/cálculos: 236, 364
r. de um experimento: 23, 265
r. de uma auto-observação: 586
r.s da filosofia: 119
retrato: 389 (*Bildnis*), 522 (*Porträt*)
rezar (*beten*): 23
rígido (*fest*): 68, 79, 81, 194 e 197 (*starr*)
conexão super-r. (*über-starre Verbindung*): 197
limites r.: 68
máquina r.: 194
regras r.s: 81
significado r.: 79
uso r.: 79
riso/risada/sorriso (*das Lächeln*): 249, 539, 543 (*das Lachen*)
rosa (*Rose*): 514, 515, 558
rosto (*Gesicht*): 165 (boxe), 167, 171, 257, 285, 311, 321, 330, 409, 476, 536, 537, 583, 606, 635, 691
ruído (*Lärm*): 363
Russell, Bertrand: 46, 79
russo (*russisch*): 20, 159

(não) satisfação (*(un)Befriedigung*): 439, 440, 460
Schlemihl, Peter: 339
segurança, seguro (*Sicherheit, sicher*): 87, 184, 189, 197, 212, 263, 339, 397, 433, 679, 681
pouco seguro (*unsicher*): 433
selvagens (*Wilde*): 194

**semelhança** (*Ähnlichkeit*): 9, 11, 66, 67, 90, 130, 185, 430, 444
  **s.s e dessemelhanças**: 130
  **s.s de família** (*Familienähnlichkeiten*): 67; ver s.s: 66
**semelhanças de família** (*Familienähnlichkeiten*): 67
**sensação** (*Empfindung*): 24, 151, 154, 159, 160, 173, 178, 179 e 234 (*Gefühl*), 243, 244, 246, 248, 256, 257, 258, 260, 261, 268, 270, 272, 273, 274, 275, 281, 284, 288, 290, 293, 298, 304, 312, 314, 323, 348, 351 (*Gefühl*), 352, 354 (*Gefühl*), 400, 411, 448 (*Gefühl*), 607, 617 (*Gefühl*), 621, 624, 624 (*Gefühl*), 625, 626, 646, 647, 669, 672
**sentimento** (*Gefühl*): 142, 151, 157, 167, 170, 176, 184, 209, 243, 263, 275, 283, 412, 420, 439, 440, 444, 460, 542, 544, 545, 578, 579, 582 e 583 (*Empfindung*), 587, 588, 595, 596, 598, 607, 640, 642, 645, 651, 656
**sequência** (*Reihe*): 1, 6, 8, 9, 20, 48, 96, 133, 135, 137, 143, 144, 145, 146, 147, 148, 151, 152, 157, 159, 160, 161, 168, 169, 179, 185, 193, 200, 208, 211, 212, 213, 214, 218, 226, 228, 229, 320, 323, 324, 325, 344, 352, 358, 426, 502, 516, 540, 541, 555, 692, 693
  **continuar uma s.**: 145, 146, 151, 154, 179, 181, 183, 185, 208, 211, 212, 324, 325
  **lei da s.**: 147, 148
  **lógica da s.** (*System der Reihe*): 152
  **segmento de s.** (*Reihenstück*): 147
  **s. arbitrária de arabescos**: 168, 169
  **s. das palavras numéricas** (*Reihe der Zahlwörter*): 9
  **s. de ações**: 200
  **s. de árvores infinitamente longa** (*unendlich lange Baumreihe*): 344
  **s. de dígitos** (*Ziffernfolge*): 516
  **s. de exemplos**: 133
  **s. de letras** (*Reihe der Buchstaben, Buchstabenreihe*): 8, 137
  **s. de imagens** (*Bilderreihe, Reihe von Bildern*): 144, 193
  **s. de números, s. numérica** (*Zahlenreihe, Reihe von Zahlen, Zahlenfolge*): 143, 151, 161, 320, 555
  **s. de números naturais**: 185
  **s. de ornamentos** (*Reihenornamente*): 208, 211
  **s. de palavras** (*Wörterreihe, Wortfolge, Reihe Wörter*): 8, 159, 358, 502, 540
  **s. de palavras para os números naturais** (*Reihe der Grundzahlwörter*): 1
  **s. de proposições**: 135
  **s. de sinais escritos**: 160
  **s. de sons** (*Lautreihe*): 6, 20, 541
  **s. dos números naturais** (*Grundzahlenreihe*): 185
  **s. indutiva de proposições**: 135
  **s. infinita completa** (*ganze unendliche Reihe*): 426
  **trecho da s.** (*Reihenstück*): 228, 229
**ser humano** (*Mensch*): 157, 360, 413, 430, 518
  **imagem de um s.** (*Menschenbild*): 518
**ser vivo** (*Lebewesen*): 357, 430, 454
**série** (*Reihe*): 79, 86, 159
  **s. de linhas horizontais**: 86
**símbolo, simbólico** (*Symbol, symbolisch*): 18 (*Symbolismus*), 134, 190 (*Zeichen*), 193
  **a máquina como s. de seu modo de operar**: 193
  **lógica s.**: 134
  **s.s químicos**: 18
**sinal** (*Zeichen*): 1, 1 (latim: *signum*), 4, 10, 15, 22, 23, 33 (*Signal*), 41, 42, 44, 49, 51, 53, 64, 82, 86, 94, 102, 105, 136, 143, 145, 157, 160, 166, 167, 169, 173, 198, 258, 260, 261, 270, 279, 339, 364, 366, 368, 402, 432, 433, 495, 496, 503, 504, 508, 509, 547, 548, 549, 558, 561, 653 (*Anzeichen*)
  **formato de s.** (*Zeichenform*): 167
  **linguagem de s.s** (*Gebärdensprache*): 348
  **seguir-o-s.** (*Dem-Zeichen-Folgen*): 198
  **s. arbitrário** (*willkürliches Zeichen*): 508
  **s. fregeano de afirmação** (*fregesches Behauptungszeichen*): 22

s. de igualdade (*Gleichheitszeichen*): 558, 561
s. de interrogação (*Fragezeichen*): 22
s. de negação (*Verneinungszeichen, Zeichen der Verneinung, Zeichen der Negation*): 547, 549
s. de pontuação (*Interpunktionszeichen*): 4
s. escrito, s. de escrita (*Schriftzeichen*): 86, 108, 157, 160, 364
s. proposicional (*Satzzeichen*): 94
s.s numéricos (*Zahlzeichen*): 339
sinestésico (*kinaesthetisch*): 621
singular (*einzigartig*): 93, 95, 96, 110, 188, 194
sintoma (*Symptom*): 354
sistema, sistemático (*System, systematisch*): 3, 133, 143, 145, 146, 168, 180, 206, 325, 439, 509
 erro s. *vs* erro desregrado: 143
 (linguagem como) s. de entendimento mútuo: 3
 s. de expressão: 439
 s. de hipóteses: 325
 s. de medida (*Maßsystem*): 569
 s. de regras (para o emprego das palavras) (*Regelsystem*): 133
 s. de referência (*Bezugssystem*): 206
 s. decimal (*Dezimalsystem*): 143
 s. matemático: 189
 s. nervoso (*Nervensystem*): 158
**Sócrates**: 46, 518
**Sol** (*Sonne*): 88, 350, 351, 607
**solipsismo, solipsista** (*Solipsismus, Solipsist*): 24, 402, 403
**solução** (*Lösung*): 125, 140, 168 (*Auflösung*), 334, 352, 513, 537
 s. de charadas: 168
 s. de contradições: 125
 s. de problemas: 352
 s. de problemas matemáticos: 23, 334, 513;
 ver também **resolver**
**som, sonoro** (*Laute, Laut-*): 1 (latim: *sonare*), 4, 6, 8, 19, 20, 156, 157, 159, 162 (*Klang*), 165, 166, 169, 170, 171, 207, 261, 269, 310, 333, 348, 376, 431, 528, 529, 541, 666 (*Stimme*), 671, 678 e 682 (*Stimme*)
 de mesmo s. (*gleichlautend*): 19
 emitir s. (latim: *sonare*): 1
 gestual s. (*Lautgebärden*): 528
 imagem s. (*Lautbild*): 4
 linguagem de s.s (*Lautsprache*): 348
 sequência de s.s (*Lautreihe*): 6, 20, 541
 s. do piano (*Klavierstimmen*): 666, 678, 682
 s. instintivo (*Naturlaut*): 323
 s.s naturais (*Naturlaute*): 310
**sombra** (*Schatten*): 194, 339, 448, 461
 s. de Schlemihl: 339
 s. de um sentimento de dor: 448
 s. do futuro: 461
 s. do movimento: 194
**sonhar, sonho** (*träumen, Traum*): 160, 358, 448
**sorte** (*Glück*): 66
**sorteio** (*das Auslosen, Los*): 563, 567
**sublime** (*sublim*): 89
**super-conceito** (*Über-Begriff*): 97
**super-expressão** (*Über-Ausdruck*): 192
**super-ordem** (*Über-Ordnung*): 97
**super-retrato** (*Über-Bildnis*): 389
**super-rígido** (*über-starr*): 197
**superlativo** (*Superlativ, übermäßig*): 192
**superstição** (*Aberglaube*): 35, 49, 110
**suposição** (*Annahme, Vermutung*): 22, 22(boxe), 23, 151, 187, 249, 270, 272, 294, 299, 349, 350, 438, 475, 479, 480, 481

**tabela** (*Tabelle*): 1, 23, 53, 62, 73, 86, 162, 163, 173, 265
**teatro** (*Theater*): 23, 280, 365, 393
**técnica** (*Technik*): 125, 150, 199, 205, 232, 262, 337, 520, 557, 630, 692
 dominar uma t.: 150, 199
 "nem toda técnica tem um emprego em nossa vida": 520
 t. de aplicação de uma palavra: 262
 t. do jogo de xadrez: 337
 t. de aritmética e álgebra: 692
 t. para um jogo: 125
***Teeteto*** (Platão): 46, 48, 518

**teia de aranha** (*Spinnennetz*): 106
**tela** (*Leinwand*): 526
**tempo, temporal** (*Zeit, zeitlich*): 58, 88, 90, 108 (boxe), 138, 141, 149 (boxe), 196, 363, 539, 569
   **atemporal** (*zeitlos*): 58
   **determinação de t.**: 88
   **enunciados filosóficos a respeito do t.**: 90
   **fenômeno/contexto espacial e t. da linguagem**: 108 (boxe), 539
   **medição de t.** (*Zeitmessung*): 88
   **o que o t. é**: 363
   **t. como um *medium* estranho**: 196
**tênis** (*Tennis*): 66, 68
**tentação** (*Versuchung*): 138 (boxe), 254, 277, 345, 374
**teologia** (*Theologie*): 373
**teorema** (*Theorem*): 412
**teoria** (*Theorie*): 109
**teoria dos conjuntos** (*Mengenlehre*): 412, 426
**terapia** (*Therapie*): 133 (boxe)
**terceiro excluído** (*ausgeschlossenes Drittes*): 352
**tese** (*These*): 128
**testemunhar, testemunho** (*Zeuge sein, Zeugnis*): 208, 386, 594
**traço (característica)** (*Zug*): 54, 66, 67, 134, 156, 160, 166, 168, 229, 537, 545, 556, 562, 578
   **t. característico** (*charakteristischer Zug, Charakterzug, Kennzeichen, Merkmal*): 66, 160, 166, 229, 545, 578
   **t. distintivo** (*Merkmal*): 54, 134
   **t. facial, t. do rosto** (*Gesichtszug*): 67, 537
**traço (risco)** (*Strich*): 85, 88, 319, 431, 653
   **t. de giz** (*Kreidestrich*): 85, 88
   **t. de tinta** (*Tintenstrich*): 431
***Tractatus Logico-Philosophicus*** (*Logisch-philosophischen Abhandlung*): 23, 46, 97, 114
**treinamento** (*Abrichtung*): 630
**tribo** (*Stamm, Volksstamm*): 6, 282, 385, 419
**tricolor francês** (*französische Trikolore*): 64
**tridimensional** (*räumlich*): 74

**universal** (*allgemein*): 89
   **significado u.**: 89
**uso** (*Gebrauch*): 7, 9, 10, 26, 27, 29, 30, 31, 34, 35, 38, 43, 47, 49, 51, 53, 58, 79, 81, 82, 90, 121, 122, 124, 132, 136, 138, 142, 149, 156, 198, 208, 221, 224, 257, 261, 283, 288, 293, 337, 345, 427, 432, 491, 496, 556, 560, 561, 565, 566, 664, 665
   **u. da escrita**: 491
   **u. da fala**: 491
   **u. da igualdade (em um cálculo)**: 565
   **u. da linguagem**: 7, 53, 124, 132, 665
   **u. de palavras/expressões**: 7, 9, 10, 26, 29, 30, 34, 35, 38, 43, 47, 49, 58, 79, 81, 82, 90, 121, 122, 136, 138, 142, 149, 156, 208, 224, 257, 261, 283, 288, 293, 337, 345, 556, 560, 561, 565, 566, 664
   **u. de regras**: 221
   **u. de sinais**: 51, 53, 136, 432, 496
   **u. de uma peça (em um jogo)**: 31
   **u. do nome de uma pessoa**: 27, 79
**usual** (*gewöhnlich*): 19, 20, 24, 39, 53, 60, 91 (*gebräuchlich*), 94, 98, 132, 156 (*üblich*), 168, 182, 185, 197, 207, 243, 256, 258, 271, 344, 349, 351 (*gewohnt*), 402, 417, 418, 420, 421, 436, 494, 536, 615, 692
   **aquele que em sentido u. é capaz de falar**: 344
   **aquilo que u.mente chamamos de "explicação ostensiva"**: 28 (boxe)
   **aquilo que u.mente chamamos de "nome"**: 39
   **atividades humanas u.s**: 207
   **forma u. da pergunta**: 24
   **formas/modos de expressão u.s**: 91, 402
   **(nossa) linguagem u.**: 19, 243, 402, 436, 494
   **nossas formas linguísticas u.s**: 132
   **nossas frases u.s, vagas**: 98
   **pressupostos u.s de dor**: 271
   **sentido u. de uma palavra**: 39, 418, 615

**vaca** (*Kuh*): 120, 449
**vácuo** (*Luftabschluß, luftleerer Raum*): 50, 81

**variável** (*Variable*): 134
**variável proposicional** (*Satzvariable*): 134
**vassoura** (*Besen*): 60
**verificar, verificação, verificável** (*feststellen, Verifikation, verifizierbar*): 88, 168, 169, 272, 353, 411, 469 (*kontrollieren*)
**verificável**: 272
**verificação**: 353
**vermelho** (*rot*): 1, 20, 28 (boxe), 48, 51, 53, 57, 58, 64, 77, 87, 239, 272, 273, 274, 312, 313, 368, 377, 380, 381, 386, 429, 443, 446, 451, 514, 515, 558
**vermelhidão** (*Röte*): 377, 514
**vida** (*Leben*): 19, 23, 24, 105, 108 (boxe), 156, 199, 235, 241, 339, 412, 432, 520, 536, 583
**forma de v.** (*Lebensform*): 19, 23, 241
**v. interior**: 24
**v. cotidiana**: 105, 108 (boxe), 156, 235, 412
**sopro de v.**: 432

**viga** (*Balken*): 2
**vivo** (*lebend*): 157, 281, 284 (*lebendig*), 420, 430
**visão de mundo** (*Weltanschauung*): 122
**vontade** (*Wille*): 169, 173, 174, 176, 440 (*Lust*), 611, 617, 618, 632
 **essência da v.**: 174
 **(o) sujeito da v.** (*das wollende Subjekt*): 618
 **(a) v.** não é um fenômeno: 176
 **v. como representação**: 611
 **manifestação de v.** (*Willensäußerung*): 632
**voz ativa/passiva** (*aktiver/passiver Form*): 47

**xadrez** (*Schach*): 17, 31, 33, 47, 48, 49, 66, 108 (boxe), 136, 149 (boxe), 197, 200, 205, 316, 337, 365, 563, 611

**zelo, zeloso** (*Sorgfalt, sorgfältig*): 173

Copyright © 2022 Editora Fósforo
Copyright da tradução © 2022 Giovane Rodrigues
e Tiago Tranjan

A tradução deste livro contou com o apoio do programa de fomento à tradução do Goethe-Institut.

Todos os direitos reservados. Nenhuma parte desta obra pode ser reproduzida, arquivada ou transmitida de nenhuma forma ou por nenhum meio sem a permissão expressa e por escrito da Editora Fósforo.

Título original: *Philosophische Untersuchungen*

**COORDENAÇÃO DA COLEÇÃO** Giovane Rodrigues e Tiago Tranjan
**EDITORAS** Rita Mattar e Eloah Pina
**ASSISTENTE EDITORIAL** Cristiane Alves Avelar
**PREPARAÇÃO** Bonie Santos
**REVISÃO** Tácia Soares e Eduardo Russo
**DIREÇÃO DE ARTE** Julia Monteiro
**CAPA** Alles Blau
**IMAGEM DO VERSO DA CAPA** Fac-símile de Wittgenstein Nachlass TS-227a,85. Disponível em: http://www.wittgensteinsource.com/BFE/Ts-227a,85_f. In: Facsimile of Wittgenstein Nachlass TS-227a,85 at. In: Wittgenstein Source Bergen Nachlass Edition. Editado por Wittgenstein Archives na University of Bergen sob direção de Alois Pichler. In: Wittgenstein Source, curada por Alois Pichler (2009-) e Joseph Wang-Kathrein (2020-). (N) Bergen: WAB 2015-. Essa imagem foi reproduzida com permissão de The Master and Fellows of Trinity College, Cambridge, e pela University of Bergen, Bergen.gv.
**PROJETO GRÁFICO DO MIOLO** Alles Blau
**EDITORAÇÃO ELETRÔNICA** Página Viva

Dados Internacionais de Catalogação na Publicação (CIP)
(Câmara Brasileira do Livro, SP, Brasil)

Wittgenstein, Ludwig, 1889-1951
  Investigações filosóficas / Ludwig Wittgenstein ; tradução Giovane Rodrigues e Tiago Tranjan ; posfácio Marcelo Carvalho. — São Paulo : Fósforo, 2022.

  Título original: Philosophische Untersuchungen.
  ISBN: 978-65-89733-74-4

  1. Filosofia 2. Linguagem e línguas — Filosofia 3. Lógica simbólica e matemática I. Carvalho, Marcelo. II. Título.

22-118575                                                           CDD — 193

Índice para catálogo sistemático:
1. Filosofia alemã    193
Eliete Marques da Silva — Bibliotecária — CRB-8/9380

Este livro foi composto em GT Alpina e
GT Flexa e impresso pela Ipsis em papel
Pólen Natural 70 g/m² da Suzano para a
Editora Fósforo em setembro de 2022.

MISTO
Papel | Apoiando o manejo
florestal responsável
FSC® C011095

A marca FSC® é a garantia de que a madeira utilizada
na fabricação do papel deste livro provém de florestas
gerenciadas de maneira ambientalmente correta,
socialmente justa e economicamente viável e de outras
fontes de origem controlada.